# 经济类联考

# 396

## 综合真题

**超精解** （试卷版）

主编 ◎ 吕建刚 张天德

副主编 ◎ 范洪军、安徽燕、周秀娟
孙建波、王 岳

北京理工大学出版社
BEIJING INSTITUTE OF TECHNOLOGY PRESS

# 396 经济类联考
# 考试分析 & 科学复习规划

## 一、如何科学使用真题？

所有同学都知道，真题是考研备考的重中之重，那么，如何科学使用真题呢？我认为，至少分为三个步骤。

**第一步，了解命题变化。**

自 2021 年起，经济类综合能力考试科目由教育部考试中心统一命题，这一变化无疑是对经济类联考的一次重大变革，考生只有了解命题变化，才能把握复习备考的重点。

首先，通过研究最新大纲和 2021—2022 年真题，我们发现，经济类联考的试卷结构已经趋于稳定，数学部分共 35 题，其中微积分 21 道、线性代数 7 道、概率论 7 道；逻辑部分共 20 题；写作部分共 2 道题，分别为论证有效性分析和论说文。

其次，通过对历年真题分析，我们发现，数学考查的难度和范围有所增加，例如 2022 年首次出现"平面曲线的弧长"问题，但每年最多有 2 道超出预期的题目，且远不及数三的难度，所以同学们一定要以复习经综知识为主，学有余力的可以向数三适度延伸。逻辑、写作命题的科学性和严谨性提升，争议题明显减少，就最新两年真题对比可知，形式逻辑、论证逻辑和综合推理每年的占比趋于稳定，整体试卷难度持平。

**第二步，进行限时测练。**

一套试卷中的难题并不多，大部分同学在限时测练中遇到的问题也不是不会做，而是没时间做完。由于做题时间有限，遇到难题，应该跳过去，等完成全部会做的题目，再回头来做。

所以要求你严格按照 3 小时的做题时间进行限时测练。通过限时测练，我们能调整做题顺序、把握做题速度、测试自我水平、进行查缺补漏。

另外，有很多同学在测练时懒得写作文，或者做题太慢没时间写作文。你进了考场也懒得写作文吗？模考，没有人监督你，但请不要自欺欺人！

**第三步，总结题型。**

使用真题的关键是第三步，就是限时测练后一定要进行总结。数学可以使用《396 数学母题 800 练》对知识点、题型进行训练，查漏补缺；逻辑可以使用《老吕逻辑要点 7 讲》对题型进行学习、训练；写作可以使用《老吕写作考前必背 33 篇》学习写作技巧（预计 10 月份上市）。

为什么要进行总结呢，理由如下：

**(1) 数学的命题特点是重点题型反复考**

来看一道 2022 年的真题：

设连续函数 $f(x)$ 满足 $\int_0^{2x} f(t)\mathrm{d}t = \mathrm{e}^x - 1$，则 $f(1) = ($ ).

(A) $\mathrm{e}$      (B) $\dfrac{\mathrm{e}}{2}$      (C) $\sqrt{\mathrm{e}}$      (D) $\dfrac{\mathrm{e}^2}{2}$      (E) $\dfrac{\sqrt{\mathrm{e}}}{2}$

这道题在许多年份都考过近似题，如下：

(2021年) $\lim\limits_{x\to 0}\dfrac{\int_0^{x^2}(e^{t^2}-1)dt}{x^6}=(\quad)$.

(A) 0　　　　(B) $\infty$　　　　(C) $\dfrac{1}{6}$　　　　(D) $\dfrac{1}{3}$　　　　(E) $\dfrac{1}{2}$

(2019年) 已知 $f(x)$ 在 $(-\infty,+\infty)$ 内连续，且 $f(0)=4$，求极限 $\lim\limits_{x\to 0}\dfrac{\int_0^x f(t)(x-t)dt}{x^2}$.

上述列出的3道题全都考查了积分变限函数求导，其中2021年和2019年的这两道题还利用洛必达法则求解函数极限。

受篇幅所限，不再一一列举真题，但可以很肯定地告诉大家，数学90%以上的题目都在往年出现过。由此可见，无论试卷结构如何变化，重点内容不会产生偏移，往年真题仍具有很大的参考意义。

**(2)逻辑的命题特点也是重点题型反复考**

如果用一句话来简单概括逻辑的题目思路，那就是"多陈题"。也就是说，等你进考场的那一天，你做的每一道题，几乎都是以前真题中出现过的，只是换了个说法而已。"新瓶装旧酒"，这也就是逻辑"母题"的价值。

**来看一道2022年的真题：**

近年来，中国把知识产权保护工作摆在更加突出的位置，将知识产权置于战略高位，在各个经济领域都注重知识产权保护。2020年，中国国家知识产权局受理的专利申请数量达到150万件，继续排名世界第一。这充分体现了中国对创新保护工作的高度重视。

以下哪项如果为真，最能支持以上论述？
(A)创新是引领发展的第一动力。
(B)保护知识产权就是保护创新。
(C)中国正在着力引导知识产权向提高质量转变。
(D)中国将进一步激发创新活力，加大鼓励专利申报力度。
(E)一个国家的专利申报数量越多，说明该国科技实力越强。

此题考查的是论证的支持，你可以在近10年真题中找到10余道相似题(受篇幅限制，老吕不再一一列举)。

**再来看一道2021年的真题：**

政府只有不超发货币并控制物价，才能控制通货膨胀。若控制物价，则政府税收减少；若政府不超发货币并且税收减少，则政府预算将减少。

如果政府预算未减少，则可以得出以下哪项？
(A)政府既未超发货币，也未控制物价。
(B)政府未能控制通货膨胀。
(C)政府超发了货币。
(D)政府控制了物价。
(E)政府既超发了货币，又控制了物价。

此题考查的是串联推理，你可以在近10年真题中找到10余道相似题(受篇幅限制，老吕不再一一列举)。

**再来看一道 2019 年的真题：**

3月，300名大学生在华盛顿抗议削减学生贷款基金的提案，另外有35万名大学生在3月期间涌向佛罗里达的阳光海滩度春假。因为在佛罗里达度春假的人数要多一些，所以他们比在华盛顿提出抗议的学生更能代表当今的学生，因此，国会无须注意抗议学生的呼吁。

上面的论证进行了下面哪个假定？
(A)在佛罗里达度春假的学生不反对国会削减学生贷款基金提案。
(B)在佛罗里达度春假的学生在削减学生贷款基金提议问题上与大多数美国公民意见一致。
(C)在华盛顿抗议的学生比在佛罗里达度春假的学生更关心其学业。
(D)既没去华盛顿抗议，也没有去佛罗里达度春假的学生对政府的教育政策漠不关心。
(E)影响国会关于某政治问题的观点的最好方法是国会与其选出来的代表交流。

此题考查的是论证的假设，你可以在近10年真题中找到约20道相似题（受篇幅限制，老吕不再一一列举）。

可见，逻辑备考的关键，也是题型总结，也就是搞定母题。

**(3) 写作的命题大方向不变**

首先，论证有效性分析是典型的套路化文章，常见的逻辑谬误都有固定的写作套路，而且，也都在真题里出现过。真题中可能会考的逻辑谬误，共有6大类12种，把这些谬误学会、练好，论证有效性分析拿到高分并不难。这12种谬误，可见下图：

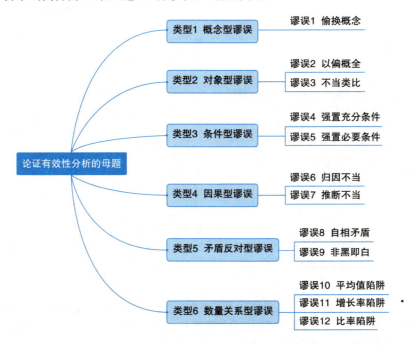

其次，从命题方向上来说，联考论说文大体可以分为三大类，即：反面现象类、利大于弊类、AB二元类，如下图所示：

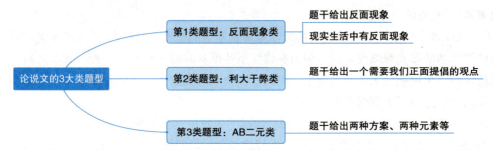

因此，我们只要学好这三类文章的写法，就可以在考场上拿到高分了。那么就要求我们无论是哪一类文章，在写作时均需要做到以下几点：

(1)立意深刻，中心突出。
(2)结构完整。
(3)行文流畅。

论证有效性分析的逻辑谬误的具体分析和写法，以及论说文的审题立意法和高分结构可以参看《老吕写作考前必背33篇》。

## 二、科学复习规划

考研的复习是一个循序渐进的过程，所以科学合理的备考规划就显得尤为重要。那么经济类联考考生该如何合理安排时间进行学习呢？

| 阶段 | 备考用书 | 使用方法 |
| --- | --- | --- |
| 零基础阶段 | 《396数学要点精编》（考点＋题型）<br>《老吕逻辑要点精编》（基础篇）<br>《老吕写作要点精编》（基础篇） | 第1步：理解核心知识点。<br>第2步：经典例题＋章节测试，"小试牛刀"。 |
| 母题基础阶段 | 《396数学要点精编》（题型＋测试）<br>《逻辑要点精编》（母题篇）<br>《写作要点精编》（母题篇） | 第1步：理解母题/题型，掌握命题模型及变化。<br>第2步：归纳总结解题技巧、方法。<br>第3步：模考强化练习，巩固提高。 |
| 母题训练阶段 | 《396数学母题800练》<br>《老吕逻辑母题800练》 | 第1步：母题精练（题型强化训练）。<br>第2步：模考测试。<br>第3步：总结归纳错题及相关题型。 |
| 冲刺阶段 | 《396综合真题超精解》（试卷版）<br>《396综合密押6套卷》<br>《老吕逻辑要点7讲》<br>《老吕写作考前必背33篇》 | 第1步：限时模考。<br>第2步：反思错题。<br>第3步：数学回归"母题800练"，逻辑写作分别回归"逻辑7讲""写作33篇"，系统总结。 |

说明：
　　建议备考考生按以上计划学习，通过"零基础阶段"和"母题基础阶段"完成对知识点、题型的理解和掌握；在"母题训练阶段"做大量的刷题训练，提高做题能力，彻底掌握考试内容；"真题阶段"和"冲刺阶段"进行限时模考、查漏补缺，从而获得一个理想的分数。

总之，真题是考研备考的重中之重，老吕全套图书更是你上岸的宝藏。希望这套书能帮助大家考上梦想中的象牙塔，实现你的人生理想。让我们一起努力，让我们一直努力！加油！

编　者

版权专有　侵权必究

## 图书在版编目（CIP）数据

经济类联考·396 综合真题超精解：试卷版/吕建刚，张天德主编．—北京：北京理工大学出版社，2021.7（2022.8 重印）

ISBN 978－7－5763－0041－3

Ⅰ．①经…　Ⅱ．①吕…　②张…　Ⅲ．①经济学－研究生－入学考试－题解　Ⅳ．①F0－44

中国版本图书馆 CIP 数据核字（2021）第 136319 号

出版发行 / 北京理工大学出版社有限责任公司
社　　址 / 北京市海淀区中关村南大街 5 号
邮　　编 / 100081
电　　话 /（010）68914775（总编室）
　　　　　（010）82562903（教材售后服务热线）
　　　　　（010）68944723（其他图书服务热线）
网　　址 / http://www.bitpress.com.cn
经　　销 / 全国各地新华书店
印　　刷 / 保定市中画美凯印刷有限公司
开　　本 / 787 毫米×1092 毫米　1/16
印　　张 / 16.5
字　　数 / 387 千字
版　　次 / 2021 年 7 月第 1 版　2022 年 8 月第 2 次印刷
定　　价 / 62.80 元

责任编辑 / 多海鹏
文案编辑 / 胡　莹
责任校对 / 周瑞红
责任印制 / 李志强

图书出现印装质量问题，请拨打售后服务热线，本社负责调换

绝密★启用前

# 2022 年全国硕士研究生招生考试
# 经济类综合能力试题

(科目代码：396)
考试时间：8：30—11：30

## 考生注意事项

1. 答题前，考生须在试题册指定位置上填写考生姓名和考生编号；在答题卡指定位置上填写报考单位、考生姓名和考生编号，并涂写考生编号信息点。
2. 选择题的答案必须涂写在答题卡相应题号的选项上，非选择题的答案必须书写在答题卡指定位置的边框区域内。超出答题区域书写的答案无效；在草稿纸、试题册上答题无效。
3. 填（书）写部分必须使用黑色字迹签字笔或者钢笔书写，字迹工整、笔迹清楚；涂写部分必须使用 2B 铅笔填涂。
4. 考试结束，将答题卡和试题册按规定交回。

| 考生编号 | | | | | | | | | | | | | | | |
|---|---|---|---|---|---|---|---|---|---|---|---|---|---|---|---|
| 考生姓名 | | | | | | | | | | | | | | | |

一、**数学基础**：第 1~35 小题，每小题 2 分，共 70 分。下列每题给出的五个选项中，只有一个选项是最符合试题要求的。请在答题卡上将所选项的字母涂黑。

1. $\lim\limits_{x\to\infty} x\sin\dfrac{2}{x} = (\quad)$.

   (A) $-2$ (B) $-\dfrac{1}{2}$ (C) $0$ (D) $\dfrac{1}{2}$ (E) $2$

2. 设实数 $a$，$b$ 满足 $\lim\limits_{x\to -1}\dfrac{3x^2+ax+b}{x+1}=4$，则 $(\quad)$.

   (A) $a=7$，$b=4$ (B) $a=10$，$b=7$ (C) $a=4$，$b=7$
   (D) $a=10$，$b=6$ (E) $a=2$，$b=3$

3. 已知 $a$，$b$ 为实数，且 $a\neq 0$. 若函数 $f(x)=\begin{cases}\dfrac{1-\mathrm{e}^x}{ax}, & x>0\\ b, & x\leqslant 0\end{cases}$ 在 $x=0$ 处连续，则 $ab=(\quad)$.

   (A) $2$ (B) $1$ (C) $\dfrac{1}{2}$ (D) $0$ (E) $-1$

4. 已知函数 $f(x)=\sqrt{1+x}-1$，$g(x)=\ln\dfrac{1+x}{1-x^2}$，$h(x)=2^x-1$，$w(x)=\dfrac{\sin^2 x}{x}$，在 $x\to 0$ 时，与 $x$ 等价的无穷小量是 $(\quad)$.

   (A) $g(x)$，$w(x)$ (B) $f(x)$，$h(x)$ (C) $g(x)$，$h(x)$
   (D) $f(x)$，$g(x)$ (E) $h(x)$，$w(x)$

5. 曲线 $y=\dfrac{x\sqrt{x}}{\sqrt{3}}$ $(0\leqslant x\leqslant 4)$ 的长度为 $(\quad)$.

   (A) $14$ (B) $16$ (C) $\dfrac{7}{2}$ (D) $\dfrac{56}{9}$ (E) $\dfrac{64}{9}$

6. 已知函数 $f(x)$ 可导，且 $f(0)=1$，$f'(0)=-1$，则 $\lim\limits_{x\to 0}\dfrac{3^x[1-f(x)]}{x}=(\quad)$.

   (A) $-1$ (B) $1$ (C) $-\ln 3$ (D) $\ln 3$ (E) $0$

7. 已知函数 $f(x)$ 可导，且 $f'(0)=3$，设 $g(x)=f(4x^2+2x)$，则 $\mathrm{d}g\big|_{x=0}=(\quad)$.

   (A) $0$ (B) $2\mathrm{d}x$ (C) $3\mathrm{d}x$ (D) $4\mathrm{d}x$ (E) $6\mathrm{d}x$

8. 已知函数 $f(x)=\begin{cases}\dfrac{\sin x}{x}, & x\neq 0\\ 1, & x=0\end{cases}$，则 $f'(0)+f'(1)=(\quad)$.

   (A) $\cos 1-\sin 1$ (B) $\sin 1-\cos 1$ (C) $\cos 1+\sin 1$
   (D) $1+\cos 1-\sin 1$ (E) $1+\sin 1-\cos 1$

9. 设函数 $y=f(x)$ 由 $y+x\mathrm{e}^{xy}=1$ 确定，则曲线 $y=f(x)$ 在点 $(0,f(0))$ 处的切线方程是 $(\quad)$.

   (A) $x+y=1$ (B) $x+y=-1$ (C) $x-y=1$
   (D) $x-y=-1$ (E) $2x+y=1$

**10.** 函数 $f(x)=(x^2-3)e^x$ 的（　　）.

(A) 最大值是 $6e^{-3}$  
(B) 最小值是 $-2e$  
(C) 递减区间是 $(-\infty, 0)$  
(D) 递增区间是 $(0, +\infty)$  
(E) 凹区间是 $(0, +\infty)$

**11.** 设连续函数 $f(x)$ 满足 $\int_0^{2x} f(t)dt = e^x - 1$，则 $f(1) = (\quad)$.

(A) $e$　　(B) $\dfrac{e}{2}$　　(C) $\sqrt{e}$　　(D) $\dfrac{e^2}{2}$　　(E) $\dfrac{\sqrt{e}}{2}$

**12.** 设 $I=\int_0^\pi e^{\sin x}\cos^2 x\,dx$, $J=\int_0^\pi e^{\sin x}\cos^3 x\,dx$, $K=\int_0^\pi e^{\sin x}\cos^4 x\,dx$, 则（　　）.

(A) $I<J<K$　　(B) $K<J<I$　　(C) $K<I<J$  
(D) $J<I<K$　　(E) $J<K<I$

**13.** $\int_{\frac{1}{2}}^1 \dfrac{1}{x^3} e^{\frac{1}{x}} dx = (\quad)$.

(A) $e^2$　　(B) $-e^2$　　(C) $\dfrac{\sqrt{e}}{2}$　　(D) $2e-\sqrt{e}$　　(E) $3e^2-2e$

**14.** 设函数 $f(x)$ 的一个原函数是 $x\sin x$，则 $\int_0^\pi xf(x)dx = (\quad)$.

(A) $0$　　(B) $1$　　(C) $-\pi$　　(D) $\pi$　　(E) $2\pi$

**15.** 已知变量 $y$ 关于 $x$ 的变化率等于 $\dfrac{10}{(x+1)^2}+1$，当 $x$ 从 $1$ 变到 $9$ 时，$y$ 的改变量是（　　）.

(A) $8$　　(B) $10$　　(C) $12$　　(D) $14$　　(E) $16$

**16.** 设平面有界区域 $D$ 由曲线 $y=\sin x(0\leqslant x\leqslant 2\pi)$ 与 $x$ 轴围成，则 $D$ 绕 $x$ 轴旋转所成旋转体的体积为（　　）.

(A) $\dfrac{\pi}{2}$　　(B) $\pi$　　(C) $\dfrac{\pi^2}{2}$　　(D) $\pi^2$　　(E) $4\pi$

**17.** 设非负函数 $f(x)$ 二阶可导，且 $f''(x)>0$，则（　　）.

(A) $\int_0^2 f(x)dx < f(0)+f(2)$  
(B) $\int_0^2 f(x)dx < f(0)+f(1)$  
(C) $\int_0^2 f(x)dx < f(1)+f(2)$  
(D) $2f(1) > f(0)+f(2)$  
(E) $2f(1) = f(0)+f(2)$

**18.** 已知函数 $f(u)$ 可导，设 $z=f(y-x)+\sin x+e^y$，则 $\left.\dfrac{\partial z}{\partial x}\right|_{(0,1)} + \left.\dfrac{\partial z}{\partial y}\right|_{(0,1)} = (\quad)$.

(A) $1$　　(B) $e+1$　　(C) $e-1$　　(D) $\pi-e$　　(E) $\pi+e$

**19.** 已知函数 $f(x,y)=\begin{cases}\dfrac{x|y|}{\sqrt{x^2+y^2}}, & (x,y)\neq(0,0)\\ 0, & (x,y)=(0,0)\end{cases}$ 在点 $(0,0)$ 处，给出以下结论：

① $f(x,y)$ 连续；② $\dfrac{\partial f}{\partial x}$ 存在，$\dfrac{\partial f}{\partial y}$ 不存在；③ $\dfrac{\partial f}{\partial x}=0$，$\dfrac{\partial f}{\partial y}=0$；④ $df=0$.

其中所有正确结论的序号是( ).

(A)①   (B)②   (C)①②   (D)①③   (E)①③④

**20.** 已知函数 $f(x, y)=x^2+2y^2+2xy+x+y$,则( ).

(A) $f\left(-\dfrac{1}{2}, 0\right)$ 是极大值   (B) $f\left(0, -\dfrac{1}{2}\right)$ 是极大值

(C) $f\left(-\dfrac{1}{2}, 0\right)$ 是极小值   (D) $f\left(0, -\dfrac{1}{2}\right)$ 是极小值

(E) $f(0, 0)$ 是极小值

**21.** 已知函数 $f(u, v)$ 具有二阶连续偏导数,且 $\dfrac{\partial f}{\partial v}\Big|_{(0,1)}=2$, $\dfrac{\partial^2 f}{\partial u^2}\Big|_{(0,1)}=3$,设 $g(x)=f(\sin x, \cos x)$,则 $\dfrac{d^2 g}{dx^2}\Big|_{x=0}=($ ).

(A) 1   (B) 2   (C) 3   (D) 4   (E) 5

**22.** 设 $\begin{vmatrix} a_{11} & a_{12} \\ a_{21} & a_{22} \end{vmatrix}=M$, $\begin{vmatrix} b_{11} & b_{12} \\ b_{21} & b_{22} \end{vmatrix}=N$,则( ).

(A) 当 $a_{ij}=2b_{ij}(i, j=1, 2)$ 时,$M=2N$   (B) 当 $a_{ij}=2b_{ij}(i, j=1, 2)$ 时,$M=4N$

(C) 当 $M=N$ 时,$a_{ij}=b_{ij}(i, j=1, 2)$   (D) 当 $M=2N$ 时,$a_{ij}=2b_{ij}(i, j=1, 2)$

(E) 当 $M=4N$ 时,$a_{ij}=2b_{ij}(i, j=1, 2)$

**23.** 已知 $f(x)=\begin{vmatrix} 1 & -2 & 1 \\ -1 & 4 & x \\ 1 & -8 & x^2 \end{vmatrix}$,则 $f(x)=0$ 的根为( ).

(A) $x_1=-1$, $x_2=1$   (B) $x_1=1$, $x_2=-2$   (C) $x_1=1$, $x_2=2$

(D) $x_1=-1$, $x_2=2$   (E) $x_1=-1$, $x_2=-2$

**24.** 设 $A=\begin{pmatrix} a_{11} & a_{12} \\ a_{21} & a_{22} \end{pmatrix}$,其中 $a_{ij}\in\{1, 2, 3\}(i, j=1, 2)$.若对 $A$ 施以交换两行的初等变换,再施以交换两列的初等变换,得到的矩阵仍为 $A$,则这样的矩阵共有( )个.

(A) 3   (B) 4   (C) 6   (D) 9   (E) 12

**25.** $\begin{pmatrix} 0 & 0 & 1 \\ 0 & 1 & 0 \\ 1 & 0 & 0 \end{pmatrix}\begin{pmatrix} a_{11} & a_{12} \\ a_{21} & a_{22} \\ a_{31} & a_{32} \end{pmatrix}\begin{pmatrix} 1 & k \\ 0 & 1 \end{pmatrix}=($ ).

(A) $\begin{pmatrix} a_{31}+ka_{32} & a_{32} \\ a_{21}+ka_{22} & a_{22} \\ a_{11}+ka_{12} & a_{12} \end{pmatrix}$   (B) $\begin{pmatrix} a_{32}+ka_{31} & a_{32} \\ a_{22}+ka_{21} & a_{22} \\ a_{12}+ka_{11} & a_{12} \end{pmatrix}$   (C) $\begin{pmatrix} a_{31} & a_{32}+ka_{31} \\ a_{21} & a_{22}+ka_{21} \\ a_{11} & a_{12}+ka_{11} \end{pmatrix}$

(D) $\begin{pmatrix} a_{31} & a_{31}+ka_{32} \\ a_{21} & a_{21}+ka_{22} \\ a_{11} & a_{11}+ka_{12} \end{pmatrix}$   (E) $\begin{pmatrix} a_{31}ka_{21} & a_{32}+ka_{22} \\ a_{21} & a_{22} \\ a_{11} & a_{12} \end{pmatrix}$

26. 已知 $\boldsymbol{\alpha}_1,\boldsymbol{\alpha}_2,\boldsymbol{\alpha}_3,\boldsymbol{\alpha}_4$ 是三维向量组，若向量组 $\boldsymbol{\alpha}_1+\boldsymbol{\alpha}_2,\boldsymbol{\alpha}_2+\boldsymbol{\alpha}_3,\boldsymbol{\alpha}_3+\boldsymbol{\alpha}_4$ 线性无关，则向量组 $\boldsymbol{\alpha}_1,\boldsymbol{\alpha}_2,\boldsymbol{\alpha}_3,\boldsymbol{\alpha}_4$ 的秩为( ).

(A)0　　　　(B)1　　　　(C)2　　　　(D)3　　　　(E)4

27. 设 $k$ 为实数，若向量组 $(1,3,1),(-1,k,0),(-k,2,k)$ 线性相关，则 $k=$ ( ).

(A)$-2$ 或 $-\dfrac{1}{2}$　(B)$-2$ 或 $\dfrac{1}{2}$　(C)$2$ 或 $-\dfrac{1}{2}$　(D)$2$ 或 $\dfrac{1}{2}$　(E)$2$ 或 $-2$

28. 设矩阵 $\boldsymbol{A}=\begin{bmatrix}a&1&1\\1&a&1\\1&1&a\end{bmatrix}$.

① 当 $a=1$ 时，$\boldsymbol{A}\boldsymbol{x}=\boldsymbol{0}$ 的基础解系中含有 1 个向量；
② 当 $a=-2$ 时，$\boldsymbol{A}\boldsymbol{x}=\boldsymbol{0}$ 的基础解系中含有 1 个向量；
③ 当 $a=1$ 时，$\boldsymbol{A}\boldsymbol{x}=\boldsymbol{0}$ 的基础解系中含有 2 个向量；
④ 当 $a=-2$ 时，$\boldsymbol{A}\boldsymbol{x}=\boldsymbol{0}$ 的基础解系中含有 2 个向量.
其中所有正确结论的序号是( ).

(A)①　　　(B)②　　　(C)①②　　　(D)②③　　　(E)③④

29. 已知甲、乙、丙三人的三分球投篮命中率分别为 $\dfrac{1}{3},\dfrac{1}{4},\dfrac{1}{5}$，若甲、乙、丙每人各投一次三分球，则有人投中的概率为( ).

(A)0.4　　　(B)0.5　　　(C)0.6　　　(D)0.7　　　(E)0.8

30. 设随机变量 $X$ 的密度函数为 $f(x)=\begin{cases}2\mathrm{e}^{-2x},&x\geqslant 0,\\0,&x<0.\end{cases}$ 记 $a=P\{X>11\mid X>1\}$，$b=P\{X>20\mid X>10\}$，$c=P\{X>100\mid X>90\}$，则( ).

(A)$a>b>c$　　　(B)$a=c>b$　　　(C)$c>a=b$
(D)$a=b=c$　　　(E)$b>a=c$

31. 设随机变量 $X,Y$ 独立同分布，且 $P\{X=0\}=\dfrac{1}{3}$，$P\{X=1\}=\dfrac{2}{3}$，则 $P\{XY=0\}=$ ( ).

(A)0　　　(B)$\dfrac{4}{9}$　　　(C)$\dfrac{5}{9}$　　　(D)$\dfrac{2}{3}$　　　(E)$\dfrac{7}{9}$

32. 已知随机事件 $A,B$ 满足 $P(B\mid A)=\dfrac{1}{2}$，$P(A\mid B)=\dfrac{1}{3}$，$P(AB)=\dfrac{1}{8}$，则 $P(A\cup B)=$ ( ).

(A)$\dfrac{1}{4}$　　　(B)$\dfrac{3}{8}$　　　(C)$\dfrac{1}{2}$　　　(D)$\dfrac{5}{8}$　　　(E)$\dfrac{3}{4}$

33. 设随机变量 $X$ 服从正态分布：$X\sim N(2,9)$. 若 $P\{X\leqslant -1\}=a$，则 $P\{X\geqslant 5\}=$ ( ).

(A)$1-a$　　　(B)$\dfrac{1}{5}a$　　　(C)$\dfrac{1}{2}a$　　　(D)$a$　　　(E)$2a$

34. 在工作日上午 10：00 到 11：00 之间，假设在某诊所的就诊人数服从期望为 5 的泊松分布，则该时间段就诊人数不少于 2 的概率为( ).

(A)$2\mathrm{e}^{-5}$　　(B)$4\mathrm{e}^{-5}$　　(C)$5\mathrm{e}^{-5}$　　(D)$1-4\mathrm{e}^{-5}$　　(E)$1-6\mathrm{e}^{-5}$

35. 设随机变量 $X$ 服从区间 $[-1,1]$ 上的均匀分布，若 $Y=X^3$，则 $D(Y)=(\quad)$.

(A) $\dfrac{1}{14}$  (B) $\dfrac{1}{7}$  (C) $\dfrac{3}{14}$  (D) $\dfrac{5}{14}$  (E) $\dfrac{3}{7}$

二、**逻辑推理**：第 36~55 小题，每小题 2 分，共 40 分。下列每题给出的五个选项中，只有一项是最符合试题要求的。请在答题卡上将所选项的字母涂黑。

36. 党的十八大以来，以习近平同志为核心的党中央把脱贫攻坚摆在治国理政的突出位置。经过艰苦努力，到 2020 年我国 9 899 万农村贫困人口全部脱贫，832 个贫困县全部摘帽，12.8 万个贫困村全部出列。有专家由此指出，我国取得这场脱贫攻坚战的胜利为全球减贫事业作出了重大贡献。

    以下哪项如果为真，最能支持上述专家的论断？

    (A) 这场脱贫攻坚战的胜利是我国创造的又一个彪炳史册的人间奇迹，举世瞩目。

    (B) 这场脱贫攻坚战的胜利体现了我国社会主义制度可集中力量办大事的政治优势。

    (C) 我国脱贫攻坚战所形成的中国特色反贫困理论和经验，赢得国际社会广泛赞誉。

    (D) 按照世界银行的国际贫困标准，我国减贫人口占同期全球减贫人口的 70% 以上。

    (E) 根据第 7 次人口普查数据，我国人口总量已超 14 亿，约占全球人口总数的 1/5。

37. 某城市公园中央有甲、乙、丙、丁 4 个大花坛，每个花坛均分为左、中、右 3 格，每格种植一种花卉。具体种植情况如下：

    | 项目 | 左 | 中 | 右 |
    | --- | --- | --- | --- |
    | 甲 | 牡丹 | 郁金香 | 茉莉 |
    | 乙 | 郁金香 | 菊花 | 牡丹 |
    | 丙 | 玫瑰 | 百合 | 菊花 |
    | 丁 | 菊花 | 牡丹 | 百合 |

    关于上述 4 个花坛的具体种植情况，以下哪项陈述是正确的？

    (A) 每个花坛均种有牡丹或者茉莉。

    (B) 每个花坛菊花或者郁金香至多种了一种。

    (C) 若中间格种的不是郁金香，则该花坛种有菊花。

    (D) 若中间格种的不是牡丹，则该花坛其他格种有牡丹。

    (E) 若左边格种的不是郁金香或玫瑰，则该花坛种有百合。

38~39 题基于以下题干：

有金、银、铜 3 种奖牌放在甲、乙、丙三个箱子中，每个箱子放有两枚奖牌。已知：

(1) 甲箱中至少有一枚奖牌是铜牌。

(2) 至少有一个箱子，其两枚奖牌的类别不同。

(3) 乙箱中至少有一枚奖牌是金牌，但没有银牌。

38. 根据以上条件，以下哪项可以是三个箱子中奖牌的正确组合？

(A)甲：银牌和铜牌；乙：金牌和银牌；丙：铜牌和铜牌。

(B)甲：金牌和银牌；乙：金牌和铜牌；丙：银牌和银牌。

(C)甲：铜牌和铜牌；乙：银牌和银牌；丙：金牌和金牌。

(D)甲：金牌和银牌；乙：金牌和铜牌；丙：银牌和铜牌。

(E)甲：铜牌和铜牌；乙：金牌和金牌；丙：铜牌和铜牌。

39. 以下哪项作为丙箱中的奖牌组合总是可以满足上述条件？

(A)银牌和银牌。　　　　(B)金牌和银牌。　　　　(C)金牌和金牌。

(D)金牌和铜牌。　　　　(E)铜牌和铜牌。

40. 一般认为，近现代社会发展的最初阶段主要靠效率引擎驱动。只有效率够高，才能更快地推动工业化和城市化，才能长期保持GDP高速增长。而当社会发展到一定阶段时，就需要效率与公平双轮驱动，甚至以公平驱动为主，因为只有公平驱动才能提高消费能力，才能释放生产能力。

根据上述信息，可以得出以下哪项？

(A)如果没有效率驱动，就没有公平驱动。

(B)如果实现社会公平，就能释放生产能力。

(C)只有提高消费能力，才能实现效率与公平双轮驱动。

(D)如果效率不够高，就不能更快地推动工业化和城市化。

(E)只有长期保持GDP高速增长，才能更快地推动工业化和城市化。

41. 近期有三家外国制药公司宣称，他们生产的新冠肺炎疫苗的有效率分别为94%、95%和70%。但有研究人员指出，这些公司宣称的"有效率"指的是保护人们避免出现新冠肺炎的概率，而导致新冠病毒传播全球的主要途径是无症状患者的传播。该研究人员由此认为，目前还不能确定接种这些疫苗是否可以获得群体免疫，进而阻止新冠病毒在全球范围内的传播。

以下哪项如果为真，最能支持上述研究人员的观点？

(A)一些接种疫苗者获得了免疫力，并不能说明他们可以避免被感染。

(B)其中一家公司的数据显示，接种疫苗的志愿者中存在少数无症状患者。

(C)这三家公司的3期试验中，没有进一步检测接种疫苗者中的无症状病例。

(D)一些接种疫苗者没有按照要求继续采取佩戴口罩、保持社交距离等预防措施。

(E)这些公司提供的数据不足以说明他们的疫苗可以阻止接种者成为无症状传播者。

42. 老李在兰花、罗汉松、金桔、牡丹、茶花这5个盆栽中选购了3个放在家中观赏。老李对选购的盆栽有如下要求：

(1)如果选购兰花，就选购罗汉松。

(2)如果选购牡丹，就选购罗汉松和茶花。

根据上述信息，老李一定选购了如下哪个盆栽？

(A)兰花。　　(B)罗汉松。　　(C)金桔。　　(D)牡丹。　　(E)茶花。

43. 甲、乙、丙、丁四位企业家准备对我国西部某山区进行教育捐赠。4位企业家表示他们要共同捐赠以发挥最大效益。关于捐赠的对象，四人的意愿如下：

甲：如果捐赠中高村，则捐赠北塔村。

乙：如果捐赠北塔村，则捐赠西井村。

丙：如果捐赠东山村或南塘村，则捐赠西井村。

丁：如果捐赠南塘村，则捐赠北塔村或中高村。

事实上，除丙以外，其余人的意愿均得到了实现。

根据以上信息，四位共同捐赠的山村是：

(A)北塔。　　(B)中高。　　(C)东山。　　(D)西井。　　(E)南塘。

44. 在2020年四个季度中，宋杰、袁浩、黄兵三人都至少有两个季度绩效为优秀。另外，还知道：

(1)宋杰与袁浩有两个季度同为优秀。

(2)宋杰与黄兵没有在同一个季度均为优秀。

(3)袁浩在第二季度不是优秀，宋杰在第四季度不是优秀。

根据以上陈述，可以得出以下哪项？

(A)宋杰在二季度优秀。　　　　　　(B)袁浩在四季度优秀。

(C)黄兵在三季度优秀。　　　　　　(D)袁浩在四季度不是优秀。

(E)黄兵在三季度不是优秀。

45. 小张：现在网红餐厅一心想赚快钱，重面子而轻里子，把大量资源投入到营销、包装、用餐环境等方面，忽视了口味、食品安全等餐饮业的核心服务要素。

小李：你不能一概而论。有些网红餐厅没有因网红带来更多流量和生意而陶醉，而是更有意识去维护这一"网红"状态，不断提高服务质量。

以下哪项最可能是上述两人争论的焦点？

(A)网红餐厅是否都一心想赚钱？　　(B)网红餐厅是否都以口味为主？

(C)网红餐厅是否都重面子而轻里子？(D)网红餐厅是否能一直保持网红状态？

(E)网红餐厅是否都忽视了餐饮业的核心服务要素？

46. 《春秋》原是先秦时期各国史书的通称，后仅指鲁国的《春秋》。《春秋》最突出的特点就是寓褒贬于记事的"春秋笔法"。因此，《春秋》是"微言大义"的经典，是定名分、制法度的范本。史学家从中领悟到修史应该有严格而明确的倾向性，文学家则体会到遣词造句力求简洁而意蕴深刻。

根据以上信息，可以得出以下哪项？

(A)鲁国的《春秋》之所以传世，是由于其寓褒贬于记事的"春秋笔法"。

(B)凡具有"微言大义"的经典，都是定名分、制法度的范本。

(C)有些定名分、制法度的文本也是"微言大义"的经典。

(D)如果寓褒贬于记事，则修史就能具有明确的倾向性。

(E)只有遣词造句力求简洁，修史才能做到意蕴深刻。

47. 有一论证（相关语句用序号表示）如下：

① 天行有常，不为尧存，不为桀亡。

② 应之以治则吉，应之以乱则凶。

③ 强本而节用，则天不能贫；养备而动时，则天不能病；循道而不贰，则天不能祸。

④ 故水旱不能使之饥，寒暑不能使之疾，祅怪不能使之凶。

⑤ 本荒而用侈，则天不能使之富；养略而动罕，则天不能使之全；倍道而妄行，则天不能使之吉。

⑥ 故水旱未至而饥，寒暑未薄而疾，祅怪未至而凶。

如果用"甲→乙"表示"甲支持（或证明）乙"，则以下哪项对上述论证基本结构的表示最为准确？

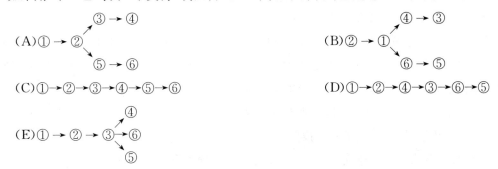

48. "十一"长假，小李、小王、小张三人相约周边游，他们拟在竹山、花海、翠湖、南山古镇、植物园、海底世界 6 个景点中选择若干进行游览。关于这次游览的方案，三人的意见如下：

小李：我既想逛南山古镇，又想爬竹山。

小王：如果游览翠湖，则花海和南山古镇均不游览。

小张：如果不游览翠湖，就游览海底世界，但不游览植物园。

根据他们三人的意见，他们三人游览的景点一定有：

(A) 花海、翠湖、植物园。　　　　　　(B) 花海、竹山、翠湖。

(C) 竹山、南山古镇、植物园。　　　　(D) 竹山、南山古镇、海底世界。

(E) 南山古镇、植物园、海底世界。

49. 近日，M 市消委会公布了三款知名薯片含有致癌物的检测报告，并提醒消费者谨慎购买。该报告显示，S 公司生产的薯片样品中致癌物丙烯酰胺的含量超过 2 000 mg/kg，高于欧盟设定的基准水平值 750 mg/kg。S 公司知晓后，立即对此事件做出了回应和反驳。

以下哪项如果为真，作为 S 公司的回应和反驳最为有力？

(A) 关于食物中丙烯酰胺的限量，我国目前没有出台相关的法规和标准。

(B) 薯片类产品普遍含有丙烯酰胺，但吃一包薯片，丙烯酰胺的实际摄入量极低。

(C) S 公司的薯片因销量突出才受到消委会的关注，不排除竞争对手的恶意举报。

(D) 大多数品牌的薯片中丙烯酰胺都超标，消委会不应该只检测 S 公司等几个品牌的薯片。

(E) 多家权威机构公布的相关检测报告显示，与消委会检测的薯片样品同批次的薯片抽检均无问题。

50. 某单位从各部门抽调人员组成"人事调动组""后勤保障组""安全保卫组""网络应急组",负责该单位新冠肺炎疫情防控工作。每个组 3~5 人;共有男性 16 人,女性 3 人;有研究生学历的 13 人。除"人事调动组"外,其他小组成员均是男性;除"网络应急组"外,其他小组均有成员未拥有研究生学历;"安全保卫组"所有成员均没有研究生学历。

    根据以上信息,可以得出以下哪项?

    (A)安全保卫组共有 4 名男性成员。

    (B)人事调动组的女性成员都有研究生学历。

    (C)人事调动组有女性成员没有研究生学历。

    (D)后勤保障组至多有 3 名成员拥有研究生学历。

    (E)后勤保障组至少有 2 名成员没有研究生学历。

51. 一项研究显示,如果按照现有排放趋势,全球海平面到 2100 年将上升 1 米。科研人员由此指出,除非温室气体排放量减少,否则到 2100 年全球将有多达 4.1 亿人生活在海拔低于 2 米的地区,他们都将面临海平面上升带来的生存风险。

    以下哪项如果为真,最能支持上述科研人员的观点?

    (A)目前全世界有 2.7 亿人生活在海拔低于 2 米的地区。

    (B)温室气体排放会导致全球气温升高,从而导致海平面上升。

    (C)如果温室气体排放量减少,就可以消除海平面上升带来的风险。

    (D)海平面上升会带来大量气候移民,给全球社会的稳定造成威胁。

    (E)目前生活在海拔低于 2 米地区的部分居民并未感知到海平面上升带来的风险。

52. 近年来,流失海外百余年的圆明园七尊兽首铜像鼠首、牛首、虎首、兔首、马首、猴首和猪首通过"华裔捐赠""国企竞拍""外国友人返还"这三种方式陆续回归中国。每种方式均获得 2 到 3 尊兽首铜像,且每种方式获得的兽首铜像各不相同。已知:

    (1)如果牛首、虎首和猴首中至少有一尊是通过"华裔捐赠"或者"外国友人返还"回归的,则通过"国企竞拍"获得的是鼠首和马首。

    (2)如果马首、猪首中至少有一尊是通过"国企竞拍"或者"外国友人返还"回归的,则通过"华裔捐赠"获得的是鼠首和虎首。

    根据上述信息,以下哪项是通过"外国友人返还"获得的兽首铜像?

    (A)鼠首、兔首。　　　　　(B)马首、猴首。　　　　　(C)兔首、猪首。

    (D)鼠首、马首。　　　　　(E)马首、兔首。

53. 近年来,中国把知识产权保护工作摆在更加突出的位置,将知识产权置于战略高位,在各个经济领域都注重知识产权保护。2020 年,中国国家知识产权局受理的专利申请数量达到 150 万件,继续排名世界第一。这充分体现了中国对创新保护工作的高度重视。

    以下哪项如果为真,最能支持以上论述?

    (A)创新是引领发展的第一动力。

    (B)保护知识产权就是保护创新。

(C)中国正在着力引导知识产权向提高质量转变。

(D)中国将进一步激发创新活力，加大鼓励专利申报力度。

(E)一个国家的专利申报数量越多，说明该国科技实力越强。

**54～55题基于以下题干：**

某大学为进一步加强本科教学工作，从甲、乙、丙、丁、戊、己和庚7个学院中挑选了8名教师加入教学督导委员会。已知：

(1)每个学院至多有3名教师入选该委员会。

(2)甲、丙、丁学院合计只有1名教师入选该委员会。

(3)若甲、乙中至少有一个学院的教师入选，则戊、己、庚中至多有一个学院的教师入选。

54. 根据上述信息，可以得出以下哪项？

(A)丁和庚学院都有教师入选。　　(B)戊和己学院都有教师入选。

(C)丙和乙学院都有教师入选。　　(D)甲和戊学院都有教师入选。

(E)戊和丁学院都有教师入选。

55. 若乙和戊两学院合计仅有1名教师入选，则可以得出以下哪项？

(A)甲和丙学院共有1名教师入选。　　(B)戊和丁学院共有2名教师入选。

(C)乙和己学院共有3名教师入选。　　(D)丁和己学院共有4名教师入选。

(E)丙和庚学院共有3名教师入选。

## 三、写作：第56～57小题，共40分。其中论证有效性分析20分，论说文20分。请答在答题纸相应的位置上。

56. 论证有效性分析：分析下述论证中存在的缺陷和漏洞，选择若干要点，写一篇600字左右的文章，对该论证的有效性进行分析和评论。（论证有效性分析的一般要点是：概念特别是核心概念的界定和使用是否准确并前后一致，有无各种明显的逻辑错误，论证的论据是否成立并支持结论，结论成立的条件是否充分等。）

　　国内发布一项国人阅读方式的调查报告显示：大城市数字阅读率不断增长。这说明数字阅读正在改变国人的阅读习惯，即将成为国人主要的阅读方式。

　　数字阅读比传统的纸质阅读有绝对的优势。各类的电子阅读器，在实体店和网上比比皆是，人们可以很方便地购买和使用。全球信息一体化，使人们可以充分地使用丰富的阅读资源，这更加加速了数字阅读的发展。另外，为了满足受众的需求，电子类的报纸、杂志、书籍也在快速地增加，而原有的纸质媒体如古籍也在飞速地以数字化体现。这些大量的事实佐证了传统的纸质阅读正在被人们所舍弃，而寿终正寝。

57. 论说文：根据下述材料，写一篇700字左右的论说文，题目自拟。

　　国内不少地方规定，老年人可以免费乘坐交通工具。这一规定体现了对老年人的关怀，但是这一规定的实施也出现了不少问题。比如早晚高峰，老年人免费乘坐公共交通会影响到上班族的通勤，还有，有些老年人因为各种原因无法享受到这个福利，有的地方把老年人免费乘坐公共交通这一福利改变为发放津贴。

# 答案速查

**一、数学基础**

| | |
|---|---|
| 1~5　　(E)(B)(E)(A)(D) | 6~10　　(B)(E)(A)(A)(B) |
| 11~15　(E)(E)(A)(C)(C) | 16~20　(D)(A)(B)(D)(C) |
| 21~25　(A)(B)(E)(D)(C) | 26~30　(D)(B)(D)(C)(D) |
| 31~35　(C)(C)(D)(E)(B) | |

**二、逻辑推理**

| | |
|---|---|
| 36~40　(D)(C)(D)(B)(D) | 41~45　(E)(B)(C)(E)(C) |
| 46~50　(C)(A)(D)(E)(A) | 51~55　(B)(A)(B)(B)(C) |

**三、写作**

略

# 答案详解

**一、数学基础**

**1. (E)**

【思路点拨】

本题是"$0 \cdot \infty$"型未定式，因为当 $x \to \infty$ 时，$\sin \frac{2}{x} \sim \frac{2}{x}$，故利用等价无穷小的替换是最简单的解法；本题也可以将函数恒等变形转化为"$\frac{0}{0}$"型未定式，利用第一重要极限计算.

【解析】方法一：等价无穷小. $\lim\limits_{x \to \infty} x \sin \frac{2}{x} = \lim\limits_{x \to \infty} x \cdot \frac{2}{x} = 2$.

方法二：函数恒等变形转化为"$\frac{0}{0}$"型未定式. $\lim\limits_{x \to \infty} x \sin \frac{2}{x} = 2 \lim\limits_{x \to \infty} \frac{\sin \frac{2}{x}}{\frac{2}{x}} = 2$.

**2. (B)**

【思路点拨】

若 $\lim \frac{f(x)}{g(x)} = A \neq 0$，且 $\lim g(x) = 0$，则 $\lim f(x) = 0$. 故原函数为"$\frac{0}{0}$"型未定式，可使用洛必达法则进行运算，解得极限值4. 在求解过程中，可得到 $a, b$ 的值.

【解析】因为 $\lim\limits_{x \to -1} \frac{3x^2 + ax + b}{x+1} = 4 \neq 0$，且 $\lim\limits_{x \to -1}(x+1) = 0$，则 $\lim\limits_{x \to -1}(3x^2 + ax + b) = 0$，即 $a - b = 3$.

函数为"$\frac{0}{0}$"型，可使用洛必达法则，$\lim\limits_{x \to -1} \frac{3x^2 + ax + b}{x+1} = \lim\limits_{x \to -1} \frac{6x + a}{1} = a - 6 = 4$.

两式联立，解得 $a = 10, b = 7$.

**3.（E）**

【思路点拨】

分界点两侧函数表达式不同时，须用到函数连续性的充要条件，即 $\lim\limits_{x\to a}f(x)$ 存在 $\Leftrightarrow f(a-0)$，$f(a+0)$ 都存在且相等．本题在计算右极限 $\lim\limits_{x\to 0^+}f(x)$ 时，可使用等价无穷小的替换关系．

【解析】函数 $f(x)$ 在 $x=0$ 处连续，故有函数 $\lim\limits_{x\to 0^-}f(x)=\lim\limits_{x\to 0^+}f(x)=f(0)=b$.

因为 $e^x-1\sim x(x\to 0)$，有 $\lim\limits_{x\to 0^+}f(x)=\lim\limits_{x\to 0^+}\dfrac{1-e^x}{ax}=\lim\limits_{x\to 0^+}\dfrac{-x}{ax}=-\dfrac{1}{a}$，所以 $b=-\dfrac{1}{a}$，即 $ab=-1$.

**4.（A）**

【思路点拨】

当 $x\to 0$ 时，$f(x)$，$g(x)$，$h(x)$，$w(x)$ 都是无穷小量，分别与 $x$ 作商求极限，极限等于 1 的即为 $x$ 的等价无穷小．注意，解析中的等价无穷小都是在 $x\to 0$ 时进行讨论的．

【解析】因为 $\sqrt{1+x}-1\sim\dfrac{1}{2}x$，有 $\lim\limits_{x\to 0}\dfrac{\sqrt{1+x}-1}{x}=\lim\limits_{x\to 0}\dfrac{\frac{1}{2}x}{x}=\dfrac{1}{2}$，所以 $f(x)$ 与 $x$ 不是等价无穷小．

因为 $\lim\limits_{x\to 0}\dfrac{\ln\dfrac{1+x}{1-x^2}}{x}=\lim\limits_{x\to 0}\dfrac{\ln(1+x)-\ln(1-x^2)}{x}\xlongequal{\text{洛必达}}\lim\limits_{x\to 0}\left(\dfrac{1}{1+x}+\dfrac{2x}{1-x^2}\right)=1$，所以 $g(x)$ 与 $x$ 是等价无穷小．

因为 $2^x-1\sim x\ln 2$，有 $\lim\limits_{x\to 0}\dfrac{2^x-1}{x}=\lim\limits_{x\to 0}\dfrac{x\ln 2}{x}=\ln 2$，所以 $h(x)$ 与 $x$ 不是等价无穷小．

因为 $\sin x\sim x$，有 $\lim\limits_{x\to 0}\dfrac{\frac{\sin^2 x}{x}}{x}=\lim\limits_{x\to 0}\dfrac{\sin^2 x}{x^2}=\lim\limits_{x\to 0}\dfrac{x^2}{x^2}=1$，所以 $w(x)$ 与 $x$ 是等价无穷小．

综上，在 $x\to 0$ 时，$g(x)$，$w(x)$ 是与 $x$ 等价的无穷小．

**5.（D）**

【思路点拨】

若曲线弧由直角坐标方程 $y=f(x)(a\leqslant x\leqslant b)$ 给出，则弧长 $s=\displaystyle\int_a^b\sqrt{1+y'^2}\,\mathrm{d}x(a\leqslant x\leqslant b)$.

【解析】函数 $y=\dfrac{x\sqrt{x}}{\sqrt{3}}=\dfrac{1}{\sqrt{3}}x^{\frac{3}{2}}$，所以 $y'=\dfrac{\sqrt{3}}{2}x^{\frac{1}{2}}$，根据弧长公式得

$$s=\int_0^4\sqrt{1+\left(\dfrac{\sqrt{3}}{2}x^{\frac{1}{2}}\right)^2}\,\mathrm{d}x=\int_0^4\sqrt{1+\dfrac{3}{4}x}\,\mathrm{d}x=\dfrac{1}{2}\int_0^4\sqrt{3x+4}\,\mathrm{d}x$$

$$=\dfrac{1}{2}\times\dfrac{1}{3}\int_0^4\sqrt{3x+4}\,\mathrm{d}(3x+4)=\dfrac{1}{9}(\sqrt{3x+4})^3\Big|_0^4=\dfrac{56}{9}.$$

**6.（B）**

【思路点拨】

题目已知 $f(0)$ 和 $f'(0)$，求极限，故可将本题与函数 $f(x)$ 在 $x=0$ 点处的导数定义式联系起来．

本题也可以根据所求函数为 "$\dfrac{0}{0}$" 型未定式，使用洛必达法则进行求解．

【解析】方法一：利用导数的定义式求解，可得

$$\lim_{x\to 0}\frac{3^x[1-f(x)]}{x}=\lim_{x\to 0}3^x\cdot\lim_{x\to 0}\frac{1-f(x)}{x}=-\lim_{x\to 0}\frac{f(x)-1}{x}=-\lim_{x\to 0}\frac{f(x)-f(0)}{x-0}=-f'(0)=1.$$

方法二：根据洛必达法则，可得

$$\lim_{x\to 0}\frac{3^x[1-f(x)]}{x}=\lim_{x\to 0}[3^x\ln 3(1-f(x))-3^x f'(x)]=1.$$

**7. （E）**

【思路点拨】

求函数在某点处的微分，先求出在该点处的导数，然后乘 $\mathrm{d}x$.

【解析】由复合函数求导法则，得

$$g'(0)=f'(4x^2+2x)(4x^2+2x)'\big|_{x=0}=(8x+2)f'(4x^2+2x)\big|_{x=0}=2f'(0)=6,$$

所以 $\mathrm{d}g(x)\big|_{x=0}=g'(0)\mathrm{d}x=6\mathrm{d}x.$

**8. （A）**

【思路点拨】

$f(x)$ 可导不代表连续可导，即 $f(x)$ 可导，但它的导函数不一定连续.

在本题中，求非间断点 $x=1$ 处的导数，可直接求出函数 $f(x)$ 在 $x\neq 0$ 时的导函数 $f'(x)$，将 $x=1$ 代入即可．而求间断点 $x=0$ 处的导数则不能直接代入 $f'(x)$ 求解，须用导数的定义求导．

【解析】$f'(1)=\left(\dfrac{\sin x}{x}\right)'\bigg|_{x=1}=\dfrac{x\cos x-\sin x}{x^2}\bigg|_{x=1}=\cos 1-\sin 1;$

$$f'(0)=\lim_{x\to 0}\frac{f(x)-f(0)}{x}=\lim_{x\to 0}\frac{\dfrac{\sin x}{x}-1}{x}=\lim_{x\to 0}\frac{\sin x-x}{x^2}=\lim_{x\to 0}\frac{\cos x-1}{2x}=\lim_{x\to 0}\frac{-\dfrac{1}{2}x^2}{2x}=0.$$

所以 $f'(0)+f'(1)=\cos 1-\sin 1.$

**9. （A）**

【思路点拨】

一元隐函数求导方法比较简单，在方程两边同时对 $x$ 求导即可；

导数的几何意义：函数在某点处的导数，表示曲线在该点处的切线斜率.

【解析】当 $x=0$ 时，$y(0)=1.$ 方程 $y+xe^{xy}=1$ 两边同时对 $x$ 求导，得 $y'+e^{xy}+xe^{xy}(y+xy')=0$，解得 $y'(0)=-1.$ 由点斜式得切线方程为 $y-1=-x$，即 $x+y=1.$

**10. （B）**

【思路点拨】

(1)求解单调性和极值的步骤：①确定函数 $f(x)$ 的定义域；

②求 $f'(x)$，并求出函数 $f(x)$ 在定义域内的所有驻点和 $f'(x)$ 不存在的点；

③根据 $f'(x)$ 在各区间的正负判别各区间内的单调性，利用极值存在的第一充分条件判别函数的极值点；

④求出各极值点的函数值，即得函数 $f(x)$ 的全部极值；

⑤确定函数大致走向(可画出图像)，判断极值点是否为最值点．

(2)判断凹凸性：若函数 $f(x)$ 在 $[a,b]$ 上连续，在 $(a,b)$ 内二阶可导，则

①若 $f''(x)>0$，$x\in(a,b)$，则 $f(x)$ 在 $[a,b]$ 上的图形为凹的；

②若 $f''(x)<0$，$x\in(a,b)$，则 $f(x)$ 在 $[a,b]$ 上的图形为凸的．

【解析】函数的定义域为 $(-\infty,+\infty)$，$f'(x)=\mathrm{e}^x(x^2+2x-3)=\mathrm{e}^x(x-1)(x+3)$．

令 $f'(x)=0$，解得 $x=1$，$x=-3$，划分定义域，可见下表：

| $x$ | $(-\infty,-3)$ | $-3$ | $(-3,1)$ | $1$ | $(1,+\infty)$ |
| --- | --- | --- | --- | --- | --- |
| $f'(x)$ | $+$ | 极大值 | $-$ | 极小值 | $+$ |
| $f(x)$ | 单调递增 | $6\mathrm{e}^{-3}$ | 单调递减 | $-2\mathrm{e}$ | 单调递增 |

故单调递增区间为 $(-\infty,-3)$，$(1,+\infty)$，单调递减区间为 $(-3,1)$，极大值为 $6\mathrm{e}^{-3}$，极小值为 $-2\mathrm{e}$，(C)、(D)项错误．

其中 $\lim\limits_{x\to-\infty}f(x)=\lim\limits_{x\to-\infty}(x^2-3)\mathrm{e}^x=0>-2\mathrm{e}$，故极小值 $-2\mathrm{e}$ 为最小值，(B)项正确；

$\lim\limits_{x\to+\infty}f(x)=\lim\limits_{x\to+\infty}(x^2-3)\mathrm{e}^x=+\infty$，不存在最大值，(A)项错误．

$f''(x)=\mathrm{e}^x(x^2+4x-1)=\mathrm{e}^x[(x+2)^2-5]$，当 $f''(x)>0$ 时，有凹区间 $(-\infty,-\sqrt{5}-2)$，$(\sqrt{5}-2,+\infty)$，(E)项错误．

**11.** (E)

【思路点拨】

遇到积分变限函数，一般先利用求导定理进行求导．本题中，先求导得出关于 $2x$ 的函数表达式，然后令 $2x=1$，即可求得结果．

【解析】在 $\int_0^{2x}f(t)\mathrm{d}t=\mathrm{e}^x-1$ 两边同时求导得 $2f(2x)=\mathrm{e}^x$，令 $2x=1$，即 $x=\dfrac{1}{2}$，解得 $f(1)=\dfrac{\sqrt{\mathrm{e}}}{2}$．

**12.** (E)

【思路点拨】

本题在区间 $[0,\pi]$ 上比较被积函数的大小即可．被积函数之间作差，比较差是否大于 $0$，从而判断积分之间的大小．为了简便计算，可以利用定积分的几何意义，确定定积分的值．

【解析】在区间 $[0,\pi]$ 上 $\mathrm{e}^{\sin x}>0$，则有 $\mathrm{e}^{\sin x}\cos^2 x>0$，$\mathrm{e}^{\sin x}\cos^4 x>0$，可得

$$\mathrm{e}^{\sin x}(\cos^2 x-\cos^3 x)=\mathrm{e}^{\sin x}\cos^2 x(1-\cos x)>0\Rightarrow I>J>0.$$

同理，$\mathrm{e}^{\sin x}(\cos^2 x-\cos^4 x)=\mathrm{e}^{\sin x}\cos^2 x(1-\cos^2 x)=\mathrm{e}^{\sin x}\cos^2 x\sin^2 x>0$，所以 $I>K$．

又 $J=\int_0^\pi \mathrm{e}^{\sin x}\cos^3 x\mathrm{d}x=\int_0^\pi \mathrm{e}^{\sin x}\cos^2 x\mathrm{d}\sin x\xrightarrow{\text{令}\sin x=t}\int_0^0 \mathrm{e}^t(1-t^2)\mathrm{d}t=0$，故有 $I>J>K$．

**13.** (A)

【思路点拨】

被积表达式凑微分得 $\dfrac{1}{x^3}\mathrm{e}^{\frac{1}{x}}\mathrm{d}x=\dfrac{1}{x}\cdot\dfrac{1}{x^2}\mathrm{e}^{\frac{1}{x}}\mathrm{d}x=-\dfrac{1}{x}\mathrm{e}^{\frac{1}{x}}\mathrm{d}\dfrac{1}{x}$，为计算方便可以作变量代换 $\dfrac{1}{x}=t$，注意，计算定积分时，换元必换限，然后用分部积分法进行求解．

【解析】$\int_{\frac{1}{2}}^1 \dfrac{1}{x^3}\mathrm{e}^{\frac{1}{x}}\mathrm{d}x=-\int_{\frac{1}{2}}^1 \dfrac{1}{x}\mathrm{e}^{\frac{1}{x}}\mathrm{d}\dfrac{1}{x}=\int_1^2 t\mathrm{e}^t\mathrm{d}t=\int_1^2 t\mathrm{d}\mathrm{e}^t=t\mathrm{e}^t\Big|_1^2-\int_1^2 \mathrm{e}^t\mathrm{d}t=(t-1)\mathrm{e}^t\Big|_1^2=\mathrm{e}^2.$

**14.**（C）

【思路点拨】

求抽象函数的积分时，若已知 $f(x)$ 的原函数，不要着急求出 $f(x)$ 的具体表达式，可以运用分部积分法，简化计算过程.

【解析】由 $f(x)$ 的一个原函数是 $F(x)=x\sin x$，可得

$$\int_0^\pi xf(x)\mathrm{d}x=\int_0^\pi x\mathrm{d}F(x)=xF(x)\Big|_0^\pi-\int_0^\pi F(x)\mathrm{d}x=x^2\sin x\Big|_0^\pi-\int_0^\pi x\sin x\mathrm{d}x$$

$$=-\int_0^\pi x\sin x\mathrm{d}x=\int_0^\pi x\mathrm{d}\cos x=x\cos x\Big|_0^\pi-\sin x\Big|_0^\pi=-\pi.$$

**15.**（C）

【思路点拨】

已知函数 $y=f(x)$ 的变化率 $f'(x)$，求函数在区间 $[a,b]$ 上的改变量，即求 $f(b)-f(a)=\int_a^b f'(x)\mathrm{d}x$，本题计算时用到凑微分法.

【解析】由题意知 $y'=\dfrac{10}{(x+1)^2}+1$.

$$y(9)-y(1)=\int_1^9\left[\dfrac{10}{(x+1)^2}+1\right]\mathrm{d}x=\int_1^9\dfrac{10}{(x+1)^2}\mathrm{d}(x+1)+\int_1^9\mathrm{d}x=-\dfrac{10}{x+1}\Big|_1^9+x\Big|_1^9=12.$$

**16.**（D）

【思路点拨】

本题可以利用绕 $x$ 轴旋转所成旋转体的体积公式 $V_x=\pi\int_a^b y^2(x)\mathrm{d}x$ 直接代入计算；也可以根据旋转体的图像性质，将区间 $[0,2\pi]$ 拆分成 2 个或 4 个相等的区间进行计算. 计算时用到降幂公式 $\sin^2 x=\dfrac{1-\cos 2x}{2}$.

【解析】根据旋转体的图像性质，可得

$$V_x=2\pi\int_0^\pi\sin^2 x\mathrm{d}x=\pi\int_0^\pi(1-\cos 2x)\mathrm{d}x=\pi\left(x-\dfrac{1}{2}\sin 2x\right)\Big|_0^\pi=\pi^2.$$

**17.**（A）

【思路点拨】

由 $f''(x)>0$，可知 $f(x)$ 是凹函数，根据凹函数的图像性质可以快速求解. 本题还可以举反例进行排除.

【解析】方法一：图像法.

由 $f''(x)>0$，可知 $f(x)$ 是凹函数，数形结合，曲边梯形的面积为 $\int_0^2 f(x)\mathrm{d}x$，梯形的面积为 $\dfrac{[f(0)+f(2)]\times 2}{2}=f(0)+f(2)$，如图所示，曲边梯形的面积小于梯形的面积，所以有

$$\int_0^2 f(x)\mathrm{d}x<f(0)+f(2).$$

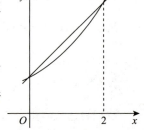

方法二：排除法.

令 $f(x)=x^2$，符合题意. 此时 $\int_0^2 f(x)\mathrm{d}x=\int_0^2 x^2\mathrm{d}x=\dfrac{8}{3}$，$f(0)=0$，$f(1)=1$，$f(2)=4$，计

算可知，(B)、(D)、(E)项错误．

令 $f(x)=(x-2)^2$，符合题意．此时 $\int_0^2 f(x)\mathrm{d}x = \int_0^2 (x-2)^2 \mathrm{d}x = \dfrac{8}{3}$，$f(0)=4$，$f(1)=1$，$f(2)=0$，计算可知，(C)项错误，只能选(A)项．

## 18. (B)

**【思路点拨】**

求二元函数偏导数，即将两个自变量中的一个变量看作常数，对另一个变量求导数，这时的二元函数实际上可视为一元函数，因此在求偏导数时可利用一元函数的求导公式、运算法则去求导．

**【解析】** 因为

$\left.\dfrac{\partial z}{\partial x}\right|_{(0,1)} = \left[-f'(y-x)+\cos x\right]\Big|_{(0,1)} = -f'(1)+1$，$\left.\dfrac{\partial z}{\partial y}\right|_{(0,1)} = \left[f'(y-x)+\mathrm{e}^y\right]\Big|_{(0,1)} = f'(1)+\mathrm{e}$，

所以 $\left.\dfrac{\partial z}{\partial x}\right|_{(0,1)} + \left.\dfrac{\partial z}{\partial y}\right|_{(0,1)} = \mathrm{e}+1$．

## 19. (D)

**【思路点拨】**

判别二重极限存在性常用夹逼准则、第一重要极限、等价无穷小的替换等方法；

判别二元函数的连续性与一元函数类似，根据定义判别是否连续；

判别二元分段函数在分界点处的可导、可微性，须用定义法．

**【解析】** $\dfrac{-|xy|}{\sqrt{x^2+y^2}} \leqslant \dfrac{x|y|}{\sqrt{x^2+y^2}} \leqslant \dfrac{|xy|}{\sqrt{x^2+y^2}}$，因为

$$0 \leqslant \left|\dfrac{xy}{\sqrt{x^2+y^2}}\right| = \sqrt{\dfrac{x^2y^2}{x^2+y^2}} \leqslant \sqrt{\dfrac{x^2y^2}{2xy}} = \sqrt{\dfrac{|xy|}{2}},$$

所以 $\lim\limits_{(x,y)\to(0,0)} \dfrac{|xy|}{\sqrt{x^2+y^2}} = 0$．根据夹逼准则，可知 $\lim\limits_{(x,y)\to(0,0)} f(x,y) = \lim\limits_{(x,y)\to(0,0)} \dfrac{x|y|}{\sqrt{x^2+y^2}} = 0 = f(0,0)$，由连续性的定义可知①正确．

又因为

$$f'_x(0,0) = \lim_{\Delta x\to 0} \dfrac{f(0+\Delta x,0)-f(0,0)}{\Delta x} = \lim_{\Delta x\to 0} \dfrac{0-0}{\Delta x} = 0,$$

$$f'_y(0,0) = \lim_{\Delta y\to 0} \dfrac{f(0,0+\Delta y)-f(0,0)}{\Delta y} = \lim_{\Delta y\to 0} \dfrac{0-0}{\Delta y} = 0,$$

所以 $f(x,y)$ 在 $(0,0)$ 点处偏导数存在，故③正确，而②错误．

先判断函数 $f(x,y)$ 在 $(0,0)$ 点的可微性，$\Delta f - f'_x(0,0)\mathrm{d}x - f'_y(0,0)\mathrm{d}y = \dfrac{\Delta x|\Delta y|}{\sqrt{(\Delta x)^2+(\Delta y)^2}}$，而极限 $\lim\limits_{(\Delta x,\Delta y)\to(0,0)} \dfrac{\dfrac{\Delta x|\Delta y|}{\sqrt{(\Delta x)^2+(\Delta y)^2}}}{\sqrt{(\Delta x)^2+(\Delta y)^2}} = \lim\limits_{(\Delta x,\Delta y)\to(0,0)} \dfrac{\Delta x|\Delta y|}{(\Delta x)^2+(\Delta y)^2}$ 不存在，故函数 $f(x,y)$ 在 $(0,0)$ 点处不可微，则一定不存在全微分，所以④错误．

**20.**（C）

**【思路点拨】**

二元函数无条件极值的计算步骤：

(1)计算函数 $z=f(x,y)$ 的偏导数 $f'_x$，$f'_y$，解方程组 $\begin{cases} f'_x=0, \\ f'_y=0, \end{cases}$ 求得驻点 $(x_0,y_0)$；

(2)计算所有二阶偏导数，在每个驻点 $(x_0,y_0)$ 处，记 $A=f''_{xx}(x_0,y_0)$，$B=f''_{xy}(x_0,y_0)$，$C=f''_{yy}(x_0,y_0)$，利用极值存在的充分条件判断其是否为极值点；

(3)计算函数的极值．

**【解析】** 令 $\begin{cases} f'_x(x,y)=2x+2y+1=0, \\ f'_y(x,y)=2x+4y+1=0, \end{cases}$ 解得驻点 $\left(-\dfrac{1}{2},0\right)$．

$f''_{xx}(x,y)=2$，$f''_{xy}(x,y)=2$，$f''_{yy}(x,y)=4$，在点 $\left(-\dfrac{1}{2},0\right)$ 处，$A=2$，$B=2$，$C=4$，

由于 $AC-B^2=4>0$，且 $A>0$，所以 $f\left(-\dfrac{1}{2},0\right)$ 是极小值．

**21.**（A）

**【思路点拨】**

本题是抽象的复合函数求偏导，根据链式法则"同链相乘，异链相加"求解．求解时运用链式法则，写出相应的公式，最后将点代入求得结果．

**【解析】** 设 $u(x)=\sin x$，$v(x)=\cos x$，则

$$\dfrac{dg}{dx}=\dfrac{\partial f}{\partial u}\dfrac{du}{dx}+\dfrac{\partial f}{\partial v}\dfrac{dv}{dx}=\dfrac{\partial f}{\partial u}\cos x-\dfrac{\partial f}{\partial v}\sin x=f'_u\cos x-f'_v\sin x;$$

$$\left.\dfrac{d^2g}{dx^2}\right|_{x=0}=(f''_{uu}\cos^2 x-f''_{uv}\sin x\cos x-f'_u\sin x-f''_{vu}\cos x\sin x+f''_{vv}\sin^2 x-f'_v\cos x)\Big|_{x=0}$$

$$=f''_{uu}(0,1)-f'_v(0,1)=3-2=1.$$

**22.**（B）

**【思路点拨】**

通过对二阶行列式的计算，比较 $M$ 和 $N$ 的关系．

**【解析】** 根据二阶行列式计算公式，可得 $M=a_{11}a_{22}-a_{12}a_{21}$，$N=b_{11}b_{22}-b_{12}b_{21}$．

当 $a_{ij}=2b_{ij}(i,j=1,2)$ 时，$M=a_{11}a_{22}-a_{12}a_{21}=4b_{11}b_{22}-4b_{12}b_{21}=4N$，故（A）项错误，（B）项正确．

当 $M=N$ 时，可知 $a_{11}a_{22}-a_{12}a_{21}=b_{11}b_{22}-b_{12}b_{21}$，但无法推出 $a_{ij}=b_{ij}(i,j=1,2)$，故（C）项错误．

同理可得，（D）、（E）项都不对．

**23.**（E）

**【思路点拨】**

把行列式的计算结果看作关于 $x$ 的一元多项式(或函数)，进而利用方程求根的方法进行解答．对于三阶行列式的计算，可以直接利用三阶行列式的计算公式，也可以利用行列式的性质和展开定理，对行列式进行降阶计算．

【解析】方法一：利用三阶行列式计算公式．
$$f(x)=1\times 4\cdot x^2+(-2)\cdot x\cdot 1+1\times(-1)\times(-8)-1\times 4\times 1-(-2)\times(-1)\cdot x^2-1\cdot x\cdot(-8)$$
$$=2x^2+6x+4=2(x+1)(x+2).$$

方法二：利用行列式的性质和展开定理．
$$f(x)=\begin{vmatrix} 1 & -2 & 1 \\ -1 & 4 & x \\ 1 & -8 & x^2 \end{vmatrix}=\begin{vmatrix} 1 & -2 & 1 \\ 0 & 2 & x+1 \\ 0 & -6 & x^2-1 \end{vmatrix}=\begin{vmatrix} 2 & x+1 \\ -6 & x^2-1 \end{vmatrix}=2x^2+6x+4=2(x+1)(x+2).$$

因此 $f(x)=0$ 的两个根分别是 $x_1=-1$，$x_2=-2$．

**24.** (D)

【思路点拨】

把矩阵 $A$ 根据题目条件作相应的初等变换，再判断变换后的矩阵与原矩阵相等需满足的条件，进而给出结论．

【解析】根据题目条件，把矩阵做相应的初等行、列变换，可得

$$A=\begin{pmatrix} a_{11} & a_{12} \\ a_{21} & a_{22} \end{pmatrix} \xrightarrow{交换两行} \begin{pmatrix} a_{21} & a_{22} \\ a_{11} & a_{12} \end{pmatrix} \xrightarrow{交换两列} \begin{pmatrix} a_{22} & a_{21} \\ a_{12} & a_{11} \end{pmatrix}=B.$$

若 $A=B$，则 $a_{11}=a_{22}$，$a_{12}=a_{21}$．

因为 $a_{ij}\in\{1,2,3\}(i,j=1,2)$，所以 $a_{11}=a_{22}\in\{1,2,3\}$，$a_{12}=a_{21}\in\{1,2,3\}$，满足此条件的矩阵共有 $3\times 3=9$(个)．

**25.** (C)

【思路点拨】

三个矩阵相乘，可以根据矩阵乘法的结合律得到最终结果．

也可以观察矩阵，发现 $\begin{pmatrix} 0 & 0 & 1 \\ 0 & 1 & 0 \\ 1 & 0 & 0 \end{pmatrix}$，$\begin{pmatrix} 1 & k \\ 0 & 1 \end{pmatrix}$ 都是初等矩阵，根据左行右列的口诀对 $\begin{pmatrix} a_{11} & a_{12} \\ a_{21} & a_{22} \\ a_{31} & a_{32} \end{pmatrix}$ 进行初等变换．

【解析】方法一：直接作矩阵的乘法运算．

$$\begin{pmatrix} 0 & 0 & 1 \\ 0 & 1 & 0 \\ 1 & 0 & 0 \end{pmatrix}\begin{pmatrix} a_{11} & a_{12} \\ a_{21} & a_{22} \\ a_{31} & a_{32} \end{pmatrix}=\begin{pmatrix} a_{31} & a_{32} \\ a_{21} & a_{22} \\ a_{11} & a_{12} \end{pmatrix},$$

$$\begin{pmatrix} a_{31} & a_{32} \\ a_{21} & a_{22} \\ a_{11} & a_{12} \end{pmatrix}\begin{pmatrix} 1 & k \\ 0 & 1 \end{pmatrix}=\begin{pmatrix} a_{31} & a_{32}+ka_{31} \\ a_{21} & a_{22}+ka_{21} \\ a_{11} & a_{12}+ka_{11} \end{pmatrix}.$$

方法二：初等行变换．

本题相当于先将 $\begin{pmatrix} a_{11} & a_{12} \\ a_{21} & a_{22} \\ a_{31} & a_{32} \end{pmatrix}$ 的第一行、第三行交换，得 $\begin{pmatrix} a_{31} & a_{32} \\ a_{21} & a_{22} \\ a_{11} & a_{12} \end{pmatrix}$；再将第一列的 $k$ 倍加到第

二列，得 $\begin{bmatrix} a_{31} & a_{32}+ka_{31} \\ a_{21} & a_{22}+ka_{21} \\ a_{11} & a_{12}+ka_{11} \end{bmatrix}$.

**26.** (D)

**【思路点拨】**

本题可以利用向量组线性相关的概念进行讨论，如果存在不全为零的数 $k_1,k_2,\cdots,k_n$，使 $k_1\boldsymbol{\alpha}_1+k_2\boldsymbol{\alpha}_2+\cdots+k_n\boldsymbol{\alpha}_n=\boldsymbol{0}$，则称向量组是线性相关的，否则线性无关.

本题也可以把向量组的秩问题转化为矩阵的秩进行求解．矩阵的秩等于它的列向量组的秩，也等于它的行向量组的秩.

**【解析】方法一：** 设 $\boldsymbol{\alpha}_i=(\alpha_{i1},\alpha_{i2},\alpha_{i3})^{\mathrm{T}}(i=1,2,3,4)$，则 $r(\boldsymbol{\alpha}_1,\boldsymbol{\alpha}_2,\boldsymbol{\alpha}_3,\boldsymbol{\alpha}_4)$ 即为对应的 $3\times 4$ 矩阵的秩．根据矩阵初等变换不改变矩阵秩的性质，可以得到

$$r(\boldsymbol{\alpha}_1,\boldsymbol{\alpha}_2,\boldsymbol{\alpha}_3,\boldsymbol{\alpha}_4)=r(\boldsymbol{\alpha}_1+\boldsymbol{\alpha}_2,\boldsymbol{\alpha}_2+\boldsymbol{\alpha}_3,\boldsymbol{\alpha}_3+\boldsymbol{\alpha}_4,\boldsymbol{\alpha}_4)\leqslant 3.$$

又因为 $\boldsymbol{\alpha}_1+\boldsymbol{\alpha}_2,\boldsymbol{\alpha}_2+\boldsymbol{\alpha}_3,\boldsymbol{\alpha}_3+\boldsymbol{\alpha}_4$ 线性无关，故有 $r(\boldsymbol{\alpha}_1+\boldsymbol{\alpha}_2,\boldsymbol{\alpha}_2+\boldsymbol{\alpha}_3,\boldsymbol{\alpha}_3+\boldsymbol{\alpha}_4,\boldsymbol{\alpha}_4)\geqslant 3$.

两式联立，可得 $r(\boldsymbol{\alpha}_1,\boldsymbol{\alpha}_2,\boldsymbol{\alpha}_3,\boldsymbol{\alpha}_4)=r(\boldsymbol{\alpha}_1+\boldsymbol{\alpha}_2,\boldsymbol{\alpha}_2+\boldsymbol{\alpha}_3,\boldsymbol{\alpha}_3+\boldsymbol{\alpha}_4,\boldsymbol{\alpha}_4)=3$，因此选 (D) 项.

**方法二：** 由于向量都是三维向量，那么三维空间中线性无关的向量最多有三个，即 $\boldsymbol{\alpha}_1,\boldsymbol{\alpha}_2,\boldsymbol{\alpha}_3,\boldsymbol{\alpha}_4$ 中线性无关的向量最多三个，排除(E)项.

当且仅当 $\boldsymbol{\alpha}_i=\boldsymbol{0}(i=1,2,3,4)$ 时，(A)项成立，此时 $\boldsymbol{\alpha}_1+\boldsymbol{\alpha}_2,\boldsymbol{\alpha}_2+\boldsymbol{\alpha}_3,\boldsymbol{\alpha}_3+\boldsymbol{\alpha}_4$ 线性相关，与已知矛盾，故(A)项错误.

若秩为 1，即 $\boldsymbol{\alpha}_i=k_i\boldsymbol{\alpha}_1(i=2,3,4)$，此时 $\boldsymbol{\alpha}_1+\boldsymbol{\alpha}_2,\boldsymbol{\alpha}_2+\boldsymbol{\alpha}_3,\boldsymbol{\alpha}_3+\boldsymbol{\alpha}_4$ 均可由 $\boldsymbol{\alpha}_1$ 线性表示，则三个向量线性相关，与已知矛盾，故(B)项错误.

若秩为 2，假设 $\boldsymbol{\alpha}_1,\boldsymbol{\alpha}_2$ 是极大线性无关组，则 $\boldsymbol{\alpha}_3,\boldsymbol{\alpha}_4$ 都可以用 $\boldsymbol{\alpha}_1,\boldsymbol{\alpha}_2$ 线性表示，此时 $\boldsymbol{\alpha}_1+\boldsymbol{\alpha}_2,\boldsymbol{\alpha}_2+\boldsymbol{\alpha}_3,\boldsymbol{\alpha}_3+\boldsymbol{\alpha}_4$ 均可由 $\boldsymbol{\alpha}_1,\boldsymbol{\alpha}_2$ 线性表示，则三个向量线性相关，与已知矛盾，故(C)项错误.

排除法可知，选(D).

**27.** (B)

**【思路点拨】**

可以把向量组的线性相关性转化为矩阵的秩与向量个数的关系或者方阵行列式为零的问题进行考虑.

**【解析】** 以 $(1,3,1),(-1,k,0),(-k,2,k)$ 为列向量组成矩阵 $\boldsymbol{A}=\begin{bmatrix} 1 & -1 & -k \\ 3 & k & 2 \\ 1 & 0 & k \end{bmatrix}$.

**方法一：** 对 $\boldsymbol{A}$ 进行初等变换，可得

$$\boldsymbol{A}=\begin{bmatrix} 1 & -1 & -k \\ 3 & k & 2 \\ 1 & 0 & k \end{bmatrix}\to\begin{bmatrix} 1 & -1 & -k \\ 0 & k+3 & 2+3k \\ 0 & 1 & 2k \end{bmatrix}\to\begin{bmatrix} 1 & -1 & -k \\ 0 & 1 & 2k \\ 0 & 0 & -(2k-1)(k+2) \end{bmatrix},$$

由向量组 $(1,3,1),(-1,k,0),(-k,2,k)$ 线性相关，可得 $r(\boldsymbol{A})<3$，故

$$-(2k-1)(k+2)=0 \Rightarrow k=-2 \text{ 或 } \frac{1}{2}.$$

**方法二**：向量组 $(1,3,1)$，$(-1,k,0)$，$(-k,2,k)$ 线性相关，可以得到 $|A|=0$，即

$$\begin{vmatrix} 1 & -1 & -k \\ 3 & k & 2 \\ 1 & 0 & k \end{vmatrix} = 2k^2+3k-2=0 \Rightarrow k=-2 \text{ 或 } \frac{1}{2}.$$

## 28. (D)

【思路点拨】

本题主要考查线性方程组"基础解系中向量个数＝未知数个数－$r(A)$"这一性质，将各选项中所给的 $a$ 的值代入矩阵中，计算对应的矩阵 $A$ 的秩，进而判断基础解系中的向量个数.

【解析】$Ax=0$ 的基础解系中含有 $3-r(A)$ 个向量.

当 $a=1$ 时，$A=\begin{pmatrix} 1 & 1 & 1 \\ 1 & 1 & 1 \\ 1 & 1 & 1 \end{pmatrix}$，故 $r(A)=1$. 因此基础解系中含有 2 个向量，①错误，③正确.

当 $a=-2$ 时，$A=\begin{pmatrix} -2 & 1 & 1 \\ 1 & -2 & 1 \\ 1 & 1 & -2 \end{pmatrix} \rightarrow \begin{pmatrix} -2 & 1 & 1 \\ 1 & -2 & 1 \\ 0 & 0 & 0 \end{pmatrix}$，故 $r(A)=2$. 因此基础解系中含有 1 个向量，②正确，④错误.

## 29. (C)

【思路点拨】

本题使用"间接法"求概率，当所求事件 $A$ 的概率不好计算时，可以先求解其逆事件 $\overline{A}$ 的概率，再利用 $P(A)=1-P(\overline{A})$ 计算.

【解析】设事件 $A=\{$有人投中$\}$，$B_1=\{$甲投中$\}$，$B_2=\{$乙投中$\}$，$B_3=\{$丙投中$\}$，则 $\overline{A}=\{$三人都未投中$\}$.

由题意知，$P(B_1)=\frac{1}{3}$，$P(B_2)=\frac{1}{4}$，$P(B_3)=\frac{1}{5}$，则 $P(\overline{B_1})=\frac{2}{3}$，$P(\overline{B_2})=\frac{3}{4}$，$P(\overline{B_3})=\frac{4}{5}$.

显然，$B_1$、$B_2$、$B_3$ 相互独立，则有

$$P(\overline{A})=P(\overline{B_1}\overline{B_2}\overline{B_3})=P(\overline{B_1})P(\overline{B_2})P(\overline{B_3})=\frac{2}{3}\times\frac{3}{4}\times\frac{4}{5}=\frac{2}{5}.$$

因此，$P(A)=1-P(\overline{A})=\frac{3}{5}=0.6$.

## 30. (D)

【思路点拨】

若随机变量 $X$ 服从指数分布 $X\sim E(\lambda)$，其概率密度函数和分布函数分别为

$$f(x)=\begin{cases} \lambda e^{-\lambda x}, & x\geqslant 0, \\ 0, & x<0, \end{cases} F(x)=\begin{cases} 1-e^{-\lambda x}, & x\geqslant 0, \\ 0, & x<0. \end{cases}$$

指数分布具有无记忆性：$P\{X>s+t\mid X>s\}=P\{X>t\}$.

【解析】**方法一**：由题意知，$X\sim E(2)$，根据指数分布的无记忆性，有 $a=P\{X>11\mid X>1\}=P\{X>10\}$，$b=P\{X>20\mid X>10\}=P\{X>10\}$，$c=P\{X>100\mid X>90\}=P\{X>10\}$，因此 $a=b=c$.

方法二：由题意知，$F(x)=\begin{cases}1-e^{-2x}, & x\geq 0,\\ 0, & x<0.\end{cases}$ 则 $a=P\{X>11|X>1\}=\dfrac{P\{X>11\}}{P\{X>1\}}=$

$\dfrac{1-F(11)}{1-F(1)}=e^{-20}$，同理可得 $b=e^{-20}$，$c=e^{-20}$，因此 $a=b=c$.

**31.**（C）

【思路点拨】

本题是基础题型，解题的关键点在于随机变量 $X$，$Y$ 独立同分布，由此可确定 $X$，$Y$ 的分布律.

【解析】因随机变量 $X$，$Y$ 同分布，所以 $X$，$Y$ 的取值均为 0，1，则

$$P\{XY=0\}=P\{X=0,Y=1\}+P\{X=1,Y=0\}+P\{X=0,Y=0\}.$$

又因为 $X$，$Y$ 相互独立，则

$$P\{XY=0\}=P\{X=0\}P\{Y=1\}+P\{X=1\}P\{Y=0\}+P\{X=0\}P\{Y=0\}$$
$$=\dfrac{1}{3}\times\dfrac{2}{3}+\dfrac{2}{3}\times\dfrac{1}{3}+\dfrac{1}{3}\times\dfrac{1}{3}=\dfrac{5}{9}.$$

**32.**（C）

【思路点拨】

本题使用条件概率公式：$P(A|B)=\dfrac{P(AB)}{P(B)}$，以及一般加法公式：对于任意的事件 $A$，$B$，有 $P(A\cup B)=P(A)+P(B)-P(AB)$.

【解析】根据条件概率公式 $P(B|A)=\dfrac{P(AB)}{P(A)}=\dfrac{1}{2}$，且 $P(AB)=\dfrac{1}{8}$，则 $P(A)=\dfrac{P(AB)}{P(B|A)}=\dfrac{1}{4}$.

同理，$P(B)=\dfrac{P(AB)}{P(A|B)}=\dfrac{3}{8}$.

因此，对任意的事件 $A$，$B$，有 $P(A\cup B)=P(A)+P(B)-P(AB)=\dfrac{1}{4}+\dfrac{3}{8}-\dfrac{1}{8}=\dfrac{1}{2}$.

**33.**（D）

【思路点拨】

若 $X\sim N(\mu,\sigma^2)$，则 $\dfrac{X-\mu}{\sigma}\sim N(0,1)$. 标准正态分布分布函数 $\Phi(x)$ 的性质：$\Phi(-x)=1-\Phi(x)$.

也可以根据正态分布的对称性求解，正态分布的密度函数图像关于 $x=\mu$ 对称，则对于任意的 $h>0$ 均有 $P\{X\leq\mu-h\}=P\{X\geq\mu+h\}$.

【解析】方法一：随机变量 $X\sim N(2,9)$，利用正态分布的标准化变换，有

$$P\{X\leq -1\}=P\left\{\dfrac{X-2}{3}\leq\dfrac{-1-2}{3}\right\}=\Phi(-1)=1-\Phi(1)=a.$$

$$P\{X\geq 5\}=1-P\{X<5\}=1-P\left\{\dfrac{X-2}{3}<\dfrac{5-2}{3}\right\}=1-\Phi(1)=a.$$

方法二：易知 $x\leq -1$ 和 $x\geq 5$ 的区域关于直线 $x=2$ 对称，故 $P\{X\geq 5\}=P\{X\leq -1\}=a$.

**34.**（E）

【思路点拨】

若 $X\sim P(\lambda)$，则 $X$ 的分布律为 $P\{X=k\}=\dfrac{\lambda^k}{k!}e^{-\lambda}$，$k=0$，1，2，$\cdots$.

【解析】设工作日上午某诊所的就诊人数为随机变量 $X$，则所求的概率为 $P\{X\geqslant 2\}$。由题意知 $X\sim P(5)$，因此

$$P\{X\geqslant 2\}=1-P\{X=0\}-P\{X=1\}=1-\frac{5^0}{0!}e^{-5}-\frac{5^1}{1!}e^{-5}=1-6e^{-5}.$$

**35.（B）**

【思路点拨】

设 $X$ 的概率密度函数为 $f(x)$，则 $Y=G(x)$ 的数学期望为 $E(Y)=\int_{-\infty}^{+\infty}g(x)\cdot f(x)\mathrm{d}x$，若区间是关于原点的对称区间，需要考虑被积函数的奇偶性。

方差的计算公式：$D(X)=E(X^2)-[E(X)]^2$。

【解析】$X\sim U[-1,1]$，则 $f(x)=\begin{cases}\dfrac{1}{2}, & -1\leqslant x\leqslant 1,\\ 0, & \text{其他}.\end{cases}$

$E(Y)=\int_{-1}^{1}x^3\cdot f(x)\mathrm{d}x=\frac{1}{2}\int_{-1}^{1}x^3\mathrm{d}x=0$；$E(Y^2)=\int_{-1}^{1}x^6\cdot f(x)\mathrm{d}x=\frac{1}{2}\times 2\int_{0}^{1}x^6\mathrm{d}x=\frac{1}{7}$。

故 $D(Y)=E(Y^2)-[E(Y)]^2=\dfrac{1}{7}$。

## 二、逻辑推理

**36.（D）**

【解析】

锁定关键词"由此指出"，可知此前是论据，此后是论点。

专家：到 2020 年我国 9 899 万农村贫困人口全部脱贫，832 个贫困县全部摘帽，12.8 万个贫困村全部出列 —证明→ 我国取得这场脱贫攻坚战的胜利为全球减贫事业作出了重大贡献。

(A)、(B)项，无关选项，这两项均说明了我国取得这场脱贫攻坚战胜利的意义，但不涉及对全球减贫事业的贡献。

(C)项，无关选项，此项指出我国脱贫攻坚战的胜利"赢得了国际社会广泛赞誉"，但这并不能说明我国取得这场脱贫攻坚战的胜利"对全球减贫事业作出了重大贡献"。

(D)项，指出我国减贫人口占同期全球减贫人口的 70% 以上，那么，我国实现全面脱贫，就意味着全球 70% 的贫困人口脱贫。此项补充新的论据，说明我国取得这场脱贫攻坚战的胜利确实对全球减贫事业作出了重大贡献，支持专家的论断。

(E)项，无关选项，此项仅指出我国人口总量占全球人口总数的比例高，但不涉及"脱贫人口"。

**37.（C）**

【解析】

(A)项，丙花坛既未种牡丹也未种茉莉，故此项为假。

(B)项，乙花坛既种菊花也种郁金香，故此项为假。

(C)项，此项与 4 个花坛的种植情况均不矛盾，故正确。

(D)项，丙花坛中间格种的不是牡丹，且该花坛其他格(即左、右两格)也未种牡丹，故此项为假。

(E)项，甲花坛左边格种的不是郁金香或玫瑰，且该花坛未种百合，故此项为假。

**38. (D)**

【解析】

使用选项排除法：

(A)项，与条件(3)中"乙箱中没有银牌"矛盾，故排除。

(B)项，与条件(1)"甲箱中至少有一枚奖牌是铜牌"矛盾，故排除。

(C)项，与条件(3)中"乙箱中没有银牌"矛盾，故排除。

(D)项，与题干已知条件均不矛盾，故正确。

(E)项，与条件(2)"至少有一个箱子，其两枚奖牌的类别不同"矛盾，故排除。

**39. (B)**

【解析】

(A)项，丙箱中为银牌和银牌，若甲箱中均为铜牌且乙箱中均为金牌，则与条件(2)"至少有一个箱子，其两枚奖牌的类别不同"矛盾，故此项不能总是满足题干条件。

(B)项，丙箱中为金牌和银牌，甲、乙剩余的空位无论放什么奖牌均能满足题干的已知条件，故此项正确。

(C)项，丙箱中均为金牌，则可能出现没有银牌的情况，与题干"有金、银、铜3种奖牌放在甲、乙、丙三个箱子中"矛盾，故此项不能总是满足题干条件。

(D)项，丙箱中为金牌和铜牌，则可能出现没有银牌的情况，与题干"有金、银、铜3种奖牌放在甲、乙、丙三个箱子中"矛盾，故此项不能总是满足题干条件。

(E)项，丙箱中均为铜牌，则可能出现没有银牌的情况，与题干"有金、银、铜3种奖牌放在甲、乙、丙三个箱子中"矛盾，故此项不能总是满足题干条件。

**40. (D)**

【解析】

第1步：画箭头。

题干：

①更快地推动工业化和城市化→效率够高。

②长期保持 GDP 高速增长→效率够高。

③提高消费能力→公平驱动。

④释放生产能力→公平驱动。

第2步：逆否。

题干的逆否命题为：

⑤¬效率够高→¬更快地推动工业化和城市化。

⑥¬效率够高→¬长期保持 GDP 高速增长。

⑦¬公平驱动→¬提高消费能力。

⑧¬公平驱动→¬释放生产能力。

第3步：找答案。

(A)项，无关选项，题干未涉及"效率驱动"。

(B)项，无关选项，题干未涉及"实现社会公平"。

(C)项，实现效率与公平双轮驱动→提高消费能力，题干未涉及这二者之间的推理关系，故此项可真可假。

(D)项,¬效率够高→¬更快地推动工业化和城市化,等价于⑤,故此项必然为真。

(E)项,更快地推动工业化和城市化→长期保持 GDP 高速增长,题干未涉及这二者之间的推理关系,故此项可真可假。

## 41.(E)

【解析】

锁定关键词"由此认为",可知此前是论据,此后是论点。

题干:近期三家外国制药公司宣称的"有效率"指的是保护人们避免出现新冠肺炎的概率,而导致新冠病毒传播全球的主要途径是无症状患者的传播 ——证明→ 目前还不能确定接种这些疫苗是否可以获得群体免疫,进而阻止新冠病毒在全球范围内的传播。

(A)项,此项指出一些疫苗接种者仍然可能存在被感染的风险,但要注意,题干中说的是"有效率分别为 94%、95% 和 70%",并没有说是 100%有效。因此由于"一些人"数量不定,故此项无法支持或反驳题干的结论。

(B)项,无关选项,题干讨论的是"接种这些疫苗"和"无症状感染者"之间的关系,并不涉及接种者本身是否为"无症状感染者"。

(C)项,若接种疫苗者中的无症状患者比例极低,则说明接种疫苗能阻止新冠病毒在全球范围内的传播,支持题干;反之,则说明接种疫苗不能阻止新冠病毒在全球范围内的传播,削弱题干。

(D)项,无关选项,题干的论证不涉及接种疫苗后是否需要按照要求继续采取预防措施。

(E)项,建立了"接种这些疫苗"与"无症状感染者"之间的联系,说明接种这些疫苗不能阻止接种者成为无症状传播者,故无法阻止新冠病毒在全球范围内的传播,搭桥法,最能支持题干。

## 42.(B)

【解析】

观察题干,发现"罗汉松"出现 2 次,故优先考虑。

找重复元素"罗汉松"。由条件(1)和(2)可知,若不选购罗汉松,则兰花和牡丹都不选购,此时有 3 个盆栽不选购,这与"5 个盆栽中选购了 3 个"矛盾。故"不选购罗汉松"为假,即选购罗汉松。因此,(B)项正确。

## 43.(C)

【解析】

由"丙的意愿没得到实现"可得:(东山∨南塘)∧¬西井。

从事实出发,由"¬西井"可知,"如果捐赠北塔村,则捐赠西井村"的后件为假,根据口诀"否后必否前",可得:¬北塔。

由"¬北塔"可知,"如果捐赠中高村,则捐赠北塔村"的后件为假,根据口诀"否后必否前",可得:¬中高。

由"¬中高""¬北塔"可知,"如果捐赠南塘村,则捐赠北塔村或中高村"的后件为假,根据口诀"否后必否前",可得:¬南塘。

由"(东山∨南塘)∧¬西井"可知,"东山∨南塘"为真。再结合"¬南塘"可得:东山。

故四位共同捐赠的山村是东山,即(C)项正确。

**44. (E)**

【解析】

观察题干,发现条件(1)和条件(3)中均有"宋杰和袁浩",故优先考虑。

找重复元素"宋杰和袁浩"。由条件(1)"宋杰与袁浩有两个季度同为优秀"和条件(3)"袁浩在第二季度不是优秀,宋杰在第四季度不是优秀"可知,宋杰和袁浩在第一、第三季度同为优秀。

再由条件(2)"宋杰与黄兵没有在同一个季度均为优秀"可知,黄兵在第一季度和第三季度不是优秀。故(E)项正确。

**45. (C)**

【解析】

小张:现在网红餐厅一心想赚快钱,重面子而轻里子(论点),把大量资源投入到营销、包装、用餐环境等方面,忽视了口味、食品安全等餐饮业的核心服务要素(论据)。

小李:你不能一概而论(论点)。有些网红餐厅没有因网红带来更多流量和生意而陶醉,而是更有意识去维护这一"网红"状态,不断提高服务质量(论据)。

争论焦点题的解题原则有:(1)双方表态原则;(2)双方差异原则;(3)论点优先原则。

由小李话中的"不能一概而论"可知,小李对小张的观点持反对态度,即:两人的争论焦点是"是否都重面子而轻里子",故(C)项正确。

(A)项,两人的争论焦点是"是否都重面子而轻里子",而此项中"一心想赚钱"仅指"重面子",故此项并非两人的争论焦点。

(B)项,小李并未对"口味"表态,违反双方表态原则。

(D)项,两人均未对"能否一直保持网红状态"表态,违反双方表态原则。

(E)项,"餐饮业的核心服务要素"均只在论据中出现,违反论点优先原则。

**46. (C)**

【解析】

题干信息:

①《春秋》→"微言大义"的经典。

②《春秋》→定名分、制法度的范本。

由①、②可得:《春秋》→"微言大义"的经典∧定名分、制法度的范本。(注意:由"后仅指鲁国的《春秋》"可知,本题中《春秋》是单称,是诸多文本中的一本)。

根据推理关系中的"某个→有的"可得:有的文本→"微言大义"的经典∧定名分、制法度的范本,即:③有的文本既是"微言大义"的经典,又是定名分、制法度的范本。故(C)项正确。

**47. (A)**

【解析】

本题为确定题干的论证结构,即:找出题干的论据和论点。

题干中,"强本而节用"与"本荒而用侈"、"养备而动时"与"养略而动罕"、"循道而不贰"与"倍道而妄行"均为正反对比,故③和⑤为并列关系。

再锁定④和⑥中的"故",可知④和⑥均有所断定(即:论点),并且二者为并列关系。

"天不能贫、天不能病、天不能祸"与"不能使之饥、不能使之疾、不能使之凶"相对应,故③为论据,④为论点,即:③→④。

"不能使之富、不能使之全、不能使之吉"与"未至而饥、未薄而疾、未至而凶"相对应，故⑤为论据，⑥为论点，即：⑤→⑥。

综上，(A)项正确。

**48.（D）**

【解析】

从事实出发，由"既想逛南山古镇，又想爬竹山"可知，"如果游览翠湖，则花海和南山古镇均不游览"的后件为假，根据口诀"否后必否前"，可得：￢翠湖。

由"￢翠湖"可知，"如果不游览翠湖，就游览海底世界，但不游览植物园"的前件为真，根据口诀"肯前必肯后"，可得：海底世界∧￢植物园。

因此，他们三人游览的景点一定有南山古镇、竹山、海底世界。故(D)项正确。

**49.（E）**

【解析】

消委会报告：S公司生产的薯片样品中致癌物丙烯酰胺的含量超过 2 000 mg/kg，高于欧盟设定的基准水平值 750 mg/kg。

S公司：对此做出回应和反驳。

(A)项，我国未出台相关的法规和标准，并不意味着该产品无害，故此项不能作为S公司的回应和反驳。

(B)项，此项仅仅是肯定了"薯片中含有丙烯酰胺"，并指出吃一包薯片丙烯酰胺的实际摄入量极低，但这并不能说明薯片无害。故此项不能作为S公司的回应和反驳。

(C)项，此项指出S公司的薯片被消委会关注的原因，不能作为S公司的回应和反驳。

(D)项，无关选项，消委会是否需要检查其他品牌的薯片、其他品牌的薯片中丙烯酰胺含量是否超标与S公司的薯片是否超标无关，故不能作为S公司的回应和反驳。

(E)项，指出多家权威机构公布的报告显示，与消委会检测的薯片样品同批次的薯片均无问题，直接反驳消委会。故此项可以作为S公司的回应和反驳。

**50.（A）**

【解析】

第1步：优先计算数量关系。

由"共有男性16人，女性3人"可知，共有19人；再由"有研究生学历的13人"可知，6人没有研究生学历。

19人分配到四组，每个组3～5人，故四个小组的人数分配情况为：5人、5人、5人、4人。

第2步：推出事实。

由"除'网络应急组'外，其他小组均有成员未拥有研究生学历"可知，人事调动组、后勤保障组、安全保卫组三个小组均有成员没有研究生学历。

再由"6人没有研究生学历"可知，人事调动组、后勤保障组、安全保卫组这三个小组每组至多有4名没有研究生学历的成员。

再结合"安全保卫组所有成员均没有研究生学历"可知，安全保卫组至多有4人。

由"四个小组的人数分配情况为：5人、5人、5人、4人"可知，每组至少有4人，因此，安全保卫组共有4名成员。

再由"除人事调动组外,其他小组成员均是男性"可知,安全保卫组为4名男性且均没有研究生学历。故(A)项正确。

若继续推理,综上可得:

人事调动组:2名男性3名女性(1人没有研究生学历、4人有研究生学历)

后勤保障组:5名男性(1人没有研究生学历、4人有研究生学历);

安全保卫组:4名男性(均没有研究生学历);

网络应急组:5名男性(均有研究生学历)。

51. (B)

【解析】

锁定关键词"由此指出",可知此前是论据,此后是论点。再锁定论点中的关键词"将",可知论点实为对未来的预测。

题干:如果按照现有排放趋势,全球海平面到2100年将上升1米 —预测→除非温室气体排放量减少,否则到2100年全球将有多达4.1亿人生活在海拔低于2米的地区,他们都将面临海平面上升带来的生存风险。

(A)项,无关选项,题干的论证不涉及目前全世界有多少人生活在海拔低于2米的地区。

(B)项,说明温室气体排放确实会导致海平面上升,因果相关,支持题干。

(C)项,由"温室气体排放量减少→可以消除海平面上升带来的风险"无法推出"¬温室气体排放量减少→面临海平面上升带来的风险",故此项不能支持题干。

(D)项,无关选项,题干的论证不涉及"海平面上升"和"全球社会稳定"之间的关系。

(E)项,无关选项,题干的论证不涉及居民是否能感知到海平面上升带来的风险。

52. (A)

【解析】

题干中条件复杂,找重复元素,发现条件(1)的后件和条件(2)的前件均出现"国企竞拍马首",故可实现串联。

由(1)、(2)串联可得:(3)牛首、虎首和猴首中至少有一尊是通过"华裔捐赠"或者"外国友人返还"→"国企竞拍"马首∧"国企竞拍"鼠首→"华裔捐赠"鼠首和虎首。

可知,若(3)的前件"牛首、虎首和猴首中至少有一尊是通过'华裔捐赠'或者'外国友人返还'"为真,则推出了"国企竞拍鼠首"且"华裔捐赠鼠首",与"每种方式获得的兽首铜像各不相同"矛盾。故(3)的前件为假。

即:牛首、虎首和猴首均不是通过"华裔捐赠"或者"外国友人返还"回归中国的,故牛首、虎首、猴首是通过"国企竞拍"回归中国的。

由"国企竞拍虎首"可知,条件(2)的后件为假,条件(2)逆否可得:马首、猪首均不是通过"国企竞拍"或者"外国友人返还"回归中国的,故马首、猪首是通过"华裔捐赠"回归中国的。

再结合"每种方式均获得2到3尊兽首铜像"可知,鼠首、兔首是通过"外国友人返还"回归中国的。故(A)项正确。

53. (B)

【解析】

锁定关键词"这充分体现了",可知此前是论据,此后是论点。

题干：中国把知识产权保护工作摆在更加突出的位置，将知识产权置于战略高位，在各个经济领域都<u>注重知识产权保护</u> $\xrightarrow{\text{证明}}$ 中国对<u>创新保护工作的高度重视</u>。

题干论据中强调的是"注重知识产权保护"，论点中强调的是"高度重视创新保护工作"，在二者之间搭桥即可迅速秒杀，故(B)项正确。

(A)项，无关选项，题干的论证不涉及创新对发展的作用。

(C)项，无关选项，题干的论证不涉及中国知识产权的转变方向。

(D)项，无关选项，题干的论证不涉及中国将来会如何做。

(E)项，无关选项，题干的论证不涉及"专利申报数量"和"国家科技实力"之间的关系。

**54.（B）**

【解析】

第1步：优先计算数量关系。

由条件(2)并结合题干条件"从7个学院中共挑选了8名教师"可知，乙、戊、己和庚学院共有7名教师入选。

再结合条件(1)可得：(4)戊、己和庚学院至少有4名教师入选。

第2步：推出事实。

结合(4)和条件(1)"每个学院至多有3名教师入选该委员会"可知，"戊、己和庚学院至少得有2个学院有教师入选"，故条件(3)的后件"戊、己、庚中至多有一个学院的教师入选"为假，根据口诀"否后必否前"，可得：甲、乙学院没有教师入选。

因此，戊、己和庚学院共有7名教师入选；再结合条件(1)可得：戊、己和庚学院都有教师入选。故(B)项正确。

**55.（C）**

【解析】

本题补充新事实：(5)乙和戊两学院合计仅有1名教师入选。

引用上题的推理结果"乙学院没有教师入选"，并结合(5)可得：戊学院有1名教师入选。

再根据上题的推理结果"戊、己和庚学院共有7名教师入选"，并结合条件(1)可得：己和庚学院各有3名教师入选。

引用上题的推理结果"甲学院没有教师入选"，并结合条件(2)可得：丙、丁学院合计1名教师入选。

综上，甲和乙学院没有教师入选、丙和丁学院合计1名教师入选、戊学院有1名教师入选、己和庚学院均有3名教师入选。故(C)项正确。

## 三、写作

**56.** 论证有效性分析

【谬误分析】

①材料并未提供该阅读方式调查报告的样本情况、具体调查数据等影响报告成立性的关键数据，因此，难以确定该调查报告是否有效。

②材料由"大城市数字'阅读率'不断增长"得出"数字阅读即将成为国人主要的阅读方式"的结论，存在不妥。一方面，"大城市"数字阅读率的情况未必能代表"国人"的数字阅读情况。中小城

市、乡镇农村的情况可能与大城市并不相同。另一方面，数字阅读的增长率高，也必须在有较高的基数时才有意义。如果之前数字阅读的人数非常少，那么即使数字阅读率在增长，短时间内也无法"成为国人主要的阅读方式"。

③材料由"各类的电子阅读器能够很方便地购买"得出"数字阅读比传统的纸质阅读有绝对的优势"的结论，存在不妥。这是因为，传统的纸质书现在也可以很方便地购买和使用，仅凭这一点无法说明数字阅读有绝对的优势。

④"全球信息一体化"无法保证人们"充分地"使用丰富的阅读资源。因为，人们能否使用好这些阅读资源，还受到诸如信息化程度、语言文字等因素的影响。因此，这也无法保证"加速数字阅读的发展"。

⑤"电子类的报纸、杂志、书籍"快速地增加，只能说明数字阅读开始受到人们的欢迎，但数字阅读与纸质阅读并不矛盾，二者有可能同时存在、协同发展，因此，这无法说明"传统的纸质阅读会寿终正寝"。

 参考范文

### 数字阅读将成为主要阅读方式吗？

材料试图向我们证明"数字阅读即将成为国人主要的阅读方式"这一观点，但是其论证过程中存在诸多逻辑漏洞，具体分析如下：

首先，材料由"大城市数字'阅读率'不断增长"得出"数字阅读即将成为国人主要的阅读方式"的结论，存在不妥。一方面，"大城市"数字阅读率的情况未必能代表"国人"的数字阅读情况。中小城市、乡镇农村的情况可能与大城市并不相同。另一方面，数字阅读的增长率高，也必须在有较高的基数时才有意义。如果之前数字阅读的人数非常少，那么即使数字阅读率在增长，短时间内也无法"成为国人主要的阅读方式"。

其次，材料由"各类的电子阅读器能够很方便地购买"得出"数字阅读比传统的纸质阅读有绝对的优势"的结论，存在不妥。这是因为，传统的纸质书现在也可以很方便地购买和使用，仅凭这一点无法说明数字阅读有绝对的优势。

再次，"全球信息一体化"无法保证人们"充分地"使用丰富的阅读资源。因为，人们能否使用好这些阅读资源，还受到诸如信息化程度、语言文字等因素的影响。因此，这也无法保证"加速数字阅读的发展"。

最后，"电子类的报纸、杂志、书籍"快速地增加，只能说明数字阅读开始受到人们的欢迎，但数字阅读与纸质阅读并不矛盾，二者有可能同时存在、协同发展，因此，这无法说明"传统的纸质阅读会寿终正寝"。

综上，由于上文存在诸多逻辑错误，故其结论难以成立。

（全文共574字）

**57.** 论说文

【参考立意】

①老年人免费乘车应该支持。

②老年人免费乘车应该保障。

## 老年人免费乘车应提倡

吕建刚　娜爷

"国内不少地方规定,老年人可以免费乘坐交通工具",这一政策在落地时虽然出现了一些问题,但我认为,在人口老龄化的时代背景下,老年人免费乘车应提倡。

首先,老年人免费乘车,有利于提高人民生活幸福感。由于许多老年人并不与子女一同生活,同子女居住在一起的老年人在作息上也与子女重合较少,在出行无人帮衬的情况下,乘坐公共交通便成为很多老人的首选。老年人免费乘车这一政策的发布,是社会对于老龄人口的关怀,也是国家对于每一个家庭的照顾,看似是政策倾斜,却能够提高整体人民的生活幸福感。

其次,老年人免费乘车,有利于体现社会的温情。一方面,老年人年轻时也同现在奔波在早晚高峰中的人们一样,是社会发展的中流砥柱,也曾为国家作出了或大或小的贡献,因此,我们应该对他们多一些尊重。另一方面,老年人在体力、收入等各方面情况一般比不上年轻人,此时,给他们一些政策的倾斜,是一个社会温情的体现。

不过,这一良策在落地时也出现了一些问题。譬如在一些城市,老年人在早晚高峰免费乘坐公共交通工具可能会影响到上班族的通勤,还有一些老年人因各种原因无法切实享受这项福利。

为了更好地推行这一政策,我认为可以做好以下两点:

第一,引导老年人错峰出行。早晚高峰人流量大,极易发生拥挤甚至踩踏事件,老年人选择此时出行存在一定的安全隐患。通过引导老年人错峰出行减轻特定时段的公共交通压力,对上班族和老年人而言两相得宜。

第二,政策落地要更加灵活。良策要因地制宜才能惠及万家,根据当地人民的实际情况在高峰时期加大公共交通的投放量、将免费乘坐公共交通的福利替换为交通补贴等,都是行之有效的解决方法。

总之,老年人免费乘坐公共交通应当提倡,关爱老年人,就是关爱明天的自己。

(全文共713字)

绝密★启用前

# 2021 年全国硕士研究生招生考试
# 经济类综合能力试题

(科目代码:396)

考试时间:8:30—11:30

## 考生注意事项

1. 答题前,考生须在试题册指定位置上填写考生姓名和考生编号;在答题卡指定位置上填写报考单位、考生姓名和考生编号,并涂写考生编号信息点。
2. 选择题的答案必须涂写在答题卡相应题号的选项上,非选择题的答案必须书写在答题卡指定位置的边框区域内。超出答题区域书写的答案无效;在草稿纸、试题册上答题无效。
3. 填(书)写部分必须使用黑色字迹签字笔或者钢笔书写,字迹工整、笔迹清楚;涂写部分必须使用 2B 铅笔填涂。
4. 考试结束,将答题卡和试题册按规定交回。

| 考生编号 | | | | | | | | | | | | | | |
|---|---|---|---|---|---|---|---|---|---|---|---|---|---|---|
| 考生姓名 | | | | | | | | | | | | | | |

一、**数学基础**：第 1～35 小题，每小题 2 分，共 70 分。下列每题给出的五个选项中，只有一个选项是最符合试题要求的。请在答题卡上将所选项的字母涂黑。

1. $\lim\limits_{x\to 0}\dfrac{e^{6x}-1}{\ln(1+3x)}=(\quad)$.

   (A) 3　　　(B) $\dfrac{1}{2}$　　　(C) 2　　　(D) 0　　　(E) 6

2. 设函数 $f(x)$ 满足 $\lim\limits_{x\to x_0}f(x)=1$，则下列结论中不可能成立的是（　）.

   (A) 在 $x_0$ 附近恒有 $f(x)<\dfrac{3}{2}$　　　(B) $f(x_0)=2$

   (C) 在 $x_0$ 附近恒有 $f(x)>\dfrac{1}{2}$　　　(D) $f(x_0)=1$

   (E) 在 $x_0$ 附近恒有 $f(x)<\dfrac{2}{3}$

3. $\lim\limits_{x\to 0}(x^2+x+e^x)^{\frac{1}{x}}=(\quad)$.

   (A) e　　　(B) 1　　　(C) $\sqrt{e}$　　　(D) 0　　　(E) $e^2$

4. 设函数 $f(x)=e^{x-1}+ax$，$g(x)=\ln x^b$，$h(x)=\sin\pi x$，当 $x\to 1$ 时，$f(x)$ 是 $g(x)$ 的高阶无穷小，$g(x)$ 与 $h(x)$ 是等价无穷小，则 $a,b$ 的值为（　）.

   (A) $a=\pi-1$，$b=-\pi$　　　(B) $a=-1$，$b=-\pi$　　　(C) $a=\pi-1$，$b=\pi$

   (D) $a=-1$，$b=\pi$　　　(E) $a=1$，$b=\pi$

5. 设函数 $f(x)$ 可导且 $f(0)=0$，若 $\lim\limits_{x\to\infty}xf\left(\dfrac{1}{2x+3}\right)=1$，则 $f'(0)=(\quad)$.

   (A) 4　　　(B) 2　　　(C) 3　　　(D) 1　　　(E) 6

6. 已知直线 $y=kx$ 是曲线 $y=e^x$ 的切线，则对应切点的坐标为（　）.

   (A) $(ke,\ e^{ke})$　　　(B) $(e,\ 1)$　　　(C) $(e,\ e^e)$　　　(D) $(1,\ e)$　　　(E) $(k,\ e^k)$

7. 方程 $x^5-5x+1=0$ 的不同实根的个数为（　）.

   (A) 4　　　(B) 2　　　(C) 3　　　(D) 1　　　(E) 5

8. 设函数 $y=y(x)$ 由方程 $x\cos y+y-2=0$ 确定，则 $y'=(\quad)$.

   (A) $\dfrac{\cos y}{x\sin y+1}$　　　(B) $\dfrac{\cos y}{x\sin y-1}$　　　(C) $\dfrac{\sin y}{x\cos y+1}$

   (D) $\dfrac{\sin y}{x\cos y-1}$　　　(E) $\dfrac{\sin y}{x\sin y-1}$

9. 已知函数 $f(x)=\begin{cases}1+x^2,&x\leqslant 0,\\1-\cos x,&x>0,\end{cases}$ 则以下结论中不正确的是（　）.

   (A) $f'_+(0)=0$　　　(B) $\lim\limits_{x\to 0^+}f'(x)=0$　　　(C) $\lim\limits_{x\to 0^-}f'(x)=0$

   (D) $\lim\limits_{x\to 0^+}f(x)=0$　　　(E) $f'_-(0)=0$

10. 已知函数 $f(x)$ 可导，且 $f(1)=1$，$f'(1)=2$，设 $g(x)=f[f(1+3x)]$，则 $g'(0)=(\quad)$.

    (A) 6　　　(B) 3　　　(C) 4　　　(D) 2　　　(E) 12

11. 设函数 $f(x)$ 满足 $f(x+\Delta x)-f(x)=2x\Delta x+o(\Delta x)(\Delta x\to 0)$，则 $f(3)-f(1)=(\quad)$.

    (A) 9　　　(B) 6　　　(C) 8　　　(D) 4　　　(E) 12

12. 设函数 $f(x)$ 满足 $\int e^{-x} f(x) dx = xe^{-x} + C$，则 $\int f(x) dx = ($  $)$.

   (A) $x - \dfrac{x^2}{2} + C$  (B) $e^{-x} + xe^{-x} + C$  (C) $x - \dfrac{x^2}{2}$

   (D) $e^{-x} + xe^{-x}$  (E) $x + \ln x + C$

13. $\int_{-1}^{1} (x^3 \cos x + x^2 e^{x^3}) dx = ($  $)$.

   (A) $\dfrac{e - e^{-1}}{2}$  (B) $\dfrac{e - e^{-1}}{3}$  (C) $\dfrac{e^{-1} - e}{3}$  (D) $0$  (E) $\dfrac{e^{-1} - e}{2}$

14. 设函数 $F(x)$ 和 $G(x)$ 都是 $f(x)$ 的原函数，则以下结论中不正确的是($  $).

   (A) $\int f(x) dx = \dfrac{F(x) + 2G(x)}{3} + C$  (B) $\int f(x) dx = G(x) + C$

   (C) $\int f(x) dx = \dfrac{F(x) + G(x)}{2} + C$  (D) $\int f(x) dx = F(x) + C$

   (E) $\int f(x) dx = F(x) + G(x) + C$

15. $\int_{-1}^{1} \dfrac{x+1}{x^2 + 2x + 2} dx = ($  $)$.

   (A) $\dfrac{1}{2} \ln 5$  (B) $\ln 4$  (C) $\ln 5$  (D) $\ln 2$  (E) $\dfrac{1}{2} \ln \dfrac{5}{2}$

16. $\lim\limits_{x \to 0} \dfrac{\int_0^{x^2} (e^{t^2} - 1) dt}{x^6} = ($  $)$.

   (A) $\dfrac{1}{3}$  (B) $\infty$  (C) $\dfrac{1}{6}$  (D) $0$  (E) $\dfrac{1}{2}$

17. 设平面有界区域 $D$ 由曲线 $y = x\sqrt{|x|}$ 与 $x$ 轴和直线 $x = a$ 围成，若 $D$ 绕 $x$ 轴旋转所成的旋转体的体积等于 $4\pi$，则 $a = ($  $)$.

   (A) $4$  (B) $-2$  (C) $2$ 或 $-2$  (D) $2$  (E) $4$ 或 $-4$

18. 设 $I = \int_0^1 x \ln 2 dx$，$J = \int_0^1 (e^x - 1) dx$，$K = \int_0^1 \ln(1+x) dx$，则($  $).

   (A) $K < J < I$  (B) $I < K < J$  (C) $K < I < J$  (D) $I < J < K$  (E) $J < I < K$

19. 已知函数 $f(x, y) = \ln(1 + x^2 + 3y^2)$，则在点 $(1, 1)$ 处($  $).

   (A) $\dfrac{\partial f}{\partial x} = \sqrt{3} \dfrac{\partial f}{\partial y}$  (B) $\dfrac{\partial f}{\partial x} = 3 \dfrac{\partial f}{\partial y}$  (C) $3 \dfrac{\partial f}{\partial x} = \dfrac{\partial f}{\partial y}$

   (D) $\dfrac{\partial f}{\partial x} = \dfrac{\partial f}{\partial y}$  (E) $\sqrt{3} \dfrac{\partial f}{\partial x} = \dfrac{\partial f}{\partial y}$

20. 已知函数 $f(x, y) = xy e^{x^2}$，则 $x \dfrac{\partial f}{\partial x} - y \dfrac{\partial f}{\partial y} = ($  $)$.

   (A) $0$  (B) $f(x, y)$  (C) $2x f(x, y)$  (D) $2x^2 f(x, y)$  (E) $2y f(x, y)$

21. 若函数 $z = z(x, y)$ 由方程 $xyz + e^{x+2y+3z} = 1$ 确定，则 $dz \big|_{(0,0)} = ($  $)$.

   (A) $-\dfrac{1}{2} dx - dy$  (B) $-dx - dy$  (C) $\dfrac{1}{2} dx + dy$

   (D) $dx + dy$  (E) $-\dfrac{1}{3} dx - \dfrac{2}{3} dy$

22. 已知函数 $f(x,y)=x^2+2xy+2y^2-6y$，则( ).
   (A)$(-3,3)$ 是 $f(x,y)$ 的极小值点
   (B)$(3,-3)$ 是 $f(x,y)$ 的极小值点
   (C)$(-3,3)$ 是 $f(x,y)$ 的极大值点
   (D)$(3,-3)$ 是 $f(x,y)$ 的极大值点
   (E)$f(x,y)$ 没有极值点

23. 设三阶矩阵 $A,B$ 均可逆，则 $(A^{-1}B^{-1}A)^{-1}=$( ).
   (A)$A^{-1}BA$
   (B)$A^{-1}B^{-1}A^{-1}$
   (C)$AB^{-1}A^{-1}$
   (D)$A^{-1}BA^{-1}$
   (E)$ABA^{-1}$

24. 设行列式 $D=\begin{vmatrix} a_{11} & a_{12} & a_{13} \\ a_{21} & a_{22} & a_{23} \\ a_{31} & a_{32} & a_{33} \end{vmatrix}$，$M_{ij}$ 是 $D$ 中元素 $a_{ij}$ 的余子式，$A_{ij}$ 是 $D$ 中元素 $a_{ij}$ 的代数余子式，则满足 $M_{ij}=A_{ij}$ 的数组$(M_{ij},A_{ij})$至少有( )组.
   (A)4    (B)2    (C)3    (D)1    (E)5

25. $\begin{vmatrix} j & m & w \\ m & w & j \\ w & j & m \end{vmatrix}=$( ).
   (A)$j^3+m^3+w^3-3jmw$
   (B)$j^3+m^3+w^3-jmw$
   (C)$3jmw-j^3-m^3-w^3$
   (D)$jmw-j^3-m^3-w^3$
   (E)$jmw-3j^3-3m^3-3w^3$

26. 已知矩阵 $A=\begin{pmatrix} 1 & -1 \\ 2 & 3 \end{pmatrix}$，$E$ 为二阶单位矩阵，则 $A^2-4A+3E=$( ).
   (A)$\begin{pmatrix} -2 & 0 \\ 0 & -2 \end{pmatrix}$
   (B)$\begin{pmatrix} 0 & -2 \\ -2 & 0 \end{pmatrix}$
   (C)$\begin{pmatrix} 2 & 0 \\ 0 & 2 \end{pmatrix}$
   (D)$\begin{pmatrix} 0 & 2 \\ 2 & 0 \end{pmatrix}$
   (E)$\begin{pmatrix} -2 & 0 \\ 0 & 2 \end{pmatrix}$

27. 设向量组 $\alpha_1,\alpha_2,\alpha_3$ 线性无关，则以下向量组中线性相关的是( ).
   (A)$\alpha_1-2\alpha_2,\alpha_2-2\alpha_3,\alpha_3-2\alpha_1$
   (B)$\alpha_1-\alpha_2,\alpha_2-\alpha_3,\alpha_3-\alpha_1$
   (C)$\alpha_1+2\alpha_2,\alpha_2+2\alpha_3,\alpha_3+2\alpha_1$
   (D)$\alpha_1+\alpha_2,\alpha_2+\alpha_3,\alpha_3+\alpha_1$
   (E)$2\alpha_1+\alpha_2,2\alpha_2+\alpha_3,2\alpha_3+\alpha_1$

28. 矩阵 $A=\begin{pmatrix} a_{11} & a_{12} & a_{13} \\ a_{21} & a_{22} & a_{23} \end{pmatrix}$，矩阵 $A=\begin{pmatrix} b_{11} & b_{12} \\ b_{21} & b_{22} \\ b_{31} & b_{32} \end{pmatrix}$，若 $AB=\begin{pmatrix} 1 & 0 \\ 2 & 1 \end{pmatrix}$，则齐次线性方程组 $Ax=0$ 和 $By=0$ 的线性无关解向量的个数分别为( ).
   (A)2 和 0    (B)1 和 0    (C)0 和 1    (D)0 和 0    (E)1 和 2

29. 若齐次线性方程组 $\begin{cases} 2x_1+x_2+3x_3=0 \\ ax_1+3x_2+4x_3=0 \end{cases}$ 和 $\begin{cases} x_1+2x_2+x_3=0 \\ x_1+bx_2+2x_3=0 \end{cases}$ 有公共非零解，则 $a,b$ 分别为( ).
   (A)3, $-1$    (B)$-3$, $-1$    (C)3, 1    (D)2, $-1$    (E)$-1$, 3

30. 设随机变量 $X$ 的概率密度为 $f(x)=\begin{cases}Ax^2, & 0<x<1, \\ 0, & \text{其他}\end{cases}$（其中 $A$ 为常数），则 $P\{X\leqslant\frac{1}{2}\}=($ ).

(A) $\frac{1}{4}$　　(B) $\frac{1}{8}$　　(C) $\frac{3}{16}$　　(D) $\frac{1}{16}$　　(E) $\frac{1}{2}$

31. 设随机变量 $X$ 和 $Y$ 分别服从正态分布，$X\sim N(\mu,4)$，$Y\sim N(\mu,9)$，记 $p=P\{X\leqslant\mu-2\}$，$q=P\{Y\geqslant\mu+3\}$，则( ).

(A) 仅对某些实数 $\mu$，有 $p>q$　　(B) 对任意实数 $\mu$，均有 $p>q$

(C) 对任意实数 $\mu$，均有 $p<q$　　(D) 对任意实数 $\mu$，均有 $p=q$

(E) 仅对某些实数 $\mu$，有 $p<q$

32. 设相互独立的随机变量 $X,Y$ 具有相同的分布律，且 $P\{X=0\}=\frac{1}{2}$，$P\{X=1\}=\frac{1}{2}$，则 $P\{X+Y=1\}=($ ).

(A) $\frac{3}{4}$　　(B) $\frac{1}{4}$　　(C) $\frac{1}{2}$　　(D) $\frac{1}{8}$　　(E) $\frac{4}{5}$

33. 设 $A,B$ 是随机事件，且 $P(A)=0.5$，$P(B)=0.3$，$P(A\cup B)=0.6$，若 $\overline{B}$ 表示 $B$ 的对立事件，则 $P(A\overline{B})=($ ).

(A) 0.5　　(B) 0.3　　(C) 0.4　　(D) 0.2　　(E) 0.6

34. 设随机变量 $X$ 服从区间 $[-3,2]$ 上的均匀分布，随机变量 $Y=\begin{cases}1, & X\geqslant 0, \\ -1, & X<0,\end{cases}$ 则 $D(Y)=($ ).

(A) 1　　(B) $\frac{1}{25}$　　(C) $\frac{24}{25}$　　(D) $\frac{1}{5}$　　(E) $\frac{26}{25}$

35. 设随机变量 $X$ 的概率分布律为

| $X$ | $-1$ | $1$ | $2$ | $3$ |
|---|---|---|---|---|
| $P$ | 0.7 | $a$ | $b$ | 0.1 |

若 $E(X)=0$，则 $D(X)=($ ).

(A) 2.6　　(B) 1.8　　(C) 2.4　　(D) 1.4　　(E) 3

二、**逻辑推理**：第 36～55 小题，每小题 2 分，共 40 分。下列每题给出的五个选项中，只有一个选项是最符合试题要求的。请在答题卡上将所选项的字母涂黑。

36. "理念是实践的先导"，理念科学，发展才能蹄疾步稳；"思想是行动的指南"，思想破冰，行动才能突破重围；"战略是发展的规划"，战略得当，未来才能行稳致远。执政环境不会一成不变，治国理政需要与时俱进。

根据以上陈述，可以得出以下哪项？

(A) 若战略不得当，未来就不能行稳致远。

(B) 只要思想破冰，行动就可以突破重围。

(C) 治国理政只有与时俱进，才能不断改善执政环境。

(D) 只有以正确思想为指导，才能进行科学的战略规划。

(E) 要正确处理好理念、思想、战略和发展的辩证关系。

37. 某会议海报在黑体、宋体、楷体、隶书、篆书和幼圆6种字体中选择3种进行编排设计。已知：

    (1)若黑体、楷体至少选择一种，则选择篆书而不选择幼圆。

    (2)若宋体、隶书至少选择一种，则选择黑体而不选择篆书。

    根据上述信息，该会议海报选择的字体是：

    (A)黑体、宋体、隶书。　　　　　　　　　(B)隶书、篆书、幼圆。

    (C)黑体、楷体、篆书。　　　　　　　　　(D)宋体、楷体、黑体。

    (E)楷体、隶书、幼圆。

38. 文物复制件是依照文物体量、形制、质地、纹饰、文字、图案等历史信息，基本采取原技艺方法和工艺流程，制作与文物相同的制品。为了避免珍贵文物在陈列展示中受到损害，一些博物馆会用文物复制件替代文物原件进行展出。

    根据上述信息，以下哪项与文物复制件的描述最为吻合？

    (A)黄师傅采用制作秦兵马俑所用的质料、彩色颜料以及技艺方法和工艺流程制成一批秦兵马俑仿制品，几可乱真。

    (B)为了修补乾隆年间的一幅罗汉拓片画作上的裂纹，修复师李师傅特地找厂家定制了一种纸，以保证与原画作在色泽和质地上一致。

    (C)金属器物修复研究所对一件待修复的青铜器文物进行激光三维扫描，建立了与原青铜器文物一模一样的实物模型。

    (D)王师傅不断学习和临摹古人作品，他复制临摹的古人笔迹类作品已达到形神兼备的境界。

    (E)按照工作流程，修复师林师傅对某件青铜器文物进行了信息采集、取样、清洗、焊接、调色和补配等操作。

39. 一天中午，快递公司张经理将12个快递包裹安排给张平、李安、赵明、王亮4位快递员投递。未到傍晚，张经理就发现自己交代的任务完成了，于是问4人实际投递的快递数量，4人的回答如下：

    张平：我和李安共送了5个。

    李安：张平和赵明共送了7个。

    赵明：我和王亮共送了6个。

    王亮：我和张平共送了6个。

    事实上，4人的回答中只有1人说错了，而这位说错的快递员送了4个快递。

    根据以上信息，可以得出张平、李安、赵明、王亮4人送的快递数依次为：

    (A)3、4、2、3。　　　　(B)4、1、5、2。　　　　(C)3、2、4、3。

    (D)4、3、2、3。　　　　(E)2、3、4、3。

40. 老式荧光灯因成本低、寿命长而在学校广泛使用。但是，老式荧光灯老化后因放电产生的紫外辐射会导致灯光颜色和亮度的不断闪烁。对此，有研究人员建议，由于使用老式荧光灯易引发头痛和视觉疲劳，学校应该尽快将其淘汰。

    以下哪项如果为真，最能支持上述研究人员的建议？

    (A)老式荧光灯蒙上彩色滤光纸后，可以有效减弱荧光造成的颜色变化。

(B)有些学校改换了新式荧光灯后,很多学生的头痛和视觉疲劳开始消失。

(C)新式荧光灯设计新颖、外形美观、节能环保,很受年轻人喜爱。

(D)灯光闪烁会激发眼部的神经细胞对刺激做出快速反应,加重视觉负担。

(E)全部淘汰老式荧光灯,学校要支出一大笔经费,但很多家长认为这笔钱值得花。

41. 某市发改委召开该市高速公路收费标准调整价格听证会,旨在征求消费者、经营者和专家的意见。实际参加听证会的共有15人,其中消费者9人、经营者5人、专家3人,此外无其他人员列席。

根据上述信息,可以得出以下哪项?

(A)有专家是消费者但不是经营者。

(B)有专家是经营者。

(C)有专家不是经营者。

(D)有专家是消费者。

(E)有专家是经营者但不是消费者。

42. 政府只有不超发货币并控制物价,才能控制通货膨胀。若控制物价,则政府税收减少;若政府不超发货币并且税收减少,则政府预算将减少。

如果政府预算未减少,则可以得出以下哪项?

(A)政府既未超发货币,也未控制物价。

(B)政府未能控制通货膨胀。

(C)政府超发了货币。

(D)政府控制了物价。

(E)政府既超发了货币,又控制了物价。

43. 目前科学家已经揭示,与抽传统卷烟相比,抽电子烟同样会产生严重危害。为进一步保护未成年人免受电子烟侵害,我国政府有关部门发布"禁电子烟令",要求电子烟生产、销售企业或个人及时关闭电子烟销售网站、店铺及客户端,将电子烟产品及时下架,禁止销售电子烟。可是,"禁电子烟令"发布后的两周内,有些电商依然在国内网站上销售电子烟。

以下各项如果为真,则除哪项外均能解释上述电商的行为?

(A)政策执行存在一定的滞后性,有些电商并未收到来自上级主管部门的具体通知。

(B)近年来有些投资人对电子烟生产、销售已有大量投入,不甘心先前投入打水漂。

(C)禁令是为了保护未成年人,禁止向他们出售电子烟,对成年人似乎并没有禁止。

(D)目前有些电商认为,只卖烟棒而不卖烟弹,不算销售电子烟。

(E)电子烟危害已得到多国政府关注,但他们并未出台类似中国的"禁电子烟令"。

44. 负责人赵某:我单位今年招聘的8名新员工都是博士,但这些新员工有些不适合担任管理工作,因为博士未必都适合担任管理工作。

以下哪项与赵某的论证方式最为类似?

(A)6的倍数都是偶数,但6的倍数有些不是3的倍数,因为偶数未必都是3的倍数。

(B)院子里的花都是名贵品种,但是这些花都不好养,因为名贵品种都不好养。

(C)正直的人都受人尊敬,但是他们不都富有,因为富有的人未必都受人尊敬。

(D)创新产品都受欢迎,但是它们未必都能盈利,因为价格高就难以受欢迎。

(E)最近上市的公司都是医药类的,但是这些公司的股票未必都热销,因为最近热销的股票都不是医药类的。

45. 如今近视的年青人越来越多了。60年前,中国的年青人中近视患者只有10%~20%,现在这一数字则接近90%。近视不只是不方便,它还意味着近视患者的眼球会稍稍伸长而发生病变。以往人们常常将近视的原因归之于遗传、长时间或不正确姿势阅读等,但近来有专家对这些观点表示怀疑,他们认为近视率的剧增主要是因为人们在白天的户外活动时间过短。

以下哪项如果为真,最能支持上述专家的观点?

(A)与在一般室内光照环境下生长的鸡相比,处于与户外光照相当的室内高光照水平下的鸡,其近视发生率减少了大约60%。

(B)如今许多国家的少儿每天花10多个小时来读书、做作业,或者看电脑、电视、智能手机等。

(C)科学家对某地近5 000名小学生长达3年时间的跟踪研究发现,那些在户外活动更久的孩子虽不一定减少看书、看屏幕的时间,却很少成为近视。

(D)1969年,科学家对住在阿拉斯加的139名因纽特人调查发现,其中只有2人近视,如今他们的儿孙中超过一半的人成了近视。

(E)室外光照刺激视网膜释放出比在其他环境下更多的多巴胺,正是这些多巴胺阻止了眼球的伸长。

46~47题基于以下题干:

某单位汤、宋、李、陈、罗、刘、方7人乘坐高铁出差,他们的座位如图所示。已知:

(1)罗与方的座位左右紧挨着。

(2)汤和宋隔着一个座位。

(3)陈与方的座位均为F位或者均为D位。

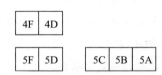

46. 如果李与刘的座位左右紧挨着,则可以得出以下哪项?

(A)陈坐在5D。 (B)宋坐在5C。 (C)李坐在5A。

(D)汤坐在5F。 (E)刘坐在5B。

47. 如果李与汤隔着两个座位,则以下哪项是不可能的?

(A)宋坐在5C。 (B)刘坐在5B。 (C)罗坐在4F。

(D)方坐在4D。 (E)李坐在5F。

48. 改革开放以来,省际间人口大规模流动已成为一个突出的社会现象。2018年,中国流动人口为2.41亿,相当于每6个中国人中就有1个流动人口。庞大的流动人口被视为中国城市化的重要推动力量。但有专家指出,大规模的人口流动也给流入地政府的基本公共服务和社会保障带来巨大压力，同时进一步加剧了省际之间的财政矛盾。

以下哪项如果为真，最能质疑上述专家的观点？

(A)针对农民工子女的义务教育问题，国家早就发文指出，以流入地为主，以公办学校为主，流入地政府承担流动儿童的主要教育责任。

(B)受户籍制度制约，流动人口应享有的教育、医疗、住房、养老等诸多公共服务在"流入地"与"流出地"之间衔接不畅。

(C)进入2010年后，我国流动人口增速开始逐步变缓；从2015年开始，流动人口在增速下降的同时，规模也开始减小。

(D)目前公共财政支出的人口统计口径依然是以户籍作为主要单位，流动家庭基本公共服务的提供仍然需要流入地政府额外的财政投入。

(E)近年来，国家出台一系列财政转移支付政策，将外来人口纳入测算标准，并将财政资金向人口流入地倾斜，适当弥补人口流入省份的财政缺口。

49. 动物肉一直是餐桌上不可或缺的食物。前不久，某专家宣布，他的研究团队已首次利用动物干细胞在实验室培育出了人造肉，这种人造肉在口感和成分上与动物肉非常接近。该专家认为，这种人造肉在不远的将来会有很好的市场前景。

以下哪项如果为真，最能质疑上述专家的观点？

(A)目前宇航员在太空中自主栽培蔬菜已成为可能，但肉类蛋白的获取只能依靠饲养黄粉虫，其口感大大逊于动物肉。

(B)以植物蛋白为原料，模拟动物肉外观和口感的人造肉已在素斋中广泛使用。

(C)上述实验中人造肉制造需要加入大量的动物血清，而要获得动物血清仍需要饲养大量动物。

(D)目前人造肉的生产成本远高于动物肉，且产量极低，近期还很难有技术突破的可能。

(E)目前关于人造肉研发的风险投资正在不断加大，而相关上市公司的股票价格却持续走低。

50. 甲、乙、丙、丁、戊、己6人被同期安排至山溪乡扶贫，其中一人到该乡最僻远、最贫困的石坝村扶贫。一天，乡里召开扶贫工作会，到访记者询问参会的甲、乙、丁、戊，他们同期6人中谁去了石坝村扶贫，4人的回答如下：

甲：不是丁去了，就是戊去了。

乙：我没有去，丙也没有去。

丁：甲如果没有去，己就去了。

戊：甲和丙中肯定有人去了。

事实上，因为山区的交通通讯不便，他们相互了解不够，上述4人的回答只有一个符合实际。根据以上信息，可以得出上述6人中去石坝村扶贫的是：

(A)丁。 (B)乙。 (C)丙。 (D)甲。 (E)己。

51. 贾研究员：4万年前尼安德特人的灭绝不是因为智人的闯入，而是近亲繁殖导致的恶果。

尹研究员：事情并非如此，因为尼安德特人当时已经"濒危"。种群个体数量的减少，不仅会给个体健康带来负面影响，而且一旦种群的出生率、死亡率或性别比发生偶然变动，就会直接导致种群的灭绝。

以下哪项如果为真，最能支持尹研究员的观点？

(A)父母的本能是照顾后代，确保生命的延续，但是尼安德特人没能通过这种方式将他们的种群延续下去。

(B)非洲某部落虽也近亲繁殖，但促使该部落消失的根本原因是大多数幼儿患麻疹而死亡。

(C)800万年前濒临灭绝的猿类是人类的祖先，他们因为吃成熟发酵的水果进化出一种特定的蛋白质，反而活了下来。

(D)一个仅有1 000人左右的种群，若一年中只有不到四分之一的育龄妇女生孩子，就会直接导致这个种群的灭绝。

(E)近亲繁殖的新生儿容易患多种疾病，可能会给种群繁衍带来不利影响。

52. 某医院针灸科专家林医生提供给甲、乙、丙3人下周一至下周五的门诊预约信息如下：

| 星期<br>门诊时间 | 星期一 | 星期二 | 星期三 | 星期四 | 星期五 |
|---|---|---|---|---|---|
| 上午 | 约满 | 余1个 | 余1个 | 约满 | 余2个 |
| 下午 | 休息 | 余2个 | 休息 | 余2个 | 余1个 |

据此，她们3人每人预约了3次针灸，且一人一天只安排1次。还已知：

(1)甲和乙没有预约同一天下午的门诊。

(2)如果乙预约了星期二上午的门诊，则乙还预约了星期五下午的门诊。

(3)如果丙预约了星期五上午的门诊，则丙还预约了星期三上午的门诊。

根据上述信息，可以得出以下哪项？

(A)甲预约了星期四下午的门诊。

(B)乙预约了星期二上午的门诊。

(C)丙预约了星期五上午的门诊。

(D)甲预约了星期三上午的门诊。

(E)乙预约了星期二下午的门诊。

53. 有专家指出，人们可以通过健身长跑增进健康。因为健身长跑过程中，有节奏的深呼吸能使人体吸入大量氧气，这可以改善心肌供氧状态，加快心肌代谢，提高心脏的工作能力。

以下哪项最可能是上述专家论断的假设？

(A)人体的健康与呼吸系统机能的提高和心脏循环系统机能的改善密切相关。

(B)健身长跑不仅可以改善心肌供氧状态，还可以抑制人体癌细胞的生长和繁殖。

(C)心脏是循环系统的中心，而健身长跑在提高人的呼吸系统机能的同时，可以改善心脏循环系统的机能。

(D)健身长跑可以使心肌纤维变粗，心脏收缩力增强。

(E)体育以身体活动为基本手段，不仅能强身健体，还能培养人的各种心理素质。

**54~55题基于以下题干：**

美佳、新月、海奇三家商店在美食一条街毗邻而立。已知，三家店中两家销售茶叶，两家销售水果，两家销售糕点，两家销售调味品；每家都销售上述4类商品中的2~3种。另外，还知道：

(1)如果美佳销售水果，则海奇也销售水果。

(2)如果海奇销售水果，则它也销售糕点。

(3)如果美佳销售糕点，则新月也销售糕点。

**54.** 根据以上信息，可以得出以下哪项？

(A)美佳不销售糕点。　　(B)新月销售水果。　　(C)海奇销售调味品。

(D)美佳销售茶叶。　　(E)新月不销售糕点。

**55.** 如果美佳不销售调味品，则可以得出以下哪项？

(A)海奇不销售水果。　　(B)新月销售水果。　　(C)美佳不销售水果。

(D)海奇销售茶叶。　　(E)新月销售茶叶。

## 三、写作：第56~57小题，共40分。其中论证有效性分析20分，论说文20分。请答在答题纸相应的位置上。

**56.** 论证有效性分析：分析下述论证中存在的缺陷和漏洞，选择若干要点，写一篇600字左右的文章，对该论证的有效性进行分析和评论。（论证有效性分析的一般要点是：概念特别是核心概念的界定和使用是否准确并前后一致，有无各种明显的逻辑错误，论证的论据是否成立并支持结论，结论成立的条件是否充分等。）

人们受骗上当的事时有发生，乃至有人认为如今的骗术太高明而无法根治。其实，如今要根治诈骗并不难。

首先，从道理上讲，正义终将战胜邪恶，这是历史已证明的规律。诈骗是一种邪恶的行为，最终必将被正义的力量彻底消灭。既然如此，诈骗怎么不能根治呢？

其次，很多诈骗犯虽然骗术高明，但都被绳之以法，这说明在法治社会中，诈骗犯根本无处藏身。这样，谁还敢继续行骗呢？没有人敢继续行骗，诈骗不是被根治了么？

再次，还可以通过全社会的防范来防止诈骗的发生。诈骗的目的，无非是想骗取钱财。凡是要你花钱的事情，你都要慎重考虑。例如，有些投资公司建议你向他们投资，有些机构推荐你参加高收费的培训，有些婚恋对象向你借巨款。诸如此类，其实都不靠谱。所有的人如果都不相信这些话，诈骗就无法得逞。诈骗无法得逞，不就是被根治了么？如果建立更加有效的防范机制，根治诈骗就更容易了。

总之，无论从道理上讲，还是从行骗者或被骗者的角度来看，如今要根治诈骗根本不是难事。

**57.** 论说文：根据下述材料，写一篇700字左右的论说文，题目自拟。

巴西热带雨林中的食蚁兽在捕食时，使用灵活的带黏液的长舌伸进蚁穴捕获白蚁，但不管捕获多少，每次捕食都不超过3分钟，然后就去寻找下一个目标，从来不摧毁整个蚁穴。而那些未被食蚁兽捕获的工蚁就会马上修复蚁穴，蚁后也会开始新一轮繁殖，很快产下更多的幼蚁，从而使蚁群继续生存下去。

# 答案速查

**一、数学基础**

1~5　(C)(E)(E)(B)(B)　　　6~10　(D)(C)(B)(A)(E)
11~15　(C)(A)(B)(E)(A)　　16~20　(A)(C)(B)(C)(D)
21~25　(E)(A)(A)(E)(C)　　26~30　(A)(B)(B)(A)(B)
31~35　(D)(C)(B)(C)(C)

**二、逻辑推理**

36~40　(A)(C)(A)(C)(D)　　41~45　(C)(B)(E)(A)(E)
46~50　(A)(E)(E)(D)(C)　　51~55　(D)(E)(A)(A)(E)

**三、写作**

略

# 答案详解

**一、数学基础**

**1. (C)**

【思路点拨】

根据等价无穷小的替换可得，当 $x \to 0$ 时，$e^{6x}-1 \sim 6x$，$\ln(1+3x) \sim 3x$.

【解析】$\lim\limits_{x \to 0} \dfrac{e^{6x}-1}{\ln(1+3x)} = \lim\limits_{x \to x_0} \dfrac{6x}{3x} = 2.$

**2. (E)**

【思路点拨】

根据函数在某点处的极限定义，结合已知条件 $\lim\limits_{x \to x_0} f(x) = a$，可知函数 $f(x)$ 在 $x_0$ 点的函数值可能等于 $a$，可能不等于 $a$，也可能在 $x_0$ 点没有定义. 再根据函数极限的"$\varepsilon$-$\delta$"定义判断选项.

【解析】因为 $\lim\limits_{x \to x_0} f(x) = 1$，由函数在某点处的极限定义可知，极限值与函数值是无关的，所以 (B)项和(D)项可能成立.

由函数极限的"$\varepsilon$-$\delta$"定义知，对 $\forall \varepsilon > 0$，$\exists \delta > 0$，当 $0 < |x-x_0| < \delta$ 时，恒有 $|f(x)-1| < \varepsilon$，即 $1-\varepsilon < f(x) < 1+\varepsilon$，若取 $\varepsilon = \dfrac{1}{2}$，则有 $\dfrac{1}{2} < f(x) < \dfrac{3}{2}$；若取 $\varepsilon = \dfrac{1}{3}$，则有 $\dfrac{2}{3} < f(x) < \dfrac{4}{3}$，

由此可知，(A)项和(C)项是可能成立的.

排除法可知，(E)项不可能成立.

**3.**（E）

【思路点拨】

"$1^\infty$"型未定式求极限，可以用第二重要极限进行求解．在使用第二重要极限时需将题目转化为 $\lim\limits_{u(x)\to 0}[1+u(x)]^{\frac{1}{u(x)}}=e$ 的形式，解题过程中可能会用到洛必达法则和等价无穷小替换等；此外，也可采用对数等价变形，即 $y=(x^2+x+e^x)^{\frac{1}{x}}$，两边同取对数，再计算 $\ln y$ 的极限．两种方法的使用可根据掌握的熟练程度来选择．

【解析】方法一：利用第二重要极限得

$$\lim_{x\to 0}(x^2+x+e^x)^{\frac{1}{x}}=\lim_{x\to 0}\left\{[1+(x^2+x+e^x-1)]^{\frac{1}{x^2+x+e^x-1}}\right\}^{\frac{x^2+x+e^x-1}{x}}$$

$$=e^{\lim\limits_{x\to 0}\frac{x^2+x+e^x-1}{x}}=e^{\lim\limits_{x\to 0}2x+1+e^x}=e^2.$$

方法二：记 $y=(x^2+x+e^x)^{\frac{1}{x}}$，则 $\ln y=\dfrac{\ln(x^2+x+e^x)}{x}$，故有

$$\lim_{x\to 0}\ln y=\lim_{x\to 0}\frac{\ln(x^2+x+e^x)}{x}=\lim_{x\to 0}\frac{2x+1+e^x}{x^2+x+e^x}=2,$$

所以 $\lim\limits_{x\to 0}(x^2+x+e^x)^{\frac{1}{x}}=e^2$．

**4.**（B）

【思路点拨】

本类题型只需根据已知条件和无穷小比较的定义列出极限表达式，在计算"$\dfrac{0}{0}$"型未定式的极限时，首先考虑使用洛必达法则，计算过程中能化简则化简．

【解析】因为当 $x\to 1$ 时，$f(x)$ 是 $g(x)$ 的高阶无穷小，所以 $f(x)$ 为无穷小量，即

$$\lim_{x\to 1}f(x)=\lim_{x\to 1}(e^{x-1}+ax)=0\Rightarrow 1+a=0\Rightarrow a=-1.$$

因为当 $x\to 1$ 时，$g(x)$ 与 $h(x)$ 是等价无穷小，所以

$$\lim_{x\to 1}\frac{h(x)}{g(x)}=\lim_{x\to 1}\frac{\sin\pi x}{\ln x^b}=1\Rightarrow\lim_{x\to 1}\frac{\sin\pi x}{b\ln x}=1\Rightarrow\lim_{x\to 1}\frac{x\cdot\pi\cos\pi x}{b}=1\Rightarrow\frac{-\pi}{b}=1\Rightarrow b=-\pi.$$

**5.**（B）

【思路点拨】

在导数定义式 $f'(x_0)=\lim\limits_{\Delta x\to 0}\dfrac{f(x_0+\Delta x)-f(x_0)}{\Delta x}$ 中分子和分母中两个位置的"$\Delta x$"形式须一致，等号才成立，特别地，当 $x_0=0$ 且 $f(x_0)=0$ 时，可以得到 $f'(0)=\lim\limits_{\Delta x\to 0}\dfrac{f(\Delta x)}{\Delta x}$，本题正是考查这种特殊情况的导数定义．

【解析】因为函数 $f(x)$ 可导且 $f(0)=0$，故有

$$\lim_{x\to\infty}xf\left(\frac{1}{2x+3}\right)=\lim_{x\to\infty}\frac{f\left(\dfrac{1}{2x+3}\right)}{\dfrac{1}{x}}=\lim_{x\to\infty}\frac{f\left(0+\dfrac{1}{2x+3}\right)-f(0)}{\dfrac{1}{2x+3}}\cdot\frac{\dfrac{1}{2x+3}}{\dfrac{1}{x}}=\frac{1}{2}f'(0)=1,$$

解得 $f'(0)=2$．

## 6. (D)

**【思路点拨】**

本题的解题思路为设切点坐标为$(x_0, e^{x_0})$,将切点坐标代入不同的曲线方程中,得到关于$x_0$的表达式,再根据曲线在该点的切线斜率,得出另一个表达式,解出$x_0$. 注意,本题中直线的斜率$k$一定不可能为$0$,否则无法与曲线相切,这也是本题的易错点.

**【解析】** 设切点为$(x_0, e^{x_0})$,将其代入直线方程,得到$kx_0 = e^{x_0}$;
由切点处的切线斜率可知,$y'|_{x=x_0} = e^{x_0} = k$.
故有$kx_0 = e^{x_0} = k$,由于$k \neq 0$,可得$x_0 = 1$,切点为$(1, e)$.

## 7. (C)

**【思路点拨】**

本题可以利用数形结合的方法求解. 方程$x^5 - 5x + 1 = 0$为一元五次方程,最多有$5$个根,另外通过判别函数的单调区间、单调区间分界点处的函数值及$\lim\limits_{x \to -\infty} f(x)$,$\lim\limits_{x \to +\infty} f(x)$,大致描绘函数图形,即可顺利判断出方程根的个数.

**【解析】** 设$f(x) = x^5 - 5x + 1$,令$f'(x) = 5x^4 - 5 = 5(x-1)(x+1)(x^2+1) = 0$,解得$x = 1$,$x = -1$. 划分区间,可得

|  | $(-\infty, -1)$ | $-1$ | $(-1, 1)$ | $1$ | $(1, +\infty)$ |
| --- | --- | --- | --- | --- | --- |
| $f'(x)$ | $+$ | $0$ | $-$ | $0$ | $+$ |
| $f(x)$ | ↗ | 极大值 | ↘ | 极小值 | ↗ |

又$\lim\limits_{x \to -\infty} f(x) = -\infty$,$\lim\limits_{x \to +\infty} f(x) = +\infty$,$f(-1) = 5 > 0$,$f(1) = -3 < 0$,易知,函数$f(x) = x^5 - 5x + 1$在区间$(-\infty, -1)$上与$x$轴有唯一的交点;在区间$(-1, 1)$上与$x$轴有唯一的交点;在区间$(1, +\infty)$上与$x$轴有唯一的交点.
因此方程$x^5 - 5x + 1 = 0$有且仅有$3$个不同的实根.

## 8. (B)

**【思路点拨】**

一元隐函数求导方法比较固定,总结为一句话"在方程两边同时对$x$求导". 本题在求导的过程中用到了导数的四则运算法则,对$x \cos y$求导时容易错误地计算为$\cos y - x \sin y$,漏掉$y'$,这是本题的易错点.

**【解析】** 方程$x \cos y + y - 2 = 0$两边同时对$x$求导,得
$$\cos y - x \sin y \cdot y' + y' = 0,$$
解得$y' = \dfrac{\cos y}{x \sin y - 1}$.

## 9. (A)

**【思路点拨】**

本题属于综合题,易错点在于计算分界点处的导数. 需利用定义分别计算分界点处的左导数和右导数,如果左、右导数存在且相等,则函数在该点处可导,然后分别在各段上求函数的导

数，从而求得导函数，进而讨论导函数的极限.

【解析】因为 $f(0)=1$，所以 $f'_-(0)=\lim\limits_{x\to 0^-}\dfrac{1+x^2-1}{x-0}=0$，$f'_+(0)=\lim\limits_{x\to 0^+}\dfrac{1-\cos x-1}{x-0}=\infty$，故(A)项错误，(E)项正确.

已知当 $x\to 0$ 时，$f(x)$ 的左、右导数不相等，可知 $f(x)$ 在 $x=0$ 处不可导，故其导函数为 $f'(x)=\begin{cases}2x, & x<0,\\ \sin x, & x>0,\end{cases}$ 所以 $\lim\limits_{x\to 0^+}f'(x)=\lim\limits_{x\to 0^+}\sin x=0$，$\lim\limits_{x\to 0^-}f'(x)=\lim\limits_{x\to 0^-}2x=0$，故(B)项、(C)项正确.

因为 $\lim\limits_{x\to 0^+}f(x)=\lim\limits_{x\to 0^+}(1-\cos x)=0$，故(D)项正确，可知选(A).

**10.（E）**

【思路点拨】

利用复合函数链式法则求导后，将 $x=0$ 代入导函数，根据已知条件求得结果.

【解析】由于 $g'(x)=3f'[f(1+3x)]\cdot f'(1+3x)$，结合 $f(1)=1$，$f'(1)=2$，可知
$$g'(0)=3f'[f(1)]\cdot f'(1)=3f'(1)\cdot f'(1)=12.$$

**11.（C）**

【思路点拨】

$f(3)-f(1)$ 可以看作是函数 $f(x)$ 在区间 $[1,3]$ 上的增量，本题可根据已知条件利用导数的定义求得 $f'(x)$，然后利用牛顿—莱布尼茨公式求得结果.

【解析】已知 $f(x+\Delta x)-f(x)=2x\Delta x+o(\Delta x)(\Delta x\to 0)$，利用导数的定义可得
$$f'(x)=\lim\limits_{\Delta x\to 0}\dfrac{f(x+\Delta x)-f(x)}{\Delta x}=\lim\limits_{\Delta x\to 0}\dfrac{2x\Delta x+o(\Delta x)}{\Delta x}=2x,$$
所以 $f(3)-f(1)=\displaystyle\int_1^3 f'(x)\mathrm{d}x=\int_1^3 2x\mathrm{d}x=x^2\Big|_1^3=8.$

**12.（A）**

【思路点拨】

在已知的等式两边同时求导，化简可得函数 $f(x)$ 的表达式，然后再计算其不定积分.

【解析】在 $\displaystyle\int \mathrm{e}^{-x}f(x)\mathrm{d}x=x\mathrm{e}^{-x}+C$ 两边同时求导得 $\mathrm{e}^{-x}f(x)=\mathrm{e}^{-x}-x\mathrm{e}^{-x}$，即 $f(x)=1-x$，所以 $\displaystyle\int f(x)\mathrm{d}x=x-\dfrac{x^2}{2}+C.$

**13.（B）**

【思路点拨】

在计算定积分时，如果积分区间关于原点对称，应首先考虑被积函数是否具有奇偶性（或者一部分是否具有奇偶性），当被积函数为奇函数时，定积分的值等于 0.

【解析】已知函数 $x^3\cos x$ 为奇函数，则有
$$\int_{-1}^{1}(x^3\cos x+x^2\mathrm{e}^{x^3})\mathrm{d}x=\int_{-1}^{1}x^3\cos x\mathrm{d}x+\int_{-1}^{1}x^2\mathrm{e}^{x^3}\mathrm{d}x$$
$$=\dfrac{1}{3}\int_{-1}^{1}\mathrm{e}^{x^3}\mathrm{d}x^3=\dfrac{1}{3}\mathrm{e}^{x^3}\Big|_{-1}^{1}=\dfrac{\mathrm{e}-\mathrm{e}^{-1}}{3}.$$

**14. (E)**

【思路点拨】

根据不定积分与求导运算互为逆运算 $\left[\int f(x)dx\right]' = f(x)$ 可知,对各选项的等号两边同时求导,等号右边的导数应该等于等号左边的被积函数.

【解析】已知 $F'(x)=f(x)$,$G'(x)=f(x)$,由不定积分的定义可知,(B)项和(D)项显然正确;

(A)项：$\left[\dfrac{F(x)+2G(x)}{3}\right]' = \dfrac{F'(x)+2G'(x)}{3} = \dfrac{f(x)+2f(x)}{3} = f(x)$,正确;

(C)项：$\left[\dfrac{F(x)+G(x)}{2}\right]' = \dfrac{F'(x)+G'(x)}{2} = \dfrac{f(x)+f(x)}{2} = f(x)$,正确;

(E)项：$[F(x)+G(x)]' = F'(x)+G'(x) = f(x)+f(x) = 2f(x)$,不正确,故选(E)项.

**15. (A)**

【思路点拨】

当分母的次数高于分子时,可以观察一下,分子能不能凑成分母上函数的导数. 如果可以,进行换元积分.

【解析】对分母求导 $(x^2+2x+2)' = 2x+2$,所以分子恒等变形为 $2x+2$,凑微分得

$$\int_{-1}^{1}\dfrac{x+1}{x^2+2x+2}dx = \dfrac{1}{2}\int_{-1}^{1}\dfrac{2x+2}{x^2+2x+2}dx = \dfrac{1}{2}\int_{-1}^{1}\dfrac{d(x^2+2x+2)}{x^2+2x+2}$$

$$= \dfrac{1}{2}\ln(x^2+2x+2)\Big|_{-1}^{1} = \dfrac{1}{2}\ln 5.$$

**16. (A)**

【思路点拨】

求分式函数的极限时,若存在变限积分函数,则求极限的过程中一定会用到洛必达法则和变限积分函数求导公式,计算中也要巧用等价无穷小替换,减少计算量.

【解析】$\lim\limits_{x\to 0}\dfrac{\int_0^{x^2}(e^{t^2}-1)dt}{x^6} = \lim\limits_{x\to 0}\dfrac{(e^{x^4}-1)\cdot 2x}{6x^5} = \lim\limits_{x\to 0}\dfrac{x^4\cdot 2x}{6x^5} = \dfrac{1}{3}.$

**17. (C)**

【思路点拨】

本题已知旋转体体积,需计算所围成图形的函数表达式中的未知常数,属于逆向思维,但在计算时仍需按照旋转体体积公式 $V=\pi\int_a^b [f(x)]^2 dx$ 正常计算.

当函数复杂时,可以从函数的单调性、奇偶性等入手,来简化运算.

【解析】

由题意知,函数 $y=x\sqrt{|x|} = \begin{cases} x^{\frac{3}{2}}, & x\geq 0, \\ -(-x)^{\frac{3}{2}}, & x<0. \end{cases}$ 当 $a>0$ 时,有

$$\pi\int_0^a \left(x^{\frac{3}{2}}\right)^2 dx = 4\pi \Rightarrow \pi\int_0^a x^3 dx = 4\pi \Rightarrow a^4 = 16 \Rightarrow a=2.$$

因为 $y=x\sqrt{|x|}$ 为奇函数,曲线关于原点对称,则 $\pi\int_0^2 [y(x)]^2 dx = \pi\int_{-2}^0 [y(x)]^2 dx$,故

$a$ 的取值也可以为 $-2$.

综上，$a = \pm 2$.

## 18.（B）

**【思路点拨】**

本题属于计算较为复杂的题．在比较定积分的大小时，如果积分区间相同，常利用定积分的保号性，只需判断被积函数的大小关系即可，一般方法为两个函数作差构造出新的函数，然后利用单调性判别；特殊方法为数形结合，但要牢记基本初等函数图像的性质．

也可直接计算出定积分的值再比较大小．

**【解析】** 方法一：数形结合法．

画出三个积分中的被积函数的图像，如图所示．

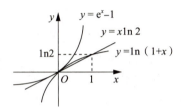

由图易知，$e^x - 1 > \ln(1+x)$，$e^x - 1 > x\ln 2$．观察可得 $\ln(1+x)$ 和 $x\ln 2$ 有两个交点，分别为 $(0, 0)$，$(1, \ln 2)$，又 $y = \ln(1+x)$ 为凸函数，故结合图像可知 $\ln(1+x) > x\ln 2 (0 < x < 1)$．因此在区间 $(0, 1)$ 内，$e^x - 1 > \ln(1+x) > x\ln 2$，由积分保号性，可得 $I < K < J$.

方法二：直接计算法．

$I = \int_0^1 x\ln 2 \, dx = \ln 2 \cdot \left.\dfrac{x^2}{2}\right|_0^1 = \dfrac{1}{2}\ln 2$；

$J = \int_0^1 (e^x - 1) \, dx = \left.(e^x - x)\right|_0^1 = e - 2$；

$K = \int_0^1 \ln(1+x) \, dx = \left.x\ln(1+x)\right|_0^1 - \int_0^1 \dfrac{x}{1+x} \, dx = \ln 2 - \int_0^1 \left(1 - \dfrac{1}{1+x}\right) dx$

$= \ln 2 - \left.[x - \ln(1+x)]\right|_0^1 = 2\ln 2 - 1$.

作差法比较 $I, J, K$ 的大小，可得

$$K - I = 2\ln 2 - 1 - \dfrac{1}{2}\ln 2 = \dfrac{3}{2}\ln 2 - 1 = \ln 2^{\frac{3}{2}} - \ln e > 0;$$

$$K - J = 2\ln 2 - 1 - (e - 2) = 2\ln 2 - e + 1 < 0.$$

综上所述，$I < K < J$.

## 19.（C）

**【思路点拨】**

二元函数求偏导数本质上是利用一元函数求导的方法，要计算 $f(x, y)$ 对 $x$ 的偏导数，需把 $y$ 看作常数，同理，可求得 $f(x, y)$ 对 $y$ 的偏导数．

**【解析】** 已知函数 $f(x, y) = \ln(1 + x^2 + 3y^2)$，可得

$$\left.\dfrac{\partial f}{\partial x}\right|_{(1,1)} = \left.\dfrac{2x}{1 + x^2 + 3y^2}\right|_{(1,1)} = \dfrac{2}{5}, \quad \left.\dfrac{\partial f}{\partial y}\right|_{(1,1)} = \left.\dfrac{6y}{1 + x^2 + 3y^2}\right|_{(1,1)} = \dfrac{6}{5},$$

所以在点$(1，1)$处$3\dfrac{\partial f}{\partial x}=\dfrac{\partial f}{\partial y}$.

**20.** (D)

**【思路点拨】**

本题为二元函数偏导数的计算，其本质上是利用一元函数求导的方法.

**【解析】** 由$f(x，y)=xy\mathrm{e}^{x^2}$可得
$$\dfrac{\partial f}{\partial x}=y(\mathrm{e}^{x^2}+2x^2\mathrm{e}^{x^2})=y\mathrm{e}^{x^2}(1+2x^2)，\dfrac{\partial f}{\partial y}=x\mathrm{e}^{x^2}，$$
所以$x\dfrac{\partial f}{\partial x}-y\dfrac{\partial f}{\partial y}=xy\mathrm{e}^{x^2}(1+2x^2)-xy\mathrm{e}^{x^2}=2x^2\cdot xy\mathrm{e}^{x^2}=2x^2f(x，y)$.

**21.** (E)

**【思路点拨】**

多元隐函数求导的方法有公式法和直接求导法，为了计算准确不出错，通常采用公式法.

**【解析】** 将$x=0，y=0$代入方程，解得$z=0$.

令$F(x，y，z)=xyz+\mathrm{e}^{x+2y+3z}-1$，则有
$$F'_x=yz+\mathrm{e}^{x+2y+3z}，F'_y=xz+2\mathrm{e}^{x+2y+3z}，F'_z=xy+3\mathrm{e}^{x+2y+3z}，$$
$$\dfrac{\partial z}{\partial x}\bigg|_{(0,0)}=-\dfrac{F'_x}{F'_z}\bigg|_{(0,0)}=-\dfrac{1}{3}，\dfrac{\partial z}{\partial y}\bigg|_{(0,0)}=-\dfrac{F'_y}{F'_z}\bigg|_{(0,0)}=-\dfrac{2}{3}，$$
所以$\mathrm{d}z|_{(0,0)}=-\dfrac{1}{3}\mathrm{d}x-\dfrac{2}{3}\mathrm{d}y$.

**22.** (A)

**【思路点拨】**

按照无条件极值存在的充分条件，先求驻点，再求函数在驻点处的二阶导数，然后计算$AC-B^2$的值，最后根据极值存在的第二充分条件来判断极值的情况.

**【解析】** 令$\begin{cases}f'_x=2x+2y=0，\\ f'_y=2x+4y-6=0，\end{cases}$解得驻点$(-3，3)$.

又因为$f''_{xx}=2，f''_{xy}=2，f''_{yy}=4$，在点$(-3，3)$处，$A=2，B=2，C=4，AC-B^2=4>0$，且$A=2>0$，所以$(-3，3)$是$f(x，y)$的极小值点.

**23.** (A)

**【思路点拨】**

熟练使用逆矩阵的性质$(\boldsymbol{AB})^{-1}=\boldsymbol{B}^{-1}\boldsymbol{A}^{-1}$进行解题.

**【解析】** 根据逆矩阵的性质，$(\boldsymbol{A}^{-1}\boldsymbol{B}^{-1}\boldsymbol{A})^{-1}=\boldsymbol{A}^{-1}\boldsymbol{B}\boldsymbol{A}$.

**24.** (E)

**【思路点拨】**

由$A_{ij}=(-1)^{i+j}M_{ij}$可得，若使$M_{ij}=A_{ij}$成立，则有两种情况：①$M_{ij}=A_{ij}=0$，由于$M_{ij}$的值无法求出，故暂不考虑该情况；②$(-1)^{i+j}=1$，此时行标与列标之和为偶数.

**【解析】** 由于$A_{ij}=(-1)^{i+j}M_{ij}$，若$M_{ij}=A_{ij}$，则$i+j$为偶数，数组$(i，j)$可以为$(1，1)$、$(1，3)$、$(2，2)$、$(3，1)$、$(3，3)$，故至少有五组.

**25.** (C)

【思路点拨】

对于低阶行列式的计算,如二阶、三阶,直接使用对角线法则即可迅速得到答案.

【解析】 $\begin{vmatrix} j & m & w \\ m & w & j \\ w & j & m \end{vmatrix} = jwm + mjw + wmj - w^3 - m^3 - j^3 = 3jmw - j^3 - m^3 - w^3$.

**26.** (A)

【思路点拨】

矩阵运算时,可以先对 $A^2 - 4A + 3E$ 进行因式分解,得 $(A-E)(A-3E)$,然后直接算矩阵的乘积即可.

【解析】 $A^2 - 4A + 3E = (A-E)(A-3E) = \begin{pmatrix} 0 & -1 \\ 2 & 2 \end{pmatrix} \begin{pmatrix} -2 & -1 \\ 2 & 0 \end{pmatrix} = \begin{pmatrix} -2 & 0 \\ 0 & -2 \end{pmatrix}$.

**27.** (B)

【思路点拨】

向量组线性相关性的判定方式:

(1)"向量组 $\boldsymbol{\alpha}_1, \boldsymbol{\alpha}_2, \cdots, \boldsymbol{\alpha}_n$ 线性相关"⇔"至少有一个向量可由其余向量线性表示";

(2)利用矩阵乘法分析,若 $\boldsymbol{\alpha}_1, \boldsymbol{\alpha}_2, \boldsymbol{\alpha}_3$ 线性无关,且系数矩阵 $\boldsymbol{A}$ 为可逆矩阵,则 $(\boldsymbol{\alpha}_1, \boldsymbol{\alpha}_2, \boldsymbol{\alpha}_3)\boldsymbol{A}$ 线性无关.

【解析】对于向量组 $\boldsymbol{\alpha}_1 - \boldsymbol{\alpha}_2, \boldsymbol{\alpha}_2 - \boldsymbol{\alpha}_3, \boldsymbol{\alpha}_3 - \boldsymbol{\alpha}_1$,不难发现 $\boldsymbol{\alpha}_3 - \boldsymbol{\alpha}_1 = -(\boldsymbol{\alpha}_1 - \boldsymbol{\alpha}_2) - (\boldsymbol{\alpha}_2 - \boldsymbol{\alpha}_3)$,即 $\boldsymbol{\alpha}_3 - \boldsymbol{\alpha}_1$ 可由 $\boldsymbol{\alpha}_3 - \boldsymbol{\alpha}_1$ 线性表示,从而 $\boldsymbol{\alpha}_1 - \boldsymbol{\alpha}_2, \boldsymbol{\alpha}_2 - \boldsymbol{\alpha}_3, \boldsymbol{\alpha}_3 - \boldsymbol{\alpha}_1$ 线性相关,故(B)项正确.

(D)项:$(\boldsymbol{\alpha}_1 + \boldsymbol{\alpha}_2, \boldsymbol{\alpha}_2 + \boldsymbol{\alpha}_3, \boldsymbol{\alpha}_3 + \boldsymbol{\alpha}_1) = (\boldsymbol{\alpha}_1, \boldsymbol{\alpha}_2, \boldsymbol{\alpha}_3)\begin{pmatrix} 1 & 0 & 1 \\ 1 & 1 & 0 \\ 0 & 1 & 1 \end{pmatrix}$,因为 $\begin{vmatrix} 1 & 0 & 1 \\ 1 & 1 & 0 \\ 0 & 1 & 1 \end{vmatrix} \neq 0$,从而 $\begin{pmatrix} 1 & 0 & 1 \\ 1 & 1 & 0 \\ 0 & 1 & 1 \end{pmatrix}$ 可逆,于是 $r(\boldsymbol{\alpha}_1 + \boldsymbol{\alpha}_2, \boldsymbol{\alpha}_2 + \boldsymbol{\alpha}_3, \boldsymbol{\alpha}_3 + \boldsymbol{\alpha}_1) = r(\boldsymbol{\alpha}_1, \boldsymbol{\alpha}_2, \boldsymbol{\alpha}_3) = 3$,故 $\boldsymbol{\alpha}_1 + \boldsymbol{\alpha}_2, \boldsymbol{\alpha}_2 + \boldsymbol{\alpha}_3, \boldsymbol{\alpha}_3 + \boldsymbol{\alpha}_1$ 线性无关. 类似地,其余各选项均可通过此方法判定线性无关.

**28.** (B)

【思路点拨】

(1)齐次线性方程组的基础解系中所含解向量的个数为 $n - r(\boldsymbol{A})$;

(2)$r(\boldsymbol{AB}) \leq \min\{r(\boldsymbol{A}), r(\boldsymbol{B})\}$.

【解析】由于 $\boldsymbol{AB} = \begin{pmatrix} 1 & 0 \\ 2 & 1 \end{pmatrix}$,从而 $2 = r(\boldsymbol{AB}) \leq \min\{r(\boldsymbol{A}), r(\boldsymbol{B})\}$,根据题干可知,$r(\boldsymbol{A}) \leq 2$,$r(\boldsymbol{B}) \leq 2$,于是 $r(\boldsymbol{A}) = r(\boldsymbol{B}) = 2$,从而 $n - r(\boldsymbol{A}) = 3 - 2 = 1$,$n - r(\boldsymbol{B}) = 2 - 2 = 0$,故 $\boldsymbol{Ax} = \boldsymbol{0}$ 和 $\boldsymbol{By} = \boldsymbol{0}$ 的线性无关解向量的个数分别为 1,0.

## 29.（A）

**【思路点拨】**

关于多个齐次线性方程组有公共解及其相关问题，均可以通过联立方程组来解决．因为两个方程组有公共非零解，说明二者联立后，所得的方程组也是有非零解的，然后由解的判定定理，可得相关参数．

**【解析】** 两个齐次线性方程组有公共非零解，故

$$\begin{cases} 2x_1+x_2+3x_3=0, \\ ax_1+3x_2+4x_3=0, \\ x_1+2x_2+x_3=0, \\ x_1+bx_2+2x_3=0 \end{cases}$$

有非零解，对系数矩阵 $A$ 作初等行变换，可得

$$A=\begin{bmatrix} 2 & 1 & 3 \\ a & 3 & 4 \\ 1 & 2 & 1 \\ 1 & b & 2 \end{bmatrix} \rightarrow \begin{bmatrix} 0 & -3 & 1 \\ 0 & 3-2a & 4-a \\ 1 & 2 & 1 \\ 0 & b-2 & 1 \end{bmatrix} \rightarrow \begin{bmatrix} 1 & 2 & 1 \\ 0 & -3 & 1 \\ 0 & 3-2a & 4-a \\ 0 & b-2 & 1 \end{bmatrix},$$

因为齐次线性方程组有非零解，则 $1 \leqslant r(A) < 3$，结合上式可知 $r(A)=2$．又因为 $3-2a$ 和 $4-a$ 不能同时为 $0$，故系数矩阵变换成的阶梯形矩阵的后三行对应成比例，由此可得

$$\frac{-3}{1}=\frac{3-2a}{4-a}=\frac{b-2}{1} \Rightarrow b=-1, \ a=3.$$

## 30.（B）

**【思路点拨】**

由概率密度的性质 $\int_{-\infty}^{+\infty}f(x)\mathrm{d}x=1$，可确定其中的参数；计算概率只需要计算定积分即可．

**【解析】** 由于 $\int_{-\infty}^{+\infty}f(x)\mathrm{d}x=\int_0^1 Ax^2\mathrm{d}x=\frac{A}{3}x^3\Big|_0^1=\frac{A}{3}=1$，解得 $A=3$，故

$$P\left\{X\leqslant \frac{1}{2}\right\}=\int_0^{\frac{1}{2}} 3x^2\mathrm{d}x=x^3\Big|_0^{\frac{1}{2}}=\frac{1}{8}.$$

## 31.（D）

**【思路点拨】**

对于一般正态分布问题，往往对其标准化处理．本题对 $X$、$Y$ 分别标准化，即可转化为标准正态分布，然后就可轻松计算概率，判断参数之间的关系．

**【解析】** 由于 $X \sim N(\mu, 4)$，$Y \sim N(\mu, 9)$，因此

$$p=P\{X\leqslant \mu-2\}=P\left\{\frac{X-\mu}{2}\leqslant -1\right\}=\varPhi(-1),$$

$$q=P\{Y\geqslant \mu+3\}=1-P\{Y<\mu+3\}=1-P\left\{\frac{Y-\mu}{3}<1\right\}=1-\varPhi(1)=\varPhi(-1),$$

故对任意实数 $\mu$，均有 $p=q$．

## 32. (C)

**【思路点拨】**

因为 $X$，$Y$ 相互独立，故有 $P\{X=a,Y=b\}=P\{X=a\}P\{Y=b\}$. 本题将满足 $X+Y=1$ 的所有情况的概率相加即可.

**【解析】** $P\{X+Y=1\}=P\{X=1,Y=0\}+P\{X=0,Y=1\}=\dfrac{1}{2}\times\dfrac{1}{2}+\dfrac{1}{2}\times\dfrac{1}{2}=\dfrac{1}{2}$.

## 33. (B)

**【思路点拨】**

加法公式：$P(A\cup B)=P(A)+P(B)-P(AB)$；减法公式：$P(A\overline{B})=P(A)-P(AB)$.

**【解析】** 由 $P(A\cup B)=P(A)+P(B)-P(AB)=0.5+0.3-P(AB)=0.6$，解得 $P(AB)=0.2$，因此 $P(A\overline{B})=P(A)-P(AB)=0.5-0.2=0.3$.

## 34. (C)

**【思路点拨】**

均匀分布在任一区间上的概率，可以通过 $\dfrac{任一区间的有效长度}{整个区间的长度}$ 来进行计算，其中有效长度是指包含在整个区间长度中的那一部分，这是均匀分布独有的概率计算方式. 通过均匀分布计算出 $Y$ 的分布律，然后由方差的定义即可求得方差.

**【解析】** $P\{Y=-1\}=P\{X<0\}=\dfrac{0-(-3)}{2-(-3)}=\dfrac{3}{5}$，$P\{Y=1\}=1-\dfrac{3}{5}=\dfrac{2}{5}$，故有

$$E(Y)=(-1)\times\dfrac{3}{5}+1\times\dfrac{2}{5}=-\dfrac{1}{5},\ E(Y^2)=(-1)^2\times\dfrac{3}{5}+1^2\times\dfrac{2}{5}=1,$$

$$D(Y)=E(Y^2)-[E(Y)]^2=1-\dfrac{1}{25}=\dfrac{24}{25}.$$

## 35. (C)

**【思路点拨】**

本题需要根据分布律的正则性和期望的计算公式，得出两个未知数的表达式，列方程组求解. 同时，熟练使用方差的计算公式，求出方差的值.

**【解析】** 根据分布律的正则性，可知 $0.7+a+b+0.1=1$，解得 $a+b=0.2$.
因为 $E(X)=-1\times 0.7+1\times a+2\times b+3\times 0.1=0$，得 $a+2b=0.4$，从而解得 $a=0$，$b=0.2$.
$E(X^2)=(-1)^2\times 0.7+1^2\times 0+2^2\times 0.2+3^2\times 0.1=0.7+0.8+0.9=2.4$，故

$$D(X)=E(X^2)-[E(X)]^2=2.4.$$

# 二、逻辑推理

## 36. (A)

**【解析】**

第1步：画箭头。

题干：

①发展能蹄疾步稳→理念科学。

②行动能突破重围→思想破冰。

③未来能行稳致远→战略得当。

第 2 步：逆否。

题干的逆否命题为：

④ㄱ理念科学→ㄱ发展能蹄疾步稳。

⑤ㄱ思想破冰→ㄱ行动能突破重围。

⑥ㄱ战略得当→ㄱ未来能行稳致远。

第 3 步：找答案。

(A)项，战略不得当→未来不能行稳致远，等价于⑥，故此项必然为真。

(B)项，思想破冰→行动能突破重围，根据箭头指向原则，由②可知，"思想破冰"后无箭头指向，故此项可真可假。

(C)、(D)、(E)项，均为题干未涉及的推理关系或内容，故均可真可假。

**37.** (C)

【解析】

本题由于选项均已将选择的 3 种字体列出，故优先考虑选项排除法。

(A)项，根据条件(1)，若选择黑体，则必须选择篆书，故排除。

(B)项，根据条件(2)，若选择隶书，则必须选择黑体并且不能选择篆书，故排除。

(C)项，与题干条件均不矛盾，故正确。

(D)项，根据条件(1)，若选择黑体，则必须选择篆书，故排除。

(E)项，根据条件(1)，若选择楷体，则必须选择篆书并且不能选择幼圆，故排除。

**38.** (A)

【解析】

文物复制件的定义要点：

①依照文物体量、形制、质地、纹饰、文字、图案等历史信息。

②基本采取原技艺方法和工艺流程。

③制作与文物相同的制品。

(A)项，满足文物复制件的所有定义要点，故此项正确。

(B)项，不满足文物复制件的定义要点②、③，故排除。（注意：修补≠制作）

(C)项，不满足文物复制件的定义要点②，此项中的"激光三维扫描"属于现代技术，故排除。

(D)项，不满足文物复制件的定义要点②，王师傅是"临摹"古人作品，并非按照原技艺方法和工艺流程重新制作，故排除。

(E)项，不满足文物复制件的定义要点③，未涉及制作，故排除。

**39.** (C)

【解析】

方法一：找对当关系法。

题干信息：

①张平：张平+李安=5。

②李安：张平＋赵明＝7。
③赵明：赵明＋王亮＝6。
④王亮：张平＋王亮＝6。

**第1步：找数量矛盾。**

由①和③相加可得：张平＋李安＋赵明＋王亮＝11，这与题干"12个包裹"矛盾，故张平和赵明两人中有人说错了。

**第2步：判断其他已知条件的真假。**

根据"4人的回答中只有1人说错了"，可知②和④均为真。

**第3步：推出结论。**

由②为真，并结合"4人共送12个快递"可知，李安＋王亮＝5，故(C)项正确。

**方法二：选项代入法。**

(A)项，若此项为真，则四人的话3假1真，与"只有1假"矛盾，故排除。

(B)项，若此项为真，则四人的话2真2假，与"只有1假"矛盾，故排除。

(C)项，代入题干，符合题干要求。

(D)项，若此项为真，则四人的话均为假，与"只有1假"矛盾，故排除。

(E)项，若此项为真，则四人的话3假1真，与"只有1假"矛盾，故排除。

**40. (D)**

【解析】

研究人员：老式荧光灯老化后会导致灯光颜色和亮度的不断闪烁 —导致→ 学校应该尽快淘汰老式荧光灯(措施) —以求→ 避免引发头痛和视觉疲劳(目的)。

(A)项，无关选项，此项说明通过其他措施可以"减弱荧光造成的颜色变化"，与题干的目的"避免引发头痛和视觉疲劳"无关。

(B)项，此项指出有些学校改换了"新式荧光灯"后很多学生的头痛和视觉疲劳开始消失，即措施可以达到目的，但"有些"是弱化词，支持力度较弱。此外，此项并未说明淘汰老式荧光灯的必要性，支持力度不如(D)项。

(C)项，无关选项，题干的论证并未涉及新式荧光灯是否受年轻人喜爱。

(D)项，此项建立了老式荧光灯与视觉疲劳之间的联系，直接说明"老式荧光灯"会造成"视觉疲劳"，那么"淘汰老式荧光灯"就是有必要的，即措施有必要，支持力度大。

(E)项，无关选项，题干的论证不涉及家长对于淘汰老式荧光灯的态度。

**41. (C)**

【解析】

根据题干可知，实际参加听证会的共有15人，其中消费者9人、经营者5人、专家3人。

若专家都是经营者，则共有14人，与"实际参加听证会的共有15人"矛盾，因此，并非专家都是经营者，等价于：有的专家不是经营者。

若经营者都是消费者，则共有12人，与"实际参加听证会的共有15人"矛盾，因此，并非经营者都是消费者，等价于：有的经营者不是消费者。

若专家都是消费者，则共有 14 人，与"实际参加听证会的共有 15 人"矛盾，因此，并非专家都是消费者，等价于：有的专家不是消费者。

故(C)项正确。

42. (B)

【解析】

本题新补充事实：(1)政府预算未减少。

从事实出发，由"¬预算减少"可知，"若政府不超发货币并且税收减少，则政府预算将减少"的后件为假，根据口诀"否后必否前"，可得：超发货币∨¬税收减少。

"超发货币∨¬税收减少"可看作半事实，进行分类讨论：

情况 1：若"超发货币"为真。

由"超发货币"并结合"政府只有不超发货币并控制物价，才能控制通货膨胀"可得：¬控制通货膨胀。

情况 2：若"¬税收减少"为真。

由"¬税收减少"可知，"若控制物价，则政府税收减少"的后件为假，根据口诀"否后必否前"，可得：¬控制物价。

再由"¬控制物价"并结合"政府只有不超发货币并控制物价，才能控制通货膨胀"可得：¬控制通货膨胀。

故无论哪种情况都可以得出"¬控制通货膨胀"，因此，政府未能控制通货膨胀，即(B)项正确。

43. (E)

【解析】

待解释的现象："禁电子烟令"发布后的两周内，有些电商依然在国内网站上销售电子烟。

(A)项，有些电商未收到"禁电子烟令"的通知，故其仍可能正常售卖电子烟，可以解释题干中电商的行为。

(B)项，投资人不甘心"投入打水漂"，可能就会选择铤而走险，继续在网站上销售电子烟，可以解释题干中电商的行为。

(C)项，此项指出并未禁止对成年人销售电子烟，也就说明电子烟仍然存在客户源，可以解释题干中电商的行为。

(D)项，有些电商认为，只卖烟棒不算销售电子烟，故其继续在网站上销售电子烟，可以解释题干中电商的行为。

(E)项，无关选项，题干讨论的是我国的情况，此项讨论的是其他国家的情况。

44. (A)

【解析】

题干：8 名新员工(A)都是博士(B)，但这些新员工有些(有的 A)不适合担任管理工作(¬C)，因为博士(B)未必都适合担任管理工作(C)。

形式化为：A 都是 B，但有的 A→¬C，因为 B 未必都 C。

(A)项，A 都是 B，但有的 A→¬C，因为 B 未必都 C。故与题干一致。

(B)项，A 都是 B，但 A→¬C，因为 B→¬C。故与题干不一致。

(C)项，A 都是 B，但有的 A→¬C，因为 C 未必都 B。故与题干不一致。

(D)项，A 都是 B，但 A 未必都 C，因为 D→¬B。故与题干不一致。

(E)项，A 都是 B，但 C 未必都 D，因为 D→¬B。故与题干不一致。

## 45. (E)

【解析】

现象：年青人近视率剧增。

专家认为的原因：不是遗传、长时间或不正确姿势阅读，而是人们在白天的户外活动时间过短。

(A)项，题干的论证对象是人，此项的论证对象是鸡，类比对象可能会有差异；另外，题干讨论的是白天户外活动时间长短与近视的关系，此项讨论的是光照与近视的关系。

(B)项，无关选项，此项仅指出许多国家的少儿每天需要花 10 多个小时在学业或娱乐活动上，并未涉及"白天户外活动时间长短"和"近视"之间的关系。

(C)项，户外活动时间过久（无因）的孩子却很少成为近视（无果），无因无果，支持专家的观点。但题干的论证对象为"年青人"，此项的论证对象为"小学生"，论证对象不一致，故此项的支持力度较弱。

(D)项，例证法，说明近视率剧增并非遗传导致，但导致近视率剧增的原因具体是什么，此项并未说明，故不能支持专家的观点。

(E)项，指出"室外光照"会"阻止眼球的伸长"，再结合题干"近视还意味着近视患者的眼球会稍稍伸长而发生病变"可知，阻止眼球的伸长就意味着"不患近视"。即：室外光照（户外活动时间长）会使得不患近视，无因无果，支持力度最大。

## 46. (A)

【解析】

本题补充新信息：(4)李与刘的座位左右紧挨着。

题干中有特殊位置关系，如：相邻、间隔，可作为解题突破口。

**分析相邻、间隔元素：**

由条件(1)和(4)可知，罗与方相邻、李与刘相邻。

由条件(2)可知，汤和宋中间隔一人，因此，汤、宋均在第 5 排。

又由于汤和宋中间只有一人，故中间的人不能是罗、方、李、刘，因此，汤和宋中间的人是陈，陈也在第 5 排。

再由条件(3)可知，陈的座位为"5F"或"5D"。

由于"5F"为最靠左的位置，再结合"汤和宋中间的人是陈"可知，陈不能在"5F"。因此，陈的座位为"5D"，故(A)项正确。

47. (E)

【解析】

本题补充新信息：(5)李与汤隔着两个座位。

本题新补充了特殊位置关系"间隔"，故优先分析。

分析间隔元素：

由条件(2)和(5)可知，李和宋的座位情况有如下两种可能：

情况1：李、宋相邻。

情况2：李、宋间隔4人。

若"情况2"为真，则需要至少6个座位，又由于第5排只有5个座位，故不是情况2，因此，"情况1"为真，即：李、宋相邻。

此时，汤、宋、李的座位均在第5排，且汤和宋中间隔一人，李和宋相邻。

再由条件(1)可得：罗和方的座位只能在第4排。

故陈和刘的座位在第5排。再由条件(3)可知，陈的座位为"5F"或"5D"，由于情况较少，可进行分情况讨论：

若陈的座位为"5F"，则李、宋、汤三人的座位依次为"5D、5C、5A"或"5A、5B、5D"。

若陈的座位为"5D"，则李、宋、汤三人的座位依次为"5B、5C、5F"。

因此，李一定不会坐在5F，即(E)项正确。

48. (E)

【解析】

此题的问题是"最能质疑上述专家的观点"，故直接定位"专家的观点"。

专家：大规模的人口流动也给流入地政府的基本公共服务和社会保障带来巨大压力，同时进一步加剧了省际之间的财政矛盾。

(A)项，此项说明流入地政府需要承担流动儿童的主要教育责任，即增加了流入地政府的基本公共服务和社会保障压力，补充新的论据，支持专家的观点。

(B)项，指出诸多公共服务在"流入地"与"流出地"之间衔接不畅，说明可能加剧省际之间的财政矛盾，支持专家的观点。

(C)项，"流动人口增速变缓""流动人口增速下降"无法说明流动人口的总数减少，故无法质疑专家的观点。

(D)项，指出流动家庭的基本公共服务需要流入地政府提供，说明增加了流入地政府的基本公共服务压力，补充新的论据，支持专家的观点。

(E)项，国家出台相关政策，使得财政资金向人口流入地倾斜，弥补其财政缺口，说明未给流入地政府增加财政压力，那么也就不会加剧省际之间的财政矛盾，削弱专家的观点。

49. (D)

【解析】

锁定关键词"认为"，可知此前是论据，此后是论点；再锁定论点中的关键词"将来会"，可知论点是对未来的预测。

题干：某专家的研究团队已首次利用动物干细胞在实验室培育出了人造肉，这种人造肉在口感和成分上与动物肉非常接近 $\xrightarrow{预测}$ 这种人造肉在不远的将来会有很好的市场前景。

(A)项，无关选项，此项强调的是宇航员在太空中的情况，与专家的观点无关。

(B)项，无关选项，题干的论证对象是"利用动物干细胞培育出的人造肉"，此项的论证对象是"以植物蛋白为原料模拟出的人造肉"，二者并不一致。

(C)项，此项仅说明了题干实验中的人造肉制造需要一定的成本，但并未指出其市场前景如何，故不能质疑专家的观点。

(D)项，此项指出人造肉的成本过高、产量极低，并且技术在近期也很难突破，说明人造肉不会有很好的市场前景，直接削弱专家的观点。

(E)项，无关选项，题干的论证不涉及相关上市公司的股票价格。

50. (C)

【解析】

题干信息整理如下：

①甲：丁∨戊。

②乙：¬乙∧¬丙。

③丁：¬甲→己，等价于：甲∨己。

④戊：甲∨丙。

方法一：找对当关系法。

第1步：找矛盾。

题干中无矛盾关系。

第2步：找下反对关系或推理关系。

若②为真，则甲、丁、戊、己四人中的一人去扶贫，此时，①、③、④至少一真；即：若②为真，题干至少有2真，与题干"4人的回答只有一个符合实际"矛盾，因此，②为假，即："乙∨丙"为真。

第3步：推出结论。

由"乙∨丙"为真，并结合"6人中有一人到石坝村扶贫"可知，①和③均为假。再由"4人的回答只有一个符合实际"可知，④为真。

由①为假可得：¬丁∧¬戊。

由③为假可得：¬甲∧¬己。

再由"¬甲"，并结合④"甲∨丙"可知，去石坝村扶贫的是丙。故(C)项正确。

方法二：选项排除法。

(A)项，若此项为真，则甲和乙两人都说真话，与题干"4人的回答只有一个符合实际"矛盾，故排除。

(B)项，若此项为真，则四人都说假话，与题干"4人的回答只有一个符合实际"矛盾，故排除。

(C)项，此项符合题干要求，正确。

(D)项，若此项为真，则乙、丁和戊都说真话，与题干"4人的回答只有一个符合实际"矛盾，故排除。

(E)项，若此项为真，则乙和丁两人都说真话，与题干"4人的回答只有一个符合实际"矛盾，故排除。

## 51.（D）

【解析】

此题的问题是"最能支持尹研究员的观点"，故直接定位"尹研究员的观点"。

尹研究员：①尼安德特人当时已经"濒危" ——导致→ 尼安德特人灭绝。②种群个体数量的减少（因）——导致→ 种群的灭绝（果）。

(A)项，此项指出由于没有父母的照顾，导致尼安德特人灭绝，另有他因，削弱尹研究员的观点。

(B)项，无关选项，题干的论证对象是"尼安德特人"，此项的论证对象是"非洲某部落"，二者并不一致。

(C)项，无关选项，题干的论证不涉及"特定的蛋白质"与"存活"之间的关系。

(D)项，此项说明种群的数量少确实会导致种群的灭绝，因果相关，支持尹研究员的观点。

(E)项，此项指出近亲繁殖可能导致种群灭绝，支持贾研究员的观点、削弱尹研究员的观点。

## 52.（E）

【解析】

第1步：数量关系优先算。

由题干"3人每人预约了3次针灸"，并结合题干表格"共剩余9个名额能预约"可知，9个名额都有人预约。

第2步：从事实出发。

由条件(1)"甲和乙没有预约同一天下午的门诊"可知，星期二下午和星期四下午的门诊甲、乙两人中有且仅有一人预约；再由"星期二下午和星期四下午均余2个名额能预约"可知，丙预约了星期二下午和星期四下午。

再结合条件(3)可知，若丙预约了星期五上午的门诊，则丙还预约了星期三上午的门诊，此时，与"3人每人预约了3次针灸"矛盾，故丙未预约星期五上午的门诊。

由于星期五有3个名额能预约，且一人一天只安排1次，因此，丙预约了星期五下午的门诊，甲、乙预约了星期五上午的门诊。

根据"丙预约了星期五下午的门诊"可知，乙未预约星期五下午的门诊，再由条件(2)逆否可得：乙未预约星期二上午的门诊。

由于星期二有3个名额能预约，且一人一天只安排1次，因此，乙预约了星期二下午的门诊。故(E)项正确。

## 53. (A)

【解析】

锁定关键词"因为",可知此后是论据,此前是论点。本题的论点出现在第一句,故本题为论点前置结构。

题干:健身长跑过程中,有节奏的深呼吸能使人体吸入大量氧气,这可以改善心肌供氧状态,加快心肌代谢,提高心脏的工作能力 ——证明→ 人们可以通过健身长跑增进健康。

题干的论据和论点中出现了概念的不同,故使用搭桥法。

(A)项,搭桥法,建立了"心脏循环系统机能"和"健康"之间的关系,必须假设。

(B)、(C)、(D)项,均说明了健身长跑确实能够提高心脏工作能力,支持题干的论据,但不是题干论证的假设。

(E)项,此项说明长跑(体育)确实能够增进身体健康,支持题干的结论,但不是题干论证的假设。

## 54. (A)

【解析】

第1步:优先计算数量关系。

由"两家销售茶叶,两家销售水果,两家销售糕点,两家销售调味品"可知,每种商品都有两家商店售卖,总数等于8。

由"每家都销售上述4类商品中的2~3种"可知,每家商店至少售卖2种商品,至多售卖3种商品。

由于8=3+3+2,故三家商店售卖的商品数量分别为3种、3种、2种。

第2步:数量关系找矛盾。

观察题干已知条件,"海奇"出现3次【注意:条件(2)后件中用"它"指代"海奇"】,故优先考虑。

若海奇不销售水果,则条件(1)的后件为假,根据口诀"否后必否前",可得:美佳不销售水果。此时,3家店有两家不销售水果,与"两家销售水果"矛盾。因此,海奇销售水果。

由"海奇销售水果"可知,条件(2)的前件为真,根据口诀"肯前必肯后",可得:海奇销售糕点。

若条件(3)的前件为真,结合"海奇销售糕点"可知,3家店均销售糕点,与题干"两家销售糕点"矛盾。因此,条件(3)的前件为假,即:美佳不销售糕点。故(A)项正确。

## 55. (E)

【解析】

本题补充新事实:(4)美佳不销售调味品。

由上题已知:美佳不销售糕点、新月销售糕点、海奇销售水果和糕点。

由"三家商店售卖的商品数量分别为3种、3种、2种"并结合"美佳不销售调味品、美佳不销售糕点"可知,销售2种商品的店铺为美佳,且销售的是茶叶和水果。因此,海奇和新月均销售3种产品。

由上述信息及上题推理结果，可得下表：

| 商店＼商品 | 茶叶 | 水果 | 糕点 | 调味品 |
|---|---|---|---|---|
| 美佳 | ✓ | ✓ | × | × |
| 海奇 |  | ✓ | ✓ |  |
| 新月 |  |  |  | ✓ |

结合上表，由"两家销售调味品"可知，海奇和新月均销售调味品。

因为每家商店至多销售 3 种商品，因此，海奇不销售茶叶。

结合"两家销售茶叶"可知，新月销售茶叶。

结合"两家销售水果"可知，新月不销售水果。

综上，每家商店售卖的商品见下表：

| 商店＼商品 | 茶叶 | 水果 | 糕点 | 调味品 |
|---|---|---|---|---|
| 美佳 | ✓ | ✓ | × | × |
| 海奇 | × | ✓ | ✓ | ✓ |
| 新月 | ✓ | × |  | ✓ |

故（E）项正确。

## 三、写作

**56.** 论证有效性分析

【谬误分析】

①首先，"邪恶的行为最终必将被正义的力量彻底消灭"，最多只能证明诈骗"能被根治"，但无法证明"根治诈骗并不难"。因为，"彻底消灭"是一种结果，"难不难"关注的是过程。

②材料由"很多骗术高明的诈骗犯都被绳之以法"推出"诈骗犯根本无处藏身"，进而得出"没有人敢继续行骗"的结论，未必成立。因为，部分诈骗犯的情况不一定能代表整个诈骗犯群体的情况，材料有以偏概全之嫌。此外，"诈骗犯无处藏身"并不代表"没有人敢继续行骗"。当行骗收益巨大时，可能依然会有人经不住诱惑而选择铤而走险。

③材料认为"诈骗的目的无非是想骗取钱财"，实则未必，因为诈骗可能存在其他目的，比如骗色、骗权等。

④并非"凡是要花钱的事情"都需要"慎重考虑"。生活花销中有许多程序性决策，如乘坐公交、餐饮消费等，这些消费的决策无须"慎重考虑"。而且，即使经过慎重考虑也不能保证不会受骗。

⑤材料列举了一些事例，试图说明"投资公司的建议、婚恋对象借款"等类似的事情都不靠谱，实则未必。因为少数个案难以代表全部事实。

⑥材料认为"所有的人如果都不相信这些话，诈骗就无法得逞"，从而得出"诈骗被根治"，难

以成立。因为"所有人都不相信这些话"很难做到,而且,可能还有其他手段使得人们上当受骗。

⑦材料认为"建立更加有效的防范机制,根治诈骗就更容易",未必成立。因为,骗术在不断变化,会使原来有效的防范机制失效。而且,我国人口众多,通过防范机制可能只是减少人们受骗的概率,未必能使每一个人不受骗。

(说明:谬误①②③④⑤⑦引用和改编自教育部考试中心公布的官方参考答案,谬误⑥来自对材料的分析。)

**参考范文**

### 根治诈骗真的不难吗?

材料通过一系列论证试图说明"根治诈骗并不难",但其论证过程中存在多处逻辑谬误,具体分析如下:

首先,"邪恶的行为最终必将被正义的力量彻底消灭",最多只能证明诈骗"能被根治",但无法证明"根治诈骗并不难"。因为,"彻底消灭"是一种结果,"难不难"关注的是过程。

其次,材料由"很多骗术高明的诈骗犯都被绳之以法"推出"诈骗犯根本无处藏身",进而得出"没有人敢继续行骗"的结论,未必成立。因为,部分诈骗犯的情况不一定能代表整个诈骗犯群体的情况,材料有以偏概全之嫌。此外,"诈骗犯无处藏身"并不代表"没有人敢继续行骗"。当行骗收益巨大时,可能依然会有人经不住诱惑而选择铤而走险。

再次,"诈骗的目的无非是想骗取钱财",未必成立。因为诈骗可能存在其他目的,比如骗色、骗权等。而且,并非"凡是要花钱的事情"都需要"慎重考虑"。生活花销中有许多程序性决策,如乘坐公交、餐饮消费等,这些消费的决策无须"慎重考虑"。因此,材料的论据值得怀疑。

最后,材料认为可以通过使用"全社会的防范"的手段来达到"根治诈骗"的目的,这十分困难。我国人口众多,通过宣传教育等手段普及防骗知识只能减少人们受骗的概率,未必能使每一个人不受骗。所以"诈骗"也就未必"不会得逞"。

综上,由于材料的论证过程存在多处逻辑漏洞,故"根治诈骗并不难"结论的成立性有待商榷。

(全文共567字)

**57. 论说文**

【参考立意】

①社会发展应该可持续。

②坚持可持续发展势在必行。

## 保障可持续发展要软硬兼施

吕建刚

食蚁兽以白蚁为食,却从来不摧毁整个蚁穴,让白蚁得以继续生存,也使得自己能长久地获取食物。可见,涸泽而渔、焚林而猎不可取,要可持续发展。

涸泽而渔、焚林而猎的事情并不鲜见,主要体现在对环境的污染和破坏上。比如中国最大的淡水湖鄱阳湖,本应予以保护,可这几年却出现了"围湖造田、围湖造城、围湖造地"的"三围"现象,使鄱阳湖面积急剧缩小;再比如西北地区,过度放牧导致草原质量下降,甚至造成草原荒漠化,沙漠面积扩大。

这些事情之所以发生,利益是背后的推手。一方面,湖泊、河流、草原、林地、空气有公共地的性质。反正这是大家的东西,我去围湖造田、垦林造田、过度放牧、偷排乱放,收益是我自己的,但成本和恶果由大家共担,于是就有人为了自己的利益做出涸泽而渔之事。另一方面,前些年我国对此类事件的处罚力度还不够,再加上这种违规行为有时候也未必能被发现,这样,违规收益大于违规成本,就会有人乐此不疲。

可是类似这样的事情后果极其严重。如果不加以有效地制止,极易形成公共地悲剧,对环境造成不可逆的伤害。以鄱阳湖为例,现在其水体面积约为1 707平方公里,与近十年同期平均值相比减小约30%。

可见,保护环境、维持可持续发展势在必行。具体方法上,要"软""硬"兼施。

"软"是指宣传教育。法律监管不可能面面俱到,也不可能监督到每个人的所有行为。通过宣传教育,让大家由不愿到甘愿、由自发到自觉地成为环保卫士,逐渐形成文化和风气,人人都参与到创建绿色家园之中。

"硬"是指法规监管。健全完善法律监督体系,让践行环保者得甜头,让违法乱纪者吃苦头。尤其是对于那些屡教不改者,重拳出击,当罚则罚,当关则关。

习近平总书记说:"绿水青山就是金山银山,宁要绿水青山不要金山银山。"守住绿水青山,保障可持续发展,"软""硬"兼施必不可少。

(全文共748字)

绝密★启用前

# 2020年全国硕士研究生招生考试
# 经济类综合能力试题

(科目代码:396)

考试时间:8:30—11:30

## 考生注意事项

1. 答题前,考生须在试题册指定位置上填写考生姓名和考生编号;在答题卡指定位置上填写报考单位、考生姓名和考生编号,并涂写考生编号信息点。

2. 选择题的答案必须涂写在答题卡相应题号的选项上,非选择题的答案必须书写在答题卡指定位置的边框区域内。超出答题区域书写的答案无效;在草稿纸、试题册上答题无效。

3. 填(书)写部分必须使用黑色字迹签字笔或者钢笔书写,字迹工整、笔迹清楚;涂写部分必须使用2B铅笔填涂。

4. 考试结束,将答题卡和试题册按规定交回。

| 考生编号 | | | | | | | | | | | | | | | |
|---|---|---|---|---|---|---|---|---|---|---|---|---|---|---|---|
| 考生姓名 | | | | | | | | | | | | | | | |

一、**逻辑推理**：第1～20小题，每小题2分，共40分。下列每题给出的（A）、（B）、（C）、（D）、（E）五个选项中，只有一个选项是最符合试题要求的。

1. 群众是真正的英雄，我是群众，所以我是真正的英雄。

   这个推理中的逻辑错误，与下列哪项中出现的最为类似？

   (A)作案者都有作案时间，王某有作案时间，所以王某一定是作案者。

   (B)各级干部都要遵纪守法，我不是干部，所以我不要遵纪守法。

   (C)世间万物中，人是第一个可宝贵的。我是人，所以我是世间万物中第一个可宝贵的。

   (D)公民都要遵守法律，你没有遵守法律，所以你不是公民。

   (E)想当翻译就要学外语，我不想当翻译，何必费力学外语？

2. 那些认为动物园的安全措施已十分齐备的人，面对下面的新闻应当清醒了。昨天，一对年轻父母不慎使自己的小孩落入假山里被群猴抓伤，幸好管理人员及时赶到，驱散群猴，将小孩送入医院抢救，才没有酿成严重后果。因此，需要进一步检查动物园的安全措施。

   以下哪项是对上述论证方法的恰当概括？

   (A)从一个特定事件得出一个普遍结论。

   (B)用个人而非逻辑的理由进行批评。

   (C)将一个普遍的原理适用于一个特定的事例。

   (D)混淆了某一事件所发生的原因。

   (E)对相似但意义不同的术语的混淆。

3. 某公司的销售部有五名工作人员，其中有两名本科专业是市场营销，两名本科专业是计算机，有一名本科专业是物理学。又知道五人中有两名女士，她们的本科专业背景不同。

   根据上文所述，以下哪项论断最可能得出？

   (A)该销售部有两名男士是来自不同本科专业的。

   (B)该销售部的一名女士一定是计算机本科专业毕业的。

   (C)该销售部三名男士来自不同的本科专业，女士也来自不同的本科专业。

   (D)该销售部至多有一名男士是市场营销专业毕业的。

   (E)该销售部本科专业为物理学的一定是男士，不是女士。

4. 免疫研究室的钟教授说："生命科学院从前的研究生那种勤奋精神越来越不多见了，因为我发现目前在我的研究生中，起早摸黑做实验的人越来越少了。"

   以下哪项最为恰当地指出了钟教授推理中的漏洞？

   (A)不当地假设：除了生命科学院以外，其他学院的研究生普遍都不够用功。

   (B)没有考虑到研究生的不勤奋有各自不同的原因。

   (C)只是提出了问题，但没有提出解决问题的办法。

   (D)不当地假设：他的学生状况就是生命科学院所有研究生的一般状况。

   (E)没有设身处地考虑他的研究生毕业后工作的难处。

5. 小张和小李来自两个不同的学校,但两人都是三好学生,因为他们有共同的特点:学习好、品德好、身体好。所以,学习好、品德好、身体好,是小张和小李成为三好学生的原因。

以下哪项与上述推理方式最为接近?

(A)全国各地的寺庙虽然规模大小不一,但都摆放着佛像,小李家有佛像。所以,小李家是寺庙。

(B)蚂蚁能辨别气味和方向,但将其触角剪掉,它就会像"没头的苍蝇"。所以,蚂蚁依靠触角辨别气味和方向。

(C)独生子女和非独生子女的性格差异是由环境造成的。所以,要想改变独生子女和非独生子女的性格就必须改变环境。

(D)艺术家都有很好的艺术鉴赏能力,小赵有很好的艺术鉴赏能力。所以,小赵是艺术家。

(E)某医院同时有不同的腹泻病人前来就诊,当得知他们都吃了某超市出售的田螺时,医生判断腹泻可能是由田螺引起的。

6. 政府应该禁止烟草公司在其营业收入中扣除广告费用。这样的话,烟草公司将会缴纳更多的税金。它们只好提高自己的产品价格,而产品价格的提高正好可以起到减少烟草购买的作用。

以下哪项是上述论点的前提?

(A)烟草公司不可能降低其他方面的成本来抵销多缴的税金。

(B)如果它们需要付高额的税金,那么烟草公司将不再继续做广告。

(C)如果烟草公司不做广告,那么香烟的销售量将受到很大影响。

(D)政府从烟草公司的应税收入增加所得的收入将用于宣传吸烟的害处。

(E)烟草公司由此增加的税金应该等于产品价格上涨所增加的盈利。

7. 在市场经济条件下,每个商品生产经营者都是独立的经济主体,都有充分的自主权。因此,他们生产什么、如何生产都由自己说了算。

以下哪项最能削弱上述结论?

(A)商品生产经营者都是独立的经济主体,就意味着由自己决定自己的命运。

(B)商品生产经营者享有充分的自主权,就意味着由自己决定生产什么。

(C)商品生产经营者必须了解市场行情和消费者的需求等,才能生产出适销对路的产品。

(D)商品生产经营者虽然是独立的经济主体,但是在经营中也要顾及他人利益。

(E)当今社会在道德层面非常尊重个人选择,所以商品生产经营者对于商品的生产有充分的自由。

8. 具有大型天窗的百货商场的经验表明,商场内射入的阳光可增加销售额。某百货商场的大天窗使得商场的一半地方都有阳光射入(从而可以降低灯光照明的需要),商场的另一半地方只能采用灯光照明。从该商场两年前开张开始,天窗一边的各部门的销售额要远高于另一边各部门的销售额。

以下哪项如果正确,最能支持上述结论?

(A)除了天窗,商场两部分的建筑之间还有一些明显的差别。

(B)在阴天里,商场天窗下面的部分需要更多的灯光来照明。

(C)位于商场天窗下面部分的各部门,在该商场的一些其他连锁店中也是销售额最高的部门。

(D)商场另一半地方的灯光照明强度并不比阳光照明强度低。

(E)在商场夜间开放的时间里,天窗一边的各部门的销售额不比另一边各部门的销售额高。

9. 某家电公司有甲、乙、丙三个工厂:甲厂擅长生产电冰箱、洗衣机和微波炉;乙厂擅长生产洗衣机、空调和消毒柜;丙厂擅长生产空调和消毒柜。该家电公司调查后发现,如果两个工厂同时生产同样的产品,一方面达不到规模经济,另一方面会产生内部恶性竞争。为了更好地发挥各厂的相对优势,公司召集了三个工厂的负责人对各自生产的产品进行协调,并做出了满意的决策。

以下哪项最可能是这几个工厂的产品选择方案?

(A)乙厂生产洗衣机和消毒柜,丙厂生产空调和微波炉。

(B)乙厂只生产洗衣机,丙厂生产空调和消毒柜。

(C)甲厂生产电冰箱和洗衣机,乙厂生产空调和消毒柜。

(D)甲厂生产电冰箱和洗衣机,丙厂生产空调和消毒柜。

(E)甲厂生产电冰箱和消毒柜,乙厂只生产洗衣机。

10. 现在的香烟盒上都注明了"吸烟有害健康",但香烟的销售量一点也没有下降,所以没有必要在香烟盒上注明这样的话。

以下哪项如果为真,最能削弱上述结论?

(A)国家法律有明确规定,吸烟盒上需要注明"吸烟有害健康"。

(B)吸烟的人都没有注意到这样的话。

(C)当人们看到这样的话时会意识到吸烟的危害。

(D)即使这种注明不会减少香烟需求,也可以起到教育作用。

(E)每当看到这样的话时,烟民们会主动戒烟。

11. 有一种长着红色叶子的草,学名叫"Abana",在地球上极稀少。北美的人都认识一种红色叶子的草,这种草在那里很常见。

从上面的事实中不能得出下列哪项结论?

(A)北美的那种红色叶子的草就是"Abana"。

(B)"Abana"可能不是生长在北美。

(C)并非所有长红色叶子的草都稀少。

(D)北美有的草并不稀少。

(E)并非所有生长在北美的草都稀少。

12. 美国政府决策者面临一个头痛的问题就是所谓的"别在我家门口综合征"。例如:尽管民意测验一次又一次地显示大多数公众都赞同建造新的监狱,但是,当决策者正式宣布计划要在某一地建造一所新的监狱时,总会遭到附近居民的抗议,并且抗议者总有办法使计划搁浅。

以下哪项也属于上面所说的"别在我家门口综合征"?

(A)某家长主张,感染了艾滋病毒的孩子不能被允许进入公共学校,当知道一个感染了艾滋病毒的孩子进入了他孩子的学校时,他立即办理了自己孩子的退学手续。

(B)某政客主张所有政府官员必须履行个人财产公开登记,他自己递交了一份虚假的财产登记表。

(C) 某教授主张宗教团体有义务从事慈善事业，但他自己拒绝捐款资助索马里饥民。

(D) 某汽车商主张和外国进行汽车自由贸易，以有利于本国经济，但要求本国政府限制外国制造的汽车进口。

(E) 某军事战略家认为核战争会毁灭人类，但主张本国保持足够的核能力以抵御外部可能的核袭击。

13. 过去，大多数航空公司都尽量减轻飞机的重量，从而达到节省燃油的目的。那时最安全的飞机座椅是非常重的，因此航空公司只安装很少的这类座椅。今年，最安全的座椅卖得最好。这非常明显地证明，现在的航空公司在安全和省油这两方面更倾向重视安全了。

以下哪项如果为真，能够最有力地削弱上述结论？

(A) 去年销售量最大的飞机座椅并不是最安全的座椅。

(B) 所有航空公司总是宣称他们比其他公司更重视安全。

(C) 与安全座椅销售不好的那年相比，今年的油价有所提高。

(D) 由于原材料成本提高，今年的座椅价格比以往都贵。

(E) 由于技术创新，今年最安全的座椅反而比一般的座椅重量轻。

**14～15题基于以下题干：**

琼斯博士：远程医疗这种新技术将持续改善农村病患诊疗，因为它能让农村医生向住在很远的专家电视播放医疗检查。专家由此能够提供建议，而倘若没有远程医疗，病人就得不到这些建议。

史密斯博士：并非如此。远程医疗可能在开始的时候能帮助农村病患诊疗。然而小医院不久后就会发现，它们能聘用那些能够运用远程诊疗以传送检查到大医院的技术人员以替代医生，由此将费用降至最低。结果将是，能接受传统的、直接医疗检查的病人更少了。最终导致只有极少的个体能够真正得到个性关怀。因此，与城市的病患诊疗一样，农村的病患诊疗也将遭受损害。

14. 以下哪项是琼斯博士与史密斯博士之间的争论要点？

(A) 医疗专家是否普遍会比农村医生提供更好的建议。

(B) 是否仅在农村的医院和医疗中心使用远程医疗技术。

(C) 远程医疗技术是否可能在未来几年内被广泛采用。

(D) 那些最需要医疗专家建议的病人是否可能通过远程医疗接收建议。

(E) 远程医疗技术是否最终有益于农村病人。

15. 史密斯博士使用了以下哪项策略回应琼斯博士？

(A) 通过列出一组考虑来表明，一种似乎有益于一个病人的治疗方法事实上对该病人有害。

(B) 认为琼斯博士所讨论的技术运用最终会导致一个不好的结局。

(C) 引用这样一个证据：琼斯博士缺少判断所讨论的问题所需要的职业训练。

(D) 运用医疗统计以质疑琼斯博士论证所用的前提。

(E) 提供依据以驳斥琼斯博士对医疗技术中的一个关键术语的解释。

16. 有人将知名公司康士星的衰败归因于为其供应零部件的国外工厂的恶劣生产条件被公之于众。但这种看法是错误的。与因为道德因素而遭到抵制相比，康士星的衰败更多是由于其产品本身有缺陷。毕竟除了康士星外，还有大量公司的供应厂家的生产条件与康士星的供应厂家的生产条件同样恶劣,而公众购买这些公司的产品并无半点犹豫。

上述论证基于以下哪项假设?

(A)人们决定购买什么产品不可能为道德因素所左右。

(B)当一个公司的供应厂家的生产条件与康士星的供应厂家的生产条件同样恶劣时,那些购买这个公司产品的人,其实知道该公司的供应厂家的生产条件是怎样的。

(C)为康士星供货的工厂的生产条件其实并不像报道的那样糟糕。

(D)供应厂家糟糕的生产条件被公众知晓后,康士星的产品销售并没有显著下滑。

(E)康士星的产品质量差并不是由其供应厂家的生产环境恶劣所导致的。

**17.** 康克巴族每个与世隔绝的部落,在其书写文明出现以前都有叙事大师,叙事大师的功能是将该部落的传统一代一代地口头传承下去。当书写在这个民族的一些部落中出现以后,它们的叙事大师在几代之内消失了。这一现象可以理解,因为有了书面记录,就无须精通口头表达的叙事者使得部落的文明传统传承下去。然而,令考古学家困惑的是,在一些现代不识字的康克巴部落中,竟然完全没有叙事大师。

以下哪项如果为真,最有助于解释上述令人困惑的现象?

(A)现代不识字的康克巴部落的成员展现的个性特征更像其祖先,而不太像现代识字的康克巴部落的成员。

(B)与大多数现代识字的康克巴部落相比,现代不识字的康克巴部落会参加更多的典礼仪式,但是他们参加的典礼仪式也比他们的共同祖先参加的典礼仪式要少。

(C)现代不识字的康克巴部落的庆典涉及大量的歌舞,该部落的儿童自小就被教授部落的歌曲与舞蹈。

(D)现代不识字的康克巴部落都是来自很早的识字部落,这些识字部落由于一场持续了近百年的战争而未能将读写技能传承下来。

(E)现代不识字的康克巴部落的传统融合了前几代的经历与当前部落成员对于先辈遗产的革新。

**18～19题基于以下题干:**

只要不下雨,典礼就按时开始。

**18.** 以下哪项正确表述了上述断定?

Ⅰ.如果典礼按时开始,则一定没有下雨。

Ⅱ.如果典礼不按时开始,则一定下雨。

Ⅲ.除非下雨,否则典礼就按时开始。

(A)只有Ⅰ。　　　　　(B)只有Ⅱ。　　　　　(C)只有Ⅲ。

(D)只有Ⅱ和Ⅲ。　　　(E)Ⅰ、Ⅱ和Ⅲ。

**19.** 以下哪项如果为真,说明上述断定不成立?

Ⅰ.没下雨,但典礼没按时开始。

Ⅱ.下雨,但典礼仍然按时开始。

Ⅲ.下雨,典礼延期。

(A)只有Ⅰ。　　　　　(B)只有Ⅱ。　　　　　(C)只有Ⅲ。

(D)只有Ⅱ和Ⅲ。　　　(E)Ⅰ、Ⅱ和Ⅲ。

20. 某企业员工都具有理财观念,有些购买基金的员工购买了股票,凡是购买了地方债券的员工都购买了国债,但所有购买股票的员工都没有购买国债。

根据以上前提,下列哪项一定为真?

(A)有些购买基金的员工没有购买地方债券。

(B)有些购买地方债券的员工没有购买基金。

(C)有些购买地方债券的员工购买了基金。

(D)有些购买了基金的员工购买了国债。

(E)所有没有买国债的员工都购买了股票。

**二、数学单项选择题**:第 21～30 小题,每小题 2 分,共 20 分。下列每题给出的(A)、(B)、(C)、(D)四个选项中,只有一个选项是最符合试题要求的。

21. 已知 $\lim\limits_{x \to -1} \dfrac{x^2+ax+b}{x+1}=8$,那么 $a$,$b$ 的关系满足下面( )。

    (A)$a-b=1$    (B)$a-b=-1$    (C)$a-b=8$    (D)$a-b=-8$

22. 已知连续函数 $f(\theta)$ 满足 $F(x)=\int_x^{e^{-x}} f(\theta)d\theta$,则 $F'(x)=$( )。

    (A)$e^{-x}f(e^{-x})+f(x)$    (B)$-e^{-x}f(e^{-x})+f(x)$

    (C)$e^{-x}f(e^{-x})-f(x)$    (D)$-e^{-x}f(e^{-x})-f(x)$

23. 设函数 $f(x)=x\sin x+\cos x$,则下列命题正确的是( )。

    (A)$f(0)$ 是极大值,$f\left(\dfrac{\pi}{2}\right)$ 是极小值    (B)$f(0)$ 是极小值,$f\left(\dfrac{\pi}{2}\right)$ 是极大值

    (C)$f(0)$ 是极大值,$f\left(\dfrac{\pi}{2}\right)$ 是极大值    (D)$f(0)$ 是极小值,$f\left(\dfrac{\pi}{2}\right)$ 是极小值

24. 已知函数 $f(x)=\begin{cases} xe^{x^2}, & -\dfrac{1}{2}\leqslant x\leqslant \dfrac{1}{2}, \\ -1, & x>\dfrac{1}{2}, \end{cases}$ 则 $\int_{-\frac{1}{2}}^{\frac{3}{2}} f(x)dx =$( )。

    (A)$-1$    (B)$0$    (C)$1$    (D)$2$

25. 已知函数 $f(x)$ 的一个原函数为 $\ln^2 x$,则 $\int xf'(x)dx =$( )。

    (A)$\ln^2 x+C$    (B)$-\ln^2 x+C$

    (C)$\ln x-\ln^2 x+C$    (D)$2\ln x-\ln^2 x+C$

26. 当 $x\to 0$ 时,下列四个无穷小量中,比其他三个更高阶的无穷小量是( )。

    (A)$x^2$    (B)$1-\cos x$    (C)$\sqrt{1-x^2}-1$    (D)$x-\sin x$

27. 已知 $X_1$ 和 $X_2$ 是相互独立的随机变量,分布函数分别为 $F_1(x)$ 和 $F_2(x)$,则下列选项中一定是某一随机变量分布函数的为( )。

    (A)$F_1(x)+F_2(x)$    (B)$F_1(x)-F_2(x)$

    (C)$F_1(x) \cdot F_2(x)$    (D)$\dfrac{F_1(x)}{F_2(x)}$

**28.** 已知军训打靶对目标进行10次独立射击,假设每次打靶射击的命中率相同. 若击中靶子次数的方差为2.1,则每次命中靶子的概率等于( ).

(A) 0.2   (B) 0.3   (C) 0.4   (D) 0.5

**29.** 已知 $A$ 是 $m \times n$ 的实矩阵,其秩 $r < \min\{m, n\}$,则该矩阵( ).

(A) 没有等于零的 $r-1$ 阶子式,至少有一个不为零的 $r$ 阶子式

(B) 有不等于零的 $r$ 阶子式,所有 $r+1$ 阶子式全为零

(C) 有等于零的 $r$ 阶子式,没有不等于零的 $r+1$ 阶子式

(D) 所有 $r$ 阶子式不等于零,所有 $r+1$ 阶子式全为零

**30.** 已知 $A$ 是三阶矩阵,且 $|A| = -3$,$A^T$ 是 $A$ 的转置矩阵,则 $\left|\frac{1}{2}A^T\right| = ($ ).

(A) $\frac{3}{2}$   (B) $-\frac{3}{2}$   (C) $\frac{3}{8}$   (D) $-\frac{3}{8}$

### 三、数学计算题:第31~40小题,每小题5分,共50分。

**31.** 计算极限 $\lim\limits_{x \to 0} \left(\frac{1+x}{1-e^{-x}} - \frac{1}{x}\right)$.

**32.** 已知 $x^y = y^x$,求 $\left.\dfrac{dy}{dx}\right|_{x=1}$.

**33.** 给定函数 $f(x) = x^3 + 2x - 4$,$g(x) = f[f(x)]$,求 $g'(0)$.

**34.** 求定积分 $\int_{-1}^{1}(2x + |x| + 1)^2 dx$.

**35.** 设函数 $z = e^{-x} \cdot f(x - 2y)$,且当 $y = 0$ 时,$z = x^2$,求一阶偏导数 $\dfrac{\partial z}{\partial x}$.

**36.** 设 $f'(\ln x) = 1 + x$,求 $f(x)$.

**37.** 已知随机变量 $X$ 服从泊松分布,且 $P\{X=1\} = 2P\{X=2\}$,求 $P\{X=3\}$.

**38.** 二维随机变量 $(X, Y)$ 的联合分布律为

| X \ Y | 1 | 2 |
|---|---|---|
| 1 | $a$ | 0.4 |
| 2 | $b$ | 0.2 |

求当随机变量 $X, Y$ 相互独立时,$a, b$ 的取值.

**39.** 已知齐次线性方程组 $\begin{cases} 3x_1 + (a+2)x_2 + 4x_3 = 0, \\ 5x_1 + ax_2 + (a+5)x_3 = 0, \\ x_1 - x_2 + 2x_3 = 0 \end{cases}$ 有非零解,求参数 $a$ 的值.

**40.** 已知向量 $\boldsymbol{\alpha}_1 = (1, 2, 1)^T$,$\boldsymbol{\alpha}_2 = (2, 3, a)^T$,$\boldsymbol{\alpha}_3 = (1, a+2, -2)^T$,$\boldsymbol{\beta}_1 = (1, -1, a)^T$,$\boldsymbol{\beta}_2 = (1, 3, 4)^T$,且 $\boldsymbol{\beta}_1$ 不能由 $\boldsymbol{\alpha}_1, \boldsymbol{\alpha}_2, \boldsymbol{\alpha}_3$ 线性表示,$\boldsymbol{\beta}_2$ 可以由 $\boldsymbol{\alpha}_1, \boldsymbol{\alpha}_2, \boldsymbol{\alpha}_3$ 线性表示,求参数 $a$ 的值.

## 四、写作：第41~42小题，每小题20分，共40分。其中论证有效性分析20分，论说文20分。

**41.** 论证有效性分析：分析下述论证中存在的缺陷和漏洞，选择若干要点，写一篇600字左右的文章，对该论证的有效性进行分析和评述。（论证有效性分析的一般要点是：概念及主要概念界定和使用的准确性及前后是否互相矛盾，有无各种明显的逻辑错误，论据是否支持结论，论据的成立条件是否充分。还要注意逻辑结构和语言运用。）

在漫长的发展过程中，金融机构和金融功能逐步形成和完善。但相比金融机构的发展演化，金融功能作为金融业的核心和基础则表现得更为稳定，其主要表现为提供支付、资产转化、风险管理、信息处理和监督借款人等方面。近些年来，金融科技的发展突飞猛进，金融业也产生了革命性的变化。

数百年来，金融业有了很大变化，但金融功能比金融机构更加具有稳定性。在金融需求的推动下，如今的金融规模总量更大、结构更复杂。金融科技的发展所带来的开放、高效、关联、互通，使金融风险更隐蔽、传递更迅速。互联网的普及为场景金融带来了庞大的用户基础，移动支付的发展为各式线上、线下金融场景的联动提供了更多的可能；风控技术的进步使金融的安全得以保障；大数据技术则为整个场景金融生态的良性运转提供着关键性的技术支持。场景金融成为金融功能融合的加速器，通过场景平台将金融的四项功能融为一体，或集成于一个手机。人与商业的关系迈入了"场景革命"，供给、需求通过"场景"建立连接，新场景正层出不穷地被定义，新平台正不断地被新需求创造，新模式正不断地升级重塑。

当前金融机构对金融服务的供给力度仍然不足，特别是长尾客户的金融需求一直以来未被有效满足，巨大的服务真空为金融科技带来机会。通过对金融科技的运用，打破传统金融的边界和竞争格局，创造出新的业务产品、渠道和流程，改变金融服务方式及社会公众的生活方式，解决传统金融的痛点；提高在传统业务模式下容易被忽视的微型企业客户的服务供给水平，将会掀开金融竞争和金融科技发展的新的一幕，对于发展中小企业业务、消费金融和普惠金融意义重大。所以金融科技发展与支持实体经济发展要结合起来，金融支持经济薄弱环节的同时要注意"普"和"惠"的兼顾。

**42.** 论说文：根据下述材料，写一篇不少于600字的论说文，题目自拟。

2018年，武汉一名退休老人向家乡木兰县教育局捐赠1 000万元，引起了广泛的关注。这笔巨款是马旭与丈夫几十年来一分一毫积攒下来的，他们至今生活简朴，住在一个不起眼的小院里，家里没有一件像样的家具。

马旭1932年出生于黑龙江省木兰县，1947年参军入伍，在东北军政大学学习半年后，成为解放军第四野战军的一名卫生员，先后参加过解放战争、抗美援朝战争，其间多次立功受奖。20世纪60年代，她被调入空降兵部队，成为一名军医，后来主动要求学习跳伞，成为中华人民共和国第一代女空降兵。此后20多年里，马旭跳伞多达140多次，创下空降女兵跳伞次数最多和年龄最大两项纪录。如今，马旭事迹家喻户晓，许多地方邀请她参加各类活动，她大多婉拒。

她说："我的一生都是党和部队给的，我只是做了我力所能及的事。只要活着，我们还会继续攒钱捐款，把自己的一切献给党和国家。"

# 答案速查

## 一、逻辑推理
1～5　　(C)(A)(A)(D)(E)　　　　6～10　　(A)(C)(E)(B)(A)
11～15　(A)(D)(E)(E)(B)　　　　16～20　(B)(D)(D)(A)(A)

## 二、数学单项选择题
21～25　(A)(D)(B)(A)(D)　　　　26～30　(D)(C)(B)(B)(D)

## 三、数学计算题
31. $\dfrac{3}{2}$

32. 1

33. 100

34. $\dfrac{22}{3}$

35. $\dfrac{\partial z}{\partial x} = -e^{-x} + e^{-x+2y} + 2(x-2y)$

36. $f(x) = x + e^x + C$

37. $\dfrac{1}{6e}$

38. $a = \dfrac{4}{15}$, $b = \dfrac{2}{15}$

39. $a = -5$ 或 $a = 3$

40. $a = -1$

## 四、写作
略

# 答案详解

## 一、逻辑推理

**1. (C)**

【解析】

题干：第一个"群众"是集合概念，第二个"群众"是类概念，犯了偷换概念的逻辑错误。

(A)项，作案者→有作案时间，王某→有作案时间，所以王某→作案者，犯了充分条件与必要条件误用的逻辑错误。

(B)项，干部→遵纪守法，我→￢干部，所以我→￢遵纪守法，犯了充分条件与必要条件误用的逻辑错误。

(C)项，第一个"人"是集合概念，第二个"人"是类概念，犯了偷换概念的逻辑错误。
(D)项，公民→遵守法律，你→¬遵守法律，所以你→¬公民，无逻辑错误。
(E)项，想当翻译→学外语，我→¬想当翻译，所以我→¬学外语，犯了充分条件与必要条件误用的逻辑错误。

**2.（A）**
【解析】
题干：昨天，一对年轻父母不慎使自己的小孩落入假山里被群猴抓伤，幸好管理人员及时赶到，驱散群猴，将小孩送入医院抢救，才没有酿成严重后果（论据是个例）。因此，需要进一步检查动物园的安全措施（结论指向所有动物园）。
(A)项，题干中，从个例得出针对所有动物园的结论，是归纳法，故此项恰当。
(B)项，诉诸个人经验，与题干不同。
(C)项，演绎论证，与题干不同。
(D)项，归因不当，与题干不同。
(E)项，概念混淆，与题干不同。

**3.（A）**
【解析】
题干有以下论断：
①五人中，有两名本科专业是市场营销，两名本科专业是计算机，有一名本科专业是物理学。
②五人中有两名女士，她们的本科专业背景不同。
若两名女士分别为市场营销和计算机专业，那么其余三名男士的专业各不相同；
若两名女士分别是市场营销和物理学专业的，则三名男士中有两名是计算机专业的，另一名是市场营销专业的；
若两名女士分别是计算机和物理学专业的，则三名男士中有两名是市场营销专业的，另一名是计算机专业的。
综上，(A)项正确。

**4.（D）**
【解析】
钟教授的推论要成立，暗含两个假设：
①"起早摸黑做实验"能代表"勤奋精神"。
②"钟教授的研究生"能代表"生命科学院的研究生"。
(D)项，指出其暗含的假设②推断不当，犯了以偏概全的逻辑错误。

**5.（E）**
【解析】
题干采用了求同法。
(A)项，寺庙→佛像，小李家→佛像。所以，小李家→寺庙，犯了充分条件与必要条件误用的逻辑错误。
(B)项，采用了求异法。
(C)项，采用了求异法。

(D)项，艺术家→有很好的艺术鉴赏能力，小赵→有很好的艺术鉴赏能力。所以，小赵→艺术家，犯了充分条件与必要条件误用的逻辑错误。

(E)项，采用了求同法，与题干的推理方式一致。

**6.（A）**

【解析】

题干：禁止烟草公司在其营业收入中扣除广告费用，烟草公司将会缴纳更多的税金——导致→烟草公司只好提高自己的产品价格——导致→减少烟草购买。

(A)项，必须假设，题干的结论中含有"只好"两个字，说明该措施是唯一有效的措施，那么就必须排除其他措施的有效性。此项说明其他措施都不能抵销多缴的税金，那么烟草公司就"只好"提高产品价格。

(B)项，不必假设，题干的意思是用提高价格的方式来抵销广告费用和税金的影响，暗含的意思是会继续做广告。

(C)项，不必假设，此项不涉及题干中税金的影响。

(D)项，不必假设，题干不涉及税金的用途。

(E)项，假设过度，烟草公司由此增加的税金"小于等于"产品价格上涨所增加的盈利即可，不必假设"等于"。

**7.（C）**

【解析】

题干：每个商品生产经营者都是独立的经济主体，都有充分的自主权——证明→他们生产什么、如何生产都由自己说了算。

(A)、(B)项，显然支持题干。

(C)项，提出反面论据，说明商品生产经营者生产什么产品还需考虑市场行情和消费者的需求，不能由自己说了算，削弱题干中的结论。

(D)项，不能削弱，"在经营中顾及他人利益"与"商品生产经营者生产什么、如何生产"之间的关系未知。

(E)项，支持题干。

**8.（E）**

【解析】

题干：有阳光射入的一半，各部门销售额远高于另一边用灯光照明的——证明→商场的天窗有阳光射入能增加销售额。

(A)项，削弱题干，说明还有其他差异因素。

(B)项，无关选项，题干讨论的是阳光对销售额的影响，与"阴天"无关。

(C)项，支持题干，但此项没有对有天窗和无天窗的部门进行比较，故支持力度弱。

(D)项，无关选项，题干不涉及阳光和灯光照明强度的比较。

(E)项，支持题干，无因无果，夜间销售时，天窗下的部门也失去了阳光的照射，结果销售额与无天窗的部门差不多，这就支持了阳光影响了销售额的结论。

## 9.（B）

**【解析】**

题干有以下信息：

①甲厂擅长生产电冰箱、洗衣机和微波炉。

②乙厂擅长生产洗衣机、空调和消毒柜。

③丙厂擅长生产空调和消毒柜。

④三个厂生产的产品各不相同，且要更好地发挥自身的优势。

(A)项，丙厂生产微波炉，不符合题干信息③和④，排除。

(B)项，由题干信息④可知，甲厂生产电冰箱和微波炉，符合题干，正确。

(C)项，由题干信息④可知，丙厂只能生产微波炉，但丙厂不擅长生产微波炉，排除。

(D)项，由题干信息④可知，乙厂只能生产微波炉，但乙厂不擅长生产微波炉，排除。

(E)项，甲厂生产消毒柜，不符合题干信息①和④，排除。

## 10.（A）

**【解析】**

题干：现在的香烟盒上都注明了"吸烟有害健康"，但香烟的销售量一点也没有下降 —证明→ 没有必要在香烟盒上注明这样的话。

(A)项，削弱题干，说明法律强制印刷，因此有必要印刷。

(B)项，吸烟的人都没有注意到这样的话，就没必要印这样的话，支持题干。

(C)项，无法确定人们意识到吸烟的危害后是否会降低香烟的消费量，故削弱力度弱。

(D)项，说明香烟盒上注明"吸烟有害健康"有教育作用，但是有教育作用不是烟草商的义务，故此项削弱力度弱。

(E)项，每当看到这样的话时，烟民们会主动戒烟，那么印刷了"吸烟有害健康"的话，香烟的销售量应该是下降的，但题干中"香烟的销售量一点也没有下降"是一种事实型描述，故此项与题干存在矛盾。

## 11.（A）

**【解析】**

题干有以下信息：

①"Abana"是长着红色叶子的草，在地球上极稀少。

②北美的人都认识一种红色叶子的草，这种草在那里很常见。

(A)项，由题干信息②可知，北美人认识的红色叶子的草是很常见的，而"Abana"极其稀少，故北美人认识的红色叶子的草很可能不是"Abana"，故此项不能被推出。

(B)项，由(A)项的分析可知，此项可以被推出。

(C)项，等价于：有的长红色叶子的草不稀少，由题干信息②可知，此项为真。

(D)项，由题干信息②可知，此项为真。

(E)项，等价于：有的生长在北美的草不稀少，由题干信息②可知，此项为真。

**12.（D）**

【解析】

"别在我家门口综合征"：我赞同此项目，但是不要在我家附近做。

(A)项，该家长并不赞同感染艾滋病毒的孩子进入学校，因此其行为不符合该综合征的特征。

(B)项，该政客递交了虚假的财产登记表，但并未明确反对财产公开登记，不符合该综合征的特征。

(C)项，该教授并不属于宗教团体，因此其行为不符合该综合征的特征。

(D)项，该汽车商的行为符合该综合征的特征。

(E)项，该战略家支持核防卫与其所反对的核战争并非同一个概念，因此其行为不符合该综合征的特征。

**13.（E）**

【解析】

题干：过去，最安全的飞机座椅非常重，航空公司为了节省燃油，只安装很少的这类座椅；今年，最安全的座椅卖得最好——证明→现在的航空公司在安全和省油这两方面更倾向重视安全。

(A)项，支持题干，去年销量最大的飞机座椅不是最安全的座椅，而今年销量最大的飞机座椅变成了最安全的座椅，有助于说明现在的航空公司更重视安全了。

(B)项，无关选项，因为"宣称"不代表是事实。

(C)项，在今年油价有所提高的情况下仍然选择了重量更重的、不省油的安全座椅，说明航空公司确实更重视安全了，支持题干。

(D)项，无关选项，因为今年的座椅都更贵了，无法反映安全座椅与其他座椅的比较。

(E)项，提出反面论据，今年最安全的座椅恰好是重量最轻的座椅，说明航空公司依然重视省油，削弱题干。

**14.（E）**

【解析】

琼斯博士：远程医疗能让农村医生向住在很远的专家电视播放医疗检查——证明→远程医疗将持续改善农村病患诊疗。

史密斯博士：远程医疗结果将是，能接受传统的、直接医疗检查的病人更少了。最终导致只有极少的个体能够真正得到个性关怀——证明→农村的病患诊疗将遭受损害。

二者争论的焦点在于农村的病患诊疗是否会得益于远程医疗，故(E)项正确。

**15.（B）**

【解析】

史密斯博士肯定了琼斯博士的论证中远程医疗最初有益于农村病患诊疗，然后提出一个反面的论据，说明农村的病患诊疗最终也将遭受损害，故(B)项正确。

(A)项不如(B)项准确，因为，题干涉及的是"远程医疗这种新技术"，而(A)项说的是"治疗方法"。而且，史密斯认为"最终导致只有极少的个体能够真正得到个性关怀。因此，与城市的病患诊疗一样，农村的病患诊疗也将遭受损害"，这里的"农村的病患"是泛指，而(A)项说的是"该病人"。

其他选项显然不准确。

**16.** (B)

**【解析】**

题干：与供应零部件的国外工厂的恶劣生产条件被公之于众(原因①：道德因素)相比，更多是由于产品本身有缺陷(原因②：产品因素)，导致了康士星的衰败。

(A)项，不必假设，因为题干仅表示"更多是由于"产品因素，并没有说人们购买产品时不受道德因素的影响。

(B)项，必须假设，否则公众购买这些公司的产品并无半点犹豫就可能由于公众不知情，而不是不受道德因素的影响。

(C)项，不必假设，题干的论证不涉及真实情况与报道情况的差异。

(D)项，支持题干的原因①，但不涉及原因②，故不是必须假设。

(E)项，无关选项，题干不涉及"产品质量差"与"供应厂家生产环境恶劣"的关系。

**17.** (D)

**【解析】**

待解释的现象：康克巴族每个与世隔绝的部落，在其书写文明出现以前都有叙事大师，叙事大师的功能是将该部落的传统一代一代地口头传承下去。当书写在这个民族的一些部落中出现以后，它们的叙事大师在几代之内消失了。然而，在一些现代不识字的康克巴部落中，竟然完全没有叙事大师。

(A)项，不能解释，部落成员展现的"个性特征"与部落的传承无关。

(B)项，不能解释，不能确定"典礼仪式"与叙事大师的关系。

(C)项，不能解释，不能确定"庆典与歌舞"与叙事大师的关系。

(D)项，可以解释，因为在识字部落代代相传的叙事大师已经消失，而现在的部落来自原先的识字部落，因此也没有叙事大师。

(E)项，不能解释，因为不确定这种融合与革新的方式是"口口相传"还是"文字记载"。

**18.** (D)

**【解析】**

题干：¬下雨→按时开始，等价于：¬按时开始→下雨。

Ⅰ项，按时开始→¬下雨，与题干的意思不相符。

Ⅱ项，¬按时开始→下雨，与题干的意思相符。

Ⅲ项，¬下雨→按时开始，与题干的意思相符。

故(D)项正确。

**19.** (A)

**【解析】**

题干：¬下雨→按时开始，其负命题为：¬下雨∧¬按时开始。

Ⅰ项，¬下雨∧¬按时开始，与题干断定矛盾。

Ⅱ项，下雨∧按时开始，与题干断定不矛盾。

Ⅲ项，下雨∧延期(即¬按时开始)，与题干断定不矛盾。

故(A)项正确。

20. (A)

【解析】

将题干信息形式化：

①企业员工→有理财观念。

②有的购买基金→购买股票。

③购买地方债券→购买国债，等价于：¬购买国债→¬购买地方债券。

④购买股票→¬购买国债。

由②、④、③串联可得：⑤有的购买基金→购买股票→¬购买国债→¬购买地方债券。

(A)项，有的购买基金→¬购买地方债券，由⑤可知，此项一定为真。

(B)项，有的购买地方债券→¬购买基金，由题干无法判断此项的真假，故此项可真可假。

(C)项，有的购买地方债券→购买基金，等价于：有的购买基金→购买地方债券，"有的"和"有的不"是下反对关系，一真另不定，故此项可真可假。

(D)项，有的购买基金→购买国债，"有的"和"有的不"是下反对关系，一真另不定，故此项可真可假。

(E)项，¬购买国债→购买股票，根据箭头指向原则，由④可知，此项可真可假。

## 二、数学单项选择题

21. (A)

【思路点拨】

根据同阶无穷小的定义，由于 $\lim\limits_{x\to -1}\dfrac{x^2+ax+b}{x+1}=8$ 且 $\lim\limits_{x\to -1}(x+1)=0$，则 $\lim\limits_{x\to -1}(x^2+ax+b)=0$，据此可得出 $a$，$b$ 的数量关系。

【解析】由于 $\lim\limits_{x\to -1}\dfrac{x^2+ax+b}{x+1}=8$，必有 $\lim\limits_{x\to -1}(x^2+ax+b)=0$，即 $(-1)^2-a+b=0$。由此可得，$a-b=1$。

22. (D)

【思路点拨】

变限积分求导公式：设 $F(x)=\int_{h(x)}^{g(x)}f(t)\mathrm{d}t$，则 $F'(x)=f[g(x)]g'(x)-f[h(x)]h'(x)$。

【解析】根据变限积分的求导公式，可得

$$F'(x)=f(\mathrm{e}^{-x})(\mathrm{e}^{-x})'-f(x)=-\mathrm{e}^{-x}f(\mathrm{e}^{-x})-f(x).$$

23. (B)

【思路点拨】

令函数的一阶导函数等于零，求出与选项有关的驻点 $x=0$，$x=\dfrac{\pi}{2}$。若无需求解单调区间，则可将这两个驻点分别代入二阶导函数中，根据极值的第二充分条件直接判断极值：

①若 $f''(x_0)>0$，则 $f(x)$ 在 $x_0$ 处取得极小值；②若 $f''(x_0)<0$，则 $f(x)$ 在 $x_0$ 处取得极大值。

【解析】对函数求一阶导，可得

$$f'(x)=\sin x+x\cos x-\sin x=x\cos x,$$

则 $f'(0)=f'\left(\dfrac{\pi}{2}\right)=0$.

对 $f(x)$ 求二阶导，可得 $f''(x)=\cos x-x\sin x$. 所以 $f''(0)=1>0$, $f''\left(\dfrac{\pi}{2}\right)=-\dfrac{\pi}{2}<0$.

由极值的第二充分条件，可知 $f(0)$ 是极小值，$f\left(\dfrac{\pi}{2}\right)$ 是极大值.

## 24. (A)

【思路点拨】

题干中的函数为分段函数，且积分区间包含分段函数的不同定义域，因此须先将定积分拆分为两个不同区间上的积分.

注意：如果某个积分区间是原点对称的，则应先判断被积函数的奇偶性，再化简求值.

【解析】由已知可得 $\displaystyle\int_{-\frac{1}{2}}^{\frac{3}{2}} f(x)\mathrm{d}x = \int_{-\frac{1}{2}}^{\frac{1}{2}} x\mathrm{e}^{x^2}\mathrm{d}x + \int_{\frac{1}{2}}^{\frac{3}{2}} (-1)\mathrm{d}x$.

因为 $x\mathrm{e}^{x^2}$ 为奇函数，所以 $\displaystyle\int_{-\frac{1}{2}}^{\frac{1}{2}} x\mathrm{e}^{x^2}\mathrm{d}x=0$.

因此 $\displaystyle\int_{-\frac{1}{2}}^{\frac{3}{2}} f(x)\mathrm{d}x = 0 + \int_{\frac{1}{2}}^{\frac{3}{2}} (-1)\mathrm{d}x = -1$.

## 25. (D)

【思路点拨】

若已知被积函数中未知函数的原函数，则用分部积分法求解不定积分.

【解析】由 $f(x)$ 的一个原函数为 $\ln^2 x$，可知 $f(x)=(\ln^2 x)'=\dfrac{2\ln x}{x}$. 所以

$$\int xf'(x)\mathrm{d}x = \int x\mathrm{d}f(x) = xf(x)-\int f(x)\mathrm{d}x = 2\ln x - \ln^2 x + C.$$

## 26. (D)

【思路点拨】

设 $\lim\limits_{x\to\square}\alpha(x)=\lim\limits_{x\to\square}\beta(x)=0$，且 $\alpha(x)$, $\beta(x)$ 在极限点 $\square$ 的附近均不为零，则

① 若 $\lim\limits_{x\to\square}\dfrac{\alpha(x)}{\beta(x)}=0$，则称 $x\to\square$ 时，$\alpha(x)$ 是比 $\beta(x)$ 高阶的无穷小，$\beta(x)$ 是比 $\alpha(x)$ 低阶的无穷小；

② 若 $\lim\limits_{x\to\square}\dfrac{\alpha(x)}{\beta(x)}=C\neq 0$，则称 $x\to\square$ 时，$\alpha(x)$ 与 $\beta(x)$ 为同阶无穷小. 在同阶无穷小中，若常数 $C=1$，则称 $\alpha(x)$ 与 $\beta(x)$ 为等价无穷小.

【解析】观察各选项，当 $x\to 0$ 时，(B)、(C)项可以直接通过等价无穷小替换，得出 $1-\cos x\sim\dfrac{1}{2}x^2$，$\sqrt{1-x^2}-1=(1-x^2)^{\frac{1}{2}}-1\sim-\dfrac{1}{2}x^2$，即与(A)项是同阶无穷小；

(D)项：$\lim\limits_{x\to 0}\dfrac{x-\sin x}{x^2}=\lim\limits_{x\to 0}\dfrac{1-\cos x}{2x}=\lim\limits_{x\to 0}\dfrac{\frac{1}{2}x^2}{2x}=0$，故 $x-\sin x$ 是比(A)、(B)、(C)项更高阶的无穷小量.

## 27.（C）

**【思路点拨】**

针对这种题型，只需要按照随机变量分布函数的充要条件逐一检验即可．

$F(x)$ 能作为某一随机变量分布函数的充要条件：

(1) $F(x)$ 单调不减；(2) $\lim\limits_{x\to-\infty}F(x)=0$，$\lim\limits_{x\to+\infty}F(x)=1$；(3) $F(x)$ 右连续．

**【解析】**（A）项：$\lim\limits_{x\to+\infty}[F_1(x)+F_2(x)]=2$，不满足条件(2)；

(B)项：$\lim\limits_{x\to+\infty}[F_1(x)-F_2(x)]=0$，不满足条件(2)；

(D)项：不一定满足单调不减；

故(C)项正确．

## 28.（B）

**【思路点拨】**

该题是与实际问题有联系的题目，此类题目先分析服从什么样的概率分布，然后利用常见分布的期望和方差公式求解．

(1)"10 次独立射击"相当于进行 10 次独立重复试验，服从二项分布，即 $X\sim B(10,p)$．

(2)二项分布的方差为 $D(x)=np(1-p)$．

**【解析】** 设每次命中靶子的概率为 $p$，$X$ 表示击中靶子的次数，则 $X\sim B(10,p)$，二项分布的方差为 $D(x)=10p(1-p)=2.1$，解得 $p=0.3$ 或 $p=0.7$．

## 29.（B）

**【思路点拨】**

$A$ 的秩为 $r$ 的充要条件为 $A$ 中存在 $r$ 阶非零子式且 $A$ 中任意 $r+1$ 阶子式全为零．

**【解析】** 由矩阵秩的定义，$A$ 的秩为 $r$ 的充要条件为 $A$ 中存在 $r$ 阶非零子式且 $A$ 中任意 $r+1$ 阶子式均为零，故(B)项正确．

## 30.（D）

**【思路点拨】**

(1)矩阵与其转置矩阵的行列式值相等；

(2)矩阵乘常数 $k$，相当于矩阵的每个元素都乘 $k$；

(3)行列式的某一行(某一列)乘 $k$，行列式变为原来的 $k$ 倍，$\left|\dfrac{1}{2}A\right|$ 相当于行列式的每一行(每一列)乘 $\dfrac{1}{2}$，$A$ 为 $n$ 阶矩阵，则 $\left|\dfrac{1}{2}A\right|=\left(\dfrac{1}{2}\right)^n|A|$．

**【解析】** 根据行列式的性质，可得 $\left|\dfrac{1}{2}A^T\right|=\left(\dfrac{1}{2}\right)^3|A^T|=\dfrac{1}{8}|A|=-\dfrac{3}{8}$．

### 三、数学计算题

## 31.【思路点拨】

对于 $\infty-\infty$ 类型的未定式极限，需要先通分，通常会转化为 $\dfrac{0}{0}$ 型的未定式极限，然后利用等价无穷小替换或洛必达法则极限.

注意：在利用等价无穷小替换时，只能对整个分子、分母或者乘积因子进行等价无穷小替换，不能对加减因子进行等价替换.

【解析】根据等价无穷小替换和洛必达法则，可得

$$\lim_{x \to 0}\left(\frac{1+x}{1-e^{-x}}-\frac{1}{x}\right) = \lim_{x \to 0}\frac{x^2+x-1+e^{-x}}{x(1-e^{-x})} = \lim_{x \to 0}\frac{x^2+x-1+e^{-x}}{x^2}$$

$$= 1 + \lim_{x \to 0}\frac{x-1+e^{-x}}{x^2} = 1 + \lim_{x \to 0}\frac{1-e^{-x}}{2x}$$

$$= 1 + \frac{1}{2} = \frac{3}{2}.$$

**32.** 【思路点拨】

(1) 幂指函数求导之前一般先取对数，以化简计算过程.

(2) 复合函数 $y=f[g(x)]$ 的求导法则为 $(f[g(x)])' = f'[g(x)]g'(x)$.

【解析】方程两边取对数，得 $y\ln x = x\ln y$，两边同时对 $x$ 求导，得

$$y'\ln x + \frac{y}{x} = \ln y + x \cdot \frac{y'}{y}.$$

将 $x=1$ 代入 $x^y = y^x$，可得 $y=1$，再将 $x=1$，$y=1$ 代入求导后的式子，可得 $y'=1$.

故 $\left.\dfrac{dy}{dx}\right|_{x=1} = 1$.

**33.** 【思路点拨】

首先通过 $g'(x) = f'[f(x)] \cdot f'(x)$ 确定我们需要计算的函数值有 $f(0)$，$f'(0)$，$f'[f(0)]$，然后结合函数及导函数算出各数值，代入计算 $g'(0)$.

【解析】由复合函数求导法则，可得 $g'(x) = f'[f(x)] \cdot f'(x)$，即 $g'(0) = f'[f(0)] \cdot f'(0)$.

因为 $f'(x) = 3x^2 + 2$，$f(0) = -4$，则 $f'(0) = 2$，$f'(-4) = 50$.

故 $g'(0) = f'(-4) \cdot f'(0) = 100$.

**34.** 【思路点拨】

已知定积分的积分区域是对称的，则可根据被积函数的奇偶性，化简计算. 也可去绝对值按分段函数计算.

【解析】方法一：按照完全平方公式展开，可得

$$\int_{-1}^{1}(2x+|x|+1)^2 dx$$

$$= \int_{-1}^{1}(4x^2+|x|^2+1+4x|x|+4x+2|x|)dx$$

$$= \int_{-1}^{1}(5x^2+1+4x|x|+4x+2|x|)dx.$$

由奇偶函数在对称区间上的积分性质，可得

$$原式 = 2\int_{0}^{1}(5x^2+1+2x)dx = 2\left(\frac{5}{3}x^3+x+x^2\right)\bigg|_{0}^{1} = \frac{22}{3}.$$

**方法二：** 去绝对值，可得

$$\int_{-1}^{1}(2x+|x|+1)^2\,dx = \int_{-1}^{0}(x+1)^2\,dx + \int_{0}^{1}(3x+1)^2\,dx$$
$$= \frac{1}{3}(x+1)^3\Big|_{-1}^{0} + \frac{1}{9}(3x+1)^3\Big|_{0}^{1} = \frac{22}{3}.$$

**35.【思路点拨】**

(1)本题存在抽象函数，需要先求出函数 $f(x)$ 的表达式，才能得到 $z$ 的表达式．

当 $y=0$ 时，$z=\mathrm{e}^{-x}-f(x-2y)$ 恰好能出现 $f(x)$ 的形式，因此该题的突破口是将 $y=0$ 代入得出 $f(x)$ 的表达式，由此得出 $z$ 的完整表达式，然后再求偏导．

(2)二元函数求偏导时，对其中一个变量求偏导，把另一个变量看作常数，求导法则和一元函数求导法则一样．

**【解析】** 当 $y=0$ 时，$z=\mathrm{e}^{-x}-f(x)=x^2$，则 $f(x)=\mathrm{e}^{-x}-x^2$.

因此 $z=\mathrm{e}^{-x}-\mathrm{e}^{-x+2y}+(x-2y)^2$，$\dfrac{\partial z}{\partial x}=-\mathrm{e}^{-x}+\mathrm{e}^{-x+2y}+2(x-2y)$.

**36.【思路点拨】**

先通过换元法求出导函数的表达式，再对导函数求积分得出原函数．

**【解析】** 令 $\ln x=t$，则 $x=\mathrm{e}^t$，可得 $f'(t)=1+\mathrm{e}^t$，即 $f'(x)=1+\mathrm{e}^x$，故

$$f(x)=\int f'(x)\,dx=\int(1+\mathrm{e}^x)\,dx=x+\mathrm{e}^x+C.$$

**37.【思路点拨】**

先根据泊松分布的分布律 $P\{X=k\}=\dfrac{\lambda^k}{k!}\mathrm{e}^{-\lambda}$ 以及题干条件 $P\{X=1\}=2P\{X=2\}$ 求出参数 $\lambda$ 的值，再计算 $P\{X=3\}$ 即可．

**【解析】** 设泊松分布的参数为 $\lambda(\lambda>0)$，则

$$P\{X=1\}=\frac{\lambda}{1!}\mathrm{e}^{-\lambda}=\lambda\mathrm{e}^{-\lambda},\quad P\{X=2\}=\frac{\lambda^2}{2!}\mathrm{e}^{-\lambda}=\frac{\lambda^2}{2}\mathrm{e}^{-\lambda}.$$

故 $\lambda\mathrm{e}^{-\lambda}=2\cdot\dfrac{\lambda^2}{2}\mathrm{e}^{-\lambda}$，解得 $\lambda=1$.

由此可得，$P\{X=3\}=\dfrac{\lambda^3}{3!}\mathrm{e}^{-\lambda}=\dfrac{1}{6\mathrm{e}}$.

**38.【思路点拨】**

因为随机变量 $X$，$Y$ 相互独立，所以可将 $X$，$Y$ 看作两个一维的随机变量分开计算，需要考生灵活运用一维随机变量的正则性，且有 $P\{X\leqslant x_i,Y\leqslant y_j\}=P\{X\leqslant x_i\}P\{Y\leqslant y_j\}$.

**【解析】** 因为 $P\{Y=2\}=0.4+0.2=0.6$，故 $P\{Y=1\}=a+b=0.4$.

根据 $X$，$Y$ 相互独立，得

$$P\{X=1,Y=2\}=P\{X=1\}P\{Y=2\}=0.4,$$
$$P\{X=2,Y=2\}=P\{X=2\}P\{Y=2\}=0.2,$$

故 $\dfrac{P\{X=1\}}{P\{X=2\}}=\dfrac{a+0.4}{b+0.2}=2\Rightarrow a=2b$,联立 $a+b=0.4$,解得 $a=\dfrac{4}{15}$,$b=\dfrac{2}{15}$.

【注意】联合分布律的相关知识是2020年第一次考查,但由于 $X$,$Y$ 相互独立,仍可继续用原有的方式进行计算;面对此类问题考生应抓住"独立""独立同分布"此类的字眼,将未知情况转化为已知的情况. 下面补充联合分布律的相关性质:

规范性:设随机变量 $X$ 的分布律为 $P=\{X=x_k\}=p_k$,$k=1$,$2$,$\cdots$,则有 $\sum_k p_k=1$.

根据规范性和相互独立两个条件,列出含有未知数 $a$,$b$ 的方程,联立解出 $a$,$b$ 的值.

**39.**【思路点拨】

齐次线性方程组 $\boldsymbol{Ax}=\boldsymbol{0}$ 有非零解 $\Leftrightarrow$ 向量组 $\boldsymbol{\alpha}_1$,$\boldsymbol{\alpha}_2$,$\cdots$,$\boldsymbol{\alpha}_n$ 线性相关 $\Leftrightarrow r(\boldsymbol{\alpha}_1,\boldsymbol{\alpha}_2,\cdots,\boldsymbol{\alpha}_n)<n\Leftrightarrow r(\boldsymbol{A})<n$.

若 $\boldsymbol{A}$ 为方阵,则 $|\boldsymbol{A}|=0\Leftrightarrow r(\boldsymbol{A})<n$,由此判断出齐次线性方程组 $\boldsymbol{Ax}=\boldsymbol{0}$ 有非零解.

【解析】计算 $|\boldsymbol{A}|$ 可得

$$|\boldsymbol{A}|=\begin{vmatrix} 3 & a+2 & 4 \\ 5 & a & a+5 \\ 1 & -1 & 2 \end{vmatrix}=(a-3)(a+5),$$

方程组有非零解,则 $a=-5$ 或 $a=3$.

**40.**【思路点拨】

向量 $\boldsymbol{\beta}$ 可以由向量组 $\boldsymbol{\alpha}_1$,$\boldsymbol{\alpha}_2$,$\cdots$,$\boldsymbol{\alpha}_n$ 线性表示,则 $r(\boldsymbol{\alpha}_1,\boldsymbol{\alpha}_2,\cdots,\boldsymbol{\alpha}_n)=r(\boldsymbol{\alpha}_1,\boldsymbol{\alpha}_2,\cdots,\boldsymbol{\alpha}_n,\boldsymbol{\beta})$. 反之,当 $r(\boldsymbol{\alpha}_1,\boldsymbol{\alpha}_2,\cdots,\boldsymbol{\alpha}_n)\neq r(\boldsymbol{\alpha}_1,\boldsymbol{\alpha}_2,\cdots,\boldsymbol{\alpha}_n,\boldsymbol{\beta})$ 时,$\boldsymbol{\beta}$ 不可以由向量组 $\boldsymbol{\alpha}_1$,$\boldsymbol{\alpha}_2$,$\cdots$,$\boldsymbol{\alpha}_n$ 线性表示.

【解析】对 $(\boldsymbol{\alpha}_1,\boldsymbol{\alpha}_2,\boldsymbol{\alpha}_3,\boldsymbol{\beta}_1)$ 组成的矩阵进行初等行变换,即

$$(\boldsymbol{\alpha}_1,\boldsymbol{\alpha}_2,\boldsymbol{\alpha}_3,\boldsymbol{\beta}_1)=\begin{pmatrix} 1 & 2 & 1 & 1 \\ 2 & 3 & a+2 & -1 \\ 1 & a & -2 & a \end{pmatrix}\rightarrow\begin{pmatrix} 1 & 2 & 1 & 1 \\ 0 & -1 & a & -3 \\ 0 & a-2 & -3 & a-1 \end{pmatrix}$$

$$\rightarrow\begin{pmatrix} 1 & 2 & 1 & 1 \\ 0 & -1 & a & -3 \\ 0 & 0 & (a+1)(a-3) & 5-2a \end{pmatrix}.$$

由题意可知 $r(\boldsymbol{\alpha}_1,\boldsymbol{\alpha}_2,\boldsymbol{\alpha}_3)\neq r(\boldsymbol{\alpha}_1,\boldsymbol{\alpha}_2,\boldsymbol{\alpha}_3,\boldsymbol{\beta}_1)$,则 $a=-1$ 或 $a=3$.

对 $(\boldsymbol{\alpha}_1,\boldsymbol{\alpha}_2,\boldsymbol{\alpha}_3,\boldsymbol{\beta}_2)$ 组成的矩阵进行初等行变换,即

$$(\boldsymbol{\alpha}_1,\boldsymbol{\alpha}_2,\boldsymbol{\alpha}_3,\boldsymbol{\beta}_2)=\begin{pmatrix} 1 & 2 & 1 & 1 \\ 2 & 3 & a+2 & 3 \\ 1 & a & -2 & 4 \end{pmatrix}\rightarrow\begin{pmatrix} 1 & 2 & 1 & 1 \\ 0 & -1 & a & 1 \\ 0 & a-2 & -3 & 3 \end{pmatrix}$$

$$\rightarrow\begin{pmatrix} 1 & 2 & 1 & 1 \\ 0 & -1 & a & 1 \\ 0 & 0 & (a+1)(a-3) & a+1 \end{pmatrix}.$$

由题意可知 $r(\boldsymbol{\alpha}_1,\boldsymbol{\alpha}_2,\boldsymbol{\alpha}_3)=r(\boldsymbol{\alpha}_1,\boldsymbol{\alpha}_2,\boldsymbol{\alpha}_3,\boldsymbol{\beta}_2)$,则 $a=-1$,或者 $a\neq -1$ 且 $a\neq 3$.

综上所述,若便题干条件成立,则有 $a=-1$.

## 四、写作

**41. 论证有效性分析**

**【谬误分析】**

①材料认为,"金融科技的发展所带来的开放、高效、关联、互通,使金融风险更隐蔽、传递更迅速",存在不妥。金融科技的发展也有其有利的一面,比如以区块链技术为基础的一些技术手段,可以减少金融行业的信息不对称风险、欺诈风险等。

②材料认为"风控技术的进步使金融的安全得以保障",与上文中"金融风险更隐蔽、传递更迅速"之间存在自相矛盾。而且技术的进步也有其不利的一面。比如,金融机构或不法分子可能会利用高新技术进行非法交易、不当敛财和信息侵犯,更何况目前的金融科技手段也未必能达到科学、有效防治的高度。

③材料认为"新平台正不断地被新需求创造",存在不妥。新平台可能只是为了更好地满足已有的需求而建立的,未必是因为新需求的产生而被创造的。此外,新平台的产生也可能会激发新的消费需求,而非一定是新需求创造新平台。

④材料认为"通过对金融科技的运用",就可以"打破传统金融的边界和竞争格局",从而"解决传统金融的痛点",这未必成立。在金融市场的普遍认识中,银行等金融机构一直是金融行业的标杆,其中心地位难以撼动,金融科技的运用未必就可以"打破传统金融的边界和竞争格局";此外,金融科技本身存在一些安全隐患,如果这些潜在风险不断积累,可能不仅无法"解决传统金融的痛点",还会给传统金融的发展平添阻力。

**参考范文**

### 金融业产生了革命性变化了吗?

材料通过一系列推理,断定"金融业产生了革命性的变化",然而其论证存在多处不当,分析如下:

首先,材料认为,"金融科技的发展所带来的开放、高效、关联、互通,使金融风险更隐蔽、传递更迅速",存在不妥。金融科技的发展也有其有利的一面,比如以区块链技术为基础的一些技术手段,可以减少金融行业的信息不对称风险、欺诈风险等。

其次,材料认为"风控技术的进步使金融的安全得以保障",与上文中"金融风险更隐蔽、传递更迅速"之间存在自相矛盾。而且技术的进步也有其不利的一面。比如,金融机构或不法分子可能会利用高新技术进行非法交易、不当敛财和信息侵犯,更何况目前的金融科技手段也未必能达到科学、有效防治的高度。

再次,材料认为"新平台正不断地被新需求创造",存在不妥。新平台可能只是为了更好地满足已有的需求而建立的,未必是因为新需求的产生而被创造的。此外,新平台的产生也可能会激发新的消费需求,而非一定是新需求创造新平台。

最后,材料认为"通过对金融科技的运用",就可以"打破传统金融的边界和竞争格局",从而"解决传统金融的痛点",这未必成立。在金融市场的普遍认识中,银行等金融机构一直是金融行业的标杆,其中心地位难以撼动,金融科技的运用未必就可以"打破传统金融的边界和竞争格局";此外,金融科技本身存在一些安全隐患,如果这些潜在风险不断积累,可能不仅无法"解决传统金融的痛点",还会给传统金融的发展平添阻力。

综上所述,由于材料存在诸多逻辑谬误,"金融业产生了革命性的变化"的结论难以成立。

(全文共642字)

42. 论说文

【参考立意】
①懂得感恩。
②积极回报社会。
③承担社会责任。

 参考范文

## 积极回报社会值得提倡

### 吕建刚

车尔尼雪夫斯基曾言:"生命跟时代的崇高责任联系在一起,就会永垂不朽。"马旭把毕生积蓄回馈给家乡的善行义举,彰显出其"心怀大爱"的家国情怀。我们也应该向她学习,常怀感恩之心,积极回报社会。

首先,人都是社会人,每个人的成长不是凭空而来,也不仅仅是靠自己父亲母亲的付出。每个人的成长过程中必然会消耗一定的社会资源,比如教育资源、自然资源等,也就是说,人的成长是存在社会成本的。因此,既然你消耗了社会成本,那么为社会做出一些贡献当然是应该的。

其次,最好的社会其实是"人人为我,我为人人"的社会。如果每个人都能为社会他人付出一些劳动、做出一些贡献,这个社会当然会变得更加美好。《诗经》里面有一句话,叫"投我以木桃,报之以琼瑶",这其实就是互相感恩、互相回报的一种体现。

当然,回报社会也存在一些困难。根据经济人假设,人们都是考虑自身利益的经济人。因此,要把自己的利益让渡给他人和社会,是存在一定的困难的,尤其是对一些自己物质条件还不是特别好的人来说。

但是,回报社会和实现自我价值之间并不矛盾。根据马斯洛需求层次理论,人在满足了自己的衣食住行等方面的需求之后,会存在更高的精神层面的需求,比如自我价值的实现。回报社会是实现自我价值的一种方式。

而且,要想做到回报社会并不难。一方面,做好分内之事是对社会最大的贡献。工人努力做工、农民辛勤种地、学者勤奋钻研,努力做好本职工作,进而推动劳动生产率的提高和社会的发展,这样就能提高社会总福利。另一方面,如果自己条件比较好,对于有困难的群众伸伸手,帮一把,这时候财富并没有消失,只是转移到更需要的人手里了,从而也提高了社会总福利。这就是"穷则独善其身,达则兼济天下"的道理。

总之,积极回报社会的思想值得提倡。

(全文共727字)

绝密★启用前

# 2019年全国硕士研究生招生考试
# 经济类综合能力试题

(科目代码：396)

考试时间：8：30—11：30

## 考生注意事项

1. 答题前，考生须在试题册指定位置上填写考生姓名和考生编号；在答题卡指定位置上填写报考单位、考生姓名和考生编号，并涂写考生编号信息点。
2. 选择题的答案必须涂写在答题卡相应题号的选项上，非选择题的答案必须书写在答题卡指定位置的边框区域内。超出答题区域书写的答案无效；在草稿纸、试题册上答题无效。
3. 填(书)写部分必须使用黑色字迹签字笔或者钢笔书写，字迹工整、笔迹清楚；涂写部分必须使用2B铅笔填涂。
4. 考试结束，将答题卡和试题册按规定交回。

| 考生编号 | | | | | | | | | | | | | | | |
|---|---|---|---|---|---|---|---|---|---|---|---|---|---|---|---|
| 考生姓名 | | | | | | | | | | | | | | | |

一、**逻辑推理**：第1～20小题，每小题2分，共40分。下列每题给出的（A）、（B）、（C）、（D）、（E）五个选项中，只有一个选项是最符合试题要求的。

1. 联欢晚会上，小李表演了一段京剧，老张夸奖道："小李京剧表演得那么好，他一定是个北方人。"以下哪项是老张的话不包含的意思？

   (A)不是北方人，京剧不可能唱得那么好。

   (B)只有京剧唱得好，才是北方人。

   (C)只要京剧唱得像小李那样好，就是北方人。

   (D)除非小李是北方人，否则京剧不可能唱得那么好。

   (E)只有小李是北方人，京剧才能唱得那么好。

2. 如今这几年参加注册会计师考试的人越来越多了，可以这样讲，所有想从事会计工作的人都想要获得注册会计师证书。小朱也想获得注册会计师证书，所以，小朱一定是想从事会计工作了。

   以下哪项如果为真，最能加强上述论证？

   (A)目前越来越多的从事会计工作的人具有了注册会计师证书。

   (B)不想获得注册会计师证书的人，就不是一个好的会计工作者。

   (C)只有获得注册会计师证书的人，才有资格从事会计工作。

   (D)只有想从事会计工作的人，才想获得注册会计师证书。

   (E)想要获得注册会计师证书的人，一定要对会计理论非常熟悉。

3. 或者今年业绩超常，或者满30年公司工龄，均可获今年的特殊津贴。黄先生得到了今年的特殊津贴，但他只在公司供职10年，说明黄先生今年业绩超常。

   以下哪项和题干的论证方式最为类似？

   (A)娴熟的技术或者足够的时间(超过一个月)是完成一件工艺品的必要条件。小周只花了25天就完成了一件工艺品，说明小周掌握娴熟的技术。

   (B)一件产品要在市场上销售得好，质量上乘和足够的宣传广告缺一不可。有一款电扇，专家鉴定都说质量上乘，但销售不佳，说明它的宣传广告还不足。

   (C)工资不高又不善理财，家庭经济必然拮据。小赵工资不高，但每月经济均显宽裕，说明小赵善于理财。

   (D)一个罪犯实施犯罪，必须既有作案动机，又有作案时间。在某案中李先生有作案动机，但无作案时间，说明李先生不是该案的作案者。

   (E)如果既经营无方又铺张浪费，那么一个企业将严重亏损。某IT公司虽经营无方但并没有严重亏损，这说明它至少没有铺张浪费。

4. 在计算机技术高度发达的今天，我们可以借助计算机完成许多工作，但正是因为对计算机的过度依赖，越来越多的青少年使用键盘书写，手写汉字的能力受到抑制，因此，过多使用计算机解决学习和生活问题的青少年实际的手写汉字能力要比其他孩子差。

   以下最能支持上述结论的一项是：

   (A)过度依赖计算机的青少年和较少接触计算机的青少年在智力水平上差别不大。

(B)大多数青少年在使用计算机解决问题的同时也会自己动手解决一些问题。

(C)青少年能利用而非依赖计算机来解决实际问题本身也是对动手能力的训练。

(D)那些较少使用计算机的青少年手写汉字的能力较强。

(E)书写汉字有利于弘扬中华民族精神。

5. 这里有一个控制农业杂草的新办法，它不是试图合成那种能杀死特殊野草而对谷物无害的除草剂，而是使用对所有植物都有效的除草剂，同时运用特别的基因工程来使谷物对除草剂具有免疫力。

以下哪项如果正确，将是上述提出的新办法实施的最严重障碍？

(A)对某些特定种类杂草有效的除草剂，施用后两年内会阻碍某些作物的生长。

(B)最新研究表明，进行基因重组并非想象的那样可以使农作物中的营养成分有所提高。

(C)大部分的只能除掉少数特定杂草的除草剂含有的有效成分对家禽、家畜及野生动物有害。

(D)这种万能除草剂已经上市，但它的万能作用使得人们认为它不适合作为农业控制杂草的方法。

(E)虽然基因重组已使单个的谷物植株免受万能除草剂的影响，但这些作物产出的种子却由于万能除草剂的影响而不发芽。

6. 3月，300名大学生在华盛顿抗议削减学生贷款基金的提案，另外有35万名大学生在3月期间涌向佛罗里达的阳光海滩度春假。因为在佛罗里达度春假的人数要多一些，所以他们比在华盛顿提出抗议的学生更能代表当今的学生，因此，国会无须注意抗议学生的呼吁。

上面的论证进行了下面哪个假定？

(A)在佛罗里达度春假的学生不反对国会削减学生贷款基金提案。

(B)在佛罗里达度春假的学生在削减学生贷款基金提议问题上与大多数美国公民意见一致。

(C)在华盛顿抗议的学生比在佛罗里达度春假的学生更关心其学业。

(D)既没去华盛顿抗议，也没有去佛罗里达度春假的学生对政府的教育政策漠不关心。

(E)影响国会关于某政治问题的观点的最好方法是国会与其选出来的代表交流。

7. 甲、乙、丙、丁四人的车分别是白色、黑色、红色、蓝色。在问到他们各自车的颜色时，甲："乙的车不是白色的。"乙："丙的车是蓝色的。"丙："丁的车不是红色的。"丁："甲、乙、丙三人有一个人的车是蓝色的，而且三人中只有这个人说了实话。"

如果丁说的是实话，那么以下说法正确的是：

(A)甲的车是白色的，乙的车是黑色的。

(B)乙的车是红色的，丙的车是蓝色的。

(C)乙的车是黑色的，甲的车是蓝色的。

(D)丁的车是黑色的，甲的车是蓝色的。

(E)甲的车是蓝色的，丁的车是白色的。

8. Chanterelle是一种野生的蘑菇，生长在能为它提供所需糖分的寄主树木——例如道格拉斯冷杉下面。反过来，Chanterelle在地下的根茎细丝可以分解这些糖分并为其寄主提供养分和水分。正是因为这种互惠的关系，采割道格拉斯冷杉下面生长的Chanterelle会给这种树木造成严重的伤害。

下面哪项如果正确，对上面的结论提出了最强有力的质疑？

(A)近年来，野生蘑菇的采割数量一直在增加。

(B) Chanterelle 不仅生长在道格拉斯冷杉树下，也生长在其他寄主树木下面。

(C)许多野生蘑菇只能在森林里找到，它们不能轻易在别处被种植。

(D)对野生蘑菇的采割激发了这些蘑菇将来的生长。

(E)如果离开了 Chanterelle 根茎细丝所提供的养分和水分，幼小的道杉树就会死掉。

9. 太阳能不像传统的煤、气能源和原子能那样，它不会产生污染，无须运输，没有辐射的危险，不受制于电力公司，所以，应该鼓励人们使用太阳能。

以下哪项陈述如果为真，能够最有力地削弱上述论证？

(A)很少有人研究过太阳能如何在家庭中应用。

(B)满足四口之家需要的太阳能设备的成本等于该家庭一年所需传统能源的成本。

(C)收集并且长期保存太阳能的有效方法还没有找到。

(D)反对使用太阳能的人认为，这样做会造成能源垄断。

(E)目前，国内传统能源，特别是煤的储存量很大，眼前没有发展新能源的必要。

10. 在阿谷尼尔，司机为汽车事故购买保险而支付的平均费用是被管制的，从而使保险公司取得合法的利润。在这种管制下，部分司机支付的保险费用并不是依赖于该司机的每年行驶距离。所以驾驶距离少于平均水平的阿谷尼尔人所支付的保险费用部分补贴了那些多于平均水平的人。

如果上述结论被恰当得到，那么在阿谷尼尔以下哪项是正确的？

(A)无论何时，若有许多新司机购买保险，那么司机平均支付的事故保险费用就会上升。

(B)对保险公司来讲，花在驾驶距离少于平均水平的人身上的成本低于花在驾驶距离多于平均水平的人身上的成本。

(C)司机年龄越小，支付保险费用越高。

(D)如果按照每年驾驶距离进行分类，保险公司的利润会显著上升。

(E)那些让保险公司付出昂贵的赔偿款的司机支付的事故保险费用等于或低于其他司机。

11. 校务委员会决定，除非是少数民族贫困生，否则不能获得特别奖学金。

以下哪项如果为真，说明校务委员会的上述决定没有得到贯彻？

Ⅰ．赵明是少数民族贫困生，没有获得特别奖学金。

Ⅱ．刘斌是汉族贫困生，获得了特别奖学金。

Ⅲ．熊强不是贫困生，获得了特别奖学金。

(A)只有Ⅰ。　　　　　(B)只有Ⅰ和Ⅱ。　　　　　(C)只有Ⅱ和Ⅲ。

(D)只有Ⅰ和Ⅲ。　　　(E)Ⅰ、Ⅱ和Ⅲ。

12. 舞蹈学院的张教授批评本市芭蕾舞团最近的演出没能充分表现古典芭蕾舞的特色。他的同事林教授认为这一批评是个人偏见。作为芭蕾舞技巧专家，林教授考察过芭蕾舞团的表演者，结论是每一位表演者都拥有足够的技巧和才能来展现古典芭蕾舞的特色。

以下哪项最为恰当地概括了林教授反驳中的漏洞?
(A)他对张教授的评论风格进行攻击而不是对其观点加以批驳。
(B)他无视张教授的批评意见与实际情况是相符的。
(C)他仅从维护自己的权威地位的角度加以反驳。
(D)他依据一个特殊的事例轻率地概括出一个普遍结论。
(E)他不当地假设,如果一个团体每个成员具有某种特征,那么这个团体总能体现这种特征。

13. 某研究所对该所上年度研究成果的统计显示:在该所所有的研究人员中,没有两个人发表的论文的数量完全相同;没有人恰好发表了10篇论文;没有人发表的论文的数量等于或超过全所研究人员的数量。

如果上述统计是真实的,则以下哪项断定也一定是真实的?

Ⅰ.该所研究人员中,有人上年度没有发表1篇论文。

Ⅱ.该所研究人员的数量,不少于3人。

Ⅲ.该所研究人员的数量,不多于10人。

(A)只有Ⅰ和Ⅱ。　　　　(B)只有Ⅰ和Ⅲ。　　　　(C)只有Ⅰ。

(D)Ⅰ、Ⅱ和Ⅲ。　　　　(E)Ⅰ、Ⅱ和Ⅲ都不一定是真实的。

14. 如果一个社会是公正的,则以下两个条件必须满足:第一,有健全的法律;第二,贫富差异是允许的,但必须同时确保消灭绝对贫困和每个公民事实上都有公平竞争的机会。

根据题干的条件,最能够得出以下哪项结论?

(A)S社会有健全的法律,同时又在消灭了绝对贫困的条件下,允许贫富差异的存在,并且绝大多数公民事实上都有公平竞争的机会。因此,S社会是公正的。

(B)S社会有健全的法律,但这是以贫富差异为代价的。因此,S社会是不公正的。

(C)S社会允许贫富差异,但所有人都由此获益,并且每个公民都事实上有公平竞争的权利。因此,S社会是公正的。

(D)S社会虽然不存在贫富差异,但这是以法律不健全为代价的。因此,S社会是不公正的。

(E)S社会法律健全,虽然存在贫富差异,但消灭了绝对贫困。因此,S社会是公正的。

**15～16题基于以下题干:**

一项对独立制作影片的消费调查表明,获得最高评价的动作片的百分比超过了获得最高评价的爱情片的百分比。但是,调查方由此得出电影主题决定了影片的受欢迎程度却很可能是错误的,因为动作片都是由那些至少拍过一部热门影片的导演执导,而爱情片都是由较新的导演制作,其中还有许多以前从未拍过电影的。

15. 以上陈述如果为真,最能支持以下哪项推论?

(A)与动作片相比,更少的爱情片获得最高评价。

(B)此调查中被评价的影片的受欢迎程度与这些影片的导演之前的成功,二者之间没有关联。

(C)如果对观众就大预算的主流影片的印象做调查,获得最高评价的爱情片的百分比将比获得最高评价的动作片的百分比更低。

(D)有经验的导演比新导演更有可能拍出一部热门电影。

(E)在那些曾拍摄出相同数量的热门影片的导演中，他们所拍影片的主题差异不会影响人们对这些电影的喜欢程度的评价。

16. 以下陈述如果为真，都将支持作者关于论证调查者错误地解释了调查数据，除了：
(A)一个人制作出了一部热门影片，表明此人在制作影片方面的才能。
(B)消费者对一部新电影的评价受到该电影导演以前制作影片的成功经历的影响。
(C)动作影片一般比爱情片需要更大的预算，因而阻碍了很多新人导演拍摄此类电影。
(D)拍摄过至少一部热门电影的导演所拍影片的受欢迎程度，极少有新人导演所拍的电影能够达到。
(E)那些曾经拍摄过热门电影的导演普遍得到最多的制作预算，并且其随后的电影吸引了最有才华的知名演员。

17. 去年经纬汽车专卖店调高了营销人员的营销业绩奖励比例。专卖店李经理打算新的一年继续执行该奖励比例，因为去年该店的汽车销售数量较前年增加了16%。陈副经理对此持怀疑态度。她指出，他们的竞争对手并没有调整营销人员的奖励比例，但在过去的一年中也出现了类似的增长。
以下哪项最为恰当地概括了陈副经理的质疑方法？
(A)运用一个反例，否定李经理的一般性结论。
(B)运用一个反例，说明李经理的论据不符合事实。
(C)运用一个反例，说明李经理的论据虽然成立，但不足以推出结论。
(D)指出李经理的论证对一个关键概念的理解和运用有误。
(E)指出李经理的论证中包含自相矛盾的假设。

18. 某工厂从国外引进了一套自动质量检验设备。开始使用该设备的5月份和6月份，产品的质量不合格率由4月份的0.04%分别提高到0.07%和0.06%。因此，使用该设备对减少该厂的不合格产品进入市场起到了重要的作用。
上述论证基于以下哪项假设？
(A)上述设备检测为不合格的产品中，没有一件事实上合格。
(B)上述设备检测为合格的产品中，没有一件事实上不合格。
(C)4月份检测为合格的产品中，至少有一些事实上不合格。
(D)4月份检测为不合格的产品中，至少有一些事实上合格。
(E)上述设备是国内目前同类设备中最先进的。

19. 对同一事物，有的人说"好"，有的人说"不好"，这两种人之间没有共同语言。可见，不存在全民族通用的共同语言。
以下除哪项外，都与题干推理所犯的逻辑错误类似？
(A)甲："厂里规定，工作时禁止吸烟。"乙："当然，可我吸烟时从不工作。"
(B)有的写作教材上讲，写作中应当讲究语言形式的美，我的看法不同。我认为语言就应该朴实，不应该追求那些形式主义的东西。
(C)有意杀人者应处死刑，行刑者是有意杀人者，所以行刑者应处死刑。

(D)象是动物，所以小象是小动物。

(E)这种观点既不属于唯物主义，又不属于唯心主义，我看两者都有点像。

20. 所有的结果都有原因，但是有的原因没有结果。

以下哪项如果为真，能驳倒上述结论？

Ⅰ．有的结果没有原因。

Ⅱ．有的原因有结果。

Ⅲ．有的结果没有原因，或者有的原因有结果。

(A)只有Ⅰ。　　　　　　(B)只有Ⅱ。　　　　　　(C)只有Ⅲ。

(D)只有Ⅰ和Ⅱ。　　　　(E)Ⅰ、Ⅱ和Ⅲ。

二、**数学单项选择题**：第21～30小题，每小题2分，共20分。下列每题给出的(A)、(B)、(C)、(D)四个选项中，只有一个选项是最符合试题要求的。

21. 设函数 $y=f(x)$ 由参数方程 $x=\int_0^{t^2} e^u du$，$y=e^{t^2}$ 确定，则 $\dfrac{dy}{dx}=$ (　　).

(A)$t^2$　　　　(B)$2t^2$　　　　(C)1　　　　(D)2

22. 设函数 $f(x)$，$g(x)$ 在闭区间 $[a,b]$ 上均可导且函数值、导数值均恒为负数(其中 $a<b$)，若 $f'(x)g(x)-f(x)g'(x)<0$，则当 $x\in(a,b)$ 时，不等式(　　)成立.

(A)$\dfrac{f(x)}{g(x)}>\dfrac{f(a)}{g(a)}$　　　　　　　　(B)$\dfrac{f(x)}{g(x)}<\dfrac{f(b)}{g(b)}$

(C)$f(x)g(x)>f(a)g(a)$　　　　　　(D)$f(x)g(x)>f(b)g(b)$

23. 极限 $\lim\limits_{x\to 1}\dfrac{\tan(x^2-1)}{x^3-1}=$ (　　).

(A)$\dfrac{1}{2}$　　　　(B)$\dfrac{1}{3}$　　　　(C)$\dfrac{2}{3}$　　　　(D)$\dfrac{3}{4}$

24. 已知 $\dfrac{e^x}{x}$ 是 $f(x)$ 的一个原函数，则 $\int_0^1 x^2 f(x) dx=$ (　　).

(A)1　　　　(B)$e-2$　　　　(C)$2-e$　　　　(D)$2+e$

25. 已知函数 $z=x^3+y^3-3xy$，则(　　).

(A)点$(1,1)$处是该函数的极大值点　　　(B)点$(1,1)$处是该函数的极小值点

(C)点$(0,0)$处是该函数的极大值点　　　(D)点$(0,0)$处是该函数的极小值点

26. 已知抛物线 $y=x^2-2x+4$ 在 $M$ 处的切线与 $x$ 轴的交角为 $45°$，则点 $M$ 的坐标为(　　).

(A)$(2,4)$　　　(B)$(1,3)$　　　(C)$\left(\dfrac{3}{2},\dfrac{13}{4}\right)$　　　(D)$(0,4)$

27. 已知随机变量 $X$ 服从正态分布 $N(3,6^2)$，且 $P\{3<X<4\}=0.2$，则 $P\{X\geqslant 2\}=$ (　　).

(A)0.2　　　　(B)0.3　　　　(C)0.7　　　　(D)0.8

28. 已知 $P(A)=\dfrac{1}{4}$，$P(B|A)=\dfrac{1}{3}$，$P(A|B)=\dfrac{1}{2}$，则 $P(A\cup B)=$ (　　).

(A)1　　　　(B)$\dfrac{1}{2}$　　　　(C)$\dfrac{1}{3}$　　　　(D)$\dfrac{1}{4}$

**29.** 四阶行列式 $D=\begin{vmatrix} 1 & 0 & 4 & 0 \\ 2 & -1 & -1 & 2 \\ 0 & -6 & 0 & 0 \\ 2 & 4 & -1 & 2 \end{vmatrix}$，则第四行各元素代数余子式之和，即 $A_{41}+A_{42}+A_{43}+A_{44}=(\quad)$.

(A)$-18$      (B)$-9$      (C)$-6$      (D)$-3$

**30.** 已知矩阵 $\boldsymbol{A}=\begin{pmatrix} 1 & 1 & 2 & k & 3 \\ 2 & 3 & 5 & 5 & 4 \\ 2 & 2 & 3 & 1 & 4 \\ 1 & 0 & 1 & 1 & 5 \end{pmatrix}$，且秩 $r(\boldsymbol{A})=3$，则常数 $k=(\quad)$.

(A)2      (B)$-2$      (C)1      (D)$-1$

### 三、数学计算题：第31~40小题，每小题5分，共50分。

**31.** 已知极限 $\lim\limits_{x\to\infty}\left(\dfrac{x^2+1}{x+1}-ax-b\right)=0$，求 $a$，$b$ 的值.

**32.** 函数 $f(x)$ 在 $x=2$ 的某邻域内可导，且 $f'(x)=e^{f(x)}$，$f(2)=1$，求 $f'''(2)$.

**33.** 求不定积分 $\displaystyle\int\dfrac{(x+1)^2}{\sqrt{x}}dx$.

**34.** 求定积分 $\displaystyle\int_0^1 e^{\sqrt{3x+1}}dx$.

**35.** 已知 $f(x)$ 在 $(-\infty,+\infty)$ 内连续，且 $f(0)=4$，求极限 $\lim\limits_{x\to 0}\dfrac{\displaystyle\int_0^x f(t)(x-t)dt}{x^2}$.

**36.** 设 $z=\ln(\sqrt{x}+\sqrt{y})$，证明：$x\cdot\dfrac{\partial z}{\partial x}+y\cdot\dfrac{\partial z}{\partial y}=\dfrac{1}{2}$.

**37.** 某足球彩票售价1元，中奖率为0.1，如果中奖则可得8元，小王购买了若干张足球彩票，如果他中奖2张，则恰好不赚也不赔，求小王收益的期望值.

**38.** 设随机变量 $X$ 的分布律为( $k$ 为常数)

| $X$ | $-1$ | $0$ | $1$ | $2$ |
|---|---|---|---|---|
| $P$ | $\dfrac{1}{2k}$ | $\dfrac{3}{4k}$ | $\dfrac{5}{8k}$ | $\dfrac{7}{16k}$ |

求：(1) $X$ 的数学期望 $E(X)$；(2) 概率 $P\{X<1\mid X\neq 0\}$.

**39.** 设矩阵 $\boldsymbol{A}=\begin{pmatrix} 1 & 1 & -1 \\ 0 & 1 & 1 \\ 0 & 0 & -1 \end{pmatrix}$，三阶矩阵 $\boldsymbol{B}$ 满足 $\boldsymbol{A}^2-\boldsymbol{AB}=\boldsymbol{E}$，其中 $\boldsymbol{E}$ 为三阶单位矩阵，求矩阵 $\boldsymbol{B}$.

**40.** 若齐次线性方程组 $\begin{cases} kx_1+x_2+x_3=0,\\ x_1+kx_2+x_3=0,\\ x_1+x_2+kx_3=0 \end{cases}$ 有非零解，求 $k$ 的所有可能取值.

## 四、写作：第41~42小题，每小题20分，共40分。其中论证有效性分析20分，论说文20分。

**41.** 论证有效性分析：分析下述论证中存在的缺陷和漏洞，选择若干要点，写一篇600字左右的文章，对该论证的有效性进行分析和评述。（论证有效性分析的一般要点是：概念及主要概念界定和使用的准确性及前后是否互相矛盾，有无各种明显的逻辑错误，论据是否支持结论，论据的成立条件是否充分。还要注意逻辑结构和语言运用。）

AlphaGo（阿尔法狗）是谷歌旗下的DeepMind公司开发的智能机器人，其主要工作原理是"深度学习"。2016年3月，它和世界围棋冠军职业九段选手李世石人机大战，以4：1的总比分获胜。2017年5月，在中国乌镇围棋峰会上，它又与排名世界第一的世界围棋冠军柯洁对战，以3：0的总比分获胜。围棋界公认AlphaGo的棋力已经超过人类排名第一的棋手柯洁，赛后柯洁也坦言："在我看来，它（AlphaGo）就是围棋上帝，能够打败一切……对于AlphaGo的自我进步来讲，人类太多余了。"

的确，在具有强大自我学习能力的AlphaGo面前，人类已黯然失色，显得十分多余了。未来机器人将变得越来越聪明。什么是聪明？聪明就是记性比你好，算得比你快，体力比你强。这三样东西，人类没有一样可跟机器人相提并论。因此，毫无疑问，AlphaGo宣告人类一个新时代的到来。现在一些饭店、商店已经有机器人迎宾小姐，上海的一些高档写字楼已经有机器人送餐，日本已诞生了全自动化的宾馆，由清一色的机器人充当服务生。除了上天入地，机器人还可以干许多人类干不了的活，它们可以进行难度更大、精确度更高的手术，它们还能书法、绘画、创作诗歌小说等，轻而易举地进入这些原本人类专属的领域。迈入人工智能化时代，不只是快递小哥，连教师、医生甚至是艺术家都要被智能机器人取代了！

现在，我们正处在信息呈几何级数增长的大数据包围中，个人的知识量如沧海一粟，显得无足轻重。过去重视学习基础知识的算法，如让小孩学习加减乘除、背诵默写古诗词等，现在已经变得毫无意义。你面对的是海量数据，关键不是生产而是使用它们，只要掌握如何搜索就行，网络世界没有你问不到的问题、搜索不到的信息和数据。一只鼠标在手，你就可以畅行天下、尽享天下了。可以说，在这样的时代，人类的唯一价值在于创新，所以教育改革的目标在于培养具有独立思考能力、具有批判性思维和创新性思维的人。注重创新、创造、创意，这是人类唯一能超越机器人的地方了。

AlphaGo战胜围棋高手，只是掀开冰山一角，可以断言的是，随着人工智能时代的到来，人类即将进入一个由机器人统治的时代，人不如狗，绝非危言耸听。如果我们不愿冒被机器人统治的风险，最好的办法是把已有的人工智能全部毁掉，同时颁布法律明令禁止，就像禁止多利羊的克隆技术应用在人类身上一样。

**42.** 论说文：根据下述材料，写一篇不少于600字的论说文，题目自拟。

法国科学家约翰·法伯曾做过一个著名的"毛毛虫实验"。这种毛毛虫有一种"跟随者"的习性，总是盲目地跟着前面的毛毛虫走。法伯把若干个毛毛虫放在一只花盆的边缘上，首尾相接，围成一圈。他在花盆周围不远的地方撒了一些毛毛虫喜欢吃的松叶。毛毛虫开始一个跟一个，绕着花盆，一圈又一圈地走。一个小时过去了，一天过去了，毛毛虫们还在不停地、固执地团团转。一连走了七天七夜，终因饥饿和精疲力尽而死去。这其中，只要任何一只毛毛虫稍稍与众不同，便立刻会吃到食物，改变命运。

# 答案速查

## 一、逻辑推理
1~5　　(B)(D)(B)(D)(E)　　　　6~10　　(A)(C)(D)(C)(B)
11~15　(C)(E)(B)(D)(D)　　　　16~20　(C)(C)(C)(E)(A)

## 二、数学单项选择题
21~25　(C)(C)(C)(C)(B)　　　　26~30　(C)(C)(C)(A)(A)

## 三、数学计算题
31. $a=1$，$b=-1$

32. $2e^3$

33. $\dfrac{2}{5}x^{\frac{5}{2}}+\dfrac{4}{3}x^{\frac{3}{2}}+2x^{\frac{1}{2}}+C$

34. $\dfrac{2}{3}e^2$

35. 2

36. 略

37. $E(Y)=-3.2$

38. (1) $\dfrac{16}{37}$；(2) $\dfrac{8}{25}$

39. $\boldsymbol{B}=\begin{pmatrix}0 & 2 & 1\\0 & 0 & 0\\0 & 0 & 0\end{pmatrix}$

40. $k=-2$ 或 $k=1$

## 四、写作
略

# 答案详解

## 一、逻辑推理

**1. (B)**

【解析】

老张：京剧表演得好→北方人，等价于：¬北方人→¬京剧表演得好。

(A)项，¬北方人→¬京剧表演得好，与老张的意思相符。

(B)项，北方人→京剧表演得好，与老张的意思不相符。

(C)项，京剧表演得好→北方人，与老张的意思相符。

(D)项，¬北方人→¬京剧表演得好，与老张的意思相符。

(E)项，京剧表演得好→北方人，与老张的意思相符。

**2.（D）**

**【解析】**

题干：小朱也想获得注册会计师证书 $\xrightarrow{证明}$ 小朱一定是想从事会计工作了。

采用搭桥法，将题干的论据与论点连接，即：想获得注册会计师证书→想从事会计工作。

故(D)项正确，其余各项均为无关选项。

**3.（B）**

**【解析】**

题干：业绩超常∨30年公司工龄→特殊津贴。特殊津贴∧¬30年公司工龄，所以，黄先生业绩超常。符号化为：A∨B→C。C∧¬B，所以，A。

(A)项，完成工艺品→娴熟的技术∨足够的时间。完成工艺品∧¬足够的时间，所以，小周掌握娴熟的技术。符号化为：A→B∨C。A∧¬C，所以，B，与题干结构不同。

(B)项，销售得好→质量上乘∧宣传广告。¬销售得好∧质量上乘，所以，宣传广告不足。符号化为：A→B∧C(等价于¬B∨¬C→¬A)。¬A∧B，所以，¬C，与题干结构相同。

(C)项，工资不高∧不善理财→经济拮据。工资不高∧¬经济拮据，所以，小赵善于理财。符号化为：A∧B→C。A∧¬C，所以，¬B，与题干结构不同。

(D)项，实施犯罪→作案动机∧作案时间。作案动机∧¬作案时间，所以，李先生没有实施犯罪。符号化为：A→B∧C。B∧¬C，所以，¬A，与题干结构不同。

(E)项，经营无方∧铺张浪费→严重亏损。经营无方∧¬严重亏损，所以，没有铺张浪费。符号化为：A∧B→C。A∧¬C，所以，¬B，与题干结构不同。

**4.（D）**

**【解析】**

题干：由于对计算机的过度依赖，越来越多的青少年使用键盘书写，手写汉字的能力受到抑制 $\xrightarrow{证明}$ 过多使用计算机解决学习和生活问题的青少年实际的手写汉字能力要比其他孩子差。

(A)项，无关选项，题干未指明青少年智力水平与手写汉字能力之间的因果关系。

(B)项，无关选项，未体现使用计算机对手写汉字能力的影响。

(C)项，无关选项，未体现使用计算机对手写汉字能力的影响。

(D)项，无因无果，支持题干。

(E)项，无关选项。

**5.（E）**

**【解析】**

题干：不是试图合成那种能杀死特殊野草而对谷物无害的除草剂，而是使用对所有植物都有效的除草剂，同时运用特别的基因工程来使谷物对除草剂具有免疫力 $\xrightarrow{以求}$ 控制农业杂草。

(A)项，无关选项，此项涉及的是"对某些特定种类杂草有效的除草剂"，而题干中的措施是使用"对所有植物都有效的除草剂"。

(B)项，无关选项，题干论证的是控制农业杂草的新办法是否有效，并不涉及提高农作物中的营养成分。

(C)项，无关选项，此项涉及的是"只能除掉少数特定杂草的除草剂"而题干中的措施是使用"对所有植物都有效的除草剂"。

(D)项，诉诸众人。

(E)项，措施有恶果，指出新的除草办法导致谷物的种子不发芽，说明新的除草办法在实施中会遇到严重阻碍。

**6. (A)**

【解析】

题干：在佛罗里达度春假的学生比在华盛顿提出抗议的学生人数要多一些 —证明→ 度春假的学生比在华盛顿提出抗议的学生更能代表当今的学生 —证明→ 国会无须注意抗议学生的呼吁。

(A)项，必须假设，采用取非法，若度春假的学生也反对削减学生贷款基金的提案，那么国会就应该注意抗议学生的呼吁了。

(B)项，不必假设，题干不涉及大多数美国公民的意见。

(C)项，不必假设，题干不涉及学生的学业问题。

(D)项，无关选项，题干不涉及既没去华盛顿抗议，也没有去佛罗里达度春假的学生。

(E)项，不必假设，题干讨论的是国会是否需要注意学生的呼吁，而不是如何去做。

**7. (C)**

【解析】

根据丁的话可知，甲、乙、丙三人中有一人的车是蓝色的，故丁的车不是蓝色的。

假设甲的车是蓝色的，根据丁的话可知，甲的话为真、乙和丙的话为假，故乙的车不是白色的，丙的车不是蓝色的，丁的车是红色的。

假设乙的车是蓝色的，根据丁的话可知，乙的话为真，即丙的车是蓝色的，与丁的话矛盾，故乙的车不是蓝色的。

假设丙的车是蓝色的，根据丁的话可知，三人中只有丙的话为真，但此时，乙的话"丙的车是蓝色的"也是真的，与"三人中只有丙的话为真"矛盾，故丙的车不是蓝色的。

又知，甲、乙、丙、丁四人的车分别是白色、黑色、红色、蓝色。

综上，可得甲的车是蓝色的，乙的车是黑色的，丙的车是白色的，丁的车是红色的。

故(C)项正确。

**8. (D)**

【解析】

题干：Chanterelle 和道格拉斯冷杉的互惠关系 —导致→ 采割道格拉斯冷杉下面生长的 Chanterelle 会给这种树木造成严重的伤害。

(A)项，不能削弱，此项说明了野生蘑菇的采割数量在增加，但没有说明这种行为对寄主树木造成的影响。

(B)项，无关选项，题干不涉及"其他寄主树木"。

(C)项，无关选项，题干不涉及野生蘑菇的种植地。

(D)项，说明采割野生蘑菇会激发蘑菇的生长，从而对道格拉斯冷杉有益，削弱题干结论。

(E)项，支持题干，说明采割野生蘑菇 Chanterelle 会对道格拉斯冷杉有害。

9.（C）

【解析】

题干：太阳能不会产生污染，无须运输，没有辐射的危险，不受制于电力公司 —证明→ 应该鼓励人们使用太阳能。

(A)项，无关选项，太阳能应用的研究与是否应该使用太阳能无关。

(B)项，支持题干，说明长期使用太阳能的话，所需成本比使用传统能源低。

(C)项，削弱题干，说明长期使用太阳能存在困难。

(D)项，削弱力度弱，首先，此项仅仅是反对使用太阳能的人的"观点"，未必是事实；其次，即使造成能源垄断，也无法反驳题干中太阳能的种种优势。

(E)项，说明"眼前"发展新能源没必要，但没有比较新旧能源的优劣势，且仅仅是"眼前"的情况，削弱力度弱。

10.（B）

【解析】

题干：①司机为汽车事故购买保险而支付的平均费用是被管制的；②部分司机支付的保险费用并不是依赖于该司机的每年行驶距离 —证明→ 驾驶距离少于平均水平的阿谷尼尔人所支付的保险费用部分补贴了那些多于平均水平的人。

(A)项，无关选项，题干不涉及"新司机"的影响。

(B)项，题干的意思是：部分司机不是按自己的实际行驶距离支付保险费用，而是支付一个平均费用，这样就对那些行驶距离少的人不公平。那么就得出了一个结论，即那些行驶距离少的人本应该支付更少的费用，因为这些人发生事故的概率更低，保险公司要承担的成本也更低。故此项是恰当的推论。

(C)项，无关选项，题干不涉及"司机的年龄"对支付保险费用的影响。

(D)项，无关选项，题干不涉及保险公司的利润如何变化。

(E)项，无关选项，题干讨论的是"行驶距离"与"保险费用"的关系，而不是"让保险公司付出的赔偿款"与"保险费用"的关系。

11.（C）

【解析】

校务委员会：¬(少数民族∧贫困生)→¬获得奖学金，即¬少数民族∨¬贫困生→¬获得奖学金。

逆否，得：获得奖学金→少数民族∧贫困生。

校务委员会的决定没有得到贯彻，即找题干的矛盾命题：(¬少数民族∨¬贫困生)∧获得奖学金。

Ⅰ项，(少数民族∧贫困生)∧¬获得奖学金，不与题干矛盾，故不能说明校务委员会的上述决定没有得到贯彻。

Ⅱ项，汉族(即¬少数民族)∧贫困生∧获得奖学金，与题干矛盾，故能说明校务委员会的上述决定没有得到贯彻。

Ⅲ项，¬贫困生∧获得奖学金，与题干矛盾，故能说明校务委员会的上述决定没有得到贯彻。

综上，(C)项正确。

## 12. (E)

【解析】

林教授：每一位表演者都拥有足够的技巧和才能来展现古典芭蕾舞的特色 —— 证明 →张教授关于本市芭蕾舞团最近的演出没能充分表现古典芭蕾舞的特色的批评是个人偏见。

林教授认为每一个个体具有的性质(即每一位表演者都表现了古典芭蕾舞的特色)，这些个体构成的集合体也具有(即本市芭蕾舞团最近的演出充分表现了古典芭蕾舞的特色)，此处犯了合成谬误的逻辑错误。

故(E)项正确。

## 13. (B)

【解析】

题干的统计结论有三个：

①没有两个人发表的论文的数量完全相同。

②没有人恰好发表了10篇论文。

③没有人发表的论文的数量等于或超过全所研究人员的数量。

假设该所研究人员的数量为 $n$，由①和③可得：全所人员发表论文的数量分别为 $0,1,2,\cdots,n-1$。

Ⅰ项，必然为真，若此项为假，那么全所人员($n$个人)发表论文的数量分别为 $1,2,\cdots,n$，与题干条件③矛盾。

Ⅱ项，不一定为真，如果该所研究人员的数量是2人(即 $n=2$)，其中一人未发表论文，另一人发表了1篇论文，题干的条件依然成立。

Ⅲ项，必然为真，否则，若 $n>10$，那么满足题干条件①的前提下，或者有人发表了10篇论文(即与题干条件②矛盾)，或者有人发表论文的数量等于或超过全所研究人员的数量(即与题干条件③矛盾)。

故(B)项正确。

## 14. (D)

【解析】

题干：公正→健全的法律∧允许贫富差异∧消灭绝对贫困∧每个公民有公平竞争的机会，等价于：¬健全的法律∨¬允许贫富差异∨¬消灭绝对贫困∨¬每个公民有公平竞争的机会→¬公正。

(A)项，健全的法律∧消灭绝对贫困∧允许贫富差异∧绝大多数公民有公平竞争的机会→公正，根据箭头指向原则，此项可真可假。

(B)项，健全的法律∧有贫富差异→公正，根据箭头指向原则，此项可真可假。

(C)项，允许贫富差异∧有公平竞争的权利→公正，根据箭头指向原则，此项可真可假。

(D)项，¬存在贫富差异∧¬健全的法律→¬公正，此项必然为真。

(E)项，健全的法律∧存在贫富差异∧消灭绝对贫困→公正，根据箭头指向原则，此项可真可假。

## 15. (D)

【解析】

本题考查的是选言证法。

题干中的差异因素：①导演的经验不同(动作片是由拍过热门影片的导演执导，爱情片是由新人导演执导)；②电影的主题不同(动作片和爱情片)。

题干中的差异结果：调查表明，获得最高评价的动作片的百分比超过了获得最高评价的爱情片的百分比。

题干中的结论：电影主题决定了影片的受欢迎程度很可能是错误的。

也就是说，题干认为差异因素②"电影的主题不同"不是导致电影受欢迎程度的原因，那么就应该是差异因素①"导演的经验不同"影响了电影的受欢迎程度。

(A)项，不能推出，题干讨论的是获得最高评价的"百分比"，而此项中"更少的"爱情片获得最高评价，讨论的是"数量"。

(B)项，与以上对题干的分析矛盾，不能推出。

(C)项，无关选项，题干涉及的是"独立制作影片"，而此项涉及的是"大预算的主流影片"。

(D)项，可以推出，说明导演的经验影响了电影的受欢迎程度，符合题干。

(E)项，无关选项，题干不涉及"拍出相同数量的热门影片"的导演的比较。

16.（C）

【解析】

题干认为：动作片都是由那些至少拍过一部热门影片的导演执导，而爱情片都是由较新的导演制作，其中还有许多以前从未拍过电影的，因此，不是电影主题决定了影片的受欢迎程度(而是导演的经验影响了影片的受欢迎程度)。

(A)项，可以支持，说明拍过热门影片的导演在制作影片方面有才能，有助于拍出受欢迎的影片，即导演的经验可能影响影片的受欢迎程度。

(B)项，可以支持，说明导演以前制作影片的成功经历会影响消费者对一部电影的评价，进而影响影片的受欢迎程度。

(C)项，削弱题干，若此项为真，则说明是由于预算的客观条件限制了新人导演拍摄出受欢迎的动作片，而与导演的经验因素无关。

(D)项，可以支持，说明拍摄过热门电影的导演所拍摄的影片更受欢迎，即导演的经验影响影片的受欢迎程度。

(E)项，可以支持，说明拍摄过热门电影的导演得到最多的制作预算，吸引了知名演员，有助于拍出受欢迎的影片。

17.（C）

【解析】

李经理：去年经纬汽车专卖店调高了营销人员的营销业绩奖励比例，汽车销售数量较前年增加了16% $\xrightarrow{证明}$ 今年应继续提高奖励比例，以求继续增加销售量。

即李经理认为，提高奖励比例导致了销售量的增加。

陈副经理：他们的竞争对手并没有调整营销人员的奖励比例(无因)，但在过去的一年也出现了类似的增长(有果)。

即，陈副经理提出了一个反例，说明销售量的增加并不一定是提高奖励比例的结果。这就说明，李经理的论据虽然成立，但不足以推出结论，故(C)项正确。

(A)项，不恰当，因为李经理的结论只针对经纬汽车专卖店，不是一般性结论。

(B)项，不恰当，因为陈副经理的论据没有反对李经理的论据。

(D)项，概念混淆，不恰当。

(E)项，自相矛盾，不恰当。

18. (C)

【解析】

题干：使用自动质量检验设备后，产品的质量不合格率提高了 —证明→ 使用新设备可以减少该厂的不合格产品进入市场。

题干中的前提是"产品的质量不合格率提高"，结论是"减少了不合格产品进入市场"。暗含的假设是使用新设备前确实有不合格产品进入市场，故(C)项必须假设。

19. (E)

【解析】

题干中的推理犯了偷换概念的逻辑错误。前一个"共同语言"，指的是对同一事物的评价；后一个"共同语言"，是指语言，即说话使用的语种。

(A)项，甲所说的"工作时"是时间概念，乙所说的"工作"是动作概念。

(B)项，"形式"和"形式主义"是不同的概念。

(C)项，第一个"有意杀人"属于不被法律允许的行为，第二个"有意杀人"属于法律赋予的行为，不是同一概念。

(D)项，"小象"中的"小"是指年龄小，"小动物"中的"小"是指体型小，不是同一概念。

(E)项，唯物主义与唯心主义是矛盾的概念，矛盾双方必有一真一假，不可能两者都像，犯了自相矛盾的逻辑错误。

20. (A)

【解析】

题干：①所有的结果都有原因∧有的原因没有结果。

其负命题为：②¬所有的结果都有原因∨¬有的原因没有结果。

等价于：③有的结果没有原因∨所有的原因都有结果。

Ⅰ项，有的结果没有原因，若此项为真，则③为真，故此项可以反驳上述结论。

Ⅱ项，有的原因有结果，"有的"推不出"所有"，若此项为真，则③不一定为真，故此项不能反驳上述结论。

Ⅲ项，有的结果没有原因∨有的原因有结果，若此项为真，则③不一定为真，故此项不能反驳上述结论。

## 二、数学单项选择题

21. (C)

【思路点拨】

设 $f(x)$ 连续，$u(x)$ 可导，则有 $\left[\int_0^{u(x)} f(t)dt\right]' = f[u(x)]u'(x)$.

【解析】由参数方程求导法则，可得 $\dfrac{dy}{dx} = \dfrac{\frac{dy}{dt}}{\frac{dx}{dt}} = \dfrac{e^{t^2} \cdot 2t}{e^{t^2} \cdot 2t} = 1.$

**22.**（C）

**【思路点拨】**

根据选项，本题应该讨论函数 $F(x)=\dfrac{f(x)}{g(x)}$ 和 $G(x)=f(x)g(x)$ 的单调性，分别求导可知

$$F'(x)=\left[\dfrac{f(x)}{g(x)}\right]'=\dfrac{f'(x)g(x)-f(x)g'(x)}{g^2(x)},\ G'(x)=f'(x)g(x)+f(x)g'(x).$$

根据题干条件，判断当 $x\in(a,b)$ 时，导函数是否大于零，由此判断函数的单调性.

**【解析】** 由 $f'(x)g(x)-f(x)g'(x)<0$，$g(x)<0$，$x\in[a,b]$，可得

$$\dfrac{f'(x)g(x)-f(x)g'(x)}{g^2(x)}<0\Rightarrow F'(x)<0.$$

故 $F(x)$ 为单调递减的函数，$x\in[a,b]$，则有 $\dfrac{f(b)}{g(b)}<\dfrac{f(x)}{g(x)}<\dfrac{f(a)}{g(a)}$，排除(A)、(B)项.

$G'(x)=f'(x)g(x)+f(x)g'(x)$，由于函数值、导数值均恒负，故 $G'(x)>0$，$G(x)$ 为单调递增函数，则 $f(a)g(a)<f(x)g(x)<f(b)g(b)$. 排除(D)项，选(C)项.

**23.**（C）

**【思路点拨】**

对于 $\dfrac{0}{0}$ 型的未定式，求解其极限常用的方法有等价无穷小替换和洛必达法则.

**【解析】** $I=\lim\limits_{x\to 1}\dfrac{\tan(x^2-1)}{x^3-1}$，由等价无穷小替换，可得 $I=\lim\limits_{x\to 1}\dfrac{x^2-1}{x^3-1}$，根据洛必达法则，可得

$$I=\lim\limits_{x\to 1}\dfrac{2x}{3x^2}=\lim\limits_{x\to 1}\dfrac{2}{3x}=\dfrac{2}{3}.$$

**24.**（C）

**【思路点拨】**

若已知被积函数中 $f(x)$ 的原函数，则用分部积分法求解定积分.

**【解析】** 记 $F(x)=\dfrac{e^x}{x}$，则 $F'(x)=f(x)$，可得

$$\int_0^1 x^2 f(x)\mathrm{d}x=\int_0^1 x^2\mathrm{d}F(x)=x^2 F(x)\Big|_0^1-\int_0^1 F(x)\mathrm{d}x^2$$

$$=xe^x\Big|_0^1-2\int_0^1 e^x\mathrm{d}x$$

$$=2-e.$$

**25.**（B）

**【思路点拨】**

二元函数可能的极值点只有驻点和偏导数不存在的点. 题干已知的函数为连续函数，所以可能的极值点只有函数的驻点. 求得驻点后，再根据极值的充分条件进行判断即可.

**【解析】** 由 $\begin{cases}\dfrac{\partial z}{\partial x}=3x^2-3y=0,\\ \dfrac{\partial z}{\partial y}=3y^2-3x=0,\end{cases}$ 解得 $\begin{cases}x=0,\\ y=0\end{cases}$ 或 $\begin{cases}x=1,\\ y=1.\end{cases}$

求二阶偏导可得 $A=\dfrac{\partial^2 z}{\partial x^2}=6x$，$B=\dfrac{\partial^2 z}{\partial x\partial y}=-3$，$C=\dfrac{\partial^2 z}{\partial y^2}=6y$，则

① 当 $x=0$，$y=0$ 时，$A=0$，$B=-3$，$C=0$。由 $AC-B^2<0$，可知该点不是极值点；

② 当 $x=1$，$y=1$ 时，$A=6$，$B=-3$，$C=6$。由 $AC-B^2=27>0$ 且 $A=6>0$，可知 $(1,1)$ 为极小值点。

**26.（C）**

【思路点拨】

根据"与 $x$ 轴的交角为 $45°$"和"在点 $M$ 处导函数的值"，列出关于点 $M$ 处切线斜率的等式，由此可得出结果。

【解析】根据题意，在点 $M(x,y)$ 处的切线斜率为

$$y'_M=\tan\dfrac{\pi}{4}=1=2x-2,$$

解得 $x=\dfrac{3}{2}$，则 $y=\left(\dfrac{3}{2}\right)^2-2\times\dfrac{3}{2}+4=\dfrac{13}{4}$。故点 $M$ 的坐标为 $\left(\dfrac{3}{2},\dfrac{13}{4}\right)$。

**27.（C）**

【思路点拨】

正态分布图像的性质：正态分布 $N(\mu,\sigma^2)$ 的概率密度图像关于直线 $x=\mu$ 对称。

注意：连续型随机变量在任意一点处的概率为 $0$，故有

$$P\{X\geqslant\mu\}=P\{X>\mu\}=P\{X\leqslant\mu\}=P\{X<\mu\}=0.5.$$

【解析】由 $X\sim N(3,6^2)$，可知其概率密度函数图像 $\varphi(x)$ 关于 $x=3$ 对称，则

$$P\{X\geqslant 3\}=0.5.$$

又由 $P\{3<X<4\}=0.2$，可知 $P\{2<X<3\}=P\{2\leqslant X<3\}=0.2$。

故 $P\{X\geqslant 2\}=P\{2\leqslant X<3\}+P\{X\geqslant 3\}=0.2+0.5=0.7$。

**28.（C）**

【思路点拨】

由随机事件概率的加法公式可得 $P(A\cup B)=P(A)+P(B)-P(AB)$，其中 $P(B)$ 与 $P(AB)$ 的值可由条件概率公式求得。

【解析】由 $P(B|A)=\dfrac{P(AB)}{P(A)}=\dfrac{1}{3}$，可得 $P(AB)=\dfrac{1}{3}\times P(A)=\dfrac{1}{3}\times\dfrac{1}{4}=\dfrac{1}{12}$。

由 $P(A|B)=\dfrac{P(AB)}{P(B)}=\dfrac{1}{2}$，可得 $P(B)=2\cdot P(AB)=2\times\dfrac{1}{12}=\dfrac{1}{6}$。

故 $P(A\cup B)=P(A)+P(B)-P(AB)=\dfrac{1}{4}+\dfrac{1}{6}-\dfrac{1}{12}=\dfrac{1}{3}$。

**29.（A）**

【思路点拨】

本题为求解四阶行列式的第四行各元素的代数余子式之和，根据展开式定理，只需将行列式的第四行元素全部替换为 $1$ 即可。

【解析】由行列式展开定理，可知

$$A_{41}+A_{42}+A_{43}+A_{44}=\begin{vmatrix} 1 & 0 & 4 & 0 \\ 2 & -1 & -1 & 2 \\ 0 & -6 & 0 & 0 \\ 1 & 1 & 1 & 1 \end{vmatrix}=(-6)\times(-1)^{3+2}\times\begin{vmatrix} 1 & 4 & 0 \\ 2 & -1 & 2 \\ 1 & 1 & 1 \end{vmatrix}$$

$$=6\times\begin{vmatrix} 1 & 4 & 0 \\ 0 & -3 & 0 \\ 1 & 1 & 1 \end{vmatrix}=6\times(-3)\times(-1)^{2+2}\begin{vmatrix} 1 & 0 \\ 1 & 1 \end{vmatrix}=-18.$$

**30.**（A）

【思路点拨】

对矩阵进行初等变换将其化为阶梯形矩阵，然后由矩阵的秩的值即可得出要求的参数．

【解析】由题可得

$$A\rightarrow\begin{pmatrix} 1 & 1 & 2 & k & 3 \\ 0 & 1 & 1 & 5-2k & -2 \\ 0 & 0 & -1 & 1-2k & -2 \\ 0 & -1 & -1 & 1-k & 2 \end{pmatrix}\rightarrow\begin{pmatrix} 1 & 1 & 2 & k & 3 \\ 0 & 1 & 1 & 5-2k & -2 \\ 0 & 0 & -1 & 1-2k & -2 \\ 0 & 0 & 0 & 6-3k & 0 \end{pmatrix}.$$

由 $r(A)=3$，可得 $6-3k=0$，解得 $k=2$．

### 三、数学计算题

**31.**【思路点拨】

先将极限式通分，由于分母的极限值为∞，要使极限为 0，则分子的极限值必须存在，即 $x$ 和 $x^2$ 的系数必须为 0．

【解析】由 $\lim\limits_{x\to\infty}\left(\dfrac{x^2+1}{x+1}-ax-b\right)=\lim\limits_{x\to\infty}\dfrac{(1-a)x^2-(a+b)x-b+1}{x+1}=0$，可得

$$\begin{cases} 1-a=0, \\ a+b=0 \end{cases}\Rightarrow\begin{cases} a=1, \\ b=-1. \end{cases}$$

**32.**【思路点拨】

按照复合函数求导法则求出 $f'''(x)$ 的表达式，利用 $f(2)=1$ 得出 $f'(2)$ 的值，代入 $f'''(x)$ 的表达式即可．

【解析】由 $f'(x)=e^{f(x)}$，则有

$$f''(x)=e^{f(x)}\cdot f'(x)=e^{2f(x)},$$
$$f'''(x)=2e^{2f(x)}\cdot f'(x).$$

由 $f(2)=1$，则有 $f'(2)=e$，故 $f'''(2)=2e^3$．

**33.**【思路点拨】

积分式里面有根式，首先考虑换元法，代入化简计算即可．

【解析】令 $\sqrt{x}=t$，$x=t^2$，则

$$\int\dfrac{(x+1)^2}{\sqrt{x}}dx=\int\dfrac{(t^2+1)^2}{t}2tdt=\int 2(t^4+2t^2+1)dt$$

$$=\dfrac{2}{5}t^5+\dfrac{4}{3}t^3+2t+C=\dfrac{2}{5}x^{\frac{5}{2}}+\dfrac{4}{3}x^{\frac{3}{2}}+2x^{\frac{1}{2}}+C.$$

34. 【思路点拨】

被积函数中出现根式，先考虑换元法，将根号去掉，再利用分部积分法求定积分.

【解析】令 $\sqrt{3x+1}=t$，则 $\mathrm{d}x=\dfrac{2}{3}t\mathrm{d}t$，当 $x=0$ 时，$t=1$；当 $x=1$ 时，$t=2$，故

$$\int_0^1 \mathrm{e}^{\sqrt{3x+1}}\mathrm{d}x = \int_1^2 \mathrm{e}^t \cdot \dfrac{2}{3}t\mathrm{d}t = \dfrac{2}{3}\int_1^2 \mathrm{e}^t \cdot t\mathrm{d}t = \dfrac{2}{3}\int_1^2 t\mathrm{d}\mathrm{e}^t$$

$$= \dfrac{2}{3}\left(\mathrm{e}^t \cdot t \Big|_1^2 - \int_1^2 \mathrm{e}^t\mathrm{d}t\right) = \dfrac{2}{3}\left(\mathrm{e}^t \cdot t \Big|_1^2 - \mathrm{e}^t \Big|_1^2\right)$$

$$= \dfrac{2}{3}\mathrm{e}^2.$$

35. 【思路点拨】

若变限积分的被积函数中有两种变量，分别为积分变量 $t$ 和另一变量 $x$，应先把变量 $x$ 看作常数，将所有含 $x$ 的项移出积分号外面，将变限积分变成被积函数只有 $t$ 的函数，再利用洛必达法则求极限.

【解析】由 $f(x)$ 在 $(-\infty,+\infty)$ 内连续且 $f(0)=4$，可得

$$\lim_{x\to 0}\dfrac{\int_0^x f(t)(x-t)\mathrm{d}t}{x^2} = \lim_{x\to 0}\dfrac{x\cdot\int_0^x f(t)\mathrm{d}t - \int_0^x tf(t)\mathrm{d}t}{x^2}$$

$$= \lim_{x\to 0}\dfrac{\int_0^x f(t)\mathrm{d}t}{2x} = \lim_{x\to 0}\dfrac{f(x)}{2}$$

$$= \dfrac{1}{2}f(0)=2.$$

36. 【思路点拨】

利用链式法则求出 $\dfrac{\partial z}{\partial x}$ 和 $\dfrac{\partial z}{\partial y}$ 的表达式，代入 $x\dfrac{\partial z}{\partial x}+y\dfrac{\partial z}{\partial y}$ 计算结果.

【解析】由 $z=\ln(\sqrt{x}+\sqrt{y})$，可得

$$\dfrac{\partial z}{\partial x}=\dfrac{1}{\sqrt{x}+\sqrt{y}}\cdot\dfrac{1}{2\sqrt{x}}=\dfrac{1}{2\sqrt{x}(\sqrt{x}+\sqrt{y})};$$

$$\dfrac{\partial z}{\partial y}=\dfrac{1}{\sqrt{x}+\sqrt{y}}\cdot\dfrac{1}{2\sqrt{y}}=\dfrac{1}{2\sqrt{y}(\sqrt{x}+\sqrt{y})}.$$

则

$$x\dfrac{\partial z}{\partial x}+y\dfrac{\partial z}{\partial y}=\dfrac{\sqrt{x}}{2(\sqrt{x}+\sqrt{y})}+\dfrac{\sqrt{y}}{2(\sqrt{x}+\sqrt{y})}=\dfrac{1}{2}.$$

37. 【思路点拨】

(1) 由于小王不赚也不赔，因此中奖钱数和买彩票花掉的钱数一样，据此可列方程解出购买的彩票数；

(2) 购买单张彩票收益及其对应的概率已知，因此可列出分布律求解期望. 然后利用期望的性质求出总收益的期望值. 须注意，计算收益时应减去成本.

【解析】设小王购买的彩票总数为 $n$，则有 $2\times 8=n\times 1$，得 $n=16$，说明小王购买 16 张彩票.

设 $X$ 为一张的收益，故总收益为 $16X$. 一张彩票的收益分布律为

| $X$ | $-1$ | 7 |
|---|---|---|
| $P$ | 0.9 | 0.1 |

故 $E(X)=-0.2$，$E(16X)=-3.2$.

**38.**【思路点拨】

先根据离散型随机变量的各个概率值和为 1，解得 $k$ 的值；再利用离散型随机变量数学期望公式：$E(X)=\sum_{k=1}^{\infty}x_k p_k$ 和条件概率公式解决这两问.

【解析】(1)由分布律的性质，可知 $\frac{1}{2k}+\frac{3}{4k}+\frac{5}{8k}+\frac{7}{16k}=1$，解得 $k=\frac{37}{16}$，则 $X$ 的分布律为

| $X$ | $-1$ | 0 | 1 | 2 |
|---|---|---|---|---|
| $P$ | $\frac{8}{37}$ | $\frac{12}{37}$ | $\frac{10}{37}$ | $\frac{7}{37}$ |

故 $E(X)=(-1)\times\frac{8}{37}+0\times\frac{12}{37}+1\times\frac{10}{37}+2\times\frac{7}{37}=\frac{16}{37}$.

(2) $P\{X<1\mid X\neq 0\}=\frac{P\{X<1,X\neq 0\}}{P\{X\neq 0\}}=\frac{P\{X=-1\}}{1-P\{X=0\}}=\frac{\frac{8}{37}}{1-\frac{12}{37}}=\frac{8}{25}$.

**39.**【思路点拨】

先通过 $A^2-AB=E$ 得出 $B=A-A^{-1}$，再利用初等变换法求出 $A^{-1}$，代入计算即可.

【解析】由 $A^2-AB=E$，则有 $A(A-B)=E$，因为 $|A|=\begin{vmatrix}1 & 1 & -1\\ 0 & 1 & 1\\ 0 & 0 & -1\end{vmatrix}=-1$，可知矩阵 $A$

可逆，则 $A-B=A^{-1}$，可得 $B=A-A^{-1}$. 由于

$$(A\vdots E)=\begin{pmatrix}1 & 1 & -1 & \vdots & 1 & 0 & 0\\ 0 & 1 & 1 & \vdots & 0 & 1 & 0\\ 0 & 0 & -1 & \vdots & 0 & 0 & 1\end{pmatrix}\rightarrow\begin{pmatrix}1 & 1 & 0 & \vdots & 1 & 0 & -1\\ 0 & 1 & 0 & \vdots & 0 & 1 & 1\\ 0 & 0 & 1 & \vdots & 0 & 0 & -1\end{pmatrix}$$

$$\rightarrow\begin{pmatrix}1 & 0 & 0 & \vdots & 1 & -1 & -2\\ 0 & 1 & 0 & \vdots & 0 & 1 & 1\\ 0 & 0 & 1 & \vdots & 0 & 0 & -1\end{pmatrix},$$

因此可得 $A^{-1}=\begin{pmatrix}1 & -1 & -2\\ 0 & 1 & 1\\ 0 & 0 & -1\end{pmatrix}$.

故 $B=A-A^{-1}=\begin{pmatrix}1 & 1 & -1\\ 0 & 1 & 1\\ 0 & 0 & -1\end{pmatrix}-\begin{pmatrix}1 & -1 & -2\\ 0 & 1 & 1\\ 0 & 0 & -1\end{pmatrix}=\begin{pmatrix}0 & 2 & 1\\ 0 & 0 & 0\\ 0 & 0 & 0\end{pmatrix}$.

40. 【思路点拨】

根据齐次线性方程组有非零解的条件可得方程组的系数矩阵不满秩，若系数矩阵为方阵，则行列式为0，据此可直接解出 $k$ 的所有值.

【解析】记齐次线性方程组为 $Ax=0$，由 $Ax=0$ 有非零解，且 $A$ 为三阶矩阵，可得 $|A|=0$，即

$$|A|=\begin{vmatrix} k & 1 & 1 \\ 1 & k & 1 \\ 1 & 1 & k \end{vmatrix}=(k+2)\begin{vmatrix} 1 & 1 & 1 \\ 1 & k & 1 \\ 1 & 1 & k \end{vmatrix}=(k+2)\begin{vmatrix} 1 & 0 & 0 \\ 1 & k-1 & 0 \\ 1 & 0 & k-1 \end{vmatrix}=(k+2)(k-1)^2=0,$$

故 $k=-2$ 或 $k=1$.

## 四、写作

41. 论证有效性分析

【谬误分析】

①材料试图用"围棋界公认 AlphaGo 棋力已经超过人类排名第一的棋手柯洁"来证明"人类十分多余"，此论证未必成立。因为，AlphaGo 只是在围棋方面学习能力强，而非所有方面都超越了人类。况且，AlphaGo 本身就是由人类创造的，其发展和改进也需人类的参与。

②材料仅以机器人的记忆力、运算速度和体力占优势，就推出人类会被取代，未必成立。因为除了这三点以外，还有创造力、自主思考能力等其他品质是人类独有的。

③材料认为机器人能够完成手术、书法、绘画等工作，那么它就会在未来取代教师、医生、艺术家，存在推断不当。因为，由材料我们无法了解机器人是否独立完成这些工作，如果这些工作是在人类的指挥操作下完成的，就不能说机器人会取代人类。

④材料由"个人的知识量如沧海一粟"得出"基础知识的学习已经变得毫无意义"，此处存疑。因为，衡量知识的价值更有效的标准可能是一个人掌握知识的绝对数量，而不是它与所有知识的比例。只要某个人在某一方面学有所长，就能够成为一个有用之才，他的知识就是有意义的。

⑤"网络上可以查询到任何数据"推不出"只要会搜索就可以"。因为，学习知识不只是为了了解知识，更是为了理解和运用知识，仅仅能够查询到知识，而不会运用的话，了解知识的意义也自然没有那么大了。

⑥材料认为"人类的唯一价值在于创新"，未免过于绝对了，因为人类还有包括同情心、互帮互助在内等多方面的优良品质，这些品质都可以体现人类相较于机器人的价值。

⑦材料一方面说人类多余，另一方面又说人类在创新方面可以超越机器人，有自相矛盾的嫌疑。

⑧材料的论据并不充分，不足以推出"人类会被机器人统治"的结论。而且，人类被机器人统治的结果未必出现，更有可能的情形是人类和人工智能和平相处。

⑨材料试图以"禁止克隆技术用到人类身上"推出全球应禁止人工智能，有不当类比的嫌疑。因为禁止克隆实验更多地考虑的是道德伦理风险而非技术风险。

**参考范文**

### 人类会被机器人取代吗?

材料试图向我们证明"人类终将会被机器人取代",但是这些论证存在一些逻辑问题,导致其结论难以令人信服,现将问题分析如下:

首先,材料仅以机器人的记忆力、运算速度和体力占优势,就推出人类会被取代,未必成立。因为除了这三点以外,还有创造力、自主思考能力等其他品质是人类独有的。

其次,材料认为机器人能够完成手术、书法、绘画等工作,那么它就会在未来取代教师、医生、艺术家,存在推断不当。因为,由材料我们无法了解机器人是否独立完成这些工作,如果这些工作是在人类的指挥操作下完成的,就不能说机器人会取代人类。

再次,材料认为"人类的唯一价值在于创新",未免过于绝对了,因为人类还有包括同情心、互帮互助在内等多方面的优良品质,这些品质都可以体现人类相较于机器人的价值。

而且,材料一方面说人类多余,另一方面又说人类在创新方面可以超越机器人,有自相矛盾的嫌疑。

最后,即使材料中这些"机器人比人类聪明""机器人会取代人类的某些职业"及"人类的唯一价值在于创新"等分论点全部成立,也不能充分推出"人类会被机器人统治"的结论。因为,人类被机器人统治只是可能结果之一,而非必然结果,如果在控制得当的情况下,更有可能的情形是人和机器人和平相处。

除此以外,论证中还存在着论据不充分、不当类比等其他逻辑谬误,所以最终由此得出的"人类会被机器人取代"的结论有待商榷。

(全文共574字)

42. 论说文

【参考立意】

①要有变通意识。

②不能盲目跟风。

## 参考范文

### 企业要有几把变通的"刷子"

老吕团队　张英俊

毛毛虫因为自身"跟随者"的习性，总是盲目地跟着前面的毛毛虫走，最终因饥饿和精疲力尽而死去。这也给管理者带来了启示：学会变通，企业才能打破僵局，获得新的突破和发展。

变通，是指在一定条件下一定范围内，依据自身资源调整经营策略，以更好地达成企业目标。适时的变通能够使企业"绝处逢生"，在激烈的竞争中找到立足之地。

变通的优势显而易见，企业"自我封闭、固守现状"的例子却依然不胜枚举。两年就达到 10 亿元估值的拉手网，在模式褪色后匆忙谢幕；百年企业如柯达、诺基亚，穿越了整个 20 世纪的风雨，却因为后续变通创新不足而轰然倒地。

提到变通，很多企业说起来头头是道，做起来缩头缩脑，为何？究其根本，无非源于"为险所困"和"路径依赖"。一方面，面对变幻莫测的市场，创新者有时无法准确地把控需求，常常是投入了人力物力等资源，"创新"出来的产品却因为不合消费者的口味而夭折。一旦创新失败，之前的投入可能都会成为沉没成本，造成难以挽回的损失；另一方面，因循守旧、按惯常的路径做事，可以降低企业的决策成本，使很多事情无须思考即可很好地执行，更加省时省力。

然而，管理者应该知道，变通，是企业高质量发展的"基因"。变通，意味着新产品的生产、工作方法的革新、制度流程的改善、先进设备的使用等。长期来看，可以使企业的生产效率提高，从而降低企业现有的边际成本，提高企业利润。当前，我国疫情防控阶段性成效得到进一步巩固，复工复产取得重要进展，经济社会运行秩序加快恢复，企业更要注重把握趋势、灵活变通，更加坚持自力更生、自主创新，真正走实、走好变通之路。

古语有云："变则新，不变则腐；变则活，不变则板。"管理者要摆脱毛毛虫的"跟随习性"，根据市场变化及时转换视角，为企业良性可持续发展提供不竭动力和可靠支撑。

（全文共 741 字）

绝密★启用前

# 2018年全国硕士研究生招生考试
# 经济类综合能力试题

(科目代码：396)

考试时间：8：30—11：30

## 考生注意事项

1. 答题前，考生须在试题册指定位置上填写考生姓名和考生编号；在答题卡指定位置上填写报考单位、考生姓名和考生编号，并涂写考生编号信息点。
2. 选择题的答案必须涂写在答题卡相应题号的选项上，非选择题的答案必须书写在答题卡指定位置的边框区域内。超出答题区域书写的答案无效；在草稿纸、试题册上答题无效。
3. 填(书)写部分必须使用黑色字迹签字笔或者钢笔书写，字迹工整、笔迹清楚；涂写部分必须使用2B铅笔填涂。
4. 考试结束，将答题卡和试题册按规定交回。

| 考生编号 | | | | | | | | | | | | | |
|---|---|---|---|---|---|---|---|---|---|---|---|---|---|
| 考生姓名 | | | | | | | | | | | | | |

一、**逻辑推理**：第 1～20 小题，每小题 2 分，共 40 分。下列每题给出的（A）、（B）、（C）、（D）、（E）五个选项中，只有一个选项是最符合试题要求的。

1. 龙蒿是一种多年生的草本菊科植物，含挥发油，主要成分为醛类物质，还含少量生物碱。青海民间入药，治暑湿发热、虚劳等。龙蒿的根有辣味，新疆民间取根研末，代替辣椒作调味品。俄罗斯龙蒿和法国龙蒿，它们看起来非常相似，俄罗斯龙蒿开花而法国龙蒿不开花，但是俄罗斯龙蒿的叶子却没有那种使法国龙蒿成为理想的调味品的独特香味。

   若植物必须先开花，才能产生种子，则从以上论述中一定能推出以下哪项结论？

   (A) 作为观赏植物，法国龙蒿比俄罗斯龙蒿更令人喜爱。
   (B) 俄罗斯龙蒿的花可能没有香味。
   (C) 由龙蒿种子长出的植物不是法国龙蒿。
   (D) 除了俄罗斯龙蒿和法国龙蒿外，没有其他种类的龙蒿。
   (E) 俄罗斯龙蒿与法国龙蒿不好区分。

2. 去年 4 月，股市出现了强劲反弹，某证券部通过对该部股民持仓品种的调查发现，大多数经验丰富的股民都买了小盘绩优股，所有年轻的股民都选择了大盘蓝筹股，而所有买小盘绩优股的股民都没有买大盘蓝筹股。

   如果上述断定为真，则以下哪项关于该证券部股民的调查结果也必定为真？

   Ⅰ．有些年轻的股民是经验丰富的股民。
   Ⅱ．有些经验丰富的股民没买大盘蓝筹股。
   Ⅲ．年轻的股民都没买小盘绩优股。

   (A) 仅Ⅰ。　　　　　(B) 仅Ⅰ和Ⅱ。　　　　　(C) 仅Ⅱ和Ⅲ。
   (D) 仅Ⅰ和Ⅲ。　　　(E) Ⅰ、Ⅱ和Ⅲ。

3. 世界乒乓球锦标赛男子团体赛决赛前，H 国的教练在排兵布阵。他的想法是：如果 1 号队员的竞技状态好并且伤势已经痊愈，那么让 1 号队员出场。只有 1 号队员不能出场时才派 2 号队员出场。

   如果决赛时 2 号队员出场，则以下哪项一定为真？

   (A) 1 号队员伤势比较重。
   (B) 1 号队员竞技状态不好。
   (C) 2 号队员没有受伤。
   (D) 如果 1 号队员伤已痊愈，那么他的竞技状态不好。
   (E) 1 号队员出场。

4. 按照上帝创世说，上帝在第一天创造了地球，第二天创造了月亮，第三天创造了太阳。因此，地球存在的头三天没有太阳。

   以下哪项最为确切地指出了上述断定的逻辑漏洞？

   (A) 没有太阳，一片漆黑，上帝如何创造地球？
   (B) 上帝创世说是一种宗教想象，完全没有科学依据。
   (C) 上述断定带着地球中心说的痕迹，在科学史上，地球中心说早被证明是错误的。

(D)"一天"的概念是由太阳对于地球的起落周期来定义的。

(E)众所周知，没有太阳就没有万物。

5. 违法必究，但几乎看不到违反道德的行为受到惩治，如果这成为一种常规，那么，民众就会失去道德约束。道德失控对社会稳定的威胁并不亚于法律失控。因此，为了维护社会的稳定，任何违反道德的行为都不能不受惩治。

以下哪项对上述论证的评价最为恰当？

(A)上述论证是成立的。

(B)上述论证有漏洞，它忽略了有些违法行为并未受到追究。

(C)上述论证有漏洞，它忽略了由违法必究，推不出缺德必究。

(D)上述论证有漏洞，它夸大了违反道德行为的社会危害性。

(E)上述论证有漏洞，它忽略了由否定"违反道德的行为都不受惩治"，推不出"违反道德的行为都要受惩治"。

6. 李强：在所有其他因素都相同的情况下，其父母拥有博士学位的儿童比那些其父母不曾获得博士学位的儿童，更可能获得博士学位。

张丽：但是考虑这种情况，在博士学位拥有者中，超过70％的父母双方都不曾获得博士学位。

以下哪项最准确地评价了张丽的回答？

(A)它表明李强的观点夸大了。

(B)张丽所答倘若为真，则有力地表明李强的观点不可能准确。

(C)它与李强的观点并不矛盾，而是一致的。

(D)它为接受李强的观点提供了另一种理由。

(E)它错误地将决定事情发生的必要条件当作了充分条件。

7. 贾女士：在英国，根据长子继承权的法律，男人的第一个妻子生的第一个儿子有首先继承家庭财产的权利。

陈先生：你说得不对。布朗公爵夫人就合法地继承了她父亲的全部财产。

以下哪项对陈先生所作断定的评价最为恰当？

(A)陈先生的断定是对贾女士的反驳，因为他举出了一个反例。

(B)陈先生的断定是对贾女士的反驳，因为他揭示了长子继承权性别歧视的实质。

(C)陈先生的断定不能构成对贾女士的反驳，因为他对布朗夫人继承财产的合法性并未给予论证。

(D)陈先生的断定不能构成对贾女士的反驳，因为任何法律都不可能得到完全的实施。

(E)陈先生的断定不能构成对贾女士的反驳，因为他把贾女士的话误解为只有儿子才有权继承财产。

8. 某些种类的海豚利用回声定位来发现猎物：它们发射出嘀嗒的声音，然后接收水域中远处物体反射的回音。海洋生物学家推测这些嘀嗒声可能有另一个作用：海豚用异常高频的嘀嗒声使猎物的感官超负荷，从而击晕近距离的猎物。

以下哪项如果为真，最能对上述推测构成质疑？

(A)海豚用回声定位不仅能发现远距离的猎物，而且能发现中距离的猎物。

(B)作为一种发现猎物的讯号，海豚发出的嘀嗒声，是它的猎物的感官不能感知的，只有海豚能够感知从而定位。

(C)海豚发出的高频讯号即使能击晕它们的猎物，这种效果也是很短暂的。

(D)蝙蝠发出的声波不仅能使它发现猎物，而且这种声波能对猎物形成特殊刺激，从而有助于蝙蝠捕获它的猎物。

(E)海豚想捕获的猎物离自己越远，它发出的嘀嗒声就越高。

9. 某湖泊在白天时，浮游生物X游到湖泊深处缺乏食物且水冷的地方，浮游生物Y则留在食物充足的水面，虽然浮游生物Y生长和繁殖较快，但它的数目却常常不如浮游生物X多。

下列哪项最能解释上述矛盾现象？

(A)住在湖底的浮游生物数量是住在湖面的浮游生物的两倍。

(B)浮游生物的掠食者如白鱼和鸟等，白天都在湖面生活和觅食。

(C)为了使稀少的食物发挥最大效用，浮游生物X成长得较浮游生物Y慢。

(D)在一天中最热的时候，浮游生物Y在植物底下群集，以躲避阳光的照射。

(E)浮游生物Y在任何时间段的繁殖速度都是浮游生物X的两倍。

10. 图示方法是几何学课程的一种常用方法。这种方法使得这门课比较容易学，因为学生们得到了对几何概念的直观理解，这有助于培养他们处理抽象运算符号的能力。对代数概念进行图解相信会有同样的教学效果，虽然对数学的深刻理解从本质上说是抽象的而非想象的。

上述议论最不可能支持以下哪项判定？

(A)通过图示获得直观理解，并不是数学理解的最后步骤。

(B)具有很强的处理抽象运算符号能力的人，不一定具有抽象的数学理解能力。

(C)几何学课程中的图示方法是一种有效的教学方法。

(D)培养处理抽象运算符号的能力是几何学课程的目标之一。

(E)存在着一种教学方法，可能有效地用于几何学，又用于代数。

11. 随着互联网的发展，人们的购物方式有了新的选择。很多年轻人喜欢在网络上选择自己满意的商品，通过快递送上门，购物足不出户，非常便捷。刘教授据此认为，那些实体商场的竞争力会受到互联网的冲击，在不远的将来，会有更多的网络商店取代实体商店。

以下哪项如果为真，最能削弱刘教授的观点？

(A)网络购物虽然有某些便利，但容易导致个人信息被不法分子利用。

(B)有些高档品牌的专卖店，只愿意采取街面实体商店的销售方式。

(C)网络商店与快递公司在货物丢失或损坏的赔偿方面经常互相推诿。

(D)购买黄金珠宝等贵重物品，往往需要现场挑选，且不适宜网络支付。

(E)通常情况下，网络商店只有在其实体商店的支撑下才能生存。

12. 有医学研究显示，行为痴呆症患者大脑组织中往往含有过量的铝。同时有化学研究表明，一种硅化合物可以吸收铝。陈医生据此认为，可以用这种硅化合物治疗行为痴呆症。

以下哪项是陈医生最可能依赖的假设？

(A)行为痴呆症患者大脑组织的含铝量通常过高，但具体数量不会变化。

(B)该硅化合物在吸收铝的过程中不会产生副作用。

(C)用来吸收铝的硅化合物的具体数量与行为痴呆症患者的年龄有关。

(D)过量的铝是导致行为痴呆症的原因，患者脑组织中的铝不是痴呆症引起的结果。

(E)行为痴呆症患者脑组织中的铝含量与病情的严重程度有关。

13. 科学研究中使用的形式语言和日常生活中使用的自然语言有很大的不同。形式语言看起来像天书，远离大众，只有一些专业人士才能理解和运用。但其实这是一种误解，自然语言和形式语言的关系就像肉眼与显微镜的关系。肉眼的视域广阔，可以从整体上把握事物的信息；显微镜可以帮助人们看到事物的细节和精微之处，尽管用它看到的范围小。所以，形式语言和自然语言都是人们交流和理解信息的重要工具，把它们结合起来使用，具有强大的力量。

以下哪项如果为真，最能支持上述结论？

(A)通过显微镜看到的内容可能成为新的"风景"，说明形式语言可以丰富自然语言的表达，我们应重视形式语言。

(B)正如显微镜下显示的信息最终还是要通过肉眼观察一样，形式语言表述的内容最终也要通过自然语言来实现，说明自然语言更基础。

(C)科学理论如果仅用形式语言表达，很难被普通民众理解；同样，如果仅用自然语言表达，有可能变得冗长且很难表达准确。

(D)科学的发展很大程度上改善了普通民众的日常生活，但人们并没有意识到科学表达的基础——形式语言的重要性。

(E)采用哪种语言其实不重要，关键在于是否表达了真正想表达的思想内容。

14. 在西方经济发展的萧条期，消费需求的萎缩导致许多企业解雇职工甚至倒闭，在萧条期，被解雇的职工很难找到新的工作，这就增加了失业人数。萧条之后的复苏，是指消费需求的增加和社会投资能力的扩张，这种扩张要求增加劳动力。但是经历了萧条之后的企业主大都丧失了经商的自信，他们尽可能地推迟雇用新的职工。

上述断定如果为真，最能支持以下哪项结论？

(A)经济复苏不一定能迅速减少失业人数。

(B)萧条之后的复苏至少需要两三年。

(C)萧条期的失业大军主要由倒闭企业的职工组成。

(D)萧条通常是由企业主丧失经商自信引起的。

(E)在西方经济发展中出现萧条是解雇职工造成的。

15. 陈先生：未经许可侵入别人的电脑，就好像开偷来的汽车撞伤了人，这些都是犯罪行为。但后者性质更严重，因为它既侵占了有形财产，又造成了人身伤害；而前者只是在虚拟世界中捣乱。

林女士：我不同意，例如，非法侵入医院的电脑，有可能扰乱医疗数据，甚至危及病人的生命。因此，非法侵入电脑同样会造成人身伤害。

以下哪项最为准确地概括了两人争论的焦点？

(A)非法侵入别人电脑和开偷来的汽车是否同样会危及人的生命？

(B)非法侵入别人电脑和开偷来的汽车伤人是否都构成犯罪？

(C)非法侵入别人电脑和开偷来的汽车伤人是否是同样性质的犯罪？

(D)非法侵入别人电脑的犯罪性质是否和开偷来的汽车伤人一样的严重？

(E)是否只有侵占有形财产才构成犯罪？

16. 因为照片的影像是通过光线与胶片的接触形成的,所以每张照片都具有一定的真实性。但是,从不同角度拍摄的照片总是反映了物体某个侧面的真实,而不是全部的真实。在这个意义上,照片又是不真实的。因此,在目前的技术条件下,以照片作为证据是不恰当的,特别是在法庭上。

    以下哪项如果为真,最能削弱上述论证?

    (A)摄影技术是不断发展的,理论上说,全景照片可以从外观上反映物体的全部真实。

    (B)任何证据只需要反映事实的某个侧面。

    (C)在法庭审理中,有些照片虽然不能成为证据,但有重要的参考价值。

    (D)有些照片是通过技术手段合成或伪造的。

    (E)就反映真实性而言,照片的质量有很大的差别。

17. 临床试验显示,对偶尔食用一定量的牛肉干的人而言,大多数品牌牛肉干的添加剂并不会导致动脉硬化。因此,人们可以放心食用牛肉干而无须担心对健康的影响。

    以下哪项如果为真,最能削弱上述论证?

    (A)食用大量的牛肉干不利于动脉健康。

    (B)动脉健康不等于身体健康。

    (C)肉类都含有对人体有害的物质。

    (D)喜欢吃牛肉干的人往往也喜欢食用其他对动脉健康有损害的食品。

    (E)题干所述临床试验大多是由医学院的实习生在医师指导下完成的。

18. 委员会成员:作为一名长期的大学信托委员会的成员,我认为在过去的时间里该委员会运作得很好,因为它的每一个成员都有丰富的经历和兴趣。因此,如果将来有些成员被选举主要为了坚持要求某一政策,如减少学费,那么这个委员会就不再会起那么好的作用了。

    该委员会成员在得出上述结论的时候,假设了下面哪一项?

    (A)如果委员会减少学费,大学将在经济上受损失。

    (B)如果委员会运行得不如现在好,大学将无法运作。

    (C)委员会之所以起了很好的作用,是因为它的成员主要兴趣在于某一学术政策而非经济政策,例如学费水平。

    (D)一个要被选为委员会的成员必须有广泛的经历和兴趣。

    (E)一个被选入委员会并且主要坚持要求制定某一政策的人都缺乏丰富的经历和兴趣。

19. 学生:IQ和EQ哪个更重要?您能否给我指点一下?

    学长:你去书店问问工作人员关于IQ和EQ的书,哪类销得快,哪类就更重要。

    以下哪项与题干中的问答方式最为相似?

    (A)员工:我们正制定一个度假方案,你说是在本市好,还是去外地好?

    经理:现在年终了,各公司都在安排出去旅游,你去问问其他公司的同行,他们计划去哪里,我们就不去哪里,不凑热闹。

    (B)平平:母亲节那天我准备给妈妈送一份礼物,你说是送花好,还是送巧克力好?

    佳佳:你在母亲节前一天去花店看一下,看看买花的人多不多就行了嘛。

(C)顾客：我准备买一件毛衣，你看颜色是鲜艳一点好，还是素一点好？

　　店员：这个需要结合自己的性格与穿衣习惯，各人可以有自己的选择与喜好。

(D)游客：我们前面有两条山路，走哪一条更好？

　　导游：你仔细看看，哪一条山路上车马的痕迹深，我们就走哪一条。

(E)学生：我正在准备期末复习，是做教材上的练习重要，还是理解教材内容更重要？

　　老师：你去问问高年级得分高的同学，他们是否经常背书、做练习。

20. 人们普遍认为适量的体育运动能够有效降低中风的发生率，但科学家还注意到有些化学物质也有降低中风风险的效用。番茄红素是一种让番茄、辣椒、西瓜和番木瓜等果蔬呈现红色的化学物质。研究人员选取一千余名年龄在46～55岁之间的人，进行了长达12年的跟踪调查，发现其中番茄红素水平最高的四分之一的人中有11人中风，番茄红素水平最低的四分之一的人中有25人中风。他们由此得出结论：番茄红素能降低中风的发生率。

以下哪项如果为真，最能对上述研究结论提出质疑？

(A)番茄红素水平较低的中风者中有三分之一的人病情较轻。

(B)吸烟、高血压和糖尿病等会诱发中风。

(C)如果调查56～65岁之间的人，情况也许不同。

(D)番茄红素水平高的人中约有四分之一喜爱进行适量的体育运动。

(E)被跟踪的另一半人中有50人中风。

## 二、数学单项选择题：第21～30小题，每小题2分，共20分。下列每题给出的（A）、（B）、（C）、（D）四个选项中，只有一个选项是最符合试题要求的。

21. 设函数 $f(x)=\int_{x^2}^{0} x\cos t^2 \mathrm{d}t$，则 $f'(x)=($ 　　).

(A) $-2x^2\cos x^4$ 　　　　　　　　　　(B) $\int_{x^2}^{0}\cos t^2 \mathrm{d}t-2x^2\cos x^4$

(C) $\int_{0}^{x^2}\cos t^2 \mathrm{d}t-2x^2\cos x^4$ 　　　　(D) $\int_{x^2}^{0}\cos t^2 \mathrm{d}t$

22. $\int_{-1}^{1}(x+\sqrt{1-x^2})^2 \mathrm{d}x=($ 　　).

(A) 0 　　　　　(B) 1 　　　　　(C) 2 　　　　　(D) $\dfrac{\pi}{2}$

23. 设函数 $f(x)$ 可导，$F(x)=f(x)(1+|\sin x|)$，则 $f(0)=0$ 是 $F(x)$ 在 $x=0$ 处可导的（　　）.

(A)充分必要条件　　　　　　　　(B)充分条件但非必要条件

(C)必要条件但非充分条件　　　　(D)既非充分条件也非必要条件

24. $f(x+y,xy)=x^2+y^2$，则 $\dfrac{\partial f(x,y)}{\partial x}+\dfrac{\partial f(x,y)}{\partial y}=($ 　　).

(A) $2x-2$ 　　　(B) $2x+2$ 　　　(C) $x-1$ 　　　(D) $x+1$

25. $\int e^{x^2}f(x)\mathrm{d}x=e^{x^2}+C$，则 $f(x)=($ 　　).

(A) 1 　　　　　(B) $x^2$ 　　　　(C) $e^{x^2}$ 　　　(D) $2x$

**26.** 极限 $\lim\limits_{x\to 0}\left(\dfrac{1}{x}-\dfrac{1}{e^x-1}\right)=$ (    ).

(A) 0    (B) $\dfrac{1}{2}$    (C) 1    (D) $\dfrac{3}{2}$

**27.** 随机变量 $X$ 的概率密度函数为 $f(x)=\begin{cases}2x, & 0<x<1,\\ 0, & \text{其他},\end{cases}$ 以 $Y$ 表示"对 $X$ 的 3 次独立重复观察中事件 $\left\{X\leqslant\dfrac{1}{2}\right\}$ 出现的次数",则 $P\{Y=2\}=$ (    ).

(A) $\dfrac{1}{4}$    (B) $\dfrac{1}{16}$    (C) $\dfrac{9}{64}$    (D) $\dfrac{9}{16}$

**28.** 设 $X\sim N(2,9)$,且 $P\{X\geqslant c\}=P\{X<c\}$,则常数 $c$ 等于(    ).

(A) 1    (B) 2    (C) 3    (D) 4

**29.** 已知 $A=(\alpha,\gamma_2,\gamma_3,\gamma_4)$,$B=(\beta,\gamma_2,\gamma_3,\gamma_4)$ 均为四阶方阵,$\alpha,\beta,\gamma_2,\gamma_3,\gamma_4$ 均为四维列向量,且已知行列式 $|A|=4$,$|B|=1$,则行列式 $|A+B|=$ (    ).

(A) 5    (B) 10    (C) 20    (D) 40

**30.** 设向量组 $\alpha_1,\alpha_2,\alpha_3$ 线性相关,$\alpha_1,\alpha_2,\alpha_4$ 线性无关,则有(    ).

(A) $\alpha_1$ 必可由 $\alpha_2,\alpha_3,\alpha_4$ 线性表出  
(B) $\alpha_2$ 必可由 $\alpha_1,\alpha_3,\alpha_4$ 线性表出  
(C) $\alpha_3$ 必可由 $\alpha_1,\alpha_2,\alpha_4$ 线性表出  
(D) $\alpha_4$ 必可由 $\alpha_1,\alpha_2,\alpha_3$ 线性表出

**三、数学计算题**:第 31~40 小题,每小题 5 分,共 50 分。

**31.** 设 $F(x)$ 为 $f(x)$ 的一个原函数,且当 $x\geqslant 0$ 时,$f(x)F(x)=\dfrac{xe^x}{2(1+x)^2}$,已知 $F(0)=1$,$F(x)>0$,试求 $F(x)$.

**32.** 若曲线 $y=x^2+ax+b$ 和 $2y=-1+xy^3$ 在 $(1,-1)$ 处相切,求 $a,b$ 的值.

**33.** 计算不定积分 $\displaystyle\int\dfrac{\arctan x}{x^2(1+x^2)}dx$.

**34.** 已知函数 $y=\dfrac{x^3}{(x-1)^2}$,求函数的增减区间及极值.

**35.** 设 $z=\dfrac{1}{x}f(xy)+y\varphi(x+y)$,其中 $f,\varphi$ 都是可导函数,求 $\dfrac{\partial z}{\partial x},\dfrac{\partial z}{\partial y}$.

**36.** 求定积分 $\displaystyle\int_1^e\dfrac{\sqrt{1+\ln x}}{x}dx$.

**37.** 设相互独立的随机变量 $X,Y$ 具有同一分布律,且 $X$ 的分布律为

| $X$ | 0 | 1 |
|---|---|---|
| $P$ | 0.5 | 0.5 |

求随机变量 $Z=\max\{X,Y\}$ 的分布律.

**38.** 从 0,1,2,3 四个数中随机抽取两个,其乘积为 $Y$,求 $Y$ 的概率分布、数学期望和方差.

**39.** 问 $a,b$ 为何值时,线性方程组 $\begin{cases}x_1+x_2+x_3+x_4=0,\\ x_2+2x_3+2x_4=1,\\ -x_2+(a-3)x_3-2x_4=b,\\ 3x_1+2x_2+x_3+ax_4=-1\end{cases}$ 有唯一解、无解、无穷多解?

40. 设矩阵 $A = \begin{pmatrix} 1 & 0 & 1 \\ 0 & 2 & 0 \\ 1 & 0 & 1 \end{pmatrix}$，且矩阵 $X$ 满足 $AX + E = A^2 + X$，求矩阵 $X$.

**四、写作**：第41~42小题，每小题20分，共40分。其中论证有效性分析20分，论说文20分。

41. 论证有效性分析：分析下述论证中存在的缺陷和漏洞，选择若干要点，写一篇600字左右的文章，对该论证的有效性进行分析和评述。（论证有效性分析的一般要点是：概念及主要概念界定和使用的准确性及前后是否互相矛盾，有无各种明显的逻辑错误，论据是否支持结论，论据的成立条件是否充分。还要注意逻辑结构和语言运用。）

  市场竞争有利于谁？有些人认为竞争有利于消费者。市场上不同的商家为了各自的利益相互争斗，客观上会带来对第三方——消费者的好处，因为他们在竞争中相互压价，使消费者获得便宜。

  非常肯定地说，这种建立在把生产者和消费者互相割裂基础上的观点是极其错误的，消费者是谁？在现代社会，消费者不是什么第三者，他们之所以有消费能力，是因为他们作为公司的员工获得报酬。市场的主导消费者是谁？也是在单位默默工作，以获得收入的劳动雇佣人。消费者即生产者，在市场竞争中，还会是与消费者毫无切身利益关系吗？还会是消费者占得便宜吗？

  两家电器公司价格大战，我作为IT公司的员工，感到占便宜，因为电器价格下降了。但是对于电器公司呢？价格战使利润率降低，使电器公司的员工丧失了提高工资的可能，利润是公司再投资的来源，也是工资的来源，这损害了相关竞争公司的员工利益。我在为电器公司竞争感到占便宜的同时，IT公司之间也在竞争，我如同那个电器公司的员工一样恨自己的公司，因许多竞争对手的存在而无法独占或大部分占领市场。所以谁也没有占便宜，因为市场竞争是普遍的。总的来说，市场竞争受益者是消费者是个伪命题。

  竞争到底有利于谁？答案是有利于那些能够在市场竞争中取得优势的社会集团。而竞争中处于劣势的，总是大多数，他们只能分食较小的利润份额。那么他们的员工就要承担竞争不利的威胁——降低薪水。他们的境遇越是恶化，那么他们的员工的购买力就越低。但是，处于竞争劣势中的总是大多数公司的员工，他们是消费者中的主力军。总之，市场竞争有利于占据竞争优势的行业的员工——当他们作为消费者的时候，购买力会加强；不利于竞争劣势中的行业的员工——他们同样作为消费者存在的时候，购买力就弱。市场竞争只是私有制条件下各市场主体利益相互对抗的产物，本身便是内耗，将一种混乱和内耗罩上有利于消费者的光环，根本是靠不住的。

42. 论说文：根据下述材料，写一篇不少于600字的论说文，题目自拟。

  近日有报道称，某教授颇喜穿金戴银，全身上下都是世界名牌，一块手表价值几十万，所有的衣服、鞋子都是专门订制、造价不菲。他认为对"好东西"的喜爱没啥好掩饰的："以前很多大学教授都很邋遢，有的人甚至几个月都不洗澡，现在时代变了，大学教授应多注意个人形象，不能太邋遢了。"

# 答案速查

**一、逻辑推理**

1~5　　(C)(C)(D)(D)(E)　　　　6~10　　(E)(E)(B)(B)(B)

11~15　(E)(D)(C)(A)(D)　　　　16~20　(B)(B)(E)(D)(E)

**二、数学单项选择题**

21~25　(B)(C)(A)(A)(D)　　　　26~30　(B)(C)(B)(D)(C)

**三、数学计算题**

31. $F(x)=\sqrt{\dfrac{e^x}{1+x}}$

32. $a=-1$，$b=-1$

33. $-\dfrac{\arctan x}{x}+\ln|x|-\dfrac{1}{2}\ln(1+x^2)-\dfrac{1}{2}\arctan^2 x+C$

34. 单调增区间为$(-\infty,1)$，$(3,+\infty)$，单调减区间为$(1,3)$；极小值为$\dfrac{27}{4}$

35. $\dfrac{\partial z}{\partial x}=-\dfrac{1}{x^2}f(xy)+\dfrac{y}{x}f'(xy)+y\varphi'(x+y)$；$\dfrac{\partial z}{\partial y}=f'(xy)+y\varphi'(x+y)+\varphi(x+y)$

36. $\dfrac{4\sqrt{2}}{3}-\dfrac{2}{3}$

37. $P\{Z=0\}=\dfrac{1}{4}$；$P\{Z=1\}=\dfrac{3}{4}$

38. $P\{Y=0\}=\dfrac{3}{C_4^2}=\dfrac{1}{2}$，$P\{Y=2\}=\dfrac{1}{C_4^2}=\dfrac{1}{6}$，$P\{Y=3\}=\dfrac{1}{C_4^2}=\dfrac{1}{6}$，$P\{Y=6\}=\dfrac{1}{C_4^2}=\dfrac{1}{6}$；

$E(Y)=\dfrac{11}{6}$，$D(Y)=\dfrac{173}{36}$

39. 当$a\neq 1$时，有唯一解；当$a=1$，$b=-1$时，有无穷多解；当$a=1$，$b\neq -1$时，无解

40. $\boldsymbol{X}=\begin{pmatrix} 2 & 0 & 1 \\ 0 & 3 & 0 \\ 1 & 0 & 2 \end{pmatrix}$

**四、写作**

略

# 答案详解

**一、逻辑推理**

**1. (C)**

【解析】

题干已知下列信息：

①种子→开花,等价于:￢开花→￢种子。
②俄罗斯龙蒿→开花。
③法国龙蒿→￢开花,等价于:开花→￢是法国龙蒿。
④俄罗斯龙蒿的叶子没有那种使法国龙蒿成为理想的调味品的独特香味。
(A)项,不能推出,题干不涉及人们喜爱哪种观赏植物。
(B)项,不能推出,题干只提到两种龙蒿"叶子"的香味,没有涉及"花"的香味。
(C)项,由题干信息①、③串联可得:种子→开花→￢是法国龙蒿,故此项为真。
(D)项,不能推出,题干不涉及其他种类的龙蒿。
(E)项,不能推出,题干不涉及俄罗斯龙蒿和法国龙蒿的区分。

**2.（C）**

【解析】

将题干信息形式化:

①有的经验丰富的股民→买小盘绩优股。
②年轻股民→￢买大盘蓝筹股,等价于:买大盘蓝筹股→￢年轻股民。
③买小盘绩优股→￢买大盘蓝筹股,等价于:买大盘蓝筹股→￢买小盘绩优股。
由①、③、②串联可得:有的经验丰富的股民→买小盘绩优股→￢买大盘蓝筹股→￢年轻股民,故Ⅰ项可真可假,Ⅱ项为真。
由②、③串联可得:年轻股民→买大盘蓝筹股→￢买小盘绩优股,故Ⅲ项为真。
综上,(C)项正确。

**3.（D）**

【解析】

题干已知下列信息:
①1号竞技状态好∧1号伤势痊愈→1号出场,等价于:￢1号出场→￢1号竞技状态好∨￢1号伤势痊愈。
②2号出场→￢1号出场。
③2号出场。
由③、②、①串联可得:2号出场→￢1号出场→￢1号竞技状态好∨￢1号伤势痊愈。
￢1号竞技状态好∨￢1号伤势痊愈＝1号伤势痊愈→￢1号竞技状态好,故(D)项正确。

**4.（D）**

【解析】

题干论据中出现了"一天"的概念,预设了太阳与地球的存在,结论中认为地球存在的头三天没有太阳,犯了自相矛盾的逻辑错误。
故(D)项正确。

**5.（E）**

【解析】

题干的论据:所有违反道德的行为都不受惩治→民众就会失去道德约束→威胁社会稳定。
题干的论点:为了维护社会的稳定,任何违反道德的行为都不能不受惩治(即为了维护社会的稳定，任何违反道德的行为都应该受惩治）。

题干的论据逆否可得：维护社会的稳定→¬ 所有违反道德的行为都不受惩治。

等价于：维护社会的稳定→有的违反道德的行为应该受惩治。

也就是说，从题干的论据只能得到：为了维护社会的稳定，有的违反道德的行为应该受惩治，而不能得出任何违反道德的行为都应该受惩治。

故(E)项正确。

6. (E)

【解析】

李强：父母拥有博士学位→其孩子更可能获得博士学位。

张丽：孩子拥有博士学位∧超过70%的父母不曾获得博士学位。

张丽事实上反驳的是：孩子拥有博士学位→其父母更可能获得博士学位，即误把李强的必要条件当作了充分条件。故(E)项正确。

(C)项不正确。设在父母获得博士学位的情况中，子女获得博士学位的为 $x$，子女未获得博士学位的为 $y$；在父母未获得博士学位的情况中，子女获得博士学位的为 $a$，子女未获得博士学位的为 $b$。

根据题干信息，将父母获得博士学位的情况与子女获得博士学位的情况列表如下：

|  | 子女获得博士学位 | 子女未获得博士学位 |
| --- | --- | --- |
| 父母获得博士学位 | $x$ | $y$ |
| 父母未获得博士学位 | $a$ | $b$ |

李强的观点为 $\dfrac{x}{x+y} > \dfrac{a}{a+b}$，即 $bx > ay$。张丽的观点为 $\dfrac{a}{x+a} > 70\%$，所以 $a > x$。

故李强和张丽的观点不一致。

7. (E)

【解析】

贾女士：男人的第一个妻子生的第一个儿子→有首先继承家庭财产的权利。

陈先生：你说得不对。布朗公爵夫人就合法地继承了她父亲的全部财产，即¬儿子∧继承。

故，陈先生事实上反驳的是：¬儿子→¬继承，即继承→儿子。

故(E)项是对陈先生论断的正确评价。

8. (B)

【解析】

海洋生物学家：海豚用异常高频的嘀嗒声使猎物的感官超负荷（措施），从而击晕近距离的猎物（目的）。

(A)项，无关选项，题干讨论的是海豚发出的嘀嗒声是否可以击晕近距离的猎物，不涉及远距离和中距离的猎物。

(B)项，削弱题干，猎物的感官不能感知海豚发出的"嘀嗒声"，则无法达到"击晕近距离的猎物"的效果，措施达不到目的。

(C)项，支持题干，说明海豚发出的讯号确实可以击晕猎物。

(D)项，无关选项，题干的论证对象是海豚，不是蝙蝠。

(E)项，不能削弱，题干不涉及海豚想捕获的猎物距离的远近与嘀嗒声的高低之间的共变关系。

9. (B)

【解析】

待解释的现象：在白天时，浮游生物 X 游到湖泊深处缺乏食物且水冷的地方，浮游生物 Y 则留在食物充足的水面，虽然浮游生物 Y 生长和繁殖较快，但它的数目却常常不如浮游生物 X 多。

(A)项，不能解释，题干讨论的是浮游生物 X 和 Y，不是住在湖底和湖面的浮游生物。

(B)项，可以解释，说明浮游生物 Y 白天在湖面可能会被掠食者捕食，导致其数量少。

(C)项，不能解释，题干讨论的是浮游生物的数量而不是浮游生物的成长速度。

(D)项，不能解释，该项不会影响浮游生物的数量。

(E)项，此项说明浮游生物 Y 在任何时间段的繁殖速度都是浮游生物 X 的两倍，那么浮游生物 Y 的数量应该比浮游生物 X 的数量多，故此项加剧了题干的矛盾。

10. (B)

【解析】

题干信息：

①图示方法可以使学生们得到对几何概念的直观理解，这有助于培养他们处理抽象运算符号的能力。

②对代数概念进行图解相信会有同样的教学效果。

③对数学的深刻理解从本质上说是抽象的而非想象的。

(A)项，可由题干信息③推出。

(B)项，题干不涉及"具有处理抽象运算符号能力"与"具有抽象的数学理解能力"之间的关系，故不可被推出。

(C)项，可由题干信息①推出。

(D)项，可由题干信息①推出。

(E)项，可由题干信息①、②推出。

11. (E)

【解析】

刘教授：网络购物便捷 —预测→ 在不远的将来，会有更多的网络商店取代实体商店（对未来结果的预测）。

(A)项，提出反面论据，说明网络购物存在漏洞，有缺点，削弱力度弱。

(B)项，不能削弱，"有些"高档品牌的专卖店不会被网络商店取代，不能反驳"有更多"实体商店会被取代（典型干扰项"有的不"）。

(C)项，提出反面论据，指出网络购物的劣势，削弱力度弱。

(D)项，举反例，说明黄金珠宝等贵重物品不能在网络商店购买，削弱力度弱。

(E)项，削弱隐含假设，网络商店→实体商店，说明没有实体商店的支撑，网络商店无法生存，削弱力度最强。

## 12.（D）

**【解析】**

陈医生：行为痴呆症患者大脑组织中往往含有过量的铝 —证明→ 可用可以吸收铝的硅化合物治疗行为痴呆症。

(A)项，不必假设，行为痴呆症患者大脑组织的含铝量是否变化不影响硅化合物是否可以治疗行为痴呆症。

(B)项，假设过度，只需假设其副作用在可接受范围内即可。

(C)项，不必假设，题干不涉及可吸收铝的硅化合物的具体数量与患者年龄的关系。

(D)项，必须假设，若过量的铝是行为痴呆症引起的结果，而不是导致行为痴呆症的原因的话，那么即使用硅化合物吸收掉行为痴呆症患者大脑组织中过量的铝，依然无法治疗行为痴呆症（此项的命题手法为"并非因果倒置"）。

(E)项，不必假设，题干不涉及患者脑组织中的铝含量与病情严重程度的关系。

## 13.（C）

**【解析】**

题干：形式语言和自然语言都是人们交流和理解信息的重要工具 —证明→ 要将二者结合起来使用。

(A)、(D)项，强调形式语言的重要性，与题干结论不符。

(B)项，强调自然语言的重要性，与题干结论不符。

(C)项，支持题干，说明应该将形式语言和自然语言结合起来使用。

(E)项，说明两种方式的语言都不重要，与题干结论不符。

## 14.（A）

**【解析】**

题干有以下信息：

①在萧条期，消费需求的萎缩导致许多企业解雇职工甚至倒闭，被解雇的职工很难找到新的工作，这就增加了失业人数。

②萧条之后的复苏，是指消费需求的增加和社会投资能力的扩张，这种扩张要求增加劳动力。但是经历了萧条之后的企业主大都丧失了经商的自信，他们尽可能地推迟雇用新的职工。

(A)项，可以推出，由题干信息②可知，萧条之后经济复苏初期的企业主尽可能地推迟雇用新的职工，故失业人数不一定马上减少。

(B)项，不能推出，题干不涉及经济复苏的时间问题。

(C)项，推论过度，由题干信息①可知，萧条期有的失业员工来自企业倒闭解雇员工，但不知这部分失业员工是否是失业大军的主要组成部分。

(D)项，不能推出，题干信息②指出是经历了"萧条之后"的企业主大都丧失了经商的自信。

(E)项，不能推出，题干信息①指出是经济萧条导致了企业解雇职工。

## 15.（D）

**【解析】**

陈先生：非法侵入别人的电脑只是在虚拟世界中捣乱；而开偷来的汽车撞伤了人既侵占了有形财产，又造成了人身伤害 —证明→ 后者性质更严重。

林女士：非法侵入电脑同样会造成人身伤害 —证明→ 我不同意你的观点(即不同意"后者性质更严重")。

陈先生的观点认为"后者性质更严重"，林女士不同意"后者性质更严重"，因此，二人争论的焦点是二者性质的严重程度是否一样。故(D)项正确。

(A)项，此项只涉及陈先生和林女士论据的差异，根据论点优先原则，排除此项。

(B)项，二人观点相同，违反双方差异原则。

(C)项，干扰项，陈先生的话里虽然出现了"性质"这两个字，但这两个字不是重点，我们把这两个字去掉后变成"后者更严重"，这并不影响陈先生的意思。因此二人争论的焦点不是"性质"，而是严重程度。

(E)项，无关选项，二人均未对此表态。

## 16.（B）

**【解析】**

题干：照片只能反映物体某个侧面的真实，而不是全部的真实 —证明→ 以照片作为证据是不恰当的。

题干隐含一个假设：只能反映物体某个侧面的真实，就不能作为证据。

(A)项，试图削弱论据"照片只能反映物体某个侧面的真实，而不是全部的真实"，但"理论上说"不代表"在目前的技术条件下"已经做到了，故不能削弱题干。

(B)项，削弱隐含假设，可以削弱。

(C)项，此项中的"参考价值"不等于题干中的"证据"，不能削弱。

(D)、(E)项显然均为无关选项。

## 17.（B）

**【解析】**

题干：对偶尔食用一定量的牛肉干的人而言，大多数品牌的牛肉干的添加剂并不会导致动脉硬化 —证明→ 人们可以放心食用牛肉干而无须担心对健康的影响。

题干的论据是"不会导致动脉硬化"，结论却是"健康"，偷换概念，动脉健康不等于身体健康，故(B)项正确。

(A)项，削弱题干，但题干中涉及的是"偶尔食用一定量的牛肉干"，此项涉及的是"食用大量的牛肉干"，因此削弱力度弱。

(C)项，偷换论证对象，题干只涉及"牛肉干"，此项涉及的是"肉类"。

(D)项，偷换论证对象，题干只涉及"牛肉干"，与其他食品无关。

(E)项，显然是无关选项。

## 18.（E）

**【解析】**

委员会成员：因为大学信托委员会的每一个成员都有丰富的经历和兴趣，所以该委员会运作得很好 —证明→ 如果将来有些成员被选举主要为了坚持要求某一政策，如减少学费，那么这个委员会就不再会起那么好的作用了。

(A)项，不必假设，题干论证只涉及委员会所起的作用，不涉及经济上是否损失。

(B)项，不必假设，题干不涉及委员会的运行与大学运作的关系。

(C)项，不必假设，只需要假设委员会成员的主要兴趣不是在于坚持要求某一政策即可。

(D)项，不必假设，此项没有涉及"坚持要求某一政策"和"丰富的经历和兴趣"之间的关系。

(E)项，搭桥法，将题干论据中"委员会成员都有丰富的经历和兴趣"与结论中"有的成员被选举主要为了坚持要求某一政策"联系起来，必须假设。

**19.** (D)

【解析】

学长：关于IQ和EQ的书，哪类销得快，哪类就更重要。学长犯了诉诸众人的逻辑错误。

(A)项，不是诉诸众人。

(B)项，诉诸众人，但是题干还进行了两类对象的比较，而(B)项没有比较，因此类似度不高。

(C)项，店员并没有正面回答顾客的问题，诉诸无知。

(D)项，诉诸众人，且有两类对象的比较，与题干最为相似。

(E)项，"高年级得分高的同学"可视为权威，诉诸权威。

**20.** (E)

【解析】

题干使用求异法：

番茄红素水平最高的四分之一的人中有11人中风；
番茄红素水平最低的四分之一的人中有25人中风；
所以，番茄红素能降低中风的发生率。

(A)项，无关选项，题干只讨论发生中风与否，没有讨论中风的严重性。

(B)项，无关选项，题干讨论的是"番茄红素水平"与中风的关系，此项不涉及此论证。

(C)项，诉诸无知。

(D)项，另有他因，但是因为不知道有多少番茄红素水平低的人喜爱适量的体育活动，如果少于四分之一，则质疑题干；如果也有四分之一甚至多于四分之一，则不能质疑题干。所以此项削弱力度弱。

(E)项，此项与题干构成共变法实验：

番茄红素水平最高的四分之一的人：11人中风；
番茄红素水平居中的二分之一的人：50人中风；
番茄红素水平最低的四分之一的人：25人中风。

如果番茄红素水平确实影响中风的发生率，那么，应该是番茄红素水平高的，中风率最低；番茄红素水平居中的，中风率居中；番茄红素水平最低的，中风率最高。但由此项却发现，番茄红素水平居中和最低的人，发病率一样，说明番茄红素水平并不是影响中风发生率的关键因素，削弱题干。

## 二、数学单项选择题

**21.** (B)

【思路点拨】

若变限积分的被积函数中有两种变量，应先把非积分变量看作常数，本题中 $x$ 为非积分变量，将所有含 $x$ 的项提到积分号外面，再利用基本求导法则和变限积分求导公式求出 $f'(x)$.

【解析】$f(x)=\int_{x^2}^{0} x\cos t^2 dt = x\int_{x^2}^{0} \cos t^2 dt$，可知 $f'(x)=\int_{x^2}^{0} \cos t^2 dt - 2x^2\cos x^4$.

## 22.（C）

【思路点拨】

当积分区间关于原点对称时，可以利用被积函数的奇偶性来做题，奇函数在对称区间上的积分为 0，偶函数在对称区间上的积分为一半区间积分的 2 倍.

【解析】由于奇函数在对称区间上的积分为 0，因此

$$\int_{-1}^{1}(x+\sqrt{1-x^2})^2 dx = \int_{-1}^{1}(1+2x\sqrt{1-x^2})dx = \int_{-1}^{1} dx = 2.$$

## 23.（A）

【思路点拨】

函数在某点处可导的充要条件是函数在该点左导数和右导数都存在且相等.

【解析】由导数的定义，可知

$$F'(0)=\lim_{x\to 0}\frac{F(x)-F(0)}{x}=\lim_{x\to 0}\frac{(1+|\sin x|)f(x)-f(0)}{x}=\lim_{x\to 0}\frac{|\sin x|f(x)}{x}+\frac{f(x)-f(0)}{x},$$

则

$$F'_{-}(0)=\lim_{x\to 0^-}\left[\frac{-f(x)\sin x}{x}+\frac{f(x)-f(0)}{x}\right]=f'(0)-f(0),$$

$$F'_{+}(0)=\lim_{x\to 0^+}\left[\frac{f(x)\sin x}{x}+\frac{f(x)-f(0)}{x}\right]=f'(0)+f(0).$$

若 $F(x)$ 在 $x=0$ 处可导，则必有 $F'_{-}(0)=F'_{+}(0)$，此时 $f(0)=0$.

故 $f(0)=0$ 是 $F(x)$ 在 $x=0$ 处可导的充要条件.

## 24.（A）

【思路点拨】

本题先用换元法将函数的具体形式求出来，再根据多元函数求偏导的公式求解.

【解析】设 $x+y=m$，$xy=n$，则由题意得

$$f(m,n)=(x+y)^2-2xy=m^2-2n,$$

即 $f(x,y)=x^2-2y$，故 $\dfrac{\partial f(x,y)}{\partial x}+\dfrac{\partial f(x,y)}{\partial y}=2x-2$.

## 25.（D）

【思路点拨】

等式两边同时求导再化简.

【解析】等式两边同时求导可得 $e^{x^2}f(x)=2x\cdot e^{x^2}$，从而 $f(x)=2x$.

## 26.（B）

【思路点拨】

本题属于未定式极限，先通分转化为 $\dfrac{0}{0}$ 型，再结合等价无穷小替换和洛必达法则求解.

【解析】$\lim\limits_{x\to 0}\left(\dfrac{1}{x}-\dfrac{1}{e^x-1}\right)=\lim\limits_{x\to 0}\dfrac{e^x-1-x}{x(e^x-1)}=\lim\limits_{x\to 0}\dfrac{e^x-1-x}{x^2}=\lim\limits_{x\to 0}\dfrac{e^x-1}{2x}=\dfrac{1}{2}.$

## 27. (C)

**【思路点拨】**

$n$ 次独立重复的试验(伯努利试验)成功的次数服从二项分布.

本题先根据 $X$ 的概率密度函数求出事件 $\left\{X\leqslant\dfrac{1}{2}\right\}$ 的概率,再结合 $Y$ 服从二项分布 $B(n,p)$ 求 $P\{Y=2\}$ 的概率.

**【解析】** 根据题意可得 $p=P\left\{X\leqslant\dfrac{1}{2}\right\}=\int_0^{\frac{1}{2}}2x\,\mathrm{d}x=\dfrac{1}{4}$,则 $Y\sim B\left(3,\dfrac{1}{4}\right)$,所以

$$P\{Y=2\}=\mathrm{C}_3^2\times\left(\dfrac{1}{4}\right)^2\times\dfrac{3}{4}=\dfrac{9}{64}.$$

## 28. (B)

**【思路点拨】**

正态分布图像的特点:若 $X\sim N(\mu,\sigma^2)$,则概率密度图像关于直线 $x=\mu$ 对称.

**【解析】** 正态分布 $N(2,9)$ 的概率密度图像的对称轴为 $x=2$. 由 $P\{X\geqslant c\}=P\{X<c\}$ 可知 $x=c$ 为对称轴,因此 $c=2$.

## 29. (D)

**【思路点拨】**

本题首先利用行列式的性质将行列式 $|A+B|$ 分解成已知行列式相加,再代入具体数值计算.

**【解析】** 由行列式的性质可知

$$\begin{aligned}|A+B|&=|\boldsymbol{\alpha}+\boldsymbol{\beta},2\boldsymbol{\gamma}_2,2\boldsymbol{\gamma}_3,2\boldsymbol{\gamma}_4|\\&=2^3|\boldsymbol{\alpha}+\boldsymbol{\beta},\boldsymbol{\gamma}_2,\boldsymbol{\gamma}_3,\boldsymbol{\gamma}_4|\\&=8|\boldsymbol{\alpha},\boldsymbol{\gamma}_2,\boldsymbol{\gamma}_3,\boldsymbol{\gamma}_4|+8|\boldsymbol{\beta},\boldsymbol{\gamma}_2,\boldsymbol{\gamma}_3,\boldsymbol{\gamma}_4|\\&=8(|A|+|B|)\\&=40.\end{aligned}$$

## 30. (C)

**【思路点拨】**

向量组线性相关不一定部分组线性相关,部分向量组相关,则整体向量组相关;
向量组线性无关则部分组必定线性无关.

**【解析】** 由于 $\boldsymbol{\alpha}_1,\boldsymbol{\alpha}_2,\boldsymbol{\alpha}_4$ 线性无关,可知 $\boldsymbol{\alpha}_1,\boldsymbol{\alpha}_2$ 线性无关;又因为 $\boldsymbol{\alpha}_1,\boldsymbol{\alpha}_2,\boldsymbol{\alpha}_3$ 线性相关,所以 $\boldsymbol{\alpha}_3$ 必可由 $\boldsymbol{\alpha}_1,\boldsymbol{\alpha}_2$ 线性表示,也可由 $\boldsymbol{\alpha}_1,\boldsymbol{\alpha}_2,\boldsymbol{\alpha}_4$ 线性表示. (C)项正确.

### 三、数学计算题

## 31. 【思路点拨】

题干等式两边同时积分,可得出 $F^2(x)$ 的表达式. 求积分时先拆分成两个积分的和,再结合分部积分法简化积分过程.

**【解析】** 在 $f(x)F(x)=\dfrac{x\mathrm{e}^x}{2(1+x)^2}$ 两端同时积分,消去 $\dfrac{1}{2}$,得

$$F^2(x) = \int \frac{x e^x}{(1+x)^2} dx = \int \frac{(x+1-1)e^x}{(1+x)^2} dx$$

$$= \int \left[ \frac{1}{1+x} e^x - \frac{1}{(1+x)^2} e^x \right] dx$$

$$= \int \frac{1}{1+x} e^x dx - \int \frac{1}{(1+x)^2} e^x dx$$

$$= \frac{1}{1+x} e^x + \int \frac{1}{(1+x)^2} e^x dx - \int \frac{1}{(1+x)^2} e^x dx$$

$$= \frac{e^x}{1+x} + C.$$

由于 $F(0)=1$,故 $C=0$,根据 $F(x)>0$,得 $F(x)=\sqrt{\dfrac{e^x}{1+x}}$.

**32.**【思路点拨】

已知两条曲线在某点相切,则两条曲线在该点的导数值相等,再结合已知点的坐标得出方程组,解出未知参数的值.

【解析】对于曲线 $y=x^2+ax+b$,一方面,由 $y(1)=-1$,可知 $1+a+b=-1$,即 $a+b=-2$;另一方面,$y'=2x+a$,则 $y'(1)=a+2$.

方程 $2y=-1+xy^3$ 的两端对 $x$ 求导,得 $2y'=y^3+3xy^2 y'$,将 $x=1$,$y=-1$ 代入,可得 $y'(1)=1$,即 $a+2=1$.

联立,可得 $\begin{cases} a+b=-2 \\ a+2=1 \end{cases}$,解得 $\begin{cases} b=-1, \\ a=-1. \end{cases}$

**33.**【思路点拨】

本题先处理较为复杂的分母,根据 $\dfrac{1}{x^2(1+x^2)}=\dfrac{1}{x^2}-\dfrac{1}{(1+x^2)}$ 将原积分分解成两个不定积分,再利用分部积分和换元积分依次求出两个积分的值.注意结果不要漏写常数 $C$.

【解析】

$$\int \frac{\arctan x}{x^2(1+x^2)} dx = \int \frac{\arctan x}{x^2} dx - \int \frac{\arctan x}{1+x^2} dx = -\int \arctan x \, d\frac{1}{x} - \frac{1}{2}\arctan^2 x$$

$$= -\frac{\arctan x}{x} + \int \frac{1}{x} \cdot \frac{1}{1+x^2} dx - \frac{1}{2}\arctan^2 x$$

$$= -\frac{\arctan x}{x} + \int \left( \frac{1}{x} - \frac{x}{1+x^2} \right) dx - \frac{1}{2}\arctan^2 x$$

$$= -\frac{\arctan x}{x} + \ln|x| - \frac{1}{2}\ln(1+x^2) - \frac{1}{2}\arctan^2 x + C.$$

**34.**【思路点拨】

(1)先求出导函数,然后根据导函数在不同区间的正负性来确定函数的单调区间和极值点.

(2)如果函数为连续函数,可以直接令 $y'>0$ 或 $y'<0$,求出单调区间,并由此判断极值点;如果函数存在间断点,为防止出错,最好列表计算.

(3)左增右减为极大,左减右增为极小.

【解析】$y'=\dfrac{3x^2(x-1)^2-2x^3(x-1)}{(x-1)^4}=\dfrac{x^2(x-3)}{(x-1)^3}$,令 $y'=0$,可得 $x=0$,$x=3$,且函数存在

间断点 $x=1$，故可列表如下：

| $x$ | $(-\infty, 0)$ | 0 | $(0, 1)$ | 1 | $(1, 3)$ | 3 | $(3, +\infty)$ |
|---|---|---|---|---|---|---|---|
| $y'$ | $+$ | 0 | $+$ | 不存在 | $-$ | 0 | $+$ |
| $y$ | 单调递增 | 0 | 单调递增 | 不存在 | 单调递减 | $\dfrac{27}{4}$ | 单调递增 |

故单调增区间为 $(-\infty, 1)$，$(3, +\infty)$，单调减区间为 $(1, 3)$，函数在 $x=3$ 处取得极小值，且 $y(3) = \dfrac{27}{4}$．

**35.【思路点拨】**

本题利用多元函数求偏导的链式法则，依次求 $\dfrac{\partial z}{\partial x}$，$\dfrac{\partial z}{\partial y}$．

【解析】根据多元函数求偏导法则，可得

$$\dfrac{\partial z}{\partial x} = -\dfrac{1}{x^2}f(xy) + \dfrac{y}{x}f'(xy) + y\varphi'(x+y);$$

$$\dfrac{\partial z}{\partial y} = f'(xy) + y\varphi'(x+y) + \varphi(x+y).$$

**36.【思路点拨】**

解答本题的关键是凑出 $\int_1^e \sqrt{1+\ln x}\, d(1+\ln x)$ 的形式，然后利用幂函数求积分公式得出结果．

【解析】$\int_1^e \dfrac{\sqrt{1+\ln x}}{x}dx = \int_1^e \sqrt{1+\ln x}\, d(1+\ln x) = \dfrac{2}{3}(1+\ln x)^{\frac{3}{2}}\Big|_1^e = \dfrac{4\sqrt{2}}{3} - \dfrac{2}{3}$．

**37.【思路点拨】**

由 $X$ 和 $Y$ 的分布律可知，$Z$ 的取值只能是 0 和 1．因为 $X$ 和 $Y$ 是相互独立的，所以 $P\{Z=0\} = P\{X=0, Y=0\} = P\{X=0\}P\{Y=0\}$，$P\{Z=1\} = 1 - P\{Z=0\}$．

【解析】$Z$ 的取值为 0，1，则

$$P\{Z=0\} = P\{X=0, Y=0\} = P\{X=0\}P\{Y=0\} = \dfrac{1}{2} \times \dfrac{1}{2} = \dfrac{1}{4};$$

$$P\{Z=1\} = 1 - P\{Z=0\} = \dfrac{3}{4}.$$

则 $Z$ 的分布律为

| $Z$ | 0 | 1 |
|---|---|---|
| $P$ | $\dfrac{1}{4}$ | $\dfrac{3}{4}$ |

**38.【思路点拨】**

本题先求出 $Y$ 取各个值的概率，得出其分布律，然后根据公式计算 $Y$ 的数学期望和方差．

【解析】$Y$ 的取值为 0，2，3，6，总的样本数为 $C_4^2$，故

$$P\{Y=0\}=\frac{3}{C_4^2}=\frac{1}{2}, \quad P\{Y=2\}=\frac{1}{C_4^2}=\frac{1}{6},$$

$$P\{Y=3\}=\frac{1}{C_4^2}=\frac{1}{6}, \quad P\{Y=6\}=\frac{1}{C_4^2}=\frac{1}{6}.$$

其分布律为

| Y | 0 | 2 | 3 | 6 |
|---|---|---|---|---|
| P | $\frac{1}{2}$ | $\frac{1}{6}$ | $\frac{1}{6}$ | $\frac{1}{6}$ |

故

$$E(Y)=2\times\frac{1}{6}+3\times\frac{1}{6}+6\times\frac{1}{6}=\frac{11}{6}, \quad E(Y^2)=2^2\times\frac{1}{6}+3^2\times\frac{1}{6}+6^2\times\frac{1}{6}=\frac{49}{6},$$

$$D(Y)=E(Y^2)-[E(Y)]^2=\frac{49}{6}-\left(\frac{11}{6}\right)^2=\frac{173}{36}.$$

**39.**【思路点拨】

$n$ 为方程组未知量的个数，将方程组的增广矩阵 $\overline{A}$ 进行初等行变换，化为阶梯形矩阵．
当 $r(A)=r(\overline{A})=n$ 时，方程组有唯一解；当 $r(A)=r(\overline{A})<n$ 时，方程组有无穷多解；当 $r(A)\neq r(\overline{A})$ 时，方程组无解．

【解析】对增广矩阵 $\overline{A}$ 作初等行变换化为阶梯形矩阵，即

$$\overline{A}=\begin{pmatrix} 1 & 1 & 1 & 1 & 0 \\ 0 & 1 & 2 & 2 & 1 \\ 0 & -1 & a-3 & -2 & b \\ 3 & 2 & 1 & a & -1 \end{pmatrix} \rightarrow \begin{pmatrix} 1 & 1 & 1 & 1 & 0 \\ 0 & 1 & 2 & 2 & 1 \\ 0 & 0 & a-1 & 0 & b+1 \\ 0 & 0 & 0 & a-1 & 0 \end{pmatrix}.$$

故当 $a\neq 1$ 时，线性方程组有唯一解；当 $a=1$，$b=-1$ 时，线性方程组有无穷多解；当 $a=1$，$b\neq -1$ 时，线性方程组无解．

**40.**【思路点拨】

本题先将矩阵 $X$ 移到等式的一边，变形为 $(A-E)X=(A-E)(A+E)$，显然 $A-E$ 是可逆的，因此可以直接解得矩阵 $X$．

【解析】由 $AX+E=A^2+X$ 可得 $AX-X=A^2-E$，变形可得 $(A-E)X=(A-E)(A+E)$．

由 $A-E=\begin{pmatrix} 0 & 0 & 1 \\ 0 & 1 & 0 \\ 1 & 0 & 0 \end{pmatrix}$，可知 $A-E$ 可逆，故

$$X=(A-E)^{-1}(A-E)(A+E)=(A+E)=\begin{pmatrix} 2 & 0 & 1 \\ 0 & 3 & 0 \\ 1 & 0 & 2 \end{pmatrix}.$$

## 四、写作

### 41. 论证有效性分析

**【谬误分析】**

①工资收入确实是消费者的重要收入来源，但未必是唯一的收入来源。房租收入、理财收入等资产性收入，也是一些消费者收入的重要组成部分。

②材料将"市场竞争会让消费者获得便宜"的概念，偷换为"市场竞争与消费者毫无切身利益关系"，存在不妥。此外，生产者的身份也并不影响消费者从竞争市场中获益。当生产者的身份转变成为消费者时，就可以从市场竞争中获得实实在在的好处了。

③利润率降低，不代表利润就会下降，成本和销量也是影响利润的重要因素，比如，"薄利多销"的销售模式，未必就会让利润下降。

④"市场竞争是普遍的"不代表"谁也没有占便宜"。材料仅仅看到被竞争淘汰的一方，忽视了竞争对整个社会生产力的推动作用。市场竞争所淘汰的，往往是生产效率低、缺乏竞争力的企业，留下的往往都是生产效率高、竞争力强的企业，这些企业的发展可以促进生产效率提高、社会发展进步，最终反而可以使消费者受益。

⑤材料中前文认为"谁也没有占便宜"，后文又说"市场竞争有利于那些能够在市场竞争中取得优势的社会集团"，自相矛盾。

⑥材料认为"企业在竞争中处于劣势，其员工薪水就会降低"，未免过于绝对。企业竞争力并非影响员工薪水的唯一因素，员工薪水可能还受到企业人力资源策略等因素的影响。

⑦材料认为"处于竞争劣势的总是大多数公司的员工，他们是消费者中的主力军"，缺乏论据支持。处于竞争劣势的公司的数量有多少？占比有多大？这些公司又有多少员工？这些员工的消费水平如何？这些都是不确定因素。

⑧市场竞争未必就是一种内耗。事实上，企业间的竞争可能会促进企业提高生产效率、积极创新进取，从而提高整个社会的生产效率，最终使得消费者获益。

**参考范文**

### 市场竞争不利于消费者吗？

材料通过一系列推理，断定"市场竞争仅仅是一种内耗，不利于消费者"。然而其论证存在多处不当，分析如下：

第一，生产者的身份并不影响消费者从竞争市场中获益。当生产者的身份转变成为消费者时，就可以从市场竞争中获得实实在在的好处了。

第二，利润率降低，不代表利润就会下降，成本和销量也是影响利润的重要因素，比如，"薄利多销"的销售模式，未必就会让利润下降。此外，就算利润下降了，也未必一定会影响员工收入。

第三，工资收入确实是消费者的重要收入来源，但并不一定是唯一的收入来源。房租收入、理财收入等资产性收入，也是一些消费者收入的重要组成部分。

第四，材料仅仅看到被竞争淘汰的一方，忽视了竞争对整个社会生产力的推动作用。市场竞争所淘汰的，往往是生产效率低、缺乏竞争力的企业，留下的往往都是生产效率高、竞争力强的企业，这些企业的发展可以促进生产效率提高、社会发展进步，最终反而可以使消费者受益。

第五，材料认为"处于竞争劣势的总是大多数公司的员工，他们是消费者中的主力军"，缺乏论据支持。处于竞争劣势的公司的数量有多少？占比有多大？这些公司又有多少员工？这些员工的消费水平如何？这些都是不确定因素。

综上所述，由于上文存在诸多逻辑错误，"市场竞争不利于消费者"的结论难以成立。

（全文共538字）

42. 论说文

【参考立意】

①教授穿金戴银大可不必。

②教授穿金戴银无可厚非。

参考范文

## 教授穿金戴银大可不必

吕建刚

某教授出行穿戴颇为"讲究"，一身行头动辄几万，甚至几十万。在我看来，教授如此穿金戴银，大可不必。

我们得承认，适度地注意一下个人的形象无可厚非。教授是学生的表率，整天邋里邋遢确实也不是表率应该有的样子。因此，教授们追求点简洁、时尚的穿着，佩戴些精致、典雅的首饰也是人之常情。尤其是对于一些女性教师而言，让她们整日素面朝天对她们来讲也不公平，毕竟爱美之心人皆有之，不能因为人家是教授是老师，就剥夺人家爱美的权利。

但有些教授"名牌"与"高定"齐飞，"奢侈"共"华贵"一色，这样的"大手笔"，既不是精致生活的标志，也不是建立个人形象的正道。

一方面，对教授本人而言，过度追求奢侈品有害无利。大学教授不仅承担了教学工作，也承担了很多研究工作。对研究工作来说，最重要便是心静，要用"咬定青山不放松"式的决心，下"为伊消得人憔悴"式的苦功，才能产生重大研究成果。如果总是追求奢侈品，今天看这个品牌的故事，明天追那个品牌的新品，怎么能静下心来做研究呢？

而且，近年来学术腐败现象频发，一些教授做个学术期刊的主编，就拿卡要，作者不给钱就不给发文；一些教授做个主任院长，就以官员自居，下属不送礼就不给升迁。这种享受一时之利的行为，难免为自己埋下被法律制裁的祸根。

另一方面，对教授们的学生而言，也可能会受到教授穿金戴银的影响。教授们教育的是中国的大学生、研究生，他们是中国未来的脊梁。他们正处于十八九岁、二十出头的年龄，正是人生观、价值观定型的年龄。如果学生们都和这些老师一样，把追求奢华的生活作为人生志向，谁还能静得下心来做学问呢？

可见，教授过度追求穿金戴银，既不利于个人，也不利于学生，这种行为大可不必。

（全文共701字）

绝密★启用前

# 2017年全国硕士研究生招生考试
# 经济类综合能力试题

考试时间：8：30—11：30

（科目代码：396）

## 考生注意事项

1. 答题前，考生须在试题册指定位置上填写考生姓名和考生编号；在答题卡指定位置上填写报考单位、考生姓名和考生编号，并涂写考生编号信息点。
2. 选择题的答案必须涂写在答题卡相应题号的选项上，非选择题的答案必须书写在答题卡指定位置的边框区域内。超出答题区域书写的答案无效；在草稿纸、试题册上答题无效。
3. 填(书)写部分必须使用黑色字迹签字笔或者钢笔书写，字迹工整、笔迹清楚；涂写部分必须使用2B铅笔填涂。
4. 考试结束，将答题卡和试题册按规定交回。

| 考生编号 | | | | | | | | | | | | | | |
|---|---|---|---|---|---|---|---|---|---|---|---|---|---|---|
| 考生姓名 | | | | | | | | | | | | | | |

一、**逻辑推理**：第1～20小题，每小题2分，共40分。下列每题给出的（A）、（B）、（C）、（D）、（E）五个选项中，只有一个选项是最符合试题要求的。

1. 法制的健全或者执政者强有力的社会控制能力，是维持一个国家社会稳定的必不可少的条件。Y国社会稳定但法制尚不健全。因此，Y国的执政者具有强有力的社会控制能力。

   以下哪项论证方式和题干的最为类似？

   (A)一部影视作品，要想有高的收视率或票房价值，作品本身的质量和必要的包装宣传缺一不可。电影《青楼月》上映以来，票房价值不佳但实际上质量堪称上乘。因此，看来它缺少必要的广告宣传和媒介炒作。

   (B)必须有超常业绩或者30年以上服务于本公司的工龄的雇员，才有资格获得X公司本年度的特殊津贴。黄先生获得了本年度的特殊津贴但在本公司仅供职5年。因此，他一定有超常业绩。

   (C)如果既经营无方又铺张浪费，则一个企业将严重亏损。Z公司虽经营无方但并没有严重亏损，这说明它至少没有铺张浪费。

   (D)一个罪犯要实施犯罪，必须既有作案动机，又有作案时间。在某案中，W先生有作案动机但无作案时间。因此，W先生不是该案的作案者。

   (E)一个论证不能成立，当且仅当，或者它的论据虚假，或者它的推理错误。J女士在科学年会上关于她的发现之科学价值的论证尽管逻辑严密，推理无误，但还是被认定不能成立。因此，她的论证中至少有部分论据虚假。

2. 在北欧一个称为古堡的城镇的郊外，有一个不乏凶禽猛兽的天然猎场。每年秋季吸引了来自世界各地富于冒险精神的狩猎者。一个秋季下来，古堡镇的居民发现，他们之中在此期间在马路边散步时被汽车撞伤的人的数量，比在狩猎时受到野兽意外伤害的人数多出了两倍。因此，对于古堡镇的居民来说，在狩猎季节，待在狩猎场中比在马路边散步更安全。

   为了评价上述结论的可信程度，最可能提出以下哪个问题？

   (A)在这个秋季，古堡镇有多少数量的居民去猎场狩猎？

   (B)在这个秋季，古堡镇有多少比例的居民去猎场狩猎？

   (C)古堡镇的交通安全记录在周边几个城镇中是否是最差的？

   (D)来自世界各地的狩猎者在这个季节中有多少比例的人在狩猎时意外受伤？

   (E)古堡镇的居民中有多少好猎手？

3. 看电视的儿童需要在屏幕闪现的时间内处理声音和图像，这么短的时间仅仅可以使眼睛和耳朵接受信息；读书则不同，儿童可以以自己想要的速度阅读，电视图像出现的速度如此机械而无情，它阻碍了而不是提高了儿童的想象力。

   上述观点最可能基于下面哪个选项？

   (A)当被允许选择一种娱乐时，儿童会更喜欢读书而不是看电视。

   (B)儿童除非可以接触到电视和书，否则其想象力不会得到适当的激发。

   (C)当儿童可以控制娱乐的速度时，他的想象力可以得到更完全的发展。

(D)儿童刚刚能理解电视上的内容时,就应教他们读书。
(E)由于每个孩子都是不同的,因此孩子对不同的感官刺激的反应是不可预测的。

**4.** 当大学生被问到他们童年时代的经历时,那些记得其父母经常经历病痛的正是那些成年后本人也经常经历一些病痛(如头痛)的人。这个证据说明,一个人在儿童时代对成人病痛的观察会使其本人在成年后容易感染病痛。

下面哪项如果为真,能最严重地削弱以上论述?

(A)那些记得自己小时候常处于病痛的学生不比其他大多数学生更容易经历病痛。
(B)经常处于病痛状态的父母在孩子长大后仍然经常经历病痛。
(C)大学生比其他成年人经历的常见病痛少。
(D)成年人能清晰地记住儿童时期病痛时周围的情形,却很少能想起孩提时代自身病痛的感觉。
(E)一个人成年时对童年的回忆,总是注意那些能够反映本人成年后经历的事情。

**5.** 不仅人上了年纪会难以集中注意力,就连蜘蛛也有类似的情况。年轻蜘蛛结的网整齐均匀,角度完美;年老蜘蛛结的网可能出现缺口,形状怪异。蜘蛛越老,结的网就越没有章法。科学家由此认为,随着时间的流逝,这种动物的大脑也会像人脑一样退化。

以下哪项如果为真,最能质疑科学家的上述论证?

(A)优美的蛛网更容易受到异性蜘蛛的青睐。
(B)年老蜘蛛的大脑较之年轻蜘蛛,其脑容量明显偏小。
(C)运动器官的老化会导致年老蜘蛛结网能力下降。
(D)蜘蛛结网只是一种本能的行为,并不受大脑控制。
(E)形状怪异的蛛网较之整齐均匀的蛛网,其功能没有大的差别。

**6.** 在高速公路上行驶时,许多司机都会超速。因此,如果规定所有汽车都必须安装一种装置,这种装置在汽车超速时会发出声音提醒司机减速,那么,高速公路上的交通事故将会明显减少。

上述论证依赖于以下哪项假设?

Ⅰ.在高速公路上超速行驶的司机,大都没有意识到自己超速。
Ⅱ.高速公路上发生交通事故的重要原因是司机超速行驶。
Ⅲ.上述装置的价格十分昂贵。

(A)只有Ⅰ。　　　　　　(B)只有Ⅱ。　　　　　　(C)只有Ⅲ。
(D)只有Ⅰ和Ⅱ。　　　　(E)Ⅰ、Ⅱ和Ⅲ。

**7.** 胡萝卜、西红柿和其他一些蔬菜中含有较丰富的β-胡萝卜素,β-胡萝卜素具有防止细胞癌变的作用。近年来从一些蔬菜中提炼出较丰富的β-胡萝卜素被制成片剂并建议吸烟者服用,以防止吸烟引起的癌变。然而,意大利博洛尼亚大学和美国得克萨斯大学的科学家发现,经常服用β-胡萝卜素片剂的吸烟者反而比不常服用β-胡萝卜素片剂的吸烟者更易患癌症。

以下哪项如果为真,最能解释上述矛盾?

(A)有些β-胡萝卜素片剂含有不洁物质,其中有致癌物。
(B)意大利博洛尼亚大学和美国得克萨斯大学地区的居民吸烟者中癌症患者的比例都较其他地区高。
(C)经常服用β-胡萝卜素片剂的吸烟者有其他许多易于患癌症的不良习惯。

(D)β-胡萝卜素片剂都不稳定，易于分解变性，从而与身体发生不良反应，易于致癌，而自然β-胡萝卜素性质稳定，不会致癌。

(E)吸烟者吸入体内的烟雾中的尼古丁与β-胡萝卜素发生作用，生成一种比尼古丁致癌作用更强的物质。

8. 第二次世界大战末期，生育期的妇女数目创纪录地低，然而几乎20年后，她们的孩子的数目创纪录地高。在1957年，平均每个家庭有3.72个孩子。现在战后婴儿数目创纪录地低，在1983年平均每个家庭有1.79个孩子，比1957年少两个，甚至低于2.11个的人口自然淘汰率。

从上文中可以推导出以下哪项？

(A)出生率高的时候，一定有相对大量的妇女在她们的生育期。

(B)影响出生率最重要的因素是该国是否参加一场战争。

(C)除非有极其特殊的环境，出生率将不低于人口的自然淘汰率。

(D)出生率低的时候，一定有相对少的妇女在她们的生育期。

(E)出生率不与生育妇女的数目成正比。

9. 用卡车能把蔬菜在2天内从某一农场运到新墨西哥州的市场上，总费用是300美元。而用火车运输蔬菜则需4天，总费用是200美元。如果减少运输时间比减少运输费用对于蔬菜主人更重要的话，那么他就会用卡车运蔬菜。

下面哪项是上面论述所作的一个假设？

(A)用火车运的蔬菜比用卡车运的蔬菜在出售时获利更多。

(B)除了速度和费用以外，用火车和卡车来进行从农场到新墨西哥州的运输之间没有什么差别。

(C)如果运费提高的话，用火车把蔬菜从农场运到新墨西哥州的时间可以减少到2天。

(D)该地区的蔬菜主人更关心的是运输成本而不是把蔬菜运往市场花费的时间。

(E)用卡车运输蔬菜对该农业区的蔬菜主人而言每天至少值200美元。

10. 佛江市的郊区平均每个家庭拥有2.4部小汽车，因而郊区的居民出行几乎不坐公交车。因此，郊区的市政几乎不可能从享受补贴的服务于郊区的公交系统中受益。

以下哪项如果为真，最能质疑上述结论？

(A)佛江市内的房地产税率比郊区的要高。

(B)去年郊区旨在增加公交线路补贴的市政议案以微小差距被否决了。

(C)郊区许多商店之所以能吸引到足够的雇员正是因为有享受市政补贴的公交系统可用。

(D)公交车在上座率少于35%时，每英里乘客产生的污染超过私家车。

(E)如果公交车乘客数量下降，明年郊区市政大多数投票者都不支持继续补贴公交系统。

**11～12题基于以下题干：**

S这个国家的自杀率近年来增长非常明显，这一点有以下事实为证：自从几种非处方安眠药被批准投入市场，仅由过量服用这些药物导致的死亡率几乎翻了一倍。然而，在此期间，一些特定类别的自杀并没有增加。虽然老年人自杀人数增长了70%，但是青少年的自杀人数只占这个国家全部自杀人数的30%，这比1995年——那时青少年自杀人数占这个国家全部自杀人数的65%——有显著下降。

11. 以下哪项指出了上述论证最主要的漏洞？
   (A)它忽视了老年人与青少年之外的人群自杀的可能性。
   (B)它想当然地认为，非处方安眠药准入市场对两种不同人群有相同的效果。
   (C)它假设青少年自杀率下降必然意味着青少年自杀人数下降。
   (D)它忽视了S国死亡总人数自1995年以来已经增加了。
   (E)它依赖与其结论相矛盾的证据。

12. 以下哪项如果为真，将最有力地支持S国自杀率处于上升状态？
   (A)服用过量安眠药的人中老年人最多。
   (B)服用过量安眠药在十年前不是最普遍的自杀方式。
   (C)近年来S国的自然死亡人数在下降。
   (D)在因服用过量非处方安眠药而死亡的人中，大多数并非意外。
   (E)S国的自杀率高于世界平均自杀率。

13. 科西嘉岛野生欧洲盘羊是8 000年前这个岛上的驯养羊逃到野外后的直系后代。因而它们为考古学家提供了在人为选择培育产生现代驯养羊之前早期驯养羊的模样的图画。
   以下哪项是上述论证所依赖的假设？
   (A)8 000年前的驯养羊与那时的野生羊极不相像。
   (B)现存的羊中已经没有品种与野生欧洲盘羊的祖先在相同时期逃离驯养。
   (C)现代驯养羊是8 000年前野生羊的直系后代。
   (D)欧洲盘羊比现代驯养羊更像它们8 000年前的祖先。
   (E)科西嘉岛的气候在最近8 000年几乎没有发生变化。

14. 某大学一个本科专业按如下原则选拔特别奖学金的候选人：将本专业的学生按德育情况排列名次，均分为上、中、下三个等级（即三个等级的人数相等，下同），候选人在德育方面的表现必须为上等；将本专业的学生按学习成绩排列名次，均分为优、良、中、差四个等级，候选人的学习成绩必须为优；将本专业的学生按身体状况排列名次，均分为好与差两个等级，候选人的身体状况必须为好。
   假设该专业共有36名本科学生，则除了以下哪项外，其余都可能是这次选拔的结果？
   (A)恰好有四个学生被选为候选人。
   (B)只有两个学生被选为候选人。
   (C)没有学生被选为候选人。
   (D)候选人数多于本专业学生的1/4。
   (E)候选人数少于本专业学生的1/3。

15. 直到最近专家还相信是环境而非基因对人类个性影响最大，但是，一项新的研究却表明：一起成长起来的同卵双胞胎的个性相似之处比一起成长起来的非同卵双胞胎多。因此，这项研究得出的结论认为，基因在决定个性方面确实起着重要的作用。
   下面哪项如果为真，对该研究的结论提出了最大的质疑？
   (A)在不同家庭抚养的同卵双胞胎表现出的性格相似之处比同种情况下非同卵双胞胎表现出来的相似之处多。

(B)不论双胞胎举止如何,父母对待同卵双胞胎的方式总是容易激发出相似的性格特征,而对待非同卵双胞胎的方式却并非如此。

(C)拥有同卵双胞胎和非同卵双胞胎的父母一致认为他们的孩子从婴儿起性格就已固定了。

(D)亲生父母和他们的同卵双胞胎之间会有许多相似的性格,而养父母和双胞胎之间的相似性格则没有多少。

(E)无论同卵双胞胎还是非同卵双胞胎,在他们成长过程中,他们的个人性格都不会发生明显变化。

16. 在桂林漓江一些地下河流的岩洞中,有许多露出河流水面的石笋。这些石笋是由水滴长年滴落在岩石表面而逐渐积聚的矿物质形成的。

如果上述断定为真,则最能支持以下哪些结论?

(A)过去漓江的江面比现在高。

(B)只有漓江的岩洞中才有地下河流。

(C)漓江的岩洞中大都有地下河流。

(D)上述岩洞中的地下河流是在石笋形成前出现的。

(E)上述岩洞中地下河流的水比过去深。

17. 正是因为有了第二味觉,哺乳动物才能够边吃边呼吸。很明显,边吃边呼吸对保持哺乳动物高效率的新陈代谢是必要的。

以下哪种哺乳动物的发现,最能削弱以上断言?

(A)有高效率的新陈代谢和边吃边呼吸的能力的哺乳动物。

(B)有低效率的新陈代谢和边吃边呼吸的能力的哺乳动物。

(C)有低效率的新陈代谢但没有边吃边呼吸能力的哺乳动物。

(D)有高效率的新陈代谢但没有第二味觉的哺乳动物。

(E)有低效率的新陈代谢和第二味觉的哺乳动物。

18. 实验发现,少量口服某种类型的安定药物,可使人们在测谎器的测验中撒谎而不被发现。测谎器所产生的心理压力能够被这类安定药物有效地抑制,同时没有显著的副作用。因此,这类药物可同样有效地减少日常生活的心理压力而无显著的副作用。

以下哪项最可能是题干的论证所假设的?

(A)任何类型的安定药物都有抑制心理压力的效果。

(B)如果禁止测试者服用任何药物,测谎器就有完全准确的测试结果。

(C)测谎器所产生的心理压力与日常生活中人们面临的心理压力类似。

(D)大多数药物都有副作用。

(E)越来越多的人在日常生活中面临日益加重的心理压力。

19. 西双版纳植物园中有两种樱草,一种自花授粉,另一种非自花授粉,而要依靠昆虫授粉。近几年来,授粉昆虫的数量显著减少。另外,一株非自花授粉的樱草所结的种子比自花授粉的要少。显然,非自花授粉樱草的繁殖条件比自花授粉的要差。但是游人在植物园多见的是非自花授粉樱草而不是自花授粉樱草。

以下哪项判定最无助于解释上述现象?

(A)和自花授粉樱草相比，非自花授粉樱草的种子发芽率较高。

(B)非自花授粉樱草是本地植物，而自花授粉樱草是几年前从国外引进的。

(C)前几年，上述植物园中非自花授粉樱草和自花授粉樱草的数量比大约是5∶1。

(D)当两种樱草杂生时，土壤中的养分更易被非自花授粉樱草吸收，这又往往导致自花授粉樱草的枯萎。

(E)在上述植物园中，为保护授粉昆虫免受游客伤害，非自花授粉樱草多植于园林深处。

20. 清朝雍正年间，市面流通的铸币，其金属构成是铜六铅四，即六成为铜，四成为铅。不少商人出于利计，纷纷熔币取铜，使得市面的铸币严重匮乏，不少地方出现以物易物的现象。但朝廷征收市民的赋税，须以铸币缴纳，不得代以实物或银子。市民只得以银子向官吏购兑铸币用以纳税，不少官吏因此大发了一笔。这种情况，雍正以前的明清两朝历代从未出现过。

从以上陈述，可推出以下哪项结论？

Ⅰ．上述铸币中所含铜的价值要高于该铸币的面值。

Ⅱ．上述用银子购兑铸币的交易中，不少并不按朝廷规定的比价成交。

Ⅲ．雍正以前明清两朝历代，铸币的铜含量均在六成以下。

(A)仅Ⅰ。　　　　　　　(B)仅Ⅱ。　　　　　　　(C)仅Ⅲ。

(D)仅Ⅰ和Ⅱ。　　　　　(E)Ⅰ、Ⅱ和Ⅲ。

**二、数学单项选择题**：第21～30小题，每小题2分，共20分。下列每题给出的（A）、（B）、（C）、（D）四个选项中，只有一个选项是最符合试题要求的。

21. 设函数 $f(x)$ 在 $x=x_0$ 处可导，则 $f'(x_0)=$（　　）．

(A) $\lim\limits_{\Delta x \to 0}\dfrac{f(x_0)-f(x_0+\Delta x)}{\Delta x}$

(B) $\lim\limits_{\Delta x \to 0}\dfrac{f(x_0+\Delta x)-f(x_0)}{-\Delta x}$

(C) $\lim\limits_{\Delta x \to 0}\dfrac{f(x_0+2\Delta x)-f(x_0)}{\Delta x}$

(D) $\lim\limits_{\Delta x \to 0}\dfrac{f(x_0+2\Delta x)-f(x_0+\Delta x)}{\Delta x}$

22. 已知 $x+\dfrac{1}{x}$ 是 $f(x)$ 的一个原函数，则 $\int xf(x)\mathrm{d}x=$（　　）．

(A) $\dfrac{1}{2}x^2-\ln|x|$

(B) $x-\ln|x|+C$

(C) $x-\ln|x|$

(D) $\dfrac{1}{2}x^2-\ln|x|+C$

23. $\int_1^5 \mathrm{e}^{\sqrt{2x-1}}\mathrm{d}x=$（　　）．

(A) $\mathrm{e}^3$　　　(B) $2\mathrm{e}^3$　　　(C) $3\mathrm{e}^3$　　　(D) $4\mathrm{e}^3$

24. 设 $f(x)$ 有一个原函数 $\dfrac{\sin x}{x}$，则 $\int_{\frac{\pi}{2}}^{\pi} xf'(x)\mathrm{d}x=$（　　）．

(A) $\dfrac{4}{\pi}-1$　　　(B) $\dfrac{4}{\pi}+1$　　　(C) $\dfrac{2}{\pi}-1$　　　(D) $\dfrac{2}{\pi}+1$

25. 已知 $x=1$ 是函数 $y=x^3+ax^2$ 的驻点，则常数 $a=$（　　）．

(A) $0$　　　(B) $1$　　　(C) $-\dfrac{3}{2}$　　　(D) $\dfrac{3}{2}$

**26.** 设 $z = 1 + xy - \sqrt{x^2 + y^2}$，则 $\dfrac{\partial z}{\partial x}\bigg|_{\substack{x=3\\y=4}} = ($ ).

(A) $\dfrac{17}{5}$      (B) $\dfrac{11}{5}$      (C) $\dfrac{7}{5}$      (D) $\dfrac{1}{5}$

**27.** 如下函数中，不能作为随机变量 $X$ 的分布函数的是( ).

(A) $F_1(x) = \begin{cases} 0, & x < 0, \\ \dfrac{x^2}{4}, & 0 \leqslant x < 2, \\ 1, & x \geqslant 2 \end{cases}$      (B) $F_2(x) = \begin{cases} 0, & x < 0, \\ \dfrac{1}{3}, & 0 \leqslant x < 1, \\ 1, & x \geqslant 1 \end{cases}$

(C) $F_3(x) = \begin{cases} 1 - e^{-x}, & x \geqslant 0, \\ 0, & x < 0 \end{cases}$      (D) $F_4(x) = \begin{cases} 0, & x < 0, \\ \dfrac{\ln(1+x)}{1+x}, & x \geqslant 0 \end{cases}$

**28.** 设随机变量 $X \sim N(1,1)$，概率密度为 $f(x)$，分布函数为 $F(x)$，则下列正确的是( ).

(A) $P\{X \leqslant 0\} = P\{X \geqslant 0\}$      (B) $P\{X \leqslant 1\} = P\{X \geqslant 1\}$

(C) $f(x) = f(-x), x \in \mathbf{R}$      (D) $F(x) = 1 - F(-x), x \in \mathbf{R}$

**29.** 设矩阵 $A = \begin{bmatrix} 2 & 1 \\ -1 & 2 \end{bmatrix}$，$E$ 为单位矩阵，$BA = B + 2E$，则 $B = ($ ).

(A) $\begin{bmatrix} 1 & 1 \\ 1 & 1 \end{bmatrix}$      (B) $\begin{bmatrix} -1 & 1 \\ 1 & 1 \end{bmatrix}$      (C) $\begin{bmatrix} 1 & 1 \\ -1 & 1 \end{bmatrix}$      (D) $\begin{bmatrix} 1 & -1 \\ 1 & 1 \end{bmatrix}$

**30.** 已知 $A, B$ 为三阶方阵，且 $|A| = -1$，$|B| = 2$，则 $|2(A^{\mathrm{T}}B^{-1})^2| = ($ ).

(A) $-1$      (B) $1$      (C) $-2$      (D) $2$

**三、数学计算题**：第 31～40 小题，每小题 5 分，共 50 分。

**31.** 设 $f(x) = \begin{cases} e^{-x}, & x < 1, \\ a, & x \geqslant 1, \end{cases}$ $g(x) = \begin{cases} b, & x < 0, \\ e^x, & x \geqslant 0, \end{cases}$ 且 $f(x) + g(x)$ 在 $(-\infty, +\infty)$ 内连续，求 $a, b$ 的值.

**32.** 设函数 $f(x)$ 满足关系式 $\displaystyle\int_0^{x^2} f(t-1)\,\mathrm{d}t = x^4$，求 $f'(x)$.

**33.** 求不定积分 $\displaystyle\int e^x(1+e^x)^a \,\mathrm{d}x$.

**34.** 设 $f(x) = \displaystyle\int_1^{x^2} e^{-t^2}\,\mathrm{d}t$，试求 $\displaystyle\int_0^1 x f(x)\,\mathrm{d}x$.

**35.** 设函数 $f(x) = ax^3 + bx^2 + x$ 在 $x = 1$ 处取极大值 5，求 $a, b$.

**36.** 设 $u = f(x, y, z) = xy + xF(z)$，其中 $F$ 为可微函数，且 $z = \dfrac{y}{x}$，求 $\dfrac{\partial u}{\partial x}, \dfrac{\partial u}{\partial y}$.

**37.** 设离散型随机变量 $X$ 的分布律为

| $X$ | $-2$ | $0$ | $2$ |
|---|---|---|---|
| $P$ | 0.4 | 0.3 | 0.3 |

求期望 $E(3X+5)$ 和方差 $D(2X+3)$.

38. 设随机变量 $X$ 的密度函数是 $f(x)=\begin{cases}\dfrac{1}{2}x^3 e^{-\frac{x^2}{2}}, & x>0,\\ 0, & x\leq 0,\end{cases}$ 求 $X$ 的分布函数 $F(x)$ 和 $P\{-2\leq X\leq 4\}$.

39. 当 $k$ 为何值时,线性方程组 $\begin{cases}x_1+x_2+kx_3=4,\\ -x_1+kx_2+x_3=k^2,\\ x_1-x_2+2x_3=-4\end{cases}$ 有唯一解、无解、无穷解?

40. 设向量组 $\boldsymbol{\alpha}_1, \boldsymbol{\alpha}_2, \boldsymbol{\alpha}_3$ 线性无关,若 $\boldsymbol{\beta}_1=\boldsymbol{\alpha}_1+2\boldsymbol{\alpha}_2, \boldsymbol{\beta}_2=2\boldsymbol{\alpha}_2+k\boldsymbol{\alpha}_3, \boldsymbol{\beta}_3=3\boldsymbol{\alpha}_3+2\boldsymbol{\alpha}_1$ 线性相关,求常数 $k$ 的值.

## 四、写作:第41~42小题,每小题20分,共40分。其中论证有效性分析20分,论说文20分。

41. 论证有效性分析:分析下述论证中存在的缺陷和漏洞,选择若干要点,写一篇600字左右的文章,对该论证的有效性进行分析和评述。(论证有效性分析的一般要点是:概念及主要概念界定和使用的准确性及前后是否互相矛盾,有无各种明显的逻辑错误,论据是否支持结论,论据的成立条件是否充分。还要注意逻辑结构和语言运用。)

  我们知道,如果市场规模大,最终产品的需求将是巨大的,采用先进技术进行生产的企业,因为产品是高附加值的,所以投资回报率高,工人的工资报酬也高。如果工人预见到工资报酬高,那么所有的工人都会争先恐后选择在采用先进技术生产的企业工作,这样一来,低技术、低附加值、低工资的劳动密集型企业就自动淘汰出局了,市场上最终生存下来的都是采用先进技术的高新技术企业。

  相反地,如果市场规模狭小,最终产品的需求非常小,而且采用先进技术的成本很高,生产出来的高科技产品根本无人问津。企业无利可图,因此没有一家企业愿意采用先进技术进行生产。这时工人即使拥有高技术,也会发现英雄无用武之地。最终,市场上剩下的都是低技术、低附加值、低工资的劳动密集型企业了。

  由此可见,市场规模决定了先进技术的采用与否,没有大的市场规模,就别指望能涌现高新技术企业。中国不仅拥有庞大的国内市场,而且拥有更庞大的国际市场,所以大可不必为中国低技术、低附加值、低工资的劳动密集型企业担心,更不要大动干戈搞什么产业结构升级,政府应该采取"无为而治"的方针,让市场去进行"自然选择",决定什么样的企业最终存活下来。所以,政府要做的唯一事情就是做大市场,只要政府把市场做大了,就什么都不用发愁了。

42. 论说文:根据下述材料,以"是否应该对穷人提供福利?"为题,写一篇不少于600字的论说文。

  国家是否应该对穷人提供福利存在较大的争论。反对者认为:贪婪、自私、懒惰是人的本性。如果有福利,人人都想获取。贫穷在大多数情况下是懒惰造成的。为穷人提供福利相当于把努力工作的人的财富转移给了懒惰的人。因此,穷人不应该享受福利。

  支持者则认为:如果没有社会福利,穷人则没有收入,就会造成社会动荡,社会犯罪率会上升,相关的管理支出也会增多。其造成的危害可能大于提供社会福利的成本,最终也会影响努力工作的人的利益。因此,为穷人提供社会福利能够稳定社会秩序,应该为穷人提供福利。

# 答案速查

**一、逻辑推理**

1~5　（B）（B）（C）（E）（D）　　　6~10　（D）（E）（E）（B）（C）

11~15　（C）（D）（D）（D）（B）　　16~20　（E）（D）（C）（E）（D）

**二、数学单项选择题**

21~25　（D）（D）（B）（A）（C）　　26~30　（A）（D）（B）（D）（D）

**三、数学计算题**

31. $a = e^{-1}$，$b = 1$

32. $f'(x) = 2$

33. 当 $a \neq -1$ 时，$\int e^x (1+e^x)^a dx = \dfrac{1}{1+a}(1+e^x)^{1+a} + C$；

    当 $a = -1$ 时，$\int e^x (1+e^x)^a dx = \ln(1+e^x) + C$

34. $\dfrac{e^{-1}-1}{4}$

35. $a = -9$，$b = 13$

36. $\dfrac{\partial u}{\partial x} = y + F\left(\dfrac{y}{x}\right) - \dfrac{y}{x} F'\left(\dfrac{y}{x}\right)$；$\dfrac{\partial u}{\partial y} = x + F'\left(\dfrac{y}{x}\right)$

37. $E(3X+5) = 4.4$；$D(2X+3) = 11.04$

38. $F(x) = \begin{cases} 0, & x < 0, \\ 1 - \dfrac{x^2+2}{2} e^{-\frac{x^2}{2}}, & x \geq 0; \end{cases}$ $P\{-2 \leq X \leq 4\} = 1 - 9e^{-8}$

39. 当 $k \neq -1$ 且 $k \neq 4$ 时，方程组有唯一解；当 $k = -1$ 时，方程组无解；当 $k = 4$ 时，方程组有无穷多解

40. $-\dfrac{3}{2}$

**四、写作**

略

# 答案详解

**一、逻辑推理**

**1.（B）**

【解析】

题干：法制健全∨社会控制能力←社会稳定。社会稳定∧¬法制健全→社会控制能力。

形式化为：A∨B←C。C∧¬A→B。

(A)项，高的收视率(A)∨高的票房(B)→质量(C)∧宣传(D)。¬高的票房(¬B)∧质量(C)→¬宣传(¬D)，与题干不同。

(B)项，30年以上工龄(A)∨超常业绩(B)←特殊津贴(C)。特殊津贴(C)∧¬30年以上工龄(¬A)→超常业绩(B)，与题干相同。

(C)项，经营无方(A)∧铺张浪费(B)→严重亏损(C)。经营无方(A)∧¬严重亏损(¬C)→¬铺张浪费(¬B)，与题干不同。

(D)项，实施犯罪(A)→作案动机(B)∧作案时间(C)。作案动机(B)∧¬作案时间(¬C)→¬实施犯罪(¬A)，与题干不同。

(E)项，论证不能成立(A)↔论据虚假(B)∨推理错误(C)。¬推理错误(¬C)∧论证不能成立(A)→论据虚假(B)，与题干不同。

**2.（B）**

**【解析】**

题干：在马路边散步时被汽车撞伤的人的数量，比在狩猎时受到野兽意外伤害的人数多出了两倍 $\xrightarrow{证明}$ 对于古堡镇的居民来说，在狩猎季节，待在狩猎场中比在马路边散步更安全。

要判断在哪里更安全，衡量标准应该是受伤害率，而不是受伤害人数。

$$受伤害率 = \frac{受伤害人数}{总人数} \times 100\%。$$

所以，回答(B)项的问题对于评价题干论证的正确性最为重要。

(D)项是无关选项，因为题干论证的主体是"古堡镇的居民"。

**3.（C）**

**【解析】**

题干：电视图像出现的速度如此机械而无情，儿童在看电视时无法控制速度；但读书时，儿童可以以自己想要的速度阅读 $\xrightarrow{证明}$ 电视机阻碍了儿童的想象力。

搭桥法：搭建"控制速度"与"想象力"的联系，故(C)项必须假设。

其余各项均不涉及"控制速度"与"想象力"的关系，均为无关选项。

**4.（E）**

**【解析】**

题干：那些记得其父母经常经历病痛的正是那些成年后本人也经常经历一些病痛（如头痛）的人 $\xrightarrow{证明}$ 一个人在儿童时代对成人病痛的观察会使其本人在成年后容易感染病痛。

(A)项，排除他因，支持题干。

(B)项，无关选项，题干讨论的是孩子长大后的情况，而不是父母。

(C)项，无关选项，题干调查的样本就是大学生，不涉及大学生与其他成年人的比较。

(D)项，无关选项，题干不涉及儿童时代病痛时周围的情形和自身病痛的感觉。

(E)项，说明一个人成年后感染了病痛，更容易导致其回忆起童年时代经历的与病痛相关的事，指出题干因果倒置，削弱题干。

5. (D)

【解析】

题干使用共变法：蜘蛛越老，结的网就越没有章法(结果)——证明→随着时间的流逝，这种动物的大脑也会像人脑一样退化(原因)。

前提说的是"结网"，结论说的是"大脑"，只要说明"结网"和"大脑"不相关，就能削弱题干。

(A)项，无关选项，题干不涉及"异性蜘蛛的青睐"。

(B)项，"脑容量偏小"与"大脑退化"的关系没有明确指出，故不能削弱。

(C)项，另有他因，但存在"运动能力下降"与"大脑退化"这两种原因共存的可能，故此项并非必然的削弱，削弱力度不如(D)项。

(D)项，说明"结网"与"大脑"不相关，即因果无关，是必然的削弱。

(E)项，无关选项，题干不涉及蜘蛛网的功能。

6. (D)

【解析】

题干：所有汽车都安装在汽车超速时可以提醒司机减速的装置——以求→高速公路上的交通事故将会明显减少。

Ⅰ项，必须假设，否则，司机本身就知道自己超速了，就不必另外安装装置提醒其超速了(取非法)。

Ⅱ项，必须假设，题干中的前提说的是"减速"，结论说的是"事故减少"，搭桥法，建立"速度"和"事故"的联系。

Ⅲ项，显然不需要假设。

故(D)项正确。

7. (E)

【解析】

题干：β-胡萝卜素具有防止细胞癌变的作用，但是，经常服用β-胡萝卜素片剂的吸烟者反而比不常服用β-胡萝卜素片剂的吸烟者更易患癌症。

(A)项，"有些"β-胡萝卜素片剂的情况未必具有代表性，"有些"是弱化词，解释力度弱。

(B)项，无关选项，题干不涉及不同地区间的比较。

(C)项，可以解释，另有他因导致经常服用β-胡萝卜素片剂的吸烟者易患癌症。但由于题干中出现了"结果的差异"，故应该找到"原因的差异"，即"经常服用β-胡萝卜素片剂的吸烟者"与"不经常服用β-胡萝卜素片剂的吸烟者"之间的不同，此项没有指出这种不同，故解释力度弱。

(D)项，可以解释，但解释的是"β-胡萝卜素"与"β-胡萝卜素片剂"的差异，而不是"经常服用β-胡萝卜素片剂的吸烟者"与"不常服用β-胡萝卜素片剂的吸烟者"的差异。

(E)项，直接指出"经常服用β-胡萝卜素片剂的吸烟者"与"不常服用β-胡萝卜素片剂的吸烟者"的差异原因(即尼古丁会与β-胡萝卜素发生作用，产生更强的致癌物)，解释力度最强。

8. (E)

【解析】

题干中有以下信息：

①第二次世界大战末期，生育期的妇女数目创纪录地低，然而几乎20年后，她们的孩子的数

目创纪录地高。

②在 1957 年，平均每个家庭有 3.72 个孩子。

③在 1983 年，平均每个家庭有 1.79 个孩子。

1957 年出生的孩子，在 1983 年时，正好处于生育期，因此，这个时候的生育期妇女应远大于第二次世界大战末期，但是家庭平均拥有的孩子更少，即在生育期妇女数量大大增加的情况下，出生率反而大大下降了。因此，(E)项正确。

(A)项，与题干信息①矛盾。

(B)项，强加因果，题干讨论的是生育期妇女数量和出生率的关系，并未讨论出生率与战争的关系。

(C)项，无关选项，题干并未提及是否有极其特殊的环境。

(D)项，与以上分析矛盾，1983 年生育期妇女较多，但是出生率很低。

## 9. (B)

【解析】

题干：

①用卡车能把蔬菜在 2 天内运到市场上，总费用是 300 美元。

②用火车运输蔬菜则需 4 天，总费用是 200 美元。

③如果减少运输时间比减少运输费用对于蔬菜主人更重要的话，那么他就会用卡车运蔬菜。

题干的隐含假设是：除了速度和费用以外，用火车和卡车来进行从农场到新墨西哥州的运输之间没有什么差别，排除他因，故(B)项正确。

## 10. (C)

【解析】

题干：佛江市的郊区平均每个家庭拥有 2.4 部小汽车，因而郊区的居民出行几乎不坐公交车 —证明→ 郊区的市政不可能从享受补贴的服务于郊区的公交系统中受益。

(B)项，指出增加公交线路补贴的市政议案被否决了，那么郊区的市政可能无法从享受补贴的服务于郊区的公交系统中受益，支持题干。

(C)项，郊区既有郊区的居民，也有非郊区的居民。题干忽视了郊区的非郊区居民对公交的利用，此项说明非郊区居民到郊区的商店上班需要用公交系统。这就说明了郊区的市政可以从享受补贴的服务于郊区的公交系统中受益，故削弱题干。

其余各项与公交系统是否让市政获益无关，均为无关选项。

## 11. (C)

【解析】

题干：青少年的自杀人数只占这个国家全部自杀人数的 30%，这比 1995 年——那时青少年自杀人数占这个国家全部自杀人数的 65%——有显著下降 —证明→ 一些特定类别的自杀并没有增加。

题干把青少年的自杀人数占国家全部自杀人数的比重当成了青少年的自杀人数，忽略了比重下降并不意味着人数下降。故(C)项正确。

## 12. (D)

**【解析】**

题干：自从几种非处方安眠药被批准投入市场，仅由过量服用这些药物导致的死亡率几乎翻了一倍 —证明→ S国自杀率处于上升状态。

(A)项，服用过量安眠药不代表就会"死亡"，无关选项。

(B)项，"十年前"的情况与"近年来"的情况无关，无关选项。

(C)项，题干涉及的是"自杀"，而此项是"自然死亡"，无关选项。

(D)项，过量服用药物导致的死亡或者是意外死亡，或者是自杀，此项排除意外死亡，则肯定了自杀。即搭建题干中"过量服用这些药物导致的死亡率"与"自杀率"的关系，支持题干。

(E)项，题干不涉及S国与世界其他国家的比较，无关选项。

## 13. (D)

**【解析】**

题干：野生欧洲盘羊是8 000年前驯养羊的直系后代 —证明→ 它们为考古学家提供了在人为选择培育产生现代驯养羊之前早期驯养羊的模样的图画。

(D)项，搭桥法，指出"野生欧洲盘羊"和"早期驯养羊（即此项中的现代驯养羊的祖先）"之间的相似性，故此项必须假设。

其余各项均不必假设。

## 14. (D)

**【解析】**

由题干中的第2个标准可知，候选人的学习成绩为优的占四分之一，又因为候选人的学习成绩必须为优，说明候选人数不能多于本专业学生的四分之一，故(D)项不可能是这次选拔的结果。

其余各项均有可能是这次选拔的结果。

## 15. (B)

**【解析】**

题干：一起成长起来的同卵双胞胎的个性相似之处比一起成长起来的非同卵双胞胎多 —证明→ 基因在决定个性方面确实起着重要的作用。

(A)项，支持题干，说明基因在决定个性方面确实起着重要的作用。

(B)项，另有他因，是因为父母对待同卵双胞胎的方式导致他们容易具有相似的性格特征，而非基因决定他们的个性，削弱题干。

(C)项，无关选项，父母的看法并不代表事实。

(D)项，支持题干，亲生父母与孩子之间存在基因关系，二者的相似性多，说明基因影响个性。

(E)项，排除他因，排除成长过程影响性格的可能，从而支持性格是由基因决定的，支持题干。

**16.**（E）

**【解析】**

题干：石笋是由水滴长年滴落在岩石表面而逐渐积聚的矿物质形成的。

由题干信息可知，现在被水淹没的地方，以前是露出水面的，这样才可能有水滴落在岩石表面，说明现在的地下河流的水比过去深，故(E)项正确。

(A)项，无关选项，题干涉及的是"地下河流"而不是"漓江"。

(B)、(C)项，显然推理过度。

(D)项，无法推出，如果地下河流是在石笋形成前出现的，那么水滴可能无法滴落在岩石表面，即石笋可能无法形成。

**17.**（D）

**【解析】**

题干有两个必要条件：

①第二味觉←边吃边呼吸。

②边吃边呼吸←高效率的新陈代谢。

由②、①串联可得：高效率的新陈代谢→边吃边呼吸→第二味觉。

故有：高效率的新陈代谢→第二味觉。

其矛盾命题为：高效率的新陈代谢∧¬第二味觉，所以(D)项最能削弱题干。

**18.**（C）

**【解析】**

题干：测谎器所产生的心理压力能够被这类安定药物有效地抑制，同时没有显著的副作用——证明 这类药物可同样有效地减少日常生活的心理压力而无显著的副作用。

(A)项，不必假设，题干的主体是"某种类型的安定药物"而不是"任何类型的安定药物"。

(B)项，无关选项。

(C)项，搭桥法，指出题干中"测谎器所产生的心理压力"与"日常生活的心理压力"是类似的，必须假设。

(D)项，无关选项，题干论证的重点不是药物的"副作用"问题。

(E)项，不必假设，药物只需要对有心理压力的人有作用即可，与有心理压力的人的数量无关。

**19.**（E）

**【解析】**

需要解释的现象：非自花授粉樱草的繁殖条件比自花授粉的要差，但是，游人在植物园多见的是非自花授粉樱草而不是自花授粉樱草。

(E)项，不能解释题干，非自花授粉樱草多植于园林深处，那么游人应该更少见到非自花授粉樱草，加剧了题干中的矛盾。

其余各项均可以解释题干，说明了非自花授粉樱草比自花授粉樱草多的原因。

**20.**（D）

【解析】

Ⅰ项，必然为真，否则，商人熔币取铜就无利可图。

Ⅱ项，必然为真，否则，如果上述用银子购兑铸币的交易，都能严格按朝廷规定的比价成交，就不会有官吏通过上述交易大发一笔。

Ⅲ项，不一定为真，雍正以前的明清两朝历代从未出现过题干中的现象的可能性很多，例如，有严刑酷法，使商人和官员不敢徇私舞弊等，未必是铸币铜含量均在六成以下的原因。

## 二、数学单项选择题

**21.**（D）

【思路点拨】

若已知 $f'(x_0)$ 存在，则有 $\lim\limits_{h\to 0}\dfrac{f(x_0+ah)-f(x_0+bh)}{h}=\dfrac{(ah-bh)}{h}f'(x_0)$. 由此一一验证选项即可．

【解析】（A）项：$\lim\limits_{\Delta x\to 0}\dfrac{f(x_0)-f(x_0+\Delta x)}{\Delta x}=\dfrac{0-\Delta x}{\Delta x}f'(x_0)=-f'(x_0)$;

（B）项：$\lim\limits_{\Delta x\to 0}\dfrac{f(x_0+\Delta x)-f(x_0)}{-\Delta x}=\dfrac{\Delta x-0}{-\Delta x}f'(x_0)=-f'(x_0)$;

（C）项：$\lim\limits_{\Delta x\to 0}\dfrac{f(x_0+2\Delta x)-f(x_0)}{\Delta x}=\dfrac{2\Delta x-0}{\Delta x}f'(x_0)=2f'(x_0)$;

（D）项：$\lim\limits_{\Delta x\to 0}\dfrac{f(x_0+2\Delta x)-f(x_0+\Delta x)}{\Delta x}=\dfrac{2\Delta x-\Delta x}{\Delta x}f'(x_0)=f'(x_0)$.

故选（D）项．

**22.**（D）

【思路点拨】

根据函数 $f(x)$ 与原函数 $F(x)$ 的关系，求出 $f(x)$，再利用分部积分法求不定积分．

【解析】因为 $x+\dfrac{1}{x}$ 是 $f(x)$ 的原函数，所以 $\left(x+\dfrac{1}{x}\right)'=f(x)$. 则

$$\int xf(x)\mathrm{d}x=\int x\mathrm{d}\left(x+\dfrac{1}{x}\right)=x\left(x+\dfrac{1}{x}\right)-\int\left(x+\dfrac{1}{x}\right)\mathrm{d}x$$

$$=x^2+1-\dfrac{1}{2}x^2-\ln|x|+C=\dfrac{1}{2}x^2-\ln|x|+C.$$

**23.**（B）

【思路点拨】

被积函数中出现根式，先考虑变量替换，令 $\sqrt{2x-1}=t$，将根号去掉，再利用分部积分法求定积分．采用换元法计算定积分时，如果换元，一定换限．

【解析】令 $\sqrt{2x-1}=t$，则 $x=\dfrac{t^2+1}{2}$，$\mathrm{d}x=t\mathrm{d}t$. 故

$$\int_1^5 e^{\sqrt{2x-1}}\mathrm{d}x=\int_1^3 te^t\mathrm{d}t=(te^t-e^t)\Big|_1^3=2e^3.$$

**24.**（A）

【思路点拨】

当积分式中出现了抽象函数的导数 $f'(x)$ 时，一般的做法是将 $f'(x)\mathrm{d}x$ 写成 $\mathrm{d}f(x)$，再运用分部积分法．

【解析】函数 $f(x)$ 的原函数为 $\dfrac{\sin x}{x}$，则 $f(x)=\dfrac{x\cos x-\sin x}{x^2}$．故

$$\int_{\frac{\pi}{2}}^{\pi} xf'(x)\mathrm{d}x = \int_{\frac{\pi}{2}}^{\pi} x\,\mathrm{d}f(x) = xf(x)\Big|_{\frac{\pi}{2}}^{\pi} - \int_{\frac{\pi}{2}}^{\pi} f(x)\mathrm{d}x$$

$$= \frac{x\cos x-\sin x}{x}\Big|_{\frac{\pi}{2}}^{\pi} - \frac{\sin x}{x}\Big|_{\frac{\pi}{2}}^{\pi}$$

$$= \frac{4}{\pi}-1.$$

**25.**（C）

【思路点拨】

由 $x=1$ 是 $y=x^3+ax^2$ 的驻点可得 $y'(1)=0$，即可求出 $a$．

【解析】由 $y'(1)=0$，得 $(3x^2+2ax)\big|_{x=1}=3+2a=0$，解得 $a=-\dfrac{3}{2}$．

**26.**（A）

【思路点拨】

本题有两种解题思路：(1)直接求偏导数，再代值；

(2)先将 $y=4$ 代入 $z=1+xy-\sqrt{x^2+y^2}$，再对一元函数求导，最后代值．

【解析】方法一：$\dfrac{\partial z}{\partial x}=y-\dfrac{x}{\sqrt{x^2+y^2}}$，所以 $\dfrac{\partial z}{\partial x}\Big|_{\substack{x=3\\y=4}}=4-\dfrac{3}{5}=\dfrac{17}{5}$．

方法二：当 $y=4$ 时，得 $z=1+4x-\sqrt{x^2+16}$，此时 $\dfrac{\partial z}{\partial x}=4-\dfrac{x}{\sqrt{x^2+16}}$，所以

$$\frac{\partial z}{\partial x}\Big|_{x=3}=4-\frac{3}{5}=\frac{17}{5}.$$

**27.**（D）

【思路点拨】

分布函数 $F(x)$ 需满足三条性质：

(1)单调性，即对任意的 $x_1<x_2$，有 $F(x_1)\leqslant F(x_2)$；

(2)有界性，即对任意的 $x$，有 $0\leqslant F(x)\leqslant 1$，且 $\lim\limits_{x\to-\infty}F(x)=0$，$\lim\limits_{x\to+\infty}F(x)=1$；

(3)右连续性，即对任意的 $x_0$，有 $\lim\limits_{x\to x_0^+}F(x)=F(x_0)$．

本题可就最易解的有界性，先一一验证选项，若均满足可再验证其他性质．

【解析】(A)、(B)、(C)三项均满足有界性，但(D)项中的 $\lim\limits_{x\to+\infty}\dfrac{\ln(1+x)}{1+x}=0$，不满足有界性，所以不是分布函数．

## 28. (B)

**【思路点拨】**

正态分布 $N(\mu, \sigma^2)$ 的概率密度函数关于直线 $x = \mu$ 对称.

**【解析】** 由正态分布的对称性,可知 $X$ 的概率密度函数图像是关于 $x = 1$ 对称的,故有
$$P\{X \leq 1\} = P\{X \geq 1\}.$$

## 29. (D)

**【思路点拨】**

在二阶矩阵中, $\begin{pmatrix} a & b \\ c & d \end{pmatrix}^* = \begin{pmatrix} d & -b \\ -c & a \end{pmatrix}$, $\begin{pmatrix} a & b \\ c & d \end{pmatrix}^{-1} = \frac{1}{ad-bc}\begin{pmatrix} d & -b \\ -c & a \end{pmatrix}$.

**【解析】** 由 $\boldsymbol{BA} = \boldsymbol{B} + 2\boldsymbol{E}$ 变形可得 $\boldsymbol{B}(\boldsymbol{A}-\boldsymbol{E}) = 2\boldsymbol{E}$. 因此
$$\boldsymbol{B} = 2(\boldsymbol{A}-\boldsymbol{E})^{-1} = 2 \cdot \begin{pmatrix} 1 & 1 \\ -1 & 1 \end{pmatrix}^{-1} = \begin{pmatrix} 1 & -1 \\ 1 & 1 \end{pmatrix}.$$

## 30. (D)

**【思路点拨】**

利用矩阵行列式的性质直接计算,计算时要注意 $|2(\boldsymbol{A}^T\boldsymbol{B}^{-1})^2| = 2^3 |(\boldsymbol{A}^T\boldsymbol{B}^{-1})^2|$.

**【解析】** 由行列式的计算公式可得
$$\begin{aligned} |2(\boldsymbol{A}^T\boldsymbol{B}^{-1})^2| &= 2^3 |(\boldsymbol{A}^T\boldsymbol{B}^{-1})^2| = 8 |\boldsymbol{A}^T\boldsymbol{B}^{-1}|^2 \\ &= 8(|\boldsymbol{A}^T| \cdot |\boldsymbol{B}|^{-1})^2 = 8(|\boldsymbol{A}| \cdot |\boldsymbol{B}|^{-1})^2 \\ &= 8 \times [(-1) \times 2^{-1}]^2 = 2. \end{aligned}$$

### 三、数学计算题

## 31. 【思路点拨】

先写出 $f(x) + g(x)$ 的解析式,再根据函数在分段点处的连续性建立方程,从而解出 $a, b$.

**【解析】** $f(x) + g(x) = \begin{cases} e^{-x} + b, & x < 0, \\ e^{-x} + e^x, & 0 \leq x < 1, \\ e^x + a, & x \geq 1. \end{cases}$

初等函数在其定义域内均连续,故要使 $f(x) + g(x)$ 在 $(-\infty, +\infty)$ 内连续,仅需保证 $f(x) + g(x)$ 在 $x = 0$ 及 $x = 1$ 处连续即可. 故有
$$\lim_{x \to 0^-}[f(x)+g(x)] = 1+b, \quad \lim_{x \to 0^+}[f(x)+g(x)] = f(0)+g(0) = 2,$$
$$\lim_{x \to 1^-}[f(x)+g(x)] = e^{-1}+e, \quad \lim_{x \to 1^+}[f(x)+g(x)] = f(1)+g(1) = a+e,$$

根据连续的定义可得 $1+b = 2$, $e^{-1}+e = a+e$, 所以 $a = e^{-1}$, $b = 1$.

## 32. 【思路点拨】

先在等式两边同时求导,进而求出 $f(x)$ 的表达式,再求出 $f'(x)$.

变上限积分求导公式 $\left(\int_a^{u(x)} f(t)dt\right)' = f[u(x)]u'(x)$.

【解析】由 $x^4$ 可导可知变上限积分函数 $\int_0^{x^2} f(t-1)\,dt$ 也可导．在等式两边同时求导可得
$$2xf(x^2-1)=4x^3 \Rightarrow f(x^2-1)=2x^2.$$
令 $x^2-1=t$，则 $f(t)=2(t+1)$，求导得 $f'(t)=2$，即 $f'(x)=2$.

### 33. 【思路点拨】

被积函数中 $a$ 的值无法确定，故不可直接积分求解．先试求积分，发现可能会出现 $\dfrac{1}{1+a}$，所以应该按 $a\neq -1$ 和 $a=-1$ 两种情况分别计算．

【解析】当 $a\neq -1$ 时，则
$$\int e^x(1+e^x)^a\,dx=\int (1+e^x)^a\,d(1+e^x)=\frac{1}{1+a}(1+e^x)^{1+a}+C;$$
当 $a=-1$ 时，则
$$\int e^x(1+e^x)^{-1}\,dx=\int \frac{1}{1+e^x}\,d(1+e^x)=\ln(1+e^x)+C.$$

### 34. 【思路点拨】

若被积函数中有抽象函数或变上限函数时，一般使用分部积分法．本题还需牢记变上限积分函数的求导公式．

【解析】显然，$f(1)=0$，且由变上限积分函数的求导公式可得 $f'(x)=e^{-x^4}\cdot 2x$，则
$$\int_0^1 xf(x)\,dx=\frac{1}{2}\int_0^1 f(x)\,d(x^2)=\frac{x^2}{2}f(x)\Big|_0^1-\frac{1}{2}\int_0^1 x^2\,df(x)$$
$$=-\int_0^1 x^3 e^{-x^4}\,dx=\frac{1}{4}\int_0^1 e^{-x^4}\,d(-x^4)=\frac{1}{4}e^{-x^4}\Big|_0^1$$
$$=\frac{e^{-1}-1}{4}.$$

### 35. 【思路点拨】

若可导函数 $f(x)$ 在 $x_0$ 处可导，且在 $x_0$ 处取得极值，则 $x_0$ 一定是其驻点，即 $f'(x_0)=0$．本题可根据 $f'(1)=0$，$f(1)=5$ 列方程组求出 $a,b$．

【解析】求导可得 $f'(x)=3ax^2+2bx+1$．因为函数在 $x=1$ 处取极大值 5，故有
$$\begin{cases} f'(1)=0, \\ f(1)=5 \end{cases} \Rightarrow \begin{cases} 3a+2b+1=0, \\ a+b+1=5, \end{cases}$$
解得 $a=-9$，$b=13$.

### 36. 【思路点拨】

直接求偏导数即可．在对其中一个变量求偏导数时，把其他自变量看成常数，且要注意 $z$ 是关于 $x,y$ 的函数．

【解析】由偏导数的计算公式可得
$$\frac{\partial u}{\partial x}=y+F(z)+xF'(z)\frac{\partial z}{\partial x}=y+F\left(\frac{y}{x}\right)+xF'\left(\frac{y}{x}\right)\left(-\frac{y}{x^2}\right)=y+F\left(\frac{y}{x}\right)-\frac{y}{x}F'\left(\frac{y}{x}\right);$$
$$\frac{\partial u}{\partial y}=x+xF'(z)\frac{\partial z}{\partial y}=x+xF'\left(\frac{y}{x}\right)\cdot\frac{1}{x}=x+F'\left(\frac{y}{x}\right).$$

**37.**【思路点拨】

(1) 离散型随机变量 $X$ 的期望 $E(X)=\sum_{k=1}^{\infty}x_k p_k$，方差 $D(X)=E(X^2)-[E(X)]^2$；

(2) 熟记期望和方差的性质：$E(aX+b)=aE(X)+b$，$D(aX+b)=a^2 D(X)$.

【解析】由题意可知
$$E(X)=-2\times 0.4+0\times 0.3+2\times 0.3=-0.2;$$
$$E(X^2)=(-2)^2\times 0.4+0^2\times 0.3+2^2\times 0.3=2.8;$$
$$D(X)=E(X^2)-[E(X)]^2=2.76.$$

由期望和方差的性质可知
$$E(3X+5)=3E(X)+5=4.4;$$
$$D(2X+3)=4D(X)=11.04.$$

**38.**【思路点拨】

先利用分布函数的定义求出随机变量 $X$ 的分布函数 $F(x)$，然后根据 $P\{a\leqslant X\leqslant b\}=F(b)-F(a)$ 计算.

【解析】当 $x<0$ 时，$F(x)=0$；

当 $x\geqslant 0$ 时，$F(x)=\int_{-\infty}^{x}f(t)\mathrm{d}t=\int_{0}^{x}\frac{1}{2}t^3 \mathrm{e}^{-\frac{t^2}{2}}\mathrm{d}t=\frac{1}{4}\int_{0}^{x}t^2 \mathrm{e}^{-\frac{t^2}{2}}\mathrm{d}(t^2).$

令 $u=t^2$，则
$$F(x)=\frac{1}{4}\int_{0}^{x^2}u\mathrm{e}^{-\frac{u}{2}}\mathrm{d}u=-\frac{1}{2}\int_{0}^{x^2}u\mathrm{d}\mathrm{e}^{-\frac{u}{2}}=-\frac{1}{2}u\mathrm{e}^{-\frac{u}{2}}\Big|_{0}^{x^2}+\frac{1}{2}\int_{0}^{x^2}\mathrm{e}^{-\frac{u}{2}}\mathrm{d}u$$
$$=-\frac{1}{2}x^2\mathrm{e}^{-\frac{x^2}{2}}-\mathrm{e}^{-\frac{u}{2}}\Big|_{0}^{x^2}=-\frac{1}{2}x^2\mathrm{e}^{-\frac{x^2}{2}}-\mathrm{e}^{-\frac{x^2}{2}}+1=1-\frac{x^2+2}{2}\mathrm{e}^{-\frac{x^2}{2}}.$$

所以
$$F(x)=\begin{cases}0, & x<0, \\ 1-\dfrac{x^2+2}{2}\mathrm{e}^{-\frac{x^2}{2}}, & x\geqslant 0;\end{cases}$$

由此可得，$P\{-2\leqslant X\leqslant 4\}=F(4)-F(-2)=-8\mathrm{e}^{-8}-\mathrm{e}^{-8}+1-0=1-9\mathrm{e}^{-8}.$

**39.**【思路点拨】

首先对线性方程组的增广矩阵 $\overline{\boldsymbol{A}}$ 作初等行变换，将其化为阶梯形矩阵；再按照线性方程组解存在的条件——判断.

对于 $n$ 元线性方程组 $\boldsymbol{Ax}=\boldsymbol{b}$：当 $r(\boldsymbol{A})=r(\overline{\boldsymbol{A}})=n$ 时，有唯一解；当 $r(\boldsymbol{A})=r(\overline{\boldsymbol{A}})<n$ 时，有无穷多解；$r(\boldsymbol{A})\neq r(\overline{\boldsymbol{A}})$ 时，无解.

【解析】对线性方程组的系数矩阵 $\boldsymbol{A}$ 的增广矩阵 $\overline{\boldsymbol{A}}$ 作初等行变换，可得

$$\overline{\boldsymbol{A}}=\begin{pmatrix}1 & 1 & k & 4 \\ -1 & k & 1 & k^2 \\ 1 & -1 & 2 & -4\end{pmatrix}\rightarrow\begin{pmatrix}1 & 1 & k & 4 \\ 0 & k+1 & k+1 & k^2+4 \\ 0 & -2 & 2-k & -8\end{pmatrix}$$
$$\rightarrow\begin{pmatrix}1 & 1 & k & 4 \\ 0 & -2 & 2-k & -8 \\ 0 & 2k+2 & 2k+2 & 2k^2+8\end{pmatrix}\rightarrow\begin{pmatrix}1 & 1 & k & 4 \\ 0 & 2 & k-2 & 8 \\ 0 & 2k & k+4 & 2k^2\end{pmatrix}$$

$$\rightarrow \begin{pmatrix} 1 & 1 & k & 4 \\ 0 & 2 & k-2 & 8 \\ 0 & 0 & -(1+k)(k-4) & 2k(k-4) \end{pmatrix}.$$

当 $k \neq -1$ 且 $k \neq 4$ 时，$r(A) = r(\overline{A}) = 3$，方程组有唯一解；

当 $k = -1$ 时，$r(A) = 2$，$r(\overline{A}) = 3$，则 $r(A) \neq r(\overline{A})$，方程组无解；

当 $k = 4$ 时，$r(A) = r(\overline{A}) = 2$，方程组有无穷多解．

**40.**【思路点拨】

本题求解的关键是将向量组 $\boldsymbol{\beta}_1, \boldsymbol{\beta}_2, \boldsymbol{\beta}_3$ 表示成 $(\boldsymbol{\alpha}_1, \boldsymbol{\alpha}_2, \boldsymbol{\alpha}_3)A$ 的形式，然后研究系数矩阵 $A$ 的秩，若 $A$ 满秩，则向量组 $\boldsymbol{\beta}_1, \boldsymbol{\beta}_2, \boldsymbol{\beta}_3$ 线性无关；否则，线性相关．

特别地，如果 $A$ 为方阵，则可通过其行列式来判断，若 $|A| \neq 0$，则 $\boldsymbol{\beta}_1, \boldsymbol{\beta}_2, \boldsymbol{\beta}_3$ 线性无关；否则，线性相关．

【解析】$(\boldsymbol{\beta}_1, \boldsymbol{\beta}_2, \boldsymbol{\beta}_3) = (\boldsymbol{\alpha}_1, \boldsymbol{\alpha}_2, \boldsymbol{\alpha}_3) \begin{pmatrix} 1 & 0 & 2 \\ 2 & 2 & 0 \\ 0 & k & 3 \end{pmatrix}$，且 $A = \begin{pmatrix} 1 & 0 & 2 \\ 2 & 2 & 0 \\ 0 & k & 3 \end{pmatrix}$ 为方阵.

已知 $\boldsymbol{\beta}_1, \boldsymbol{\beta}_2, \boldsymbol{\beta}_3$ 线性相关，则 $|A| = \begin{vmatrix} 1 & 0 & 2 \\ 2 & 2 & 0 \\ 0 & k & 3 \end{vmatrix} = 0$，即 $6 + 4k = 0$，所以 $k = -\dfrac{3}{2}$.

## 四、写作

**41.** 论证有效性分析

【谬误分析】

①材料认为"采用先进技术进行生产的企业，因为产品是高附加值的，所以投资回报率高，工人的工资报酬也高"，存在不妥。产品附加值高不是投资回报率高的充分条件，比如产品附加值高但销量却上不去，总回报就不会太高。而且，投资回报率高也不能说明工人的工资报酬也高，工人的工资报酬与企业的人力资源策略以及人力资源供求关系相关。

②材料认为，如果工人预见到工资报酬高，就会到采用先进技术生产的企业工作，劳动密集型企业就淘汰出局，欠妥当。因为，劳动者未必具备到采用先进技术生产的企业工作的能力，很可能有的劳动者受到知识水平、工作技能等条件的限制，只能到劳动密集型企业就业。

③市场规模小、需求小，不代表企业无利可图。可能正是由于市场规模小而导致参与竞争的企业少，企业反而利润丰厚；而且，市场规模往往是由小到大逐渐培育起来的，现在规模小不代表将来规模小，暂时不赢利也不代表长远来看利润不丰厚。

④仅由"市场规模狭小"就断定"没有一家企业愿意采用先进技术进行生产"，认为只能剩下劳动密集型企业，存在不妥。市场规模仅仅是影响技术发展的一个因素，而不是唯一因素。

⑤材料认为"市场规模决定了先进技术的采用与否"有失妥当。高新技术企业能否涌现，不仅受市场规模的影响，还受国家政策、市场前景、行业现况等多方面的影响。

⑥即使市场可以进行"自然选择"，也不代表政府只需"无为而治"。有时候市场的调节是失灵的、无序的，此时恰恰需要政府这只"看得见的手"的干预。

⑦材料认为"政府要做的唯一事情就是做大市场"过于绝对。政府在政治、经济、公共事务管理等方面有大量的事情需要做。

## 政府只需做大市场吗?

上述材料通过一系列论证得出"政府要做的唯一事情就是做大市场,只要政府把市场做大了,就什么都不用发愁了"。然而其论证过程存在多处逻辑漏洞,简要分析如下:

首先,材料认为"采用先进技术进行生产的企业,因为产品是高附加值的,所以投资回报率高,工人的工资报酬也高",存在不妥。产品附加值高不是投资回报率高的充分条件,比如产品附加值高但销量却上不去,总回报就不会太高。而且,投资回报率高也不能说明工人的工资报酬也高,工人的工资报酬与企业的人力资源策略以及人力资源供求关系相关。

其次,材料认为,如果工人预见到工资报酬高,就会到采用先进技术生产的企业工作,劳动密集型企业就淘汰出局,难以成立。因为,劳动者未必具备到采用先进技术生产的企业工作的能力,很可能有的劳动者受到知识水平、工作技能等条件的限制,只能到劳动密集型企业就业。

再次,仅由"市场规模狭小"就断定"没有一家企业愿意采用先进技术进行生产",认为只能剩下劳动密集型企业,存在不妥。市场规模仅仅是影响技术发展的一个因素,而不是唯一因素。

最后,即使市场可以进行"自然选择",也不代表政府只需"无为而治"。有时候市场的调节是失灵的、无序的,此时恰恰需要政府这只"看得见的手"的干预。而且,材料认为"政府要做的唯一事情就是做大市场"也过于绝对。政府在政治、经济、公共事务管理等方面有大量的事情需要做。

综上所述,材料的论证存在多处不当,"政府只需要做大市场"的结论也难以必然成立。

(全文共616字)

42. 论说文

【参考立意】
①应该给穷人提供福利。
②不应该给穷人提供福利。

## 是否应该对穷人提供福利?

**吕建刚**

是否应该对穷人提供福利?我的回答是应该!

很多人建议取消对穷人提供福利,他们有种种理由,但其实并不成立。

他们的理由之一是:穷人之所以穷,是因为他们懒。但现实真的是这样吗?我们可以看到,很多农民工风餐露宿,拿到的仅仅是勉强糊口的收入;很多农民面朝黄土背朝天一辈子,也依然生活在社会底层。这是因为他们不努力吗?他们已经足够努力了!

他们的理由之二是:穷人的思路有问题,盲目地勤奋。这一点我也承认,但很多穷人之所以思路不够开拓,还是因为教育问题。在我国当前的国情下,很多人没有受到良好的教育并不是他个人的问题,真正的原因一是历史因素造成的大量的人没有接受教育,二是当前教育资源的分配不均，很多人没有条件去接受良好的教育。

所以，我国现在很多人的贫穷是不能完全归因于个人的。比如，分配制度造成的制度性贫困，教育资源的缺乏造成的思想性贫困，地理原因或历史原因造成的贫困等。这些原因造成的穷人，恰恰需要社会提供福利和保障，以保护他们远离赤贫，同时也有利于社会的稳定与和谐。

而且，我国新兴的中产阶级，其实和底层的距离并不遥远。他们往往有着收入不算高但还算体面的工作，辛辛苦苦攒了十多年钱，终于还清了房贷、车贷，成功从一个底层后代变成了一个中产阶级，一场天灾、一场人祸或者一场大病就能让他们"一夜之间从中产变成贫民"。所以，建立良好的社会保障制度，并不仅仅是保障穷人的福利，也是保障其他普通人的权利，让我们无后顾之忧。

总之，那些认为"可怜之人必有可恨之处"的人，恰恰是缺少悲悯情怀的人。我们需要对穷人提供福利，不仅是为了他们，也是为了我们自己。

（全文共 673 字）

## 是否应该对穷人提供福利？

吕建刚　宋巩

针对是否应该为穷人提供福利这个问题，支持者和反对者各执一词，激烈争论。我认为，向穷人提供福利是应该的，但不应过度。

福利是政府无偿地为符合一定条件的个体所提供的金钱、各类生活物资以及特殊权利等。为穷人提供福利有益于社会的进步，尤其是对于一些因病致穷、意外致穷的人，伸手帮他一把，他就能渡过难关。但是，我们不能忽略了过度的福利可能带来的弊端。

一方面，过度向穷人提供福利，有可能会影响社会运行效率。这是因为所有的福利归根结底是来源于税收或其他形式的财富转移。这样就可能降低企业的利润空间，影响企业家创富的劲头，从而影响社会运行效率。以北欧各国为例，高福利政策弊端重重，给政府带来了巨大的财政压力，与此同时，还促成了一批只想靠救济金、失业保险金生活的人。可见，过度的福利有害无利。

另一方面，粗放漫灌式地提供福利，可能并没有把福利真正送到穷人手中。负责发放福利的行政部门因为花的不是自己的钱，因而认真程度经常大打折扣。而少数人的诈捐、骗捐等现象，又让问题雪上加霜。例如，郭美美事件、罗一笑事件就令慈善机构的公信力受到了极大损害。因此，粗放地提供福利，有时候并没有改善穷人的状况，反而造成了社会资源的浪费。

反对政府向穷人过度提供福利，并不意味着要政府对贫穷现象袖手旁观。首先，习近平总书记提出的"精准扶贫"就是很好的办法。精确识别、精确帮扶、精确管理，因地制宜、因户施策，这样更能把福利落到实处。其次，帮助穷人不能只"输血"不"造血"。加强对穷人的技能培训，为穷人提供更多的工作岗位，让其有能力提高自身收入水平，这才是真正的福利之举。

综上所述，给穷人提供福利，不能仅仅盲目、过度地授人以鱼，授人以渔更为关键。

（全文共 709 字）

绝密★启用前

# 2016年全国硕士研究生招生考试
# 经济类综合能力试题

(科目代码:396)

考试时间:8:30—11:30

## 考生注意事项

1. 答题前,考生须在试题册指定位置上填写考生姓名和考生编号;在答题卡指定位置上填写报考单位、考生姓名和考生编号,并涂写考生编号信息点。
2. 选择题的答案必须涂写在答题卡相应题号的选项上,非选择题的答案必须书写在答题卡指定位置的边框区域内。超出答题区域书写的答案无效;在草稿纸、试题册上答题无效。
3. 填(书)写部分必须使用黑色字迹签字笔或者钢笔书写,字迹工整、笔迹清楚;涂写部分必须使用2B铅笔填涂。
4. 考试结束,将答题卡和试题册按规定交回。

| 考生编号 | | | | | | | | | | | | | | | |
|---|---|---|---|---|---|---|---|---|---|---|---|---|---|---|---|
| 考生姓名 | | | | | | | | | | | | | | | |

一、**逻辑推理**：第 1～20 小题，每小题 2 分，共 40 分。下列每题给出的（A）、（B）、（C）、（D）、（E）五个选项中，只有一个选项是最符合试题要求的。

1. 这个单位已发现有育龄职工违纪超生。
   如果上述断定为真，则在下述三个断定中不能确定真假的是：
   Ⅰ．这个单位没有育龄职工不违纪超生。
   Ⅱ．这个单位有的育龄职工没违纪超生。
   Ⅲ．这个单位所有的育龄职工都没违纪超生。
   (A)只有Ⅰ和Ⅱ。　　　　　　(B)Ⅰ、Ⅱ和Ⅲ。　　　　　　(C)只有Ⅰ和Ⅲ。
   (D)只有Ⅱ。　　　　　　　(E)只有Ⅰ。

2. 一群在海滩边嬉戏的孩子的口袋中，共装有 25 块卵石。他们的老师对此说了以下两句话：
   第一句话："至多有 5 个孩子口袋里装有卵石。"
   第二句话："每个孩子的口袋中，或者没有卵石，或者至少有 5 块卵石。"
   如果上述断定为真，则以下哪项关于老师两句话关系的断定一定成立？
   Ⅰ．如果第一句话为真，则第二句话为真。
   Ⅱ．如果第二句话为真，则第一句话为真。
   Ⅲ．两句话可以都是真的，但不会都是假的。
   (A)仅Ⅰ。　　　　　　　(B)仅Ⅱ。　　　　　　　(C)仅Ⅲ。
   (D)仅Ⅰ和Ⅱ。　　　　　(E)Ⅰ、Ⅱ和Ⅲ。

3. 有人对某位法官在性别歧视类案件审理中的公正性提出了质疑。这一质疑不能成立，因为有记录表明，该法官审理的这类案件中 60％的获胜方为女性，这说明该法官并未在性别歧视类案件的审理中有失公正。
   以下哪项如果为真，能对上述论证构成质疑？
   Ⅰ．在性别歧视类案件中，女性原告如果没有确凿的理由和证据，一般不会起诉。
   Ⅱ．一个为人公正的法官在性别歧视类案件的审理中保持公正也是件很困难的事情。
   Ⅲ．统计数据表明，如果不是因为遭到性别歧视，女性应该在 60％以上的此类案件的诉讼中获胜。
   (A)仅Ⅰ。　　　　　　　(B)仅Ⅱ。　　　　　　　(C)仅Ⅲ。
   (D)仅Ⅰ和Ⅲ。　　　　　(E)Ⅰ、Ⅱ和Ⅲ。

4. 林工程师不但专业功底扎实，而且非常有企业管理能力。他担任宏达电机厂厂长的三年来，该厂上缴的产值利润连年上升，这在当前国有企业普遍不景气的情况下是非常不易的。
   上述议论一定假设了以下哪项前提？
   Ⅰ．该厂上缴的产值利润连年上涨，很大程度上要归结于林工程师的努力。
   Ⅱ．宏达电机厂是国有企业。
   Ⅲ．产值利润的上缴情况是衡量厂长管理能力的一个重要尺度。
   Ⅳ．林工程师企业管理上的成功得益于他扎实的专业功底。
   (A)Ⅰ、Ⅱ、Ⅲ和Ⅳ。　　　(B)仅Ⅰ、Ⅱ和Ⅲ。　　　(C)仅Ⅰ和Ⅱ。
   (D)仅Ⅱ和Ⅲ。　　　　　　(E)仅Ⅱ、Ⅲ和Ⅳ。

5. 第一个事实:电视广告的效果越来越差。一项跟踪调查显示,在电视广告所推出的各种商品中,观众能够记住其品牌名称的商品的百分比逐年降低。

   第二个事实:在一段连续插播的电视广告中,观众印象较深的是第一个和最后一个,而中间播出的广告留给观众的印象,一般来说要浅得多。

   以下哪项如果为真,最能使得第二个事实成为对第一个事实的一个合理解释?

   (A)在从电视广告里见过的商品中,一般电视观众能记住其品牌名称的大约还不到一半。

   (B)近年来,被允许在电视节目中连续插播广告的平均时间逐渐缩短。

   (C)近年来,人们花在看电视上的平均时间逐渐缩短。

   (D)近年来,一段连续播出的电视广告所占用的平均时间逐渐增加。

   (E)近年来,一段连续播出的电视广告中所出现的广告的平均数量逐渐增加。

6. 有一种通过寄生方式来繁衍后代的黄蜂,它能够在适合自己后代寄生的各种昆虫的大小不同的虫卵中,注入恰好数量的自己的卵。如果它在宿主的卵中注入的卵过多,它的幼虫就会在互相竞争中因为得不到足够的空间和营养而死亡;如果它在宿主的卵中注入的卵过少,宿主卵中的多余营养部分就会腐败,这又会导致它的幼虫的死亡。

   如果上述断定为真,则以下哪项有关断定也一定为真?

   Ⅰ.上述黄蜂的寄生繁衍机制中,包括它准确区分宿主虫卵大小的能力。

   Ⅱ.在虫卵较大的昆虫聚集区出现的上述黄蜂比在虫卵较小的昆虫聚集区多。

   Ⅲ.黄蜂注入过多的虫卵比注入过少的虫卵更易引起寄生幼虫的死亡。

   (A)仅Ⅰ。    (B)仅Ⅱ。    (C)仅Ⅲ。
   (D)仅Ⅰ和Ⅱ。    (E)Ⅰ、Ⅱ和Ⅲ。

7. 如果一个儿童体重与身高的比值超过本地区80%的儿童的水平,就称其为肥胖儿。根据历年的调查结果,15年来,临江市的肥胖儿的数量一直在稳定增长。

   如果以上断定为真,则以下哪项也必为真?

   (A)临江市每一个肥胖儿的体重都超过全市儿童的平均体重。

   (B)15年来,临江市的儿童体育锻炼越来越不足。

   (C)临江市的非肥胖儿的数量15年来不断增长。

   (D)15年来,临江市体重不足标准体重的儿童数量不断下降。

   (E)临江市每一个肥胖儿的体重与身高的比值都超过全市儿童的平均值。

8. 巴西赤道雨林的面积每年以惊人的比例减少,引起了全球的关注。但是,卫星照片的数据显示,去年巴西赤道雨林面积缩小的比例明显低于往年。去年,巴西政府支出数百万美元用以制止滥砍滥伐和防止森林火灾。巴西政府宣称,上述卫星照片的数据说明,本国政府保护赤道雨林的努力取得了显著成效。

   以下哪项如果为真,最能削弱巴西政府的上述结论?

   (A)去年巴西用以保护赤道雨林的财政投入明显低于往年。

   (B)与巴西毗邻的阿根廷的赤道雨林的面积并未缩小。

   (C)去年巴西的旱季出现了异乎寻常的大面积持续降雨。

(D)巴西用于保护赤道雨林的费用只占年度财政支出的很小比例。

(E)森林面积的萎缩是全球性的环保问题。

9. 科学家研究发现，超过1 000个小行星经常穿越地球轨道。即使小行星撞击地球的概率几乎可以忽略不计，但是由于撞击将带来灾难性的后果，应尽可能降低撞击概率。避免撞击的办法是使用核武器摧毁小行星，因此将核武器储存在空间站以备不时之需是有必要的。

科学家的论述会导致如下哪个推论？

(A)核武器是目前人类可知的唯一阻止小行星撞击地球的方法。

(B)空间站应当部署核武器。

(C)小行星撞击地球的事件尚未发生。

(D)小行星撞击地球的概率极低。

(E)除了防止小行星撞击地球，没有理由拒绝使用核武器。

10. 要使中国足球队真正跻身世界强队之列，至少必须解决两个关键问题：一是提高队员的基本体能；二是讲究科学训练。不切实解决这两点，即使临战时拼搏精神发挥得再好，也不可能取得突破性的进展。

下列各项都表达了上述议论的原意，除了：

(A)只有提高队员的基本体能和讲究科学训练，才能取得突破性的进展。

(B)除非提高队员的基本体能和讲究科学训练，否则不能取得突破性的进展。

(C)如果不能提高队员的基本体能，即使讲究了科学训练，也不可能取得突破性的进展。

(D)如果取得了突破性的进展，说明一定提高了队员的基本体能并且讲究了科学训练。

(E)只要提高了队员的基本体能和讲究了科学训练，再加上临战时拼搏精神发挥得好，就一定能取得突破性的进展。

11. 在一个新的警察项目中，当汽车所有者的车不在1～5米之间的正常距离驾驶的时候，就会在车窗显示一种特殊的记号，授权警察拦截汽车，以检查驾驶员的执照。采用这种特殊图案的汽车的被盗率要比普通汽车在居民区内被盗的比率低很多。

如果从上述陈述中得到"汽车盗窃被这一项目降低"的结论，则以下哪项将是评价这一结论的最主要的回答？

(A)这一警察项目是在多少居民区内得以展开的？

(B)参与了这一项目的居民区内的汽车是不是在白天有时候也被盗？

(C)他们车窗上装了这种标记，而且觉得有必要在1～5米之间驾驶的车主会被警察拦截。

(D)参与这一项目的车主是不是如此小心，并且采取了其他特别措施以防止他们的车被盗？

(E)采取这一项目产生效果的居民区是不是在居民所拥有的汽车类型方面具有代表性的检查对象？

12. 某大学一个本科专业按如下原则选拔特别奖学金的候选人：将本专业的学生按德育情况排列名次，均分为上、中、下三个等级（即三个等级的人数相等，下同），候选人在德育方面的表现必须为上等；将本专业的学生按学习成绩排列名次，均分为优、良、中、差四个等级，候选人的学习成绩必须为优；将本专业的学生按身体状况排列名次，均分为好与差两个等级，候选人的身体状况必须为好。

假设该专业共有36名本科学生，则除了以下哪项外，其余都可能是这次选拔的结果？

(A)恰好有四个学生被选为候选人。　　(B)只有两个学生被选为候选人。
(C)没有学生被选为候选人。　　　　　(D)候选人数多于本专业学生的1/4。
(E)候选人数少于本专业学生的1/3。

13. 小张是某公司营销部的员工。公司经理对他说："如果你争取到这个项目，我就奖励你一台笔记本电脑或者给你项目提成。"

以下哪项如果为真，说明该经理没有兑现承诺？

(A)小张没争取到这个项目，该经理没给他项目提成，但送了他一台笔记本电脑。
(B)小张没争取到这个项目，该经理没奖励他笔记本电脑，也没给他项目提成。
(C)小张争取到这个项目，该经理给他项目提成，但并未奖励他笔记本电脑。
(D)小张争取到这个项目，该经理奖励他一台笔记本电脑并且给他三天假期。
(E)小张争取到这个项目，该经理未给他项目提成，但奖励了他一台台式电脑。

14. 《文化新报》记者小白周四去某市采访陈教授与王研究员。次日，其同事小李问小白："昨天你采访到那两位学者了吗？"小白说："不，没那么顺利。"小李又问："那么，你一位都没采访到？"小白说："也不是。"

以下哪项最可能是小白周四采访所发生的情况？

(A)小白采访到了两位学者。
(B)小白采访了陈教授，但没有采访王研究员。
(C)小白根本没有去采访两位学者。
(D)两位采访对象都没有接受采访。
(E)小白采访到了一位，但没有采访到另一位。

15. 恐龙专家：一些古生物学家声称鸟类是一群叫作多罗米奥索斯的恐龙的后裔。他们求助于化石记录，结果发现，与大多数恐龙相比，多罗米奥索斯具有的特征与鸟类更为相似。但是，他们的论述存在致命的缺点，即已经发现的最早的鸟类的化石比最古老的已知的多罗米奥索斯的化石早几千万年。因此，古生物学家的声称是错误的。

专家的论述依赖于下面哪条假设？

(A)具有相似的特征并不是不同种类的生物在进化上相联系的标志。
(B)多罗米奥索斯和鸟类可能会有共同的祖先。
(C)已知的化石揭示了鸟类和多罗米奥索斯起源的相对日期。
(D)多罗米奥索斯化石和早期鸟类化石的知识是完整的。
(E)多罗米奥索斯和鸟类在许多重要方面都不一样。

16. 如果他勇于承担责任，那么他就一定会直面媒体，而不是选择逃避；如果他没有责任，那么他就一定会聘请律师，捍卫自己的尊严。可是事实上，他不仅没有聘请律师，现在逃得连人影都不见了。

根据以上陈述，可以得出以下哪项结论？

(A)即使他没有责任，也不应该选择逃避。
(B)虽然选择了逃避，但是他可能没有责任。

(C)如果他有责任,那么他应该勇于承担责任。

(D)如果他不敢承担责任,那么说明他责任很大。

(E)他不仅有责任,而且他没有勇气承担责任。

17. 骨质疏松会降低骨骼密度,导致骨骼脆弱,从而容易骨折。目前治疗骨质疏松的方法如使用雌激素和降血钙素,会阻止骨质的进一步流失,但并不会增加骨骼密度。氟化物可以增加骨骼密度,因此,骨质疏松症患者使用氟化物能够帮助他们强化骨质,降低骨折风险。

以下哪项如果为真,最能削弱以上论述?

(A)大多数患有骨质疏松症的人都没有意识到氟化物可以增加骨骼密度。

(B)在很多地方氟化物都被添加在水中以促进牙齿健康。

(C)患骨质疏松和其他骨骼受损疾病的风险会因为运动以及充足的钙摄入而降低。

(D)雌激素和降血钙素对很多人会产生严重的副作用,而使用氟化物则不会有这种问题。

(E)通过使用氟化物增加密度之后的骨骼比起正常的骨骼组织更脆更易受损。

18. 近期为了提高劳动生产率,一些制造业企业优化了生产流程,以达到雇佣更少的装配线工人生产更多产品的目的。这些企业因此裁掉了很多员工。被裁掉的员工都是那些资历最浅的,一般都是年轻员工。

以上论述如果为真,则最能支持以下哪个结论?

(A)企业生产的产品在优化生产流程期间没有进行产品设计的更新。

(B)对于装配线工人提出的生产流程改进建议,一些会被采纳实施,但大部分都未能实现。

(C)优化生产流程虽然会提高装配线上劳动力的平均年龄,但可能提高劳动生产率。

(D)一些为了提高生产率而采取的创新性措施有时反而会适得其反。

(E)现在的装配线工人需要数学技能来完成他们的工作。

19. 近年来,全球的青蛙数量有所下降,而同时地球接受的紫外线辐射有所增加。因为青蛙的遗传物质在受到紫外线辐射时会受到影响,且青蛙的卵通常为凝胶状而没有外壳或皮毛的保护。所以可以认为,青蛙数量的下降至少部分是由于紫外线辐射的上升导致的。

下列哪一项如果为真,最能支持以上论述?

(A)即使在紫外线没有显著上升的地方,青蛙的产卵数量仍然显著下降。

(B)在青蛙数量下降最少的地方,作为青蛙猎物的昆虫的数量显著下降。

(C)数量显著下降的青蛙种群中杀虫剂的浓度要高于数量没有下降的青蛙种群。

(D)在很多地方,海龟会和青蛙共享栖息地,虽然海龟的卵有外壳保护,海龟的数量仍然有所下降。

(E)有些青蛙种群会选择将它们的卵藏在石头或沙子下,而这些种群的数量下降要明显少于不这样做的青蛙种群。

20. 小刘和小红都是张老师的学生,张老师的生日是M月N日,两人都知道张老师的生日是下列10天中的一天,这十天分别为3月4日、3月5日、3月8日、6月4日、6月7日、9月1日、9月5日、12月1日、12月2日、12月8日。张老师把M值告诉了小刘,把N值告诉了小红,然后有如下对话:

小刘说："如果我不知道的话，小红肯定也不知道。"

小红说："刚才我不知道，听小刘一说我就知道了。"

小刘说："哦，那我也知道了。"

请根据以上对话推断出张老师的生日是哪一天？

(A)3月4日。 (B)3月5日。 (C)3月8日。

(D)9月1日。 (E)9月5日。

**二、数学单项选择题**：第21～30小题，每小题2分，共20分。下列每题给出的（A）、（B）、（C）、（D）四个选项中，只有一个选项是最符合试题要求的。

21. 设 $f(x)$ 的一个原函数为 $10^x$，则 $f'(x)=(\quad)$.

    (A)$10^x$    (B)$10^x \cdot \ln 10$    (C)$10^x \cdot \ln^2 10$    (D)$10^x \cdot \ln^3 10$

22. 设函数 $f(u)$ 可导且 $f'(1)=0.5$，则 $y=f(x^2)$ 在 $x=-1$ 处的微分 $dy\mid_{x=-1}=(\quad)$.

    (A)$-dx$    (B)$0$    (C)$dx$    (D)$2dx$

23. 已知函数 $f(x)$ 在 $(-\infty,+\infty)$ 内可导，且 $\lim\limits_{x\to 0}\dfrac{f(1)-f(1-x)}{2x}=-1$，则 $f'(1)=(\quad)$.

    (A)$-2$    (B)$-1$    (C)$0$    (D)$1$

24. 已知 $F(x)$ 是 $f(x)$ 的一个原函数，则 $\int_a^x f(t+a)dt=(\quad)$.

    (A)$F(x)-F(a)$    (B)$F(t)-F(a)$

    (C)$F(x+a)-F(x-a)$    (D)$F(x+a)-F(2a)$

25. 设 $F(x)=\int_0^{\sin x}\ln(1+t)dt$，则 $F'(x)=(\quad)$.

    (A)$\ln(1+x)$    (B)$\ln(1+\sin x)$

    (C)$\sin x \cdot \ln(1+\sin x)$    (D)$\cos x \cdot \ln(1+\sin x)$

26. 设 $y=x^2+ax+b$，已知当 $x=2$ 时，$y$ 取得最小值 $-3$，则（ ）.

    (A)$a=1,b=0$    (B)$a=-4,b=1$

    (C)$a=1,b=1$    (D)$a=-4,b=0$

27. 若 $\begin{vmatrix} a_{11} & a_{12} & a_{13} \\ a_{21} & a_{22} & a_{23} \\ a_{31} & a_{32} & a_{33} \end{vmatrix}=1$，则 $\begin{vmatrix} a_{11} & a_{13}-3a_{12} & a_{13} \\ a_{21} & a_{23}-3a_{22} & a_{23} \\ a_{31} & a_{33}-3a_{32} & a_{33} \end{vmatrix}=(\quad)$.

    (A)$-3$    (B)$-2$    (C)$-1$    (D)$1$

28. 设 $A=\begin{pmatrix} 1 & 1 & 1 \\ 2 & 2 & t \\ 3 & 4 & 5 \end{pmatrix}$，且 $A$ 的秩 $r(A)=2$，则 $t=(\quad)$.

    (A)$2$    (B)$1$    (C)$0$    (D)$-1$

29. 一袋中装有四只球，编号为 $1,2,3,4$，从袋中一次取出两只球，用 $X$ 表示取出的两只球中最大的号码数，则 $P\{X=4\}=(\quad)$.

    (A)$0.4$    (B)$0.5$    (C)$0.6$    (D)$0.7$

30. 设随机变量 $X \sim N(1,4)$，$Y \sim U(0,4)$，且 $X$ 与 $Y$ 相互独立，则 $D(2X-3Y)=(\quad)$.
    (A) 8　　　　　　(B) 18　　　　　　(C) 24　　　　　　(D) 28

### 三、数学计算题：第31~40小题，每小题5分，共50分。

31. 已知函数 $f(x)=\begin{cases} \dfrac{e^{\sin x}-1}{\tan \dfrac{x}{2}}, & x>0, \\ ae^{2x}, & x\leq 0 \end{cases}$ 在 $x=0$ 处连续，求未知参数 $a$ 的值.

32. 已知函数 $f(x)$ 在 $x=0$ 的某个邻域内为连续函数，且 $\lim\limits_{x\to 0}\left[\dfrac{\sin x}{x}+\dfrac{f(x)}{x}\right]=2$，试求 $f(0)$ 和 $f'(0)$.

33. 设生产 $x$ 单位某产品的总成本 $C$ 是 $x$ 的函数 $C(x)$，固定成本 $C(0)$ 为20元，边际成本函数为 $C'(x)=2x+10$（元/单位），求总成本函数 $C(x)$.

34. 求曲线 $y=x^3-3x^2+5$ 的单调区间及极值.

35. 已知 $f(2)=2$，$\int_0^2 f(x)dx=4$，求 $\int_0^2 xf'(x)dx$.

36. 设 $z=f(xy, x+y^2)$，且 $f(u,v)$ 具有偏导性，求 $\dfrac{\partial z}{\partial x}$，$\dfrac{\partial z}{\partial y}$.

37. 已知 $\boldsymbol{\alpha}_1=(1,k,5)^T$，$\boldsymbol{\alpha}_2=(1,-3,2)^T$，$\boldsymbol{\alpha}_3=(2,-1,1)^T$，求：
    (1) 当 $k$ 为何值时，向量组 $\boldsymbol{\alpha}_1$，$\boldsymbol{\alpha}_2$，$\boldsymbol{\alpha}_3$ 线性无关；
    (2) 当 $k$ 为何值时，向量组 $\boldsymbol{\alpha}_1$，$\boldsymbol{\alpha}_2$，$\boldsymbol{\alpha}_3$ 线性相关.

38. 设 $A=\begin{bmatrix} 1 & 2 & 1 & 2 \\ 0 & 1 & 1 & 1 \\ 1 & 1 & 0 & 1 \end{bmatrix}$，求齐次线性方程组 $Ax=0$ 的基础解系.

39. 设随机变量 $X$ 服从参数为 $\lambda$ 的泊松分布，且 $P(X=1)=P(X=2)$，求 $X$ 的数学期望 $E(X)$ 和方差 $D(X)$.

40. 设随机变量 $X$ 的分布函数为 $F(x)=\begin{cases} a+\dfrac{b}{1+x^2}, & x>0, \\ c, & x\leq 0, \end{cases}$ 求参数 $a,b,c$ 的值.

### 四、写作：第41~42小题，每小题20分，共40分。其中论证有效性分析20分，论说文20分。

41. 论证有效性分析：分析下述论证中存在的缺陷和漏洞，选择若干要点，写一篇600字左右的文章，对该论证的有效性进行分析和评述。（论证有效性分析的一般要点是：概念及主要概念界定和使用的准确性及前后是否互相矛盾，有无各种明显的逻辑错误，论据是否支持结论，论据的成立条件是否充分。还要注意逻辑结构和语言运用。）

#### 结婚证应当设立有效期

在我们国家，大多数证书都是有有效期的。不要说驾照、营业执照等年年要年审的证书了，连身份证也是有个十年或二十年期更换的规定，然而我们的结婚证书，都是不需要年审、不需要换证的。

我认为结婚证书也应有有效期。新领的，有效期7年；到期后，需重新到民政部门去办理续存手续,续存十年,十年过后,就可不用办续存手续了。为什么呢?

首先,让男女双方能定期审视自己的婚姻生活,通过办理证书续存手续,男女双方能够有机会好好审视一下双方结合以来的得与失,从而问一下自己:我还爱他吗?他还爱我吗?自己的婚姻有没有必要再延续呢?通过审视,就能很好发现自己在上个婚期内有没有亏待过对方,这对今后的婚姻无疑大有益处。

其次,让双方再说一遍"我愿意",提高夫妻各自的责任感,从热恋的激情甜蜜到婚姻中的熟悉平淡,这似乎是大多数情感的必经过程。然而疲惫的情感却容易使婚姻进入"瓶颈"。经过一段时期的婚期考验后,在办理婚姻二次手续时再向对方说一声"我愿意",无疑更显真诚、更显实在、更多理性、更能感动对方,即使以前共同生活中有很多磕磕绊绊,但一句"我愿意"相信可以消除许多误会和猜疑;新婚时说的我愿意,有太多的理想感伤,而一段婚姻后再说的"我愿意",不光更具真情实意,更重要的还具有更强的责任感;你不对我负责,我到期就跟你说再见。

第三,让一些垂死的婚姻自然死亡,减少许多名存实亡的婚姻的存在,降低离婚成本,现在很多家庭,即使双方恐怕已经彻底破裂,却因多种原因而维系着,维系的最主要的原因就是不愿去法院打官司,而通过这种婚姻到期续存,就没必要一定要通过办理离婚手续才可离婚,只要有一方说"我不愿意",就没有婚姻关系了,这样使更多对婚姻抱着"好死不如赖活着"想法的人,能够轻松获得解脱。

(选自《发展外语》(第二版),北京语言大学出版社,2011年)

42. 论说文:根据下述材料,以"延长退休年龄之我见"为题,写一篇不少于600字的论说文。

自从国家拟推出延迟退休政策以来,就受到了社会各界的广泛关注,同时也引起激烈的争论。为什么要延长退休年龄?赞成者说,如果不延长退休年龄,养老金就会出现巨大缺口;另外,中国已经步入老年社会,如果不延长退休年龄,就会出现劳动力紧缺的现象。反对者说,延长退休年龄就是剥夺劳动者应该享受的退休福利,退休年龄的延长意味着领取养老金时间的缩短;另外,退休年龄的延长也会给年轻人就业造成巨大压力。

# 答案速查

## 一、逻辑推理
1～5　　（A）(B)(D)(B)(E)　　　　6～10　　（A）(C)(C)(B)(E)
11～15　（D)(D)(E)(E)(C)　　　　16～20　（E)(E)(C)(E)(D)

## 二、数学单项选择题
21～25　（C)(A)(A)(D)(D)　　　　26～30　（B)(A)(A)(B)(D)

## 三、数学计算题

31. 2

32. $f(0)=0$；$f'(0)=1$

33. $C(x)=x^2+10x+20$

34. 单调递增区间为 $(-\infty,0)$，$(2,+\infty)$；单调递减区间为 $(0,2)$；
    极大值为 5；极小值为 1

35. 0

36. $\dfrac{\partial z}{\partial x}=f'_u \cdot y+f'_v$；$\dfrac{\partial z}{\partial y}=f'_u \cdot x+f'_v \cdot 2y$

37. (1) $k\neq -8$；(2) $k=-8$

38. $\boldsymbol{\xi}_1=(1,-1,1,0)^T$，$\boldsymbol{\xi}_2=(0,-1,0,1)^T$

39. $E(X)=2$；$D(X)=2$

40. $a=1$，$b=-1$，$c=0$

## 四、写作
略

# 答案详解

## 一、逻辑推理

**1.（A）**

【解析】

题干：有的育龄职工违纪超生。

Ⅰ项，等价于：所有的育龄职工都违纪超生，根据"所有→某个→有的"，可知"有的"推不出"所有"，故此项可真可假。

Ⅱ项，"有的"与"有的不"是下反对关系，一真另不定，故此项可真可假。

Ⅲ项，"有的"与"所有不"是矛盾关系，故此项必为假。

## 2.（B）

【解析】

题干中的断定：

Ⅰ项，不一定成立。例如，当只有2个孩子口袋里装有卵石，其中一个装有24块，另一个装有1块时，第一句话为真，而第二句话为假。

Ⅱ项，一定成立。因为，如果每个孩子的口袋中，或者没有卵石，或者至少有5块卵石，那么装有卵石的孩子数目不可能超过5个，否则卵石的总数就会超过25块。

Ⅲ项，不一定成立。例如，当有25个孩子，每人口袋里装有1块卵石时，两句话都是假的。

## 3.（D）

【解析】

题干：性别歧视类案件审理中60%的获胜方为女性 $\xrightarrow{\text{证明}}$ 法官公正。

公正度应该看实际胜诉率与应该胜诉率的比值，而不是仅仅看实际胜诉率。

Ⅰ项和Ⅲ项都说明，在性别歧视类案件中，女性本来的胜诉率应该在60%以上，说明该法官在性别歧视类案件的审理中还是有失公正的。

Ⅱ项不能削弱题干，保持公正很困难，不代表法官有失公正。

## 4.（B）

【解析】

题干：林工程师担任宏达电机厂厂长的三年来，该厂上缴的产值利润连年上升，这在当前国有企业普遍不景气的情况下是非常不易的 $\xrightarrow{\text{证明}}$ 林工程师专业功底扎实，而且非常有企业管理能力。

Ⅰ项，必须假设，搭桥法，建立前提"利润"与结论"林工程师"之间的关系。

Ⅱ项，必须假设，否则，就难以通过"国有企业普遍不景气的情况"说明"该厂上缴的产值利润连年上升"是不易的。

Ⅲ项，必须假设，搭桥法，建立前提"利润"与结论"有企业管理能力"之间的关系。

Ⅳ项，不必假设，题干没有表述"专业功底扎实"与"有企业管理能力"之间的关系。

## 5.（E）

【解析】

$$记忆率 = \frac{记住的广告数}{广告总数} \times 100\%。$$

由第二个事实可知，在一段连续插播的电视广告中，观众记住的是第一个和最后一个，即不论这一段广告中有几个广告，分子总是2；又由第一个事实可知，观众的广告记忆率下降，在分子不变的情况下，说明分母变大，即一段连续播出的电视广告中所出现的广告的平均数量逐渐增加，故（E）项正确。

6. （A）

【解析】

题干：某类黄蜂能够在适合自己后代寄生的各种昆虫的大小不同的虫卵中，注入恰好数量的自己的卵。

Ⅰ项，必然为真，此项指出措施可行，否则，如果此类黄蜂不具备准确区分宿主虫卵大小的能力，它就无法注入恰好数量的卵。

Ⅱ项，不一定为真，因为完全有可能虫卵较大的昆虫数量比虫卵较小的昆虫数量少得多，这样，上述黄蜂就会相对集中在虫卵较小的昆虫聚集区。

Ⅲ项，不一定为真，因为题干不涉及黄蜂注入过多和过少的卵的比较。

7. （C）

【解析】

题干有以下两组信息：

①如果一个儿童体重与身高的比值超过本地区 80% 的儿童的水平，就称其为肥胖儿。

②15 年来，临江市的肥胖儿的数量一直在稳定增长。

由题干信息①可知，肥胖儿数量＝儿童总数×20%；由题干信息②可知，肥胖儿数量稳定增长，由此说明儿童总数稳定增长；

又有：非肥胖儿数量＝儿童总数×80%，故非肥胖儿数量稳定增长，即（C）项正确。

8. （C）

【解析】

题干：去年巴西赤道雨林面积缩小的比例明显低于往年（结果）——证明——→巴西政府保护赤道雨林的努力取得了成效（原因）。

(A)项，不能削弱，题干的论证不涉及去年和往年财政投入的比较。

(B)项，无关选项，阿根廷的赤道雨林面积缩小的情况与巴西的情况无关。

(C)项，另有他因，去年巴西赤道雨林面积缩小的比例低于往年，可能真正原因是在旱季出现了大面积持续降雨，而不是政府保护赤道雨林的努力，可以削弱题干。

(D)项，不能削弱，因为即使巴西用于保护赤道雨林的费用占年度财政支出的比例很小，也无法说明费用不够用或者无效果。

(E)项，无关选项，不涉及题干的论证。

9. （B）

【解析】

题干有以下信息：

①即使小行星撞击地球的概率几乎可以忽略不计，但是由于撞击将带来灾难性的后果，应尽可能降低撞击概率。

②避免撞击的办法是使用核武器摧毁小行星,因此将核武器储存在空间站以备不时之需是有必要的。

(A)项,绝对化,题干指出核武器是阻止小行星撞击地球的方法,但不一定是唯一方法。

(B)项,符合题干信息②。

(C)项,无关选项,由题干无法得知小行星过去是否撞击过地球。

(D)项,题干表示"即使小行星撞击地球的概率几乎可以忽略不计",这是一个让步假设句,并非事实判断,故此项不一定为真。另外,此项只涉及题干的论据,不是题干的推论。

(E)项,无关选项,题干没有涉及使用核武器的其他理由。

10. (E)

【解析】

题干:

①跻身世界强队→基本体能∧科学训练。

②不切实解决这两点,即使临战时拼搏精神发挥得再好,也不可能取得突破性的进展。

题干信息②说明基本体能和科学训练是取得突破性进展的必要条件,即:¬(基本体能∧科学训练)→¬突破性进展,故¬基本体能∨¬科学训练→¬突破性进展,等价于:突破性进展→基本体能∧科学训练。

(A)项,突破性进展→基本体能∧科学训练,符合题干。

(B)项,¬(基本体能∧科学训练)→¬突破性进展,符合题干。

(C)项,¬基本体能∧科学训练→¬突破性进展,符合题干。

(D)项,突破性进展→基本体能∧科学训练,符合题干。

(E)项,基本体能∧科学训练∧拼搏→突破性进展,不符合题干。

11. (D)

【解析】

题干:采用特殊图案的汽车要比普通汽车的被盗率低很多 —证明→ 采用特殊图案会降低汽车在居民区内的被盗率。

要评价题干的论证,需要验证采用这种特殊图案是否是汽车被盗率降低的原因。

(A)项,无关选项,因为题干并没有从警察调查的居民区推广到所有小区,不存在样本问题。

(B)项,无关选项,题干不涉及"白天"的情况。

(C)项,无关选项,题干强调的是驾驶者"不在1~5米"范围内时特殊图案起作用,而不是"在1~5米"范围内时的情况。

(D)项,如果采取了其他措施,那么说明可能是其他措施防止了汽车被盗,削弱题干的论证,否则加强题干的论证。

(E)项,无关选项,题干不涉及"汽车类型"与"汽车被盗"之间的关系。

**12.** (D)

【解析】

由题干中的第 2 个标准可知,候选人的学习成绩为优的占四分之一,又因为候选人的学习成绩必须为优,说明候选人数不能多于本专业学生的四分之一,故(D)项不可能是这次选拔的结果。

其余各项均有可能是这次选拔的结果。

**13.** (E)

【解析】

公司经理:争取到项目→奖励笔记本电脑∨项目提成。

没有兑现承诺,即:争取到项目∧¬(奖励笔记本电脑∨项目提成),等价于:争取到项目∧¬奖励笔记本电脑∧¬项目提成。

即:小张争取到项目,但既没给项目提成,又没奖励笔记本电脑。

(E)项,奖励的是台式电脑,不是笔记本电脑,即小张争取到这个项目,该经理未给他项目提成,也未奖励他笔记本电脑,故该经理没有兑现承诺。

其余各项均未说明该经理没有兑现承诺。

**14.** (E)

【解析】

题干:并非采访到两位学者,即¬(陈∧王),等价于:¬陈∨¬王,即二人至少有一个没采访到。

并非一个也没采访到,即¬(¬陈∧¬王),等价于:陈∨王,即二人至少采访到了一个。

故可知,小白采访到了一位,没有采访到另外一位,即(E)项正确。

**15.** (C)

【解析】

恐龙专家:已经发现的最早的鸟类的化石比最古老的已知的多罗米奥索斯的化石早几千万年 —证明→ 古生物学家关于"鸟类是一群叫作多罗米奥索斯的恐龙的后裔"的声称是错误的。

(A)项,无关选项,恐龙专家观点的依据是化石的时间关系,而本项中的"相似的特征"是古生物学家的观点,与恐龙专家的观点无关。

(B)项,此项可以说明多罗米奥索斯不是鸟类的祖先,但与恐龙专家的意见无关。

(C)项,搭桥法,"已经发现的化石"必须能代表鸟类和多罗米奥索斯的起源时间,否则,就不能根据化石的时间先后来判断两种动物起源的时间先后。故此项必须假设。

(D)项,假设过度,恐龙专家的论述只涉及化石的时间问题,不必要求拥有"完整"的化石知识。

(E)项,说明鸟类可能不是一群叫作多罗米奥索斯的恐龙的后代,削弱古生物学家的观点,但与恐龙专家的意见无关。

**16.**（E）

【解析】

题干有以下论断：

①勇于承担责任→¬逃避，等价于：逃避→¬勇于承担责任。

②¬责任→聘请律师，等价于：¬聘请律师→责任。

③¬聘请律师∧逃避。

根据二难推理公式，由③、②、①可知：责任∧¬勇于承担责任，即他不仅有责任，而且他没有勇气承担责任。故（E）项正确。

**17.**（E）

【解析】

题干：氟化物可以增加骨骼密度 $\xrightarrow{\text{证明}}$ 骨质疏松症患者使用氟化物能够帮助他们强化骨质，降低骨折风险。

（A）项，无关选项，患者是否意识到氟化物的作用与氟化物本身有无作用无关。

（B）项，无关选项，"牙齿健康"与"骨骼健康"不是同一概念。

（C）项，无关选项，"运动以及钙"的作用与"氟化物"的作用无关。

（D）项，措施无恶果，支持题干。

（E）项，说明骨质疏松症患者使用氟化物后无法降低骨折风险，措施达不到目的，削弱题干。

**18.**（C）

【解析】

题干有以下信息：

①为了提高劳动生产率，一些制造业企业优化了生产流程，以达到雇佣更少的装配线工人生产更多产品的目的。

②这些企业因此裁掉了很多员工。

③被裁掉的员工都是那些资历最浅的，一般都是年轻员工。

（A）项，无关选项，题干没有涉及企业对产品设计的更新。

（B）项，无关选项，题干没有涉及企业是否会采纳装配线工人提出的建议。

（C）项，可以推出，因为，企业优化生产流程的目的就是要雇佣更少的装配线工人生产更多的产品，即提高劳动生产率；而期间被裁的员工资历浅且年轻，即提高了劳动力的平均年龄。

（D）项，无关选项，题干只涉及"优化生产流程"一项措施，不涉及"一些创新性措施"。

（E）项，无关选项，题干没有涉及装配线工人完成工作需要何种技能。

**19.**（E）

【解析】

题干：青蛙数量的下降至少部分是由于紫外线辐射的上升导致的。

(A)项，无因有果，削弱题干。

(B)项，无关选项，题干不涉及昆虫数量与青蛙数量的关系。

(C)项，另有他因，说明是杀虫剂的浓度高导致了青蛙数量的下降，削弱题干。

(D)项，采用类比的方法说明海龟的卵有外壳保护从而不受紫外线辐射的影响，海龟数量却依然下降，无因有果，削弱题干。

(E)项，指出将卵藏在石头或沙子下(即不受紫外线辐射)的青蛙种群的数量下降得少，无因无果，支持题干。

**20.** (D)

【解析】

由题干信息可知，小刘仅知道月份，小红仅知道日期。

①小刘说：如果我不知道的话，小红肯定也不知道。

②小红说：刚才我不知道，听小刘一说我就知道了。

③小刘说：哦，那我也知道了。

已知所有月份都有重复，所以小刘在仅知道月份的情况下，一定不知道张老师的生日，由①知小红也不知道张老师的生日。既然小刘确信小红也不知道张老师的生日，说明小刘所知道的月份的每个日期都应该有重复，故月份只能是3月或9月。

由②可知，小红得知3月或9月后，就知道了生日，说明日期在这两个月不能有重复，排除5日。生日为3月4日、3月8日或9月1日。

由③可知，如果生日的月份是3月，3月有两种可能，小刘仅知道3月无法得知生日，因此，排除3月。

故张老师的生日为9月1日，即(D)项正确。

## 二、数学单项选择题

**21.** (C)

【思路点拨】

$f'(x)$相当于对$f(x)$的原函数$F(x)$求二阶导函数.

【解析】由原函数的概念可知$f(x)=(10^x)'=10^x \cdot \ln 10$，则

$$f'(x)=(10^x \cdot \ln 10)'=10^x \cdot (\ln 10)^2=10^x \cdot \ln^2 10.$$

**22.** (A)

【思路点拨】

一阶导数与微分的关系，有$dy=y'dx$，在求解$y'$时要注意复合函数的求导法则.

【解析】$dy\big|_{x=-1}=2xf'(x^2)dx\big|_{x=-1}=-2\times 0.5dx=-dx.$

**23.** (A)

【思路点拨】

本题属于常考题型，熟记$\lim\limits_{h\to 0}\dfrac{f(x_0+ah)-f(x_0+bh)}{h}=\dfrac{ah-bh}{h}f'(x_0)$即可快速做题.

【解析】$\lim\limits_{x\to 0}\dfrac{f(1)-f(1-x)}{2x}=\dfrac{0-(-x)}{2x}f'(1)=\dfrac{1}{2}f'(1)=-1$，则$f'(1)=-2.$

## 24.（D）

**【思路点拨】**

变量替换 $t+a=u$，将 $f(t+a)$ 变成 $f(u)$，再利用牛顿—莱布尼茨公式计算；也可将变量看作 $t+a$，用凑微分法计算．

**【解析】** 方法一：变量替换法．

令 $t+a=u$，则 $\int_a^x f(t+a)\mathrm{d}t = \int_{2a}^{x+a} f(u)\mathrm{d}u$．

由牛顿—莱布尼茨公式，可得 $\int_{2a}^{x+a} f(u)\mathrm{d}u = F(u)\Big|_{2a}^{x+a} = F(x+a)-F(2a)$．

方法二：凑微分法．

$$\int_a^x f(t+a)\mathrm{d}t = \int_a^x f(t+a)\mathrm{d}(t+a) = F(t+a)\Big|_a^x = F(x+a)-F(2a).$$

## 25.（D）

**【思路点拨】**

已知 $f(x)$ 连续，$u(x)$ 可导，则 $\left[\int_a^{u(x)} f(t)\mathrm{d}t\right]' = f[u(x)]\cdot u'(x)$．

**【解析】** 由变上限积分和复合函数的求导公式，可得

$$F'(x) = \ln(1+\sin x)\cdot (\sin x)' = \cos x \cdot \ln(1+\sin x).$$

## 26.（B）

**【思路点拨】**

若可导函数 $f(x)$ 在 $x_0$ 处可导，且在 $x_0$ 处取得极值，则 $x_0$ 一定是其驻点，且 $f'(x_0)=0$．

**【解析】** 由题意可知 $y(2)=4+2a+b=-3$，且 $y'(2)=4+a=0$，所以 $a=-4$，$b=1$．

## 27.（A）

**【思路点拨】**

已知行列式 $D_1$，求未知行列式 $D_2$，一般会利用行列式的性质对 $D_2$ 进行化简，得出 $D_1$ 和 $D_2$ 之间的关系式．本题用到的性质有

(1) 把行列式某一行(列)的倍数加到另一行(列)，行列式不变；

(2) 行列式一行(列)的公因子可以提到行列式符号的前面．

**【解析】** 由行列式的性质可知

$$\begin{vmatrix} a_{11} & a_{13}-3a_{12} & a_{13} \\ a_{21} & a_{23}-3a_{22} & a_{23} \\ a_{31} & a_{33}-3a_{32} & a_{33} \end{vmatrix} = \begin{vmatrix} a_{11} & -3a_{12} & a_{13} \\ a_{21} & -3a_{22} & a_{23} \\ a_{31} & -3a_{32} & a_{33} \end{vmatrix} = -3\begin{vmatrix} a_{11} & a_{12} & a_{13} \\ a_{21} & a_{22} & a_{23} \\ a_{31} & a_{32} & a_{33} \end{vmatrix} = -3.$$

## 28.（A）

**【思路点拨】**

矩阵 $A$ 不满秩 $\Leftrightarrow$ 矩阵 $A$ 不可逆；$n$ 阶方阵 $A$ 可逆的充要条件是 $|A|\neq 0$．

【解析】由 $r(\boldsymbol{A})=2<3$，可知矩阵 $\boldsymbol{A}$ 不可逆，故 $|\boldsymbol{A}|=0$，可得 $t=2$.

**29.** （B）

【思路点拨】

古典概型的特点是：所涉及的随机现象只有有限个元素；每个基本事件发生的可能性相等．

其计算方法为 $P(A)=\dfrac{A\text{ 中基本事件的个数 }k}{\Omega\text{ 中基本事件的总数 }n}$.

【解析】基本事件的总数为 $C_4^2$；满足 $X=4$ 的基本事件个数为 $C_3^1$（其中一球号码是 4，另一球号码是 1，2，3 中的任意一个），则 $P\{X=4\}=\dfrac{C_3^1}{C_4^2}=0.5$.

**30.** （D）

【思路点拨】

(1)熟记常见的连续型分布的表示方法、期望和方差．本题中 $X\sim N(1,4)$ 表示 $X$ 服从正态分布，$E(X)=\mu=1$，$D(X)=\sigma^2=4$；$Y\sim U(0,4)$ 表示 $Y$ 在区间 $(0,4)$ 上服从均匀分布，$E(Y)=2$，$D(Y)=\dfrac{4}{3}$.

(2)$X$ 与 $Y$ 相互独立，则 $D(aX\pm bY)=a^2D(X)+b^2D(Y)$.

【解析】由于 $X$ 与 $Y$ 相互独立，所以

$$D(2X-3Y)=4D(X)+9D(Y)=4\times 4+9\times \dfrac{4}{3}=28.$$

### 三、数学计算题

**31.** 【思路点拨】

(1)函数 $f(x)$ 在点 $x=0$ 处连续 $\Leftrightarrow \lim\limits_{x\to 0^-}f(x)=\lim\limits_{x\to 0^+}f(x)=f(0)$.

(2)在计算过程中常使用等价无穷小：当 $x\to 0$ 时，$e^{\sin x}-1\sim \sin x\sim x$，$\tan\dfrac{x}{2}\sim \dfrac{x}{2}$.

【解析】由题意，可知

$$\lim_{x\to 0^-}f(x)=\lim_{x\to 0^-}ae^{2x}=a=f(0),$$

$$\lim_{x\to 0^+}f(x)=\lim_{x\to 0^+}\dfrac{e^{\sin x}-1}{\tan\dfrac{x}{2}}=\lim_{x\to 0^+}\dfrac{\sin x}{\dfrac{x}{2}}=2.$$

因为 $f(x)$ 在 $x=0$ 处连续，所以 $\lim\limits_{x\to 0^-}f(x)=\lim\limits_{x\to 0^+}f(x)=f(0)$，即 $a=2$.

**32.** 【思路点拨】

已知当 $x\to x_0$ 时，函数的极限值存在，若分母的极限值为 0，则分子的极限值也必为 0.

【解析】$2=\lim\limits_{x\to 0}\left[\dfrac{\sin x}{x}+\dfrac{f(x)}{x}\right]=\lim\limits_{x\to 0}\dfrac{\sin x}{x}+\lim\limits_{x\to 0}\dfrac{f(x)}{x}=1+\lim\limits_{x\to 0}\dfrac{f(x)}{x}$，则 $\lim\limits_{x\to 0}\dfrac{f(x)}{x}=1$，由于函数极限存在，且分母极限为 0，故 $\lim\limits_{x\to 0}f(x)=0$，因为 $f(x)$ 在 $x=0$ 处连续，所以 $f(0)=0$.

由导数的定义知，$f'(0)=\lim\limits_{x\to 0}\dfrac{f(x)-f(0)}{x-0}=\lim\limits_{x\to 0}\dfrac{f(x)}{x}=1$.

**33.**【思路点拨】

直接对边际成本函数求积分，再结合初值条件（固定成本）即可求出总成本函数．

【解析】$C(x)=C(0)+\int_0^x C'(t)\mathrm{d}t=20+\int_0^x (2t+10)\mathrm{d}t=x^2+10x+20$.

**34.**【思路点拨】

(1)先求出导函数，然后根据导函数在不同区间的正负性来确定函数的单调区间和极值点．

(2)如果函数为连续函数，可以直接令 $y'>0$ 或 $y'<0$ 求出单调区间，借此判断极值点；如果函数存在间断点，为防止出错，最好列表计算（例如 2011 年第 31 题）．

(3)左增右减为极大，左减右增为极小．

【解析】令 $y'=3x^2-6x>0$，解得 $x<0$ 或 $x>2$.

故 $y$ 的单调递增区间为 $(-\infty,0)$，$(2,+\infty)$；单调递减区间为 $(0,2)$.

$y$ 在 $x=0$ 处取极大值，且 $y(0)=5$；$y$ 在 $x=2$ 处取极小值，且 $y(2)=1$.

**35.**【思路点拨】

当定积分中出现了未知函数的导函数时，一般借助微分的运算法则 $xf'(x)\mathrm{d}x=x\mathrm{d}f(x)$，通过分部积分法计算．

【解析】$\int_0^2 xf'(x)\mathrm{d}x=\int_0^2 x\mathrm{d}f(x)=xf(x)\Big|_0^2-\int_0^2 f(x)\mathrm{d}x=4-4=0$.

**36.**【思路点拨】

如果 $z=f(u,v)=f[\varphi(x,y),\psi(x,y)]$，则

$$\dfrac{\partial z}{\partial x}=\dfrac{\partial f}{\partial u}\dfrac{\partial u}{\partial x}+\dfrac{\partial f}{\partial v}\dfrac{\partial v}{\partial x},\quad \dfrac{\partial z}{\partial y}=\dfrac{\partial f}{\partial u}\dfrac{\partial u}{\partial y}+\dfrac{\partial f}{\partial v}\dfrac{\partial v}{\partial y}.$$

【解析】由复合函数求导法则，可知 $\dfrac{\partial z}{\partial x}=f'_u\cdot y+f'_v$；$\dfrac{\partial z}{\partial y}=f'_u\cdot x+f'_v\cdot 2y$.

**37.**【思路点拨】

$n$ 个 $n$ 维向量线性无关的充要条件是这 $n$ 个 $n$ 维向量组成的方阵可逆，可用方阵的行列式不为零来判断．

【解析】$|\boldsymbol{\alpha}_1,\boldsymbol{\alpha}_2,\boldsymbol{\alpha}_3|=\begin{vmatrix} 1 & 1 & 2 \\ k & -3 & -1 \\ 5 & 2 & 1 \end{vmatrix}=3k+24$.

(1)若向量组 $\boldsymbol{\alpha}_1,\boldsymbol{\alpha}_2,\boldsymbol{\alpha}_3$ 线性无关，则 $3k+24\neq 0$，即 $k\neq -8$.

(2)若向量组 $\boldsymbol{\alpha}_1,\boldsymbol{\alpha}_2,\boldsymbol{\alpha}_3$ 线性相关，则 $3k+24=0$，即 $k=-8$.

**38.**【思路点拨】

求齐次线性方程组基础解系的一般步骤：

(1)将系数矩阵进行初等行变换化为阶梯形；

(2)选定自由变量，依次取其中的一个自由变量不为0(一般取1)，其余的全取0，求出对应的齐次线性方程组的解向量；

(3)所有的解向量即构成齐次线性方程组的基础解系．

【解析】对系数矩阵 $A$ 作初等行变换化为阶梯形，即 $A \to \begin{pmatrix} 1 & 0 & -1 & 0 \\ 0 & 1 & 1 & 1 \\ 0 & 0 & 0 & 0 \end{pmatrix}$.

选 $x_3$ 和 $x_4$ 为自由变量，令 $x_3=1$，$x_4=0$，则 $x_1=1$，$x_2=-1$；

令 $x_3=0$，$x_4=1$，则 $x_1=0$，$x_2=-1$；

所以 $Ax=0$ 的基础解系为 $\xi_1=(1,-1,1,0)^T$，$\xi_2=(0,-1,0,1)^T$.

**39.**【思路点拨】

若随机变量 $X$ 服从参数为 $\lambda$ 的泊松分布，则

$$P\{X=k\}=\frac{\lambda^k}{k!}e^{-\lambda}, \quad k=0,1,2,\cdots,$$

且 $E(X)=D(X)=\lambda$.

【解析】因为 $P\{X=1\}=P\{X=2\}$，所以 $\lambda e^{-\lambda}=\frac{\lambda^2}{2}e^{-\lambda}$，解得 $\lambda=2$.

由泊松分布的数字特征，可知 $E(X)=D(X)=\lambda=2$.

**40.**【思路点拨】

分布函数 $F(x)$ 有三条基本性质：

(1)单调性，即对任意的 $x_1<x_2$，有 $F(x_1)\leqslant F(x_2)$；

(2)有界性，即对任意的 $x$，有 $0\leqslant F(x)\leqslant 1$，且 $\lim\limits_{x\to-\infty}F(x)=0$，$\lim\limits_{x\to+\infty}F(x)=1$；

(3)右连续性，即对任意的 $x_0$，有 $\lim\limits_{x\to x_0^+}F(x)=F(x_0)$.

【解析】由分布函数的性质 $\lim\limits_{x\to-\infty}F(x)=0$ 和 $\lim\limits_{x\to+\infty}F(x)=1$，可得 $c=0$，$a=1$.

再由分布函数的右连续性 $\lim\limits_{x\to 0^+}F(x)=F(0)$，可得 $a+b=c=0$，所以 $b=-1$.

故 $a=1$，$b=-1$，$c=0$.

## 四、写作

**41. 论证有效性分析**

【谬误分析】

①由"驾照、营业执照、身份证有有效期"无法有效推出"结婚证书也应有有效期"的结论。驾照、营业执照、身份证的性质和规范对象，与结婚证的性质和规范对象是有着本质区别的，此处存在类比不当的嫌疑。

②"审视"未必能"发现自己在上个婚期内有没有亏待过对方"，就算发现了，也不代表能转化成实际的行动，更无法得出"这对今后的婚姻无疑大有益处"的结论。

③结婚证设置有效期，未必能"提高夫妻各自的责任感"，也可能会使人走向相反的方面：反正一段时间之后结婚证有效期就到了，我干吗付出那么多？

④"在办理婚姻二次手续时再向对方说一声'我愿意'"，未必更理性、更能感动对方。生活中的磕磕绊绊，可能是性格原因，也可能是消费观念不同，也可能是对孩子的教育理念不同，这些不同，不是一句"我愿意"就能解决的。

⑤把很多家庭没有离婚的原因，归结于"不愿意打官司"，值得商榷。孩子问题、经济问题等多种原因，可能都是维系家庭的原因。

参考范文

### 结婚证应当设立有效期吗？

上述论证通过一系列分析，试图论证"结婚证应当设立有效期"。然而其论证过程存在多处不妥，分析如下：

第一，由"驾照、营业执照、身份证有有效期"无法有效推出"结婚证书也应有有效期"的结论。驾照、营业执照、身份证的性质和规范对象，与结婚证的性质和规范对象是有着本质区别的，此处存在类比不当的嫌疑。

第二，"通过审视"未必"就能很好发现自己在上个婚期内有没有亏待过对方"，也无法得出"这对今后的婚姻无疑大有益处"的结论。因为，由于人的自利性倾向，可能这种"审视"看到的更多的是对方的错误；即使发现了自己的问题，也不代表能改变自己的行为。因此，也不见得"对今后的婚姻无疑大有益处"。

第三，在办理婚姻二次手续时再向对方说一声"我愿意"，未必更理性、更能感动对方。生活中的磕磕绊绊，可能是性格原因，也可能是消费观念不同，也可能是对孩子的教育理念不同，这些不同，不是一句"我愿意"就能解决的。

第四，结婚证设置有效期，未必能"提高夫妻各自的责任感"，也可能会使人走向相反的方面：反正一段时间之后结婚证有效期就到了，我干吗付出那么多？

最后，材料把很多家庭没有离婚的原因，归结于"不愿意打官司"，值得商榷。孩子问题、经济问题等多种原因，可能都是维系家庭的原因。仅仅给结婚证设立一个有效期，很难解决这么多问题，当然更难以"轻松获得解脱"。

综上所述，论述者的证据无法充分证明"结婚证应当设立有效期"这一结论。

（全文共601字）

42. 论说文

【参考立意】

①支持延长退休年龄。

②反对延长退休年龄。

## 延长退休年龄之我见

### 吕建刚

是否应当延长退休年龄？社会各界众说纷纭。我认为，应该延长退休年龄，理由有以下四点：

首先，延迟退休是由我们的人口状况决定的。我国现行的退休年龄是20世纪50年代确立的，那时候人的预期寿命才60多岁，女性50岁退休，她领养老金也就十几年的时间。现在的女性，特别是大城市女性的预期寿命已经80多岁了，她如果50岁退休，相当于领养老金的时间会超过了她工作的时间，这个社会是不可持续的，所以必须要延迟退休年龄。

其次，我国已经进入老龄化社会，劳动力供给越来越少，50~60岁的人，按现在的标准来看是非常年轻的，过早地退休，在浪费劳动力。有人说，现在不是放开二胎了吗？这样不就解决老龄化问题了吗？这种想法很美好，但是不太可能实现，因为你放眼一看周边地区，没有计划生育的国家都在老龄化。所以，既然老龄化无法避免，那么延迟退休也是必然的选择。

再次，延迟退休可以充分利用人力资源。有些工作，年龄越大越能体现出他的价值。比如教授、医生、高级管理人员、高级工程人员等。还有一些工作，让年轻人干是浪费，比如门卫、清洁工。

最后，延迟退休，可以减轻企业的负担。有人说，年龄大的员工退休了，企业就不用为他交社保了，这不正好减轻了企业的负担吗？其实，只要你这个岗位有需求，有人退休就得有人进入，还是没有减轻企业负担。而退休养老的人增多，年限变长，政府必然提高税负或者增加社保交纳比例，这样就增加了企业的负担。所以，延迟退休，可以减轻企业负担。

综上所述，延长退休年龄，已经箭在弦上，不得不发，让我们伸开双臂，迎接它的到来吧。

(全文共645字)

## 延长退休年龄之我见

吕建刚

延长退休年龄有利有弊,但细细权衡,我认为延迟退休弊大于利,理由如下:

第一,延迟退休会增大就业压力。据社会科学文献出版社发布的《人力资源蓝皮书》统计,我国城镇每年需要就业的人口超过2 400万人,而新增就业岗位只有1 200万左右,劳动力市场供大于求的现象十分严重。如果延迟退休,则会进一步减少就业岗位的供给,会使更多的人面临失业,可能会造成更多的青壮年失业,形成人力资源的严重浪费。

第二,延迟退休可能会加重企业负担。虽然老年劳动者具有更为丰富的劳动经验,但不可否认的是,随着年龄的增长,老年人不可避免地面临体力、精力和创新能力的下降。一般而言,老年劳动者的工作效率要低于青壮年劳动者。如果政府强令延长退休年龄,就会造成企业职工平均年龄增大、平均劳动生产率下降,从而造成企业盈利水平下降、加重企业负担。

第三,延迟退休并不能从根本上解决当前养老金的缺口问题。的确,退休年龄每提高一年,养老金可以增收40亿元,可以减支160亿元。但是,据《中国养老保险基金测算与管理》课题组的测算,中国社会养老保险个人账户的空缺以每年1 000多亿元的规模在扩大。面对如此庞大的缺口,延长退休年龄不能从根本上解决问题,需要想其他更好的办法。

总之,延迟退休年龄虽然有一些收益,但其弊端难以忽视,在解决这些问题之前,延迟退休年龄应该缓行。

(全文共552字,数据及部分素材引自《经济观察报》)

绝密★启用前

# 2015年全国硕士研究生招生考试
# 经济类综合能力试题

（科目代码：396）

考试时间：8：30—11：30

## 考生注意事项

1. 答题前，考生须在试题册指定位置上填写考生姓名和考生编号；在答题卡指定位置上填写报考单位、考生姓名和考生编号，并涂写考生编号信息点。
2. 选择题的答案必须涂写在答题卡相应题号的选项上，非选择题的答案必须书写在答题卡指定位置的边框区域内。超出答题区域书写的答案无效；在草稿纸、试题册上答题无效。
3. 填（书）写部分必须使用黑色字迹签字笔或者钢笔书写，字迹工整、笔迹清楚；涂写部分必须使用2B铅笔填涂。
4. 考试结束，将答题卡和试题册按规定交回。

| 考生编号 | | | | | | | | | | | | | | | |
|---|---|---|---|---|---|---|---|---|---|---|---|---|---|---|---|
| 考生姓名 | | | | | | | | | | | | | | | |

一、**逻辑推理**：第 1~20 小题，每小题 2 分，共 40 分。下列每题给出的（A）、（B）、（C）、（D）、（E）五个选项中，只有一个选项是最符合试题要求的。

1. 一个有效三段论的小项在结论中不周延，除非它在前提中周延。

   以下哪项与上述断定含义相同？

   (A) 如果一个有效三段论的小项在前提中周延，那么它在结论中也周延。
   (B) 如果一个有效三段论的小项在前提中不周延，那么它在结论中周延。
   (C) 如果一个有效三段论的小项在结论中不周延，那么它在前提中周延。
   (D) 如果一个有效三段论的小项在结论中周延，那么它在前提中也周延。
   (E) 如果一个有效三段论的小项在结论中不周延，那么它在前提中也不周延。

2. 美国人汤姆最近发明了永动机。

   如果上述断定为真，则以下哪项一定为真？

   (A) 由于永动机违反科学原理，故上述断定不可能为真。
   (B) 所有的美国人都没有发明永动机。
   (C) 有的美国人没有发明永动机。
   (D) 有的美国人发明了永动机。
   (E) 发明永动机的只有美国人。

3. 甲：今天早上我在开车上班的途中，被一个警察拦住，他给我开了超速处罚单。当时在我周围有许多其他的车开得和我的车一样快，所以很明显那个警察不公正地对待我。

   乙：你没有被不公正地对待。因为很明显那个警察不能拦住所有超速的司机。在那个时间、那个地点所有超速的人被拦住的可能性都是一样的。

   下面哪一条原则如果正确，会最有助于证明乙的立场是合理的？

   (A) 如果在某一特定场合，所有那些违反同一交通规则的人因违反它而受到惩罚的可能性都是一样的，那么这些人中不管是谁那时受到了惩罚，法律对他来说都是公平的。
   (B) 隶属于交通法的处罚不应该作为对违法的惩罚，而应作为对危险驾车的威慑而存在。
   (C) 隶属于交通法的处罚应对所有违反那些法律的人实施惩罚，并且仅对那些人实施。
   (D) 根本不实施交通法要比仅在它适用的人中的一些人身上实施更公平一些。
   (E) 在实施交通法时，公平不是靠所有的违法者都有相同的被惩罚概率来保证，而是靠以相同程度的力度处罚所有已知的违法者来担保。

4. 大嘴鲈鱼只在有鲦鱼出现的河中且长有浮藻的水域里生活。漠亚河中没有大嘴鲈鱼。

   从上述断定能得出以下哪项结论？

   Ⅰ. 鲦鱼只在长有浮藻的河中才能被发现。
   Ⅱ. 漠亚河中既没有浮藻，又发现不了鲦鱼。
   Ⅲ. 如果在漠亚河中发现了鲦鱼，则其中肯定不会有浮藻。

   (A) 只有Ⅰ。　　　　　　　(B) 只有Ⅱ。　　　　　　　(C) 只有Ⅲ。
   (D) 只有Ⅰ和Ⅱ。　　　　　(E) Ⅰ、Ⅱ和Ⅲ都不能得出。

5. 新学年开学伊始,有些新生刚入学就当上了校学生会干部。在奖学金评定中,所有宁夏籍的学生都申请了本年度的甲等奖学金,所有校学生会干部都没有申请本年度的甲等奖学金。

如果上述断定为真,则以下哪项有关断定也必定为真?

(A)所有的新生都不是宁夏人。

(B)有些新生申请了本年度的甲等奖学金。

(C)并非所有宁夏籍的学生都是新生。

(D)有些新生不是宁夏人。

(E)有些校学生会干部是宁夏人。

6. 去年4月,股市出现了强劲反弹,某证券部通过对该部股民持仓品种的调查发现,大多数经验丰富的股民都买了小盘绩优股,所有年轻的股民都选择了大盘蓝筹股,而所有买小盘绩优股的股民都没有买大盘蓝筹股。

如果上述断定为真,则以下哪项关于该证券部股民的调查结果也必定为真?

Ⅰ. 有些年轻的股民是经验丰富的股民。

Ⅱ. 有些经验丰富的股民没买大盘蓝筹股。

Ⅲ. 年轻的股民都没买小盘绩优股。

(A)仅Ⅰ。　　　　　　(B)仅Ⅰ和Ⅱ。　　　　　　(C)仅Ⅱ和Ⅲ。

(D)仅Ⅰ和Ⅲ。　　　　(E)Ⅰ、Ⅱ和Ⅲ。

7. 太阳风中的一部分带电粒子可以到达M星表面,将足够的能量传递给M星表面粒子,使后者脱离M星表面,逃逸到M星大气中。为了判定这些逃逸的粒子,科学家们通过三个实验获得了如下信息:

实验一:或者是X粒子,或者是Y粒子。

实验二:或者不是Y粒子,或者不是Z粒子。

实验三:如果不是Z粒子,就不是Y粒子。

根据上述三个实验,以下哪项一定为真?

(A)这种粒子是X粒子。

(B)这种粒子是Y粒子。

(C)这种粒子是Z粒子。

(D)这种粒子不是X粒子。

(E)这种粒子不是Z粒子。

**8~9题基于以下题干:**

一般人认为,广告商为了吸引顾客会不择手段。但广告商并不都是这样。最近,为了扩大销路,一家名为《港湾》的家庭类杂志改名为《炼狱》,主要刊登暴力与色情内容。结果,原先《港湾》杂志的一些常年广告客户拒绝续签合同,转向其他刊物。这说明这些广告商不只考虑经济效益,而且顾及道德责任。

8. 以下各项如果为真,都能削弱上述论证,除了:

(A)《炼狱》杂志所登载的暴力与色情内容在同类杂志中较为节制。

(B)刊登暴力与色情内容的杂志通常销量较高,但信誉度较低。

(C)上述拒绝续签合同的广告商主要推销家居商品。

(D)改名后的《炼狱》杂志的广告费比改名前提高了数倍。

(E)《炼狱》因登载虚假广告被媒体曝光，一度成为新闻热点。

9. 以下哪项如果为真，最能加强题干的论证？

(A)《炼狱》的成本与售价都低于《港湾》。

(B)上述拒绝续签合同的广告商在转向其他刊物后效益未受影响。

(C)家庭类杂志的读者一般对暴力与色情内容不感兴趣。

(D)改名后《炼狱》杂志的广告客户并无明显增加。

(E)一些在其他家庭杂志做广告的客户转向《炼狱》杂志。

10. 每克精制糖所含的热量和每克直接取自水果、蔬菜的普通蔗糖所含的热量几乎没什么区别。因此，如果就是为了获得维持体能需要的热量，则不必专门选择由精制糖而不是由蔗糖制作的食品。

以下哪项如果为真，能削弱上述论证？

Ⅰ．人工食品的含糖比例并不一样。

Ⅱ．糖并不是人工食品中所含热量的唯一来源。

Ⅲ．蔗糖含有精制糖所没有的许多营养素。

(A)只有Ⅰ。　　　　　(B)只有Ⅱ。　　　　　(C)只有Ⅲ。
(D)只有Ⅰ和Ⅱ。　　　(E)Ⅰ、Ⅱ和Ⅲ。

11. 1970年，U国汽车保险业的赔付总额中，只有10%用于赔付汽车事故造成的人身伤害。而2000年，这部分赔付金所占的比例上升到50%，尽管这30年来U国的汽车事故率呈逐年下降的趋势。

以下哪项如果为真，最有助于解释上述看起来矛盾的现象？

(A)这30年来，U国汽车的总量呈逐年上升的趋势。

(B)这30年来，U国的医疗费用显著上升。

(C)2000年U国的交通事故数量明显多于1970年。

(D)2000年U国实施的交通法规比1970年的更为严格。

(E)这30年来，U国汽车保险金的上涨率明显高于此期间的通货膨胀率。

12. 有90个病人，都患难治疾病T且都服用过同样的常规药物。这些病人被分为人数相等的两组：第一组服用一种用于治疗T的实验药物W素；第二组服用不含有W素的安慰剂。10年后的统计显示，两组都有44人死亡。因此，这种实验药物是无效的。

以下哪项如果为真，最能削弱上述论证？

(A)在上述死亡的病人中，第二组的平均死亡年份比第一组早两年。

(B)在上述死亡的病人中，第二组的平均寿命比第一组小两岁。

(C)在上述活着的病人中，第二组的比第一组的病情更严重。

(D)在上述活着的病人中，第二组的比第一组的更年长。

(E)在上述活着的病人中，第二组的比第一组的更年轻。

13. 一项对腐败的检查为我们提供了否决可构建一门严格社会科学的依据。就像所有其他包含蓄意隐秘的社会现象一样，测量腐败本质上是不可能的，并且这不仅仅是由于社会科学目前还没有达到开发出充分的定量技术这个一定可以达到的目标。如果人们愿意回答有关他们贪污受贿的问题，则意味着，这些做法就已经具有合法的、应征税的特征，就不再是腐败了。换言之，如果腐败能被测量，那它一定会消失。

下面哪一项最准确地陈述了上述论证作者必须做出的一个隐含假设？

(A)有些人认为可以构建一门严格的社会科学。
(B)一门严格科学的首要目的是量化并测量现象。
(C)包含有蓄意隐秘的社会现象的一个本质特征是它们不可能被测量。
(D)不可能构建一门研究包含蓄意隐秘的社会现象的严格科学。
(E)只有当所研究的现象能够被测量时，才可能构建一门相关的严格科学。

14. 市长：当我们5年前重组城市警察部门以节省开支时，批评者们声称重组会导致警察对市民责任心降低，会导致犯罪增长。警察局整理了重组那年以后的偷盗统计资料，结果表明批评者们是错误的，包括小偷小摸在内的各种偷盗报告普遍地减少了。

下列哪一项如果正确，最能削弱市长的论述？

(A)当城市警察局被认为不负责时，偷盗的受害者们不愿向警察报告偷盗事故。
(B)市长的批评者们认为警察局关于犯罪报告的统计资料是关于犯罪率的最可靠的有效数据。
(C)在进行过类似警察部门重组的其他城市里，报告的偷盗数目在重组后一般都上升了。
(D)市长对警察系统的重组所节省的钱比预期目标要少。
(E)在重组之前的5年中，与其他犯罪报告相比，各种偷盗报告的数目节节上升。

15. 某工厂从国外引进了一套自动质量检验设备。开始使用该设备的5月份和6月份，产品的质量不合格率由4月份的0.04%分别提高到0.07%和0.06%。因此，使用该设备对减少该厂的不合格产品进入市场起到了重要的作用。

上述论证基于以下哪项假设？

(A)上述设备检测为不合格的产品中，没有一件事实上合格。
(B)上述设备检测为合格的产品中，没有一件事实上不合格。
(C)4月份检测为合格的产品中，至少有一些事实上不合格。
(D)4月份检测为不合格的产品中，至少有一些事实上合格。
(E)上述设备是国内目前同类设备中最先进的。

**16~17题基于以下题干：**

山奇是一种有降血脂特效的野花，它数量特别稀少，正濒临灭绝。但是，山奇可以通过和雏菊的花粉自然杂交产生山奇—雏菊杂交种子。因此，在山奇尚存的地域内应当大量地人工培育雏菊。虽然这种杂交品种会失去父本或母本的一些重要特征，例如不再具有降血脂的特效，但这是避免山奇灭绝的几乎唯一的方式。

16. 如果上述论证成立，最能说明以下哪项原则成立？

(A)为了保护一个濒临灭绝的物种，即使使用的方法会对另一个物种产生负面影响，也是应当的。
(B)保存一个物种本身就是目的，至于是否能保存该物种的所有特性则无关紧要。
(C)改变一个濒临灭绝的物种的类型，即使这种改变会使它失去一些重要的特征，也比这个物种的完全灭绝要好。
(D)在两个生存条件激烈竞争的物种中，只保存其中的一个，也比两个同时灭绝要好。
(E)保存一个有价值的物种，即使这种保存是个困难的过程，也比接受这个物种的一个没有什么价值的替代品要好。

17. 上述论证依赖于以下哪项假设？
    Ⅰ．只有人工培育的雏菊才能和山奇自然杂交。
    Ⅱ．在山奇尚存的地域内没有野生雏菊。
    Ⅲ．山奇－雏菊杂交种子具有繁衍后代的能力。
    (A)仅Ⅰ。　　　　　　　　(B)仅Ⅱ。　　　　　　　　(C)仅Ⅲ。
    (D)仅Ⅱ和Ⅲ。　　　　　　(E)Ⅰ、Ⅱ和Ⅲ。

18. 某辩论赛结束后，七个评委投票决定一名最佳辩手。对任一评委，他或她投辩手小孙的票，这是可能的。因此，所有的评委都投小孙的票，这也是可能的。
    以下哪项对上述论证的评价最为恰当？
    (A)上述论证成立。
    (B)上述论证有漏洞：没有陈述任一评委可能投小孙票的理由。
    (C)上述论证有漏洞：把可能性混同于必然性。
    (D)上述论证有漏洞，这一漏洞也出现在下述论证中：七名评委投票决定一名最佳辩手。对任一评委，他或她投辩手小孙的票，这是可能的。因此，有一名辩手得票最多，这是必然的。
    (E)上述论证有漏洞，这一漏洞也出现在下述论证中：在七名辩手中要产生一名最佳辩手。任一辩手都有可能当选。因此，所有辩手都当选，这是可能的。

19. 一个密码破译员截获了一份完全由阿拉伯数字组成的敌方传递军事情报的密码，并且确悉密码中每个阿拉伯数字表示且只表示一个英文字母。
    以下哪项是最无助于破译这份密码的？
    (A)知道英语中元音字母出现的频率。
    (B)知道英语中两个元音字母结合在一起出现的频率。
    (C)知道英语中绝大多数军事专用词汇。
    (D)知道密码中奇数数字相对于偶数数字的出现频率接近于英语中R相对E的出现频率。
    (E)知道密码中的数字3表示英文字母K。

20. 人的脑细胞总数逾300亿个，参与人的正常智力活动的仅是其中的一小部分。要有效地开发青少年的智力，有两个必要条件：第一，必须使他们勤于思考，这样才能激活更多的脑细胞；第二，必须使他们摄入足够的脑细胞生长所需要的营养素，这样才能促进脑细胞的正常分裂。"125健脑素"具有青少年大脑发育所需要的各种营养素。据在全国范围内对服用该营养品的约10万名青少年的调查显示，"125健脑素"对促进青少年的大脑健康发育并继而有利于开发他们的智力，具有无可争议的作用。
    如果上述断定是真的，则以下有关一群小学生的推断中，哪项成立？
    Ⅰ．张泉勤于思考并服用了足量的"125健脑素"，因此，他的智力一定得到了有效的开发。
    Ⅱ．李露的智力得到了有效的开发但未服用"125健脑素"，因此，他一定勤于思考。
    Ⅲ．王琼勤于思考但智力并未得到有效的开发，因此，他一定没有摄入足够的脑细胞生长所需要的营养素。
    (A)仅Ⅰ。　　　　　　　　(B)仅Ⅱ。　　　　　　　　(C)仅Ⅲ。
    (D)仅Ⅱ和Ⅲ。　　　　　　(E)Ⅰ、Ⅱ和Ⅲ。

二、**数学单项选择题**：第 21～30 小题，每小题 2 分，共 20 分。下列每题给出的（A）、（B）、（C）、（D）四个选项中，只有一个选项是最符合试题要求的。

21. 函数 $f(x)$ 可导，$f'(2)=3$，则 $\lim\limits_{x\to 0}\dfrac{f(2-x)-f(2)}{3x}=$（　　）.

    (A) $-1$　　　　　　(B) $0$　　　　　　(C) $1$　　　　　　(D) $2$

22. 已知 $d(x\ln x)=f(x)dx$，则 $\int f(x)dx=$（　　）.

    (A) $x\ln x$　　　　　　　　　　　　　　(B) $1+x\ln x$

    (C) $x\ln x+C$（$C$ 为任意常数）　　　(D) $x^2+C$（$C$ 为任意常数）

23. $\dfrac{d}{dx}\int_0^{x^2}\sin t\,dt=$（　　）.

    (A) $\sin x$　　　　(B) $\sin x^2$　　　　(C) $2x\sin x^2$　　　　(D) $2x\cos x^2$

24. 已知 $\int_{-1}^{3}f(x)dx=3$，$\int_0^3 f(x)dx=2$，则 $\int_0^{-1}f(x)dx=$（　　）.

    (A) $-1$　　　　　　(B) $0$　　　　　　(C) $1$　　　　　　(D) $2$

25. $y=f(x)$ 是由方程 $x^2y^2+y=1(y>0)$ 确定的，则 $y=f(x)$ 的驻点为（　　）.

    (A) $x=0$　　　　(B) $x=1$　　　　(C) $x=0$ 和 $1$　　　　(D) 不存在

26. 已知 $f(x+y,x-y)=x^2-y^2$ 对于任意的 $x$ 和 $y$ 都成立，则 $\dfrac{\partial f(x,y)}{\partial x}+\dfrac{\partial f(x,y)}{\partial y}=$（　　）.

    (A) $2x-2y$　　　　(B) $2x+2y$　　　　(C) $x+y$　　　　(D) $x-y$

27. $F(x)=\begin{cases}0, & x\leqslant 0,\\ \dfrac{x}{2}, & 0<x\leqslant 1,\\ 1, & x>1\end{cases}$，则 $F(x)$（　　）.

    (A) 是离散型随机变量的分布函数

    (B) 是连续型随机变量的分布函数

    (C) 是分布函数，但既不是离散型随机变量的分布函数也不是连续型随机变量的分布函数

    (D) 不是分布函数

28. 随机变量 $X$ 服从正态分布 $N(\mu,\sigma^2)$，则概率 $P\{|X-\mu|\leqslant\sigma\}$（　　）.

    (A) 随着 $\sigma$ 的增加而增加　　　　　　(B) 随着 $\sigma$ 的减少而增加

    (C) 随着 $\sigma$ 的增加不能确定其变化趋势　　(D) 随着 $\sigma$ 的增加保持不变

29. 已知 $A$，$B$，$C$ 是同阶方阵，下述说法错误的是（　　）.

    (A) $A+B=B+A$　　　　　　　　　　(B) $(AB)C=A(BC)$

    (C) $(A+B)C=AC+BC$　　　　　　　(D) $(AB)^2=A^2B^2$

30. 已知齐次线性方程组 $Ax=0$ 有非零解，且 $A=\begin{pmatrix}1 & 1 & 0\\ 2 & 3 & 1\\ 1 & a & 1\end{pmatrix}$，则 $a=$（　　）.

    (A) $2$　　　　　　(B) $1$　　　　　　(C) $0$　　　　　　(D) $-1$

## 三、数学计算题：第31～40小题，每小题5分，共50分。

**31.** 已知函数 $f(x)=\begin{cases} e^x, & x\leq 0 \\ x^2+ax+b, & x>0 \end{cases}$ 在 $x=0$ 处可导，求 $a,b$ 的值.

**32.** 已知 $y=f(x)$ 是由方程 $e^y+xy=e$ 确定的，求 $f'(0)$.

**33.** 求不定积分 $\int e^{\sqrt{x}}dx$.

**34.** 已知函数 $f(x)$ 的原函数为 $\dfrac{\sin x}{x}$，求 $\int_{\frac{\pi}{2}}^{\pi} xf'(x)dx$.

**35.** 已知 $z=u^2\cos v$，$u=xy$，$v=2x+y$，求 $\dfrac{\partial z}{\partial x}$，$\dfrac{\partial z}{\partial y}$.

**36.** 已知 $f(x)=2x^3-6x^2-18x+5$，求其单调区间和极值.

**37.** 随机变量 $X$ 服从均匀分布 $U(0,a)$，且期望 $E(X)=3$，求：
(1) $a$ 的值；
(2) $D(2X+3)$.

**38.** 随机变量 $X$ 的概率密度为 $f(x)=\begin{cases} ax^2, & 0<x<3 \\ 0, & \text{其他} \end{cases}$，求：
(1) $a$ 的值；
(2) 期望 $E(X)$.

**39.** 求非齐次线性方程组 $\begin{cases} x_1-x_2+2x_3=1, \\ 2x_1-x_2+7x_3=2, \\ -x_1+2x_2+x_3=-1 \end{cases}$ 的通解.

**40.** 已知 $\boldsymbol{\alpha}_1=(1+k,1,1,1)^T$，$\boldsymbol{\alpha}_2=(2,2+k,2,2)^T$，$\boldsymbol{\alpha}_3=(3,3,3+k,3)^T$，$\boldsymbol{\alpha}_4=(4,4,4,4+k)^T$. 求：
(1) 当 $k$ 为何值时，向量组 $\boldsymbol{\alpha}_1,\boldsymbol{\alpha}_2,\boldsymbol{\alpha}_3,\boldsymbol{\alpha}_4$ 线性相关；
(2) 当 $k$ 为何值时，向量组 $\boldsymbol{\alpha}_1,\boldsymbol{\alpha}_2,\boldsymbol{\alpha}_3,\boldsymbol{\alpha}_4$ 线性无关.

## 四、写作：第41～42小题，每小题20分，共40分。其中论证有效性分析20分，论说文20分。

**41.** 论证有效性分析：分析下述论证中存在的缺陷和漏洞，选择若干要点，写一篇600字左右的文章，对该论证的有效性进行分析和评述。（论证有效性分析的一般要点是：概念及主要概念界定和使用的准确性及前后是否互相矛盾，有无各种明显的逻辑错误，论据是否支持结论，论据的成立条件是否充分。还要注意逻辑结构和语言运用。）

### 如何解决网络假货问题？

2014年11月，中国互联网大会，阿里巴巴集团董事局主席马云和京东集团创始人刘强东，围绕网络假货问题各自发表了看法。

刘强东已多次指责淘宝"假货"和"逃税问题"，其在大会开幕前接受媒体采访时，也直言不讳：中国互联网假货流行已严重影响消费者网购信心，这是整个电子商务行业最重要的"瓶颈"。目前，网络售卖假货、水货的大多是大型的、有组织化的，动辄千万、几个亿规模的公司。

马云说："你想想，25块钱买一个劳力士表，这是不可能的，原因是你自己太贪。"他指出：卖假货的商家害怕在淘宝网上卖，阿里巴巴很容易就可以查出谁在卖。近一两年中国电商发展迅猛，若靠假货，每天的交易额不可能达到六七十亿。阿里巴巴每年支出逾1 610万美元用来打击假货，打假行动也获得了国际上的认可，所以，美国贸易代表将淘宝从2012年恶名市场名单中移除。

刘强东指出，解决网络假货问题要依靠行业合作，政府监管。他建议一方面要在整个电子商务行业推广使用电子发票，另一方面，推广卖家进行电子工商注册。政府各部门联合起来加强跨平台联合监管，共同打击有组织有规模的假货公司。此外，他认为要解决互联网假货问题要从征税根源问题上着手：一方面，要提高电商营业额起征点到100万元，另一方面，日常营运人数达百人以上的大商家要注册电子工商营业执照，并规定使用电子发票。

马云认为，解决网络假货问题要依靠生态系统和大数据。互联网技术为知识产权保护和打击制售假冒伪劣商品提供了便利条件。生态系统建设和大数据技术能够快速找出假货问题，在信用体系中弘扬正能量，从而有效地解决假货问题。马云还补充说，阿里巴巴集团正在建设一个互联网生态系统，该系统对知识产权保护和解决假货问题最有效。

(该篇改自《火药味！两个大佬互联网大会上互掐》，广州日报，2014年11月21日)

42. 论说文：根据下述材料，写一篇600字左右的论说文，题目自拟。

孔子云："求其上者得其中，求其中者得其下，求其下者无所得"。由此，如何确定你的人生目标？

# 答案速查

## 一、逻辑推理
1～5　　(D)(D)(A)(E)(D)　　　　　6～10　　(C)(A)(A)(B)(D)
11～15　(B)(A)(E)(A)(C)　　　　16～20　(C)(C)(E)(D)(B)

## 二、数学单项选择题
21～25　(A)(C)(C)(A)(A)　　　　26～30　(C)(D)(D)(D)(A)

## 三、数学计算题

31. $a=1$；$b=1$

32. $-e^{-1}$

33. $2\sqrt{x}e^{\sqrt{x}}-2e^{\sqrt{x}}+C$，其中 $C$ 为任意常数

34. $\dfrac{4}{\pi}-1$

35. $\dfrac{\partial z}{\partial x}=2xy^2\cos(2x+y)-2x^2y^2\sin(2x+y)$；

    $\dfrac{\partial z}{\partial y}=2x^2y\cos(2x+y)-x^2y^2\sin(2x+y)$

36. 单调增区间为 $(-\infty,-1)$，$(3,+\infty)$，单调减区间为 $(-1,3)$；
    极大值为 15，极小值为 $-49$

37. (1) 6；(2) 12

38. (1) $\dfrac{1}{9}$；(2) $\dfrac{9}{4}$

39. $\boldsymbol{x}^{\mathrm{T}}=(1,0,0)^{\mathrm{T}}+k(-5,-3,1)^{\mathrm{T}}$，$k\in\mathbf{R}$

40. (1) $k=0$ 或 $-10$；(2) $k\neq 0$ 且 $k\neq -10$

## 四、写作
略

# 答案详解

## 一、逻辑推理

**1. (D)**

【解析】
将题干信息形式化：¬在前提中周延→¬在结论中周延，逆否得：在结论中周延→在前提中周延。

(A)项，在前提中周延→在结论中周延，与题干的含义不同。

(B)项，¬在前提中周延→在结论中周延，与题干的含义不同。

(C)项，¬在结论中周延→在前提中周延，与题干的含义不同。

(D)项，在结论中周延→在前提中周延，与题干的含义相同。

(E)项，¬在结论中周延→¬在前提中周延，与题干的含义不同。

## 2.（D）

【解析】

题干：美国人汤姆最近发明了永动机。

根据性质命题对当关系图可知，题干中"美国人汤姆最近发明了永动机"，即"某个"为真，根据"某个→有的"，可知"有的"为真，即有的美国人发明了永动机，故(D)项正确。

(A)项，无关选项。

(B)项，"有的"和"所有不"是矛盾关系，二者必有一真一假，已知"有的"为真，故"所有不"为假，即此项为假。

(C)项，"有的"和"有的不"为下反对关系，至少一真，一真另不定，故此项可真可假。

(E)项，由"美国人→发明了永动机"无法推出"发明了永动机→美国人"，根据箭头指向原则，可知此项可真可假。

## 3.（A）

【解析】

乙：在那个时间、那个地点所有超速的人被拦住的可能性都是一样的 —证明→ 甲没有被不公正地对待。

搭桥法：可能性一样→公正，故(A)项正确。

其余各项均为无关选项。

## 4.（E）

【解析】

题干有以下断定：

①大嘴鲈鱼→鲦鱼∧浮藻，等价于：②¬鲦鱼∨¬浮藻→¬大嘴鲈鱼。

③漠亚河中没有大嘴鲈鱼。

根据箭头指向原则：有箭头指向则为真，没有箭头指向则可真可假。

由①知，"鲦鱼"后面没有箭头，故Ⅰ项可真可假。

由②知，"¬大嘴鲈鱼"后面没有箭头，故Ⅱ项可真可假。

由①知，"鲦鱼"后面没有箭头，故Ⅲ项可真可假。

综上，(E)项正确。

## 5.（D）

【解析】

题干有如下信息：

①有的新生→校学生会干部。

②宁夏籍学生→甲等奖学金，等价于：¬甲等奖学金→¬宁夏籍学生。

③校学生会干部→¬甲等奖学金。

由①、③、②串联可得：④有的新生→校学生会干部→¬甲等奖学金→¬宁夏籍学生。

(A)项，新生→¬宁夏籍学生，根据"所有→某个→有的"，可知"有的"不能推"所有"，结合④可知，此项可真可假。

(B)项，有的新生→甲等奖学金，"有的"和"有的不"成下反对关系，一真另不定，结合④可知，此项可真可假。

(C)项，此项等价于：有的宁夏籍的学生不是新生，即有的宁夏籍学生→¬新生，结合④可知，此项可真可假。

(D)项，有的新生→¬宁夏籍学生，由④可知，此项为真。

(E)项，有的校学生会干部→宁夏籍学生，"有的"和"所有不"矛盾，必为一真一假，结合④可知，此项为假。

**6.（C）**

【解析】

将题干信息形式化：

①有的经验丰富的股民→买小盘绩优股。

②年轻股民→买大盘蓝筹股，等价于：¬买大盘蓝筹股→¬年轻股民。

③买小盘绩优股→¬买大盘蓝筹股，等价于：买大盘蓝筹股→¬买小盘绩优股。

由①、③、②串联可得：有的经验丰富的股民→买小盘绩优股→¬买大盘蓝筹股→¬年轻股民，故Ⅰ项可真可假，Ⅱ项为真。

由②、③串联可得：年轻股民→买大盘蓝筹股→¬买小盘绩优股，故Ⅲ项为真。

综上，(C)项正确。

**7.（A）**

【解析】

题干有以下断定：

①X∨Y，等价于：¬Y→X。

②¬Y∨¬Z，等价于：Z→¬Y。

③¬Z→¬Y。

根据二难推理公式，由②、③得：¬Y。

再由①得：¬Y→X。故该粒子为X粒子。

**8.（A）**

【解析】

题干：为了扩大销路，一家名为《港湾》的家庭类杂志改名为《炼狱》，主要刊登暴力与色情内容。结果，原先《港湾》杂志的一些常年广告客户拒绝续签合同，转向其他刊物——证明→这些广告商不只考虑经济效益，而且顾及道德责任。

(A)项，即使"节制"，也是"暴力与色情内容"，不能削弱题干。

(B)项，指出广告商可能是因为杂志信誉度低而拒绝续签合同，另有他因，削弱题干。

(C)项，指出广告商因为杂志受众变化而拒绝续签合同，另有他因，削弱题干。

(D)项，指出广告商因为杂志的广告费用上涨而拒绝续签合同，另有他因，削弱题干。

(E)项，指出广告商因为杂志被曝光登载虚假广告而拒绝续签合同，另有他因，削弱题干。

## 9. (B)

【解析】

题干：为了扩大销路，一家名为《港湾》的家庭类杂志改名为《炼狱》，主要刊登暴力与色情内容。结果，原先《港湾》杂志的一些常年广告客户拒绝续签合同，转向其他刊物 $\xrightarrow{\text{证明}}$ 这些广告商不只考虑经济效益，而且顾及道德责任。

有两种因素影响广告商的选择：经济效益∨道德责任，要肯定上述广告商是受"道德责任"的影响，需要排除"经济效益"这一因素。

(A)项，无关选项，杂志的成本与售价与广告商拒绝续签合同无关。

(B)项，说明这些广告商并不是因为经济效益的原因选择其他刊物(排除他因)，故支持题干。

(C)项，说明广告商因为杂志受众变化而拒绝续签合同，另有他因，削弱题干。

(D)项，无关选项，是否增加新的广告客户与原先的广告客户拒绝续签合同无关。

(E)项，支持题干，《炼狱》杂志吸引到了新的广告客户，这说明在《炼狱》杂志做广告是有利可图的，从而反证那些离开的广告客户不是因为经济原因离开。但是这种解释成立的前提是，新来的广告客户和离开的这些广告客户具有本质上的相似性，但这一点是存疑的，比如说两类广告客户销售的产品不同，选择的广告渠道可能就会不同，因此新来的广告客户有利可图并不能说明走的那些广告客户如果留下来也有利可图。故此项的支持力度不如(B)项。

注意：此题在(B)、(E)项的选择上存在争议。由于2020年之前的经济类联考真题不是由教育部统一命题，也不公布官方答案，故建议大家不用过于纠结争议题。

## 10. (D)

【解析】

题干：精制糖所含的热量和普通蔗糖所含的热量几乎没什么区别 $\xrightarrow{\text{证明}}$ 获得维持体能需要的热量，选择蔗糖制作的食品就可以，不必专门选择由精制糖制作的食品。

题干的论据是有关糖的热量，而结论是含糖食品的热量。把糖的热量等同于含糖食品的热量，是题干的一个漏洞。

Ⅰ项和Ⅱ项都指出了这一漏洞，能削弱题干。

Ⅲ项，不涉及题干论证的"热量"问题，无关选项。

故(D)项正确。

## 11. (B)

【解析】

题干中需要解释的矛盾：30年来U国的汽车事故率呈逐年下降的趋势，但是，赔付汽车事故造成的人身伤害的资金占汽车保险业的赔付总额的比例却从10%上升到了50%。

$$\text{题干中的比例} = \frac{\text{汽车事故造成人身伤害的赔偿金额}}{\text{汽车保险业总的赔偿金额}}。$$

(A)项，汽车总量上升，但因为事故率下降，所以事故数未必上升；即使事故数上升，造成人身伤害赔付的事故数也不一定上升，所以此项是可能的解释，力度弱。

(B)项，可以解释，医疗费用显著上升，则上述公式的分子变大。

(C)项，事故数量上升，但造成人身伤害赔付的事故数不一定上升，所以此项是可能的解释，力度弱。

(D)、(E)项，无关选项。

12. (A)

【解析】

题干使用求异法：

第一组：服用含 W 素的实验药物，10 年后 44 人死亡；

第二组：服用不含有 W 素的安慰剂（即不服用含 W 素的实验药物），10 年后 44 人死亡；

故，含有 W 素的实验药物无效。

(A)项，削弱题干，说明虽然两组 10 年后都死了 44 个人，但是第一组平均存活时间更长，药物有效。

(B)项，无关选项，"平均寿命"的长短与"平均存活时间"的长短没有关系。

(C)、(D)、(E)项均为无关选项。

13. (E)

【解析】

如果腐败能被测量，那它一定会消失 —证明→ 测量腐败本质上是不可能的 —证明→ 一项对腐败的检查为我们提供了否决可构建一门严格社会科学的依据（即不可能构建一门严格的社会科学）。搭桥法，不能被测量→不能构建，即只有当所研究的现象能够被测量时，才可能构建一门相关的严格科学。故(E)项正确。

14. (A)

【解析】

市长：警察局重组那年以后的偷盗统计资料显示，包括小偷小摸在内的各种偷盗报告普遍地减少了 —证明→ 重组城市警察部门不会导致犯罪增长。

(A)项，说明偷盗报告减少是因为受害者们认为警察局不负责而不愿向其报告偷盗事故，实际上可能犯罪并没有减少，削弱市长的论述。

(B)项，说明市长的论据有效，支持市长的论述。

(C)项，无关选项，其他城市的情况与本市的情况无关（也可以认为此项是用其他城市的情况与本市情况进行类比，但类比对象之间的相似性存在疑问）。

(D)项，无关选项，产生了与题干无关的新比较。

(E)项，重组警察部门之前偷盗报告的数目节节上升，重组之后偷盗报告减少，说明重组不会导致犯罪增长，支持市长的论述。

**15.** （C）

【解析】

题干：使用自动质量检验设备后，产品的质量不合格率提高了 —证明→ 使用新设备可以减少该厂的不合格产品进入市场。

题干中的前提是"产品的质量不合格率提高"，结论是"减少了不合格产品进入市场"。暗含的假设是使用新设备前确实有不合格产品进入市场，故(C)项必须假设。

**16.** （C）

【解析】

题干：虽然这种杂交品种会失去父本或母本的一些重要特征，例如不再具有降血脂的特效，但这是避免山奇灭绝的几乎唯一的方式。

(A)项，不能推出，题干没有提及杂交对雏菊造成的负面影响。

(B)项，不能推出，题干认为杂交是避免山奇灭绝的几乎唯一的方式，因此，即使杂交品种会失去父本或母本的一些"重要"特征，这也是迫不得已的选择。这种选择并不能说明保护该物种的特性不重要。

(C)项，可以推出，虽然杂交品种失去了山奇降血脂的特效，但是能避免山奇的灭绝。

(D)项，不能推出，题干并没有提及雏菊是否濒临灭绝。

(E)项，扩大论证范围，题干仅涉及"山奇"，此项讨论的是"有价值的物种"。

**17.** （C）

【解析】

题干：山奇和雏菊的花粉自然杂交产生山奇－雏菊杂交种子 —导致→ 在山奇尚存的地域内应当大量地人工培育雏菊 —以求→ 避免山奇灭绝。

Ⅰ项，不必假设，人工培育的雏菊是避免山奇灭绝的充分条件，不是必要条件。

Ⅱ项，不必假设，即使山奇尚存的地域有一定量的野生雏菊，但如果其数量不足以避免山奇的灭绝，那么也仍然需要人工培育。

Ⅲ项，必须假设，否则就不能避免山奇的灭绝，也失去了杂交的意义。

故(C)项正确。

**18.** （E）

【解析】

"任一评委"投辩手小孙的票是可能的，无法推断出"所有评委"投辩手小孙的票是可能的。例如："任何一个考生"考上研究生是可能的，无法推断出"所有考生"考上研究生是可能的。(E)项最好地说明了题干中的逻辑漏洞。

**19.** （D）

【解析】

根据题干信息可知，如果能获知阿拉伯数字和英文字母的对应关系，或者通过分析英语的特征得到这种对应关系，将有助于密码的破译。

(A)、(B)项，有助于分析数字和元音字母的对应关系。

(C)项，这是一份军事情报，知道军事专用词汇显然有助于破译密码。

(D)项，无助于破译，如果奇数和偶数分别对应字母 R 和 E，那么情报将仅由字母 R 和 E 组成，不会提供有价值的信息。

(E)项，直接知道对应关系，有助于破译。

**20.（B）**

【解析】

将题干信息形式化：

①智力得到开发→勤于思考∧摄入足够营养素。

②服用"125 健脑素"能够提供足够的营养素。

③调查显示，"125 健脑素"对促进青少年的大脑健康发育并继而有利于开发他们的智力，具有无可争议的作用。

Ⅰ项，勤于思考∧摄入足够营养素→智力得到开发，由①可知，不符合题干。

Ⅱ项，智力得到开发∧¬服用"125 健脑素"→勤于思考，由①可知，符合题干。（注意：未服用"125 健脑素"不代表未摄入足够营养素。）

Ⅲ项，勤于思考∧¬智力得到开发→¬摄入足够营养素，由①可知，不符合题干。

故(B)项正确。

## 二、数学单项选择题

**21.（A）**

【思路点拨】

本题属于常考题型，熟记 $\lim\limits_{h\to 0}\dfrac{f(x_0+ah)-f(x_0+bh)}{h}=\dfrac{ah-bh}{h}f'(x_0)$，即可快速做题。

【解析】$\lim\limits_{x\to 0}\dfrac{f(2-x)-f(2)}{3x}=\dfrac{-x-0}{3x}f'(2)=-\dfrac{1}{3}f'(2)=-1.$

**22.（C）**

【思路点拨】

如果 $dF(x)=f(x)dx$，那么 $\int f(x)dx=F(x)+C$（$C$ 为任意常数）。

【解析】$d(x\ln x)=f(x)dx$，故 $x\ln x$ 是 $f(x)$ 的一个原函数，由原函数的定义即可求得

$$\int f(x)dx=x\ln x+C\;(C\text{ 为任意常数}).$$

**23.（C）**

【思路点拨】

假设 $f(x)$ 连续，$u(x)$ 可导，则有 $\left[\int_0^{u(x)}f(t)dt\right]'=f[u(x)]u'(x).$

【解析】由变上限积分求导公式，可得 $\dfrac{d}{dx}\left(\int_0^{x^2}\sin t\,dt\right)=\sin x^2\cdot(x^2)'=2x\sin x^2.$

**24.** (A)

**【思路点拨】**

$\int_a^b f(x)\mathrm{d}x = \int_a^c f(x)\mathrm{d}x + \int_c^b f(x)\mathrm{d}x$，需要注意的是，只要保证所涉及的积分均有意义，那么上述等式对于任意三个实数 $a$，$b$，$c$ 都成立.

**【解析】** 由定积分关于积分区间的可加性，可得
$$\int_{-1}^3 f(x)\mathrm{d}x = \int_{-1}^0 f(x)\mathrm{d}x + \int_0^3 f(x)\mathrm{d}x,$$
则 $\int_{-1}^0 f(x)\mathrm{d}x = 1$，故 $\int_0^{-1} f(x)\mathrm{d}x = -1$.

**25.** (A)

**【思路点拨】**

隐函数求导方法：两边同时求导，再解方程. 求导时，注意要把 $y$ 看成 $x$ 的函数.

**【解析】** 对隐函数方程 $x^2y^2+y=1$ 关于 $x$ 求导，可得 $2xy^2+2x^2yy'+y'=0$.

驻点是一阶导数为 0 的点，故令 $y'=0$，得 $2xy^2=0$，联立 $x^2y^2+y=1(y>0)$，即可求得驻点为 $x=0$.

**26.** (C)

**【思路点拨】**

偏导数的计算方法和导数的计算没有本质区别，将函数的一个变量看成常数之后，对另一个变量求导.

**【解析】** $f(x+y,x-y)=x^2-y^2=(x+y)(x-y)$，令 $u(x,y)=x+y$，$v(x,y)=x-y$，则
$$f(u,v)=uv,$$
即 $f(x,y)=xy$，故 $\dfrac{\partial f(x,y)}{\partial x}+\dfrac{\partial f(x,y)}{\partial y}=y+x$.

**27.** D

**【思路点拨】**

(1) 要判断一个函数是否为分布函数，需逐一检验该函数是否同时满足分布函数的三条性质：
① $F(x)$ 单调不减；② $0\leqslant F(x)\leqslant 1$，且 $\lim\limits_{x\to+\infty}F(x)=1$，$\lim\limits_{x\to-\infty}F(x)=0$；③ $F(x)$ 右连续.

(2) 若分布函数在区间 $(-\infty,+\infty)$ 是连续的，则为连续型随机变量的分布函数.

**【解析】** 因为 $\lim\limits_{x\to 1^-}F(x)=\dfrac{1}{2}\neq \lim\limits_{x\to 1^+}F(x)=1$，故 $F(x)$ 不满足第三个性质，所以不是分布函数.

**28.** D

**【思路点拨】**

如果题目中出现了多个正态分布，或是讨论正态分布参数的变化时，一般选择将其标准化，即如果 $X\sim N(\mu,\sigma^2)$，那么 $\dfrac{X-\mu}{\sigma}\sim N(0,1)$.

**【解析】** $P\{|X-\mu|\leqslant\sigma\}=P\left\{\left|\dfrac{X-\mu}{\sigma}\right|\leqslant 1\right\}=\Phi(1)-\Phi(-1)=2\Phi(1)-1$，为常数，与 $\sigma$ 无关. 故 (D) 项正确.

## 29. （D）

**【思路点拨】**

对于矩阵的运算，尤其要注意不成立的运算法则：乘法交换律和消去律．

**【解析】**（A）、（B）、（C）项分别满足矩阵运算的加法交换律、乘法结合律和分配律．
矩阵的乘法不满足交换律，当且仅当 $AB=BA$ 时，$(AB)^2=A^2B^2$，所以（D）项错误．

## 30. （A）

**【思路点拨】**

齐次线性方程组有非零解的充要条件是系数矩阵的列非满秩；如果系数矩阵为方阵，那么其行列式为零．

**【解析】**齐次线性方程组有非零解，且对应的系数矩阵 $A$ 为方阵，则 $|A|=0$，即

$$|A|=\begin{vmatrix} 1 & 1 & 0 \\ 2 & 3 & 1 \\ 1 & a & 1 \end{vmatrix}=2-a=0,$$

解得 $a=2$．

### 三、数学计算题

**31.【思路点拨】**

由于可导的函数必然连续，所以当函数中存在多个参数时，往往先根据函数的连续性确定一部分参数的值或参数之间的关系，再利用可导的定义最终确定参数．

**【解析】**可导一定连续，则 $\lim_{x\to 0^+}f(x)=\lim_{x\to 0^-}f(x)=f(0)$，可得 $b=1$．
已知 $x=0$ 为分段函数的分段点，且 $f(x)$ 在 $x=0$ 处可导，则左、右导数存在且相等，即

$$f'_-(0)=\lim_{x\to 0^-}\frac{f(x)-f(0)}{x}=\lim_{x\to 0^-}\frac{e^x-1}{x}=1,$$

$$f'_+(0)=\lim_{x\to 0^+}\frac{f(x)-f(0)}{x}=\lim_{x\to 0^+}\frac{x^2+ax+1-1}{x}=a=1,$$

综上，$a=1$，$b=1$．

**32.【思路点拨】**

如果要计算的是指定点处的导数，在对等式两边直接求导之后，可以不用解出整个 $y'$，直接将该点处 $x$ 和 $y$ 的取值代入求解会更方便．

**【解析】**由 $e^y+xy=e$ 可知，当 $x=0$ 时，$y=1$．
对隐函数 $e^y+xy=e$ 关于 $x$ 求导，可得 $e^y y'+xy'+y=0$．
将 $x=0$，$y=1$ 代入上式中，可得 $y'|_{x=0}=f'(0)=-e^{-1}$．

**33.【思路点拨】**

分部积分法的使用经常和凑微分法及变量代换法相结合．

**【解析】**令 $\sqrt{x}=t$，则有

$$\int e^{\sqrt{x}}dx=\int e^t dt^2=\int 2te^t dt=\int 2t de^t=2\left(te^t-\int e^t dt\right)$$

$$=2te^t-2e^t+C=2\sqrt{x}\,e^{\sqrt{x}}-2e^{\sqrt{x}}+C,\ C\text{ 为任意常数}.$$

**34.**【思路点拨】

当积分式中出现了抽象函数的导数 $f'(x)$ 时，一般的做法是将 $f'(x)\mathrm{d}x$ 凑成 $\mathrm{d}f(x)$，再运用分部积分法．

【解析】函数 $f(x)$ 的原函数为 $\dfrac{\sin x}{x}$，则 $f(x)=\dfrac{x\cos x-\sin x}{x^2}$．故

$$\int_{\frac{\pi}{2}}^{\pi}xf'(x)\mathrm{d}x=\int_{\frac{\pi}{2}}^{\pi}x\mathrm{d}f(x)=xf(x)\bigg|_{\frac{\pi}{2}}^{\pi}-\int_{\frac{\pi}{2}}^{\pi}f(x)\mathrm{d}x$$

$$=\dfrac{x\cos x-\sin x}{x}\bigg|_{\frac{\pi}{2}}^{\pi}-\dfrac{\sin x}{x}\bigg|_{\frac{\pi}{2}}^{\pi}$$

$$=\dfrac{4}{\pi}-1.$$

**35.**【思路点拨】

如果 $z=f(u,v)$，$\begin{cases}u=u(x,y),\\ v=v(x,y),\end{cases}$ 假设函数 $f(u,v)$，$u(x,y)$，$v(x,y)$ 都是可微的，那么 $\dfrac{\partial z}{\partial x}=\dfrac{\partial z}{\partial u}\dfrac{\partial u}{\partial x}+\dfrac{\partial z}{\partial v}\dfrac{\partial v}{\partial x}$，$\dfrac{\partial z}{\partial y}=\dfrac{\partial z}{\partial u}\dfrac{\partial u}{\partial y}+\dfrac{\partial z}{\partial v}\dfrac{\partial v}{\partial y}$．

【解析】由已知得

$$\dfrac{\partial z}{\partial x}=\dfrac{\partial z}{\partial u}\dfrac{\partial u}{\partial x}+\dfrac{\partial z}{\partial v}\dfrac{\partial v}{\partial x}$$

$$=2u\cos v\cdot y-u^2\sin v\cdot 2$$

$$=2xy^2\cos(2x+y)-2x^2y^2\sin(2x+y).$$

$$\dfrac{\partial z}{\partial y}=\dfrac{\partial z}{\partial u}\dfrac{\partial u}{\partial y}+\dfrac{\partial z}{\partial v}\dfrac{\partial v}{\partial y}$$

$$=2u\cos v\cdot x-u^2\sin v\cdot 1$$

$$=2x^2y\cos(2x+y)-x^2y^2\sin(2x+y).$$

**36.**【思路点拨】

求单调区间的基本步骤：先求出导数，找出导数为零的点和不可导点，运用这些点将函数的定义域分为若干个小区间，逐一判断导函数在这些小区间上的正负，进而得到函数的单调区间．

一般来说，如果计算出了函数的单调区间，就可以直接根据每个驻点左、右两边的增减性来判断该点是否为极值，不需要再计算二阶导数．

【解析】求函数一阶导数，可得 $f'(x)=6x^2-12x-18=6(x-3)(x+1)$．

令 $f'(x)=0$，解得 $x_1=3$，$x_2=-1$．列表如下：

| $x$ | $(-\infty,-1)$ | $-1$ | $(-1,3)$ | $3$ | $(3,+\infty)$ |
| --- | --- | --- | --- | --- | --- |
| $y'$ | $+$ | $0$ | $-$ | $0$ | $+$ |

故单调增区间为 $(-\infty,-1)$，$(3,+\infty)$，单调减区间为 $(-1,3)$；

左增右减取极大，故极大值为 $f(-1)=15$；左减右增取极小，故极小值为 $f(3)=-49$．

**37.**【思路点拨】

若 $X \sim U(a, b)$，则 $E(X) = \dfrac{a+b}{2}$，$D(X) = \dfrac{(b-a)^2}{12}$.

【解析】(1)随机变量 $X$ 服从$(0, a)$上的均匀分布，则 $E(X) = \dfrac{a}{2} = 3$，故 $a = 6$.

(2) $D(X) = \dfrac{(6-0)^2}{12} = 3$，$D(2X+3) = 4D(X) = 4 \times 3 = 12$.

**38.**【思路点拨】

(1)计算连续型随机变量概率密度中的参数，一般会用到正则性，即 $\int_{-\infty}^{+\infty} f(x) \mathrm{d}x = 1$；

(2)计算连续型随机变量的期望，直接用 $E(X) = \int_{-\infty}^{+\infty} x f(x) \mathrm{d}x$ 即可.

【解析】(1) $1 = \int_{-\infty}^{+\infty} f(x) \mathrm{d}x = \int_{0}^{3} ax^2 \mathrm{d}x = \left.\dfrac{1}{3} ax^3 \right|_{0}^{3} = 9a \Rightarrow a = \dfrac{1}{9}$.

(2) $E(X) = \int_{-\infty}^{+\infty} x f(x) \mathrm{d}x = \int_{0}^{3} \dfrac{1}{9} x^3 \mathrm{d}x = \left.\dfrac{1}{36} x^4 \right|_{0}^{3} = \dfrac{9}{4}$.

**39.**【思路点拨】

首先将增广矩阵 $\overline{A}$ 进行初等行变换，然后确定对应的导出组的基础解系和非齐次线性方程组的一个特解，最后写出通解.

【解析】对增广矩阵作初等行变换化为阶梯形矩阵，即

$$\overline{A} = \begin{pmatrix} 1 & -1 & 2 & 1 \\ 2 & -1 & 7 & 2 \\ -1 & 2 & 1 & -1 \end{pmatrix} \to \begin{pmatrix} 1 & -1 & 2 & 1 \\ 0 & 1 & 3 & 0 \\ 0 & 1 & 3 & 0 \end{pmatrix} \to \begin{pmatrix} 1 & 0 & 5 & 1 \\ 0 & 1 & 3 & 0 \\ 0 & 0 & 0 & 0 \end{pmatrix},$$

则基础解系为$(-5, -3, 1)^{\mathrm{T}}$，非线性方程组的特解为$(1, 0, 0)^{\mathrm{T}}$. 故通解为

$$\boldsymbol{x}^{\mathrm{T}} = (1, 0, 0)^{\mathrm{T}} + k(-5, -3, 1)^{\mathrm{T}}, k \in \mathbf{R}.$$

**40.**【思路点拨】

$n$ 个 $n$ 维向量线性无关的充要条件是这 $n$ 个 $n$ 维向量组成的方阵可逆，可用方阵的行列式不为零来判断.

【解析】(1)向量组 $\boldsymbol{\alpha}_1, \boldsymbol{\alpha}_2, \boldsymbol{\alpha}_3, \boldsymbol{\alpha}_4$ 线性相关，则 $|\boldsymbol{\alpha}_1, \boldsymbol{\alpha}_2, \boldsymbol{\alpha}_3, \boldsymbol{\alpha}_4| = 0$，即

$$|\boldsymbol{\alpha}_1, \boldsymbol{\alpha}_2, \boldsymbol{\alpha}_3, \boldsymbol{\alpha}_4| = \begin{vmatrix} 1+k & 2 & 3 & 4 \\ 1 & 2+k & 3 & 4 \\ 1 & 2 & 3+k & 4 \\ 1 & 2 & 3 & 4+k \end{vmatrix} = (k+10) \begin{vmatrix} 1 & 2 & 3 & 4 \\ 0 & k & 0 & 0 \\ 0 & 0 & k & 0 \\ 0 & 0 & 0 & k \end{vmatrix}$$

$$= k^3(k+10) = 0,$$

则 $k = 0$ 或 $-10$.

(2)向量组 $\boldsymbol{\alpha}_1, \boldsymbol{\alpha}_2, \boldsymbol{\alpha}_3, \boldsymbol{\alpha}_4$ 线性无关，则 $|\boldsymbol{\alpha}_1, \boldsymbol{\alpha}_2, \boldsymbol{\alpha}_3, \boldsymbol{\alpha}_4| \neq 0$，即

$$|\boldsymbol{\alpha}_1, \boldsymbol{\alpha}_2, \boldsymbol{\alpha}_3, \boldsymbol{\alpha}_4| = k^3(k+10) \neq 0,$$

则 $k \neq 0$ 且 $k \neq -10$.

## 四、写作

**41.** 论证有效性分析

【谬误分析】

①"中国互联网假货流行"不一定"已严重影响消费者网购信心",可能恰恰满足了消费者追求假名牌的需求。

②劳力士表的例子过于极端,并不是所有的假货都和真品有如此大的价格差异。马云有以偏概全的嫌疑。消费者购买假货也不一定是因为"贪",可能是他们缺少辨识假货的能力。

③阿里巴巴很容易就可以查出谁在卖假货,不代表他们可以制止假货,更不能说明淘宝上没有假货。

④"若靠假货,每天的交易额不可能达到六七十亿",只能说明淘宝上不全是假货,无法说明淘宝上没有假货,也不能说明大家不应该对淘宝卖假货提出质疑。

⑤马云提出"阿里巴巴每年支出逾1 610万美元用来打击假货",无法说明这样的打假活动有效。"美国贸易代表将淘宝从2012年恶名市场名单中移除",也很难代表"国际上"的认可。

⑥"推广使用电子发票"未必能有效打击假货。如果商贩使用"真票假货",消费者反而更加不易识别假货。

⑦"提高电商营业额起征点到100万元"和"注册电子工商营业执照",最多只能解决一部分商贩的偷税漏税问题,用于制止假货则未必有效。

⑧阿里巴巴集团的"互联网生态系统"尚处于建设之中,建成后成效如何是未知数,难以断定"该系统对知识产权保护和解决假货问题最有效"。

参考范文

### 无效的打假之争

对于网络假货问题,刘强东和马云两位大佬都提出了自己的看法,然而,两位的观点均有不当之处,分析如下:

第一,马云用劳力士的例子,试图证明假货盛行是因为消费者太贪,有失偏颇。首先,劳力士的例子过于极端,并非所有假货都和真货之间存在如此大的价格差异。其次,假货盛行可能是因为消费者对淘宝平台的信任而购买假货,可能是消费者缺乏辨别假货的能力,不能盲目归因于消费者太贪。

第二,马云认为,"若靠假货,每天的交易额不可能达到六七十亿",只能说明淘宝上不全是假货,无法说明淘宝上没有假货,也不能说明大家不应该对淘宝卖假货提出质疑。马云提出各种建议试图制止假货,不也正说明了现在淘宝网上还有假货吗?

第三,马云提出"阿里巴巴每年支出逾1 610万美元用来打击假货",无法说明这样的打假活动有效。如果实际需要的钱比1 610万美元要多,或者这1 610万美元没有被有效使用,都可能导致打假活动无效。而且"美国贸易代表将淘宝从2012年恶名市场名单中移除",未必是淘宝的打假活动富有成效,可能美方仅仅是出于自身利益而选择回避假货问题。再者"美国贸易代表"的认可也很难代表"国际上"的认可。

第四，刘强东提出的"推广使用电子发票""进行电子工商注册""征税"等措施，都未必能有效打击假货问题。刘强东建议的目的，是"打击有组织有规模的假货公司"，但网络假货未必都是此类公司在经营，可能众多的小型卖家才是假货的主要来源，如果是这样，刘强东的建议很难奏效。

综上所述，刘强东和马云对于假货问题的看法和建议都有偏颇之处，如何治理网络假货问题，还需更多论证。

（全文共653字）

42. 论说文

【参考立意】

①树立远大目标。

②志当存高远。

参考范文1

## 山高才有"攀头"

### 吕兵兵

经常登山的人，往往都有这样的感觉，征服了一座高山后，往往就会瞄准另一座更高的山，因为山高才有"攀头"。人生的征程也一样，世上无难事，只要肯登攀，一个人，只有有了更高的目标，才可能取得更大的成就。

首先要有目标，有每天的目标，有阶段性的目标，有长远的目标。车尔尼雪夫斯基曾说过："没有目标，哪来的劲头？"每天都要有目标，要知道自己今天要完成什么，这样才会有干劲，才会过得充实，否则，就是浑浑噩噩、得过且过的一天。人生的每个阶段都要有目标，考哪所大学要有目标，上大学后找什么工作要有目标，工作到一年要有目标……每实现一步都像登上了一座山峰，进而瞄准更高的山峰。人生要有长远的目标，这是所有目标的"总纲"，是前进道路上的"指明灯"，指引我们前进的方向。

更关键的是，要为自己设置更高的目标，并且为之努力奋斗。为什么我们要设置更高的目标？因为"瞄准天空的箭永远比瞄准树梢的箭射得高"。当然，这并不是不切实际，不是好高骛远，而是在科学分析自己的能力、所选择的职业、特长和未来发展空间的基础上，尽可能地瞄准更高的山峰。足球场上的小个子梅西，现在是公认的全球最出色的运动员之一，但又有几人知道，他小时候是一个侏儒症患者，被普遍认为成不了一名职业球员。相信在那个时候他要告诉别人自己要成为"球星"，会被当成一个笑话。但是梅西没有放弃理想，他靠着对足球的热爱、惊人的毅力和出色的足球智商，克服了难以克服的困难，最终成为真正的"世界巨星"，实现了常人难以实现的人生目标。

孔子说："求其上者得其中，求其中者得其下，求其下者无所得。"这就是山高才有"攀头"的道理。

（全文共676字）

## 志当存高远

老吕团队　张英俊

孔子云："求其上者得其中，求其中者得其下，求其下者无所得。"是的，一个人有远大理想、鸿鹄志向，才能在发展的过程中保持向上的力量。

个人成功需要"眼高"。"眼高"，意味着有雄伟抱负。为了实现远大目标，往往需要制定更严格的标准及要求，这有利于个人加强自我驱动、提升自身能力，获得更多成长和进步。此外，具有雄伟愿景的人，可以更好地通过目标带动行动，凝聚全身的力量去实现有价值的追求，在完成目标的过程中，也会激发出自身潜力、具备更高的做事效率。

诚然，一个人要做到"眼高"，并非易事。为了实现远大目标，往往需要投入巨大的时间和精力，而这些成本，本可以投入到个人发展的其他方面。同时，一个人的精力是有限的，而要实现远大目标，需要持之以恒的艰辛努力，这使得个人即使"志存高远"，有时也会因为精力有限，无法付诸行动。

所以，想要"眼高手高"，需要讲究方式方法。首先，要提升自身的格局，通过不断地自省，主动自觉地真正"眼高起来"。其次，在"仰望星空"的同时也要"脚踏实地"。理想好比草药，只有把行动作为"药引子"，才能真正发挥其价值。没有落在实际行动上的远大理想，终究是黄粱一梦的空谈。当然，在实现远大理想的过程中，也要时刻保持理性，不能为了实现目标而盲目冒进、不择手段。最后，个人想要实现雄伟理想，可以通过合作的方式破解发展难题、为实现远大目标赋能。

水激石则鸣，人激志则宏。世界正经历百年未有之大变局，经济全球化大潮滚滚向前。如此形势之下，个人"志当存高远"，只有以远大理想确立发展航向，才能真正地谋民族之复兴，创中华之盛世。

（全文共659字）

绝密★启用前

# 2014年全国硕士研究生招生考试
# 经济类综合能力试题

(科目代码：396)

考试时间：8：30—11：30

## 考生注意事项

1. 答题前，考生须在试题册指定位置上填写考生姓名和考生编号；在答题卡指定位置上填写报考单位、考生姓名和考生编号，并涂写考生编号信息点。
2. 选择题的答案必须涂写在答题卡相应题号的选项上，非选择题的答案必须书写在答题卡指定位置的边框区域内。超出答题区域书写的答案无效；在草稿纸、试题册上答题无效。
3. 填(书)写部分必须使用黑色字迹签字笔或者钢笔书写，字迹工整、笔迹清楚；涂写部分必须使用2B铅笔填涂。
4. 考试结束，将答题卡和试题册按规定交回。

| 考生编号 | | | | | | | | | | | | | | | |
|---|---|---|---|---|---|---|---|---|---|---|---|---|---|---|---|
| 考生姓名 | | | | | | | | | | | | | | | |

一、**逻辑推理**：第1~20小题，每小题2分，共40分。下列每题给出的（A）、（B）、（C）、（D）、（E）五个选项中，只有一个选项是最符合试题要求的。

1. 科学研究的日趋复杂性导致多作者科技文章增长，涉及多个医院病人的临床试验报告，通常由每个参与医院的参与医生共同署名。类似地，如果实验运用了多个实验室开展的子系统，物理学论文报道这种实验结果时，每个实验室的参与人员也通常是论文作者。

   如果以上所述为真，则下面哪一项一定为真？

   (A)涉及多个医院病人的临床试验绝不是仅由一个医院的医生实施。
   (B)涉及多个医院病人的临床试验报告，大多数有多位作者。
   (C)如果一篇科技论文有多位作者，他们通常来自不同的科研机构。
   (D)多个实验室的研究人员共同署名的物理学论文，通常报道使用了每个实验室开展的子系统的实验结果。
   (E)大多数科技论文的作者仅是那些做了论文所报道的实验的科研人员。

2. 对一群以前从不吸烟的青少年进行追踪研究，以确定他们是否抽烟及其精神健康状态的变化。一年后，开始吸烟的人患忧郁症的人数是那些不吸烟的人患忧郁症的四倍。因为香烟中的尼古丁令大脑发生化学变化，可能进而影响情绪。所以，吸烟很可能促使青少年患忧郁症。

   下面哪项如果为真，最能加强上述论证？

   (A)研究开始时就已患忧郁症的实验参与者与那时候没有患忧郁症的实验参与者，一年后吸烟者的比例一样。
   (B)这项研究没有在参与者中区分偶尔吸烟者与烟瘾很大者。
   (C)研究中没有或者极少的参与者是朋友亲戚关系。
   (D)在研究进行的一年里，一些参与者开始出现忧郁症后又恢复正常了。
   (E)研究人员没有追踪这些青少年的酒精摄入量。

3. 康和制药公司主任认为，卫生部要求开发的疫苗的开发费用该由政府资助。因为疫苗市场比任何其他药品公司市场利润都小。为支持上述主张，主任给出下列理由：疫苗的销量小，因为疫苗的使用是一个人一次，而治疗疾病尤其是慢性疾病的药物，对每位病人的使用是多次的。

   下列哪项如果为真，将最严重地削弱该主任提出的针对疫苗市场的主张的理由？

   (A)疫苗的使用对象比大多数其他药品的使用对象多。
   (B)疫苗所预防的许多疾病都可以由药物成功治愈。
   (C)药物公司偶尔销售既非医学药品也非疫苗的产品。
   (D)除了康和制药公司外，其他制药公司也生产疫苗。
   (E)疫苗的使用费不是由生产疫苗的制药公司承担。

4. 若干年前，鲑鱼无法在这条污染严重的缺氧河中生存，许多其他种类的生物同样无法生存。而如今，经过这些年的人工治理，鲑鱼已经重现。这是该条河不再受污染的可靠指标。

   下列各项都表明上述推理中可能存在缺陷，除了：

   (A)重新出现的鲑鱼可能是某个不受该河污染物影响的品种。
   (B)污染可能已经减少到鲑鱼能生存的水平。
   (C)缺氧常是污染的一个后果，这可能已经杀死鲑鱼。
   (D)鲑鱼可能是被一种特定污染物杀死，而这种污染物被除掉，其他还在。
   (E)污染仍存在，但其性质发生改变，鲑鱼能忍受这种改变后的污染。

5. 由微小硅片构成的电脑芯片通常包含数百万的电子开关，电子开关是如此小以至于它无法抵抗辐射，微力学有望开发一种芯片，它可以免受辐射损害。因为它仅使用精微机械开关，但这种开关比电子开关的开关速度慢，而且一个芯片只包含12 000个开关。基于上述关于微力学芯片的优势，人们预测未来会有一个较大的这种芯片的市场。

上述预测要求以下每一项为真，除了：

(A)有些情况下使用电脑芯片，电子开关快慢不是关键。

(B)在仅包含12 000个开关的电子芯片中，这些开关比微力学芯片中的开关更易受辐射损害。

(C)有些场合需使用计算机芯片，而且要芯片一定能经受住强烈辐射。

(D)有些使用计算机芯片的装置含有其他元件，元件暴露于辐射后仍可正常工作。

(E)当有必要时，制造商能保护电子芯片免于暴露在强辐射下。

6. 在美洲某个国家，希望戒烟的人使用一种尼古丁皮肤贴，它可释放小剂量的尼古丁透过皮肤。从下个月开始，人们可以不用医生处方购买这种皮肤贴，尽管非处方购买的皮肤贴并不比使用处方购买的皮肤贴更有效，而且二者价格同样昂贵，但是皮肤贴制造商预计非处方购买的方式将令近年来销量一直低迷的皮肤贴销量大增。

以下哪项所述如果在这个国家为真，将最有力地支持制造商的预测？

(A)大多数想戒烟并发现尼古丁皮肤贴有助于戒烟的人都已经戒烟了。

(B)尼古丁皮肤贴通常比其他帮助人们戒烟的手段更昂贵。

(C)几种旨在帮助人们戒烟的非处方手段好几年前就可以广泛获取了。

(D)许多想戒烟的烟民感到没办法前往看医生从而获取处方。

(E)使用尼古丁皮肤贴帮助人们戒烟的成功比例与使用其他手段的成功比例大致相同。

7. 画家戴维森的画在其创作最有名的作品《庆祝》之后卖得最好。在该作品揭幕前12个月里，戴维森卖了这一时期创作的作品的57%，比先前时期比例要大一些。在某个流行杂志上刊载了对《庆祝》的赞誉性评论后的12个月里，戴维森卖了这一时期创作的作品的85%。有意思的是，这两个时期，戴维森销售画作的收入大致相当，因为他在完成《庆祝》之前的12个月里销售的作品数量与在支持性评论发表之后的12个月里的销售量是一样的。

如果上述信息为真，则以下哪项能被最恰当地推出？

(A)由于正面评论，戴维森在创作《庆祝》后出售作品时可能比以前报价更高。

(B)比起其画作价格上涨，戴维森更关心正面评论。

(C)《庆祝》的正面评论令更多的艺术收藏家关注戴维森的作品。

(D)戴维森在《庆祝》的正面评论发表后的12个月里所创作的画比完成《庆祝》前的12个月里创作的要少。

(E)戴维森在《庆祝》获得正面评论后更关注他的作品交易了。

8. 从事与皮肤病相关的职业仍是医学院校毕业生的一个安全选择。与太阳紫外线照射相关的皮肤癌病例每年都保持相对稳定的数量，即使与20年前盛行晒太阳相比，现在特意将自己暴晒于太阳下的成年人要少得多。

以下选项如果为真，都可以解释上述统计数字上的差异，除了：

(A)因为大气层顶层臭氧含量减少，现在更多的人都将无意识地暴露在过量的太阳紫外线下。

(B)继续特意在太阳底下暴晒的人比过去太阳浴者吸收更大剂量的有害放射物。

(C)来自太阳以外的紫外线辐射量逐年增加。

(D)尽管现在更少的女性特意地在太阳下暴晒，但这样做的男性人数显著增长。

(E)大多数皮肤癌同患者病症发作前30年经常暴露于紫外线下相关。

9. 一项实验正研究致命性肝脏损害的影响范围。暴露在低剂量的有毒物质二氧化硫中的小白鼠，65%死于肝功能紊乱。然而，所有死于肝功能紊乱的小白鼠中，90%并没有暴露在任何有毒的环境中。

以下哪项可为上述统计数据差异提供合理的解释？

(A)导致小白鼠肝脏疾病的环境因素与非环境因素彼此完全不同。

(B)仅有一种因素导致小白鼠染上致命性肝脏疾病。

(C)环境中的有毒物质并非对小白鼠的肝脏特别有害。

(D)在被研究的全部小白鼠中，仅有小部分暴露于低剂量的二氧化硫环境中。

(E)大多数小白鼠在暴露于低剂量的二氧化硫环境之后并没有受到伤害。

10. 希望自己撰写的书评获得著名的"宝言教育学评论奖"提名的教育学家，他们所投稿件不应评论超过三本著作。这是因为，如果一篇书评太长，阅读起来过于费力，那它肯定不会被《宝言教育学评论》的编辑选中发表。在该期刊投稿指南中，编辑明确写道：每次讨论涉及超过三本书的书评都将被视为太长，阅读费力。

以下哪项表达了上述论证所依赖的一个假设？

(A)讨论涉及著作最多的书评毕竟是最长的读起来最费力的。

(B)如果一篇书评在《宝言教育学评论》发表了，则它将获得著名的"宝言教育学评论奖"。

(C)所有发表在《宝言教育学评论》上的文章必定被编辑限制在一定的篇幅以内。

(D)相比讨论两本书的书评，《宝言教育学评论》的编辑通常更喜欢涉及一本书的书评。

(E)书评想要获得"宝言教育学评论奖"提名，就必须发表在《宝言教育学评论》上。

11. "好写"与"超快"两家公司都为使用他们开发的文字处理软件的顾客提供24小时的技术援助热线电话服务。因为顾客只有在使用软件困难时才会拨打热线，而"好写"热线的电话是四倍于"超快"的，因此"好写"的文字处理软件使用起来一定比"超快"的困难。

以下哪项如果为真，最能加强上述论证？

(A)打给"超快"热线的电话平均时长差不多是打给"好写"热线的两倍。

(B)"超快"的文字处理软件的顾客数量是"好写"的三倍。

(C)"超快"收到的对其文字处理软件的投诉信件数量是"好写"所收到的两倍。

(D)打给两家公司热线的数量都呈逐步增长趋势。

(E)"好写"的热线电话号码比"超快"的更易记住。

12. 除了价格上涨伴随产品质量能成功地改进这种情况外，价格上涨通常会降低产品的销售量。但是，酒是个例外，一种酒的价格上涨常常导致其销量增加，即使酒本身并没有任何改变。

以下哪项如果为真，最有助于解释上述所说的例外？

(A)零售市场上存在极具竞争力的多个品牌的酒。

(B)许多顾客在决定买哪种酒时是基于书或期刊中关于酒的评论。

(C)顾客在商场里选购酒时常常以酒的价格作为评判酒的质量的主要参考依据。

(D)酒的零售商和制造商使用打折办法一般可以短期增加某种酒的销量。

(E)定期购买酒的顾客一般对其钟爱的酒持有强烈的认同感。

13. 近年来许多橱柜制造商赢得了比肩艺术家的美誉，但是，既然家具一定要有使用价值，橱柜制造商的技艺必须更关注产品的实际功用。由此，制造橱柜并非艺术。

    以下哪项是有助于从上述理由推出其结论的假设？

    (A)一些家具被陈列在博物馆里，从未被人使用。

    (B)一个橱柜制造商比其他人更关心其产品的实际功用。

    (C)橱柜制造商应当比目前更加关心其产品的实际功用。

    (D)如果一件物品的制造者关注它的实际功用，那它就不是一件艺术品。

    (E)艺术家不关心其产品的市场价格。

14. 佛江市的郊区平均每个家庭拥有 2.4 部小汽车，因而郊区的居民出行几乎不坐公交车。因此，郊区的市政几乎不可能从享受补贴的服务于郊区的公交系统中受益。

    以下哪项如果为真，最能质疑上述结论？

    (A)佛江市内的房地产税率比郊区的要高。

    (B)去年郊区旨在增加公交线路补贴的市政议案以微小差距被否决了。

    (C)郊区许多商店之所以能吸引到足够的雇员正是因为有享受市政补贴的公交系统可用。

    (D)公交车在上座率少于35%时，每英里①乘客产生的污染超过私家车。

    (E)如果公交车乘客数量下降，明年郊区市政大多数投票都不支持继续补贴公交系统。

15. 科西嘉岛野生欧洲盘羊是 8 000 年前这个岛上的驯养羊逃到野外后的直系后代。因而它们为考古学家提供了在人为选择培育产生现代驯养羊之前早期驯养羊的模样的图画。

    以下哪项是上述论证所依赖的假设？

    (A)8 000 年前的驯养羊与那时的野生羊极不相像。

    (B)现存的羊中已经没有品种与野生欧洲盘羊的祖先在相同时期逃离驯养。

    (C)现代驯养羊是 8 000 年前野生羊的直系后代。

    (D)欧洲盘羊比现代驯养羊更像它们 8 000 年前的祖先。

    (E)科西嘉岛的气候在最近 8 000 年几乎没有发生变化。

16. 有则广告想让读者相信，杜尔公司生产的汽车耐用性能极佳。该广告引用如下事实作为其根据：该公司自 20 世纪 80 年代以来生产的汽车，目前有超过一半仍在正常使用，而其他任何品牌的汽车只有不到三分之一。

    以下哪项如果为真，最能支持该广告的论证？

    (A)考虑到通货膨胀因素，现在一辆杜尔生产的新汽车其价格仅略高于 20 世纪 80 年代其生产的新汽车。

    (B)杜尔公司汽车年产量自 20 世纪 80 年代以来没有显著增加。

    (C)杜尔汽车车主特别注意车辆的保养。

    (D)自 20 世纪 80 年代以来，与其他公司相比，杜尔对汽车所做的改变更少。

    (E)杜尔汽车近来的销售价格一直相对稳定。

17. 喜热蝙蝠是一种罕见的杂食蝙蝠种类，仅见于高温环境。由于动物园里的食物通常主要由水果与浆果构成，生活在那儿的喜热蝙蝠大多数都内分泌失调。所以，喂养这种蝙蝠的最健康

---

① 1 英里=1.609 千米。

方法是，主要供给坚果、幼虫、蔬菜和极少量的水果与浆果。
以下哪项最能显示上述论证所依赖的假设？

(A)那些在动物园里照顾喜热蝙蝠的人不应给它们喂养导致内分泌失调的食物。
(B)动物园里的喜热蝙蝠不会因食物包含极少量的水果与浆果而营养不良。
(C)动物园里的喜热蝙蝠需要吃由坚果、幼虫及蔬菜而不包含水果与浆果的食物。
(D)动物园里的喜热蝙蝠通过主要由坚果、幼虫与蔬菜构成的食物可以获取充分的营养。
(E)对动物园里的喜热蝙蝠来说，因食物主要由坚果、幼虫与蔬菜构成而导致的任何健康问题都不会比由内分泌失调引起的健康问题更严重。

18. 是过度集权经济而非气候变化，导致 S 国自其政府掌权以来农业歉收。S 国的邻国 T 国，经历了同样的气候条件，然而，其农业产量一直在增加，尽管 S 国的一直在下滑。
以下哪项如果为真，将最严重地削弱以上论证？

(A)S 国的工业产量也一直下滑。
(B)S 国拥有一个港口城市，但 T 国是个内陆国家。
(C)S 国与 T 国都一直遭受严重的干旱。
(D)S 国一直种植的农作物不同于 T 国种植的农作物。
(E)S 国的新政府制定了一项旨在确保产品平均分配的集权经济政策。

19. 如果"鱼和熊掌不可兼得"是不可改变的事实，则以下哪项也一定是事实？

(A)鱼可得但熊掌不可得。　　　　　　(B)熊掌可得但鱼不可得。
(C)鱼和熊掌皆不可得。　　　　　　　(D)如果鱼不可得，则熊掌可得。
(E)如果鱼可得，则熊掌不可得。

20. 所有的爱斯基摩土著人都是穿黑衣服的；所有的北婆罗洲土著人都是穿白衣服的；不存在同时穿白衣服又穿黑衣服的人；H 是穿白衣服的。
基于这一事实，下列对于 H 的判断哪个必为真？

(A)H 是北婆罗洲土著人。　　　　　　(B)H 不是爱斯基摩土著人。
(C)H 不是北婆罗洲土著人。　　　　　(D)H 是爱斯基摩土著人。
(E)不可判断。

二、**数学单项选择题**：第 21～30 小题，每小题 2 分，共 20 分。下列每题给出的(A)、(B)、(C)、(D)四个选项中，只有一个选项是最符合试题要求的。

21. 已知 $y=f(x)$ 在 $x=0$ 处可导，则 $\lim\limits_{x\to 0}\dfrac{f(2x)-f(0)}{x}=$（　　）．

(A) $f'(0)$　　(B) $2f'(0)$　　(C) $\dfrac{1}{2}f'(0)$　　(D)不存在

22. 已知 $f(x)=x^2 e^x$，则 $f''(0)=$（　　）．

(A) 0　　(B) 1　　(C) 2　　(D) 3

23. 已知 $y=f(x)$ 是由方程 $xy-x^2=1$ 确定的函数，则 $y=f(x)$ 的驻点为（　　）．

(A) 0　　(B) -1　　(C) 1　　(D) $\pm 1$

24. 已知 $F'(x)=f(x)$，则下列式子中一定正确的是(其中 C 为任意常数)（　　）．

(A) $\int f(x)\mathrm{d}x = F(x)+2C$　　　　　　(B) $\int f(x)\mathrm{d}x = F(x)$

(C) $\int F(x)\mathrm{d}x = f(x) + 2C$ \hspace{2cm} (D) $\int F(x)\mathrm{d}x = f(x)$

**25.** 定积分 $\int_{-\frac{\pi}{2}}^{\frac{\pi}{2}} \sin^{99} x \, \mathrm{d}x = ($ ).

(A) 0 \hspace{1.5cm} (B) $-1$ \hspace{1.5cm} (C) 1 \hspace{1.5cm} (D) $\frac{1}{2}\pi$

**26.** 设 $x > 0$，则函数 $F(x) = \int_x^1 \frac{\sin t}{t} \mathrm{d}t$ 的导数为( ).

(A) $\frac{\sin x}{x}$ \hspace{1cm} (B) $\frac{\cos x}{x}$ \hspace{1cm} (C) $-\frac{\sin x}{x}$ \hspace{1cm} (D) $-\frac{\cos x}{x}$

**27.** 已知 $F_1(x)$ 和 $F_2(x)$ 是分布函数，则下述函数一定是分布函数的是( ).

(A) $F_1(x) + F_2(x)$ \hspace{2cm} (B) $\frac{1}{2}F_1(x) + \frac{1}{2}F_2(x)$

(C) $\frac{1}{3}F_1(x) + \frac{1}{3}F_2(x)$ \hspace{2cm} (D) $\frac{1}{4}F_1(x) + \frac{1}{4}F_2(x)$

**28.** 已知随机变量 $X \sim N(\mu, \sigma^2)$，且 $E(2X+1) = 5$，则 $\mu = ($ ).

(A) 0 \hspace{1.5cm} (B) $-1$ \hspace{1.5cm} (C) 2 \hspace{1.5cm} (D) 1

**29.** 设 $\boldsymbol{A}$，$\boldsymbol{B}$ 均为 $n$ 阶矩阵，$\boldsymbol{A} \neq \boldsymbol{O}$ 且 $\boldsymbol{AB} = \boldsymbol{O}$，则下述结论必成立的是( ).

(A) $\boldsymbol{BA} = \boldsymbol{O}$ \hspace{3cm} (B) $\boldsymbol{B} = \boldsymbol{O}$

(C) $(\boldsymbol{A}+\boldsymbol{B})(\boldsymbol{A}-\boldsymbol{B}) = \boldsymbol{A}^2 - \boldsymbol{B}^2$ \hspace{1cm} (D) $(\boldsymbol{A}-\boldsymbol{B})^2 = \boldsymbol{A}^2 - \boldsymbol{BA} + \boldsymbol{B}^2$

**30.** 方程组 $\begin{cases} x_1 + x_2 + x_3 = 1, \\ 3x_1 + 3x_2 + 4x_3 = 2, \\ 2x_1 + 2x_2 + 2x_3 = 2 \end{cases}$ 解的情况为( ).

(A) 唯一解 \hspace{1cm} (B) 无解 \hspace{1cm} (C) 无穷解 \hspace{1cm} (D) 不确定

**三、数学计算题**：第 31～40 小题，每小题 5 分，共 50 分。

**31.** 设函数 $y = f(x)$ 由方程 $\ln(x+y) = xy$ 确定，求 $\mathrm{d}y|_{x=0}$.

**32.** 讨论函数 $y = \frac{1}{4}x^4 - 2x^3 + \frac{5}{2}x^2 - 11$ 的单调性及极值.

**33.** 计算不定积分 $\int x\cos(2-3x^2)\mathrm{d}x$.

**34.** 计算定积分 $\int_1^4 \frac{\ln x}{\sqrt{x}} \mathrm{d}x$.

**35.** 设 $z = u^2 \cos v$ 且 $u = e^{xy}$，$v = 2y$，求 $\frac{\partial z}{\partial x}$，$\frac{\partial z}{\partial y}$.

**36.** 已知函数 $f(x) = \begin{cases} x, & x \leq 0, \\ \dfrac{a + b\cos x}{x}, & x > 0 \end{cases}$ 在 $x = 0$ 处可导，求 $a$，$b$.

**37.** 设连续型随机变量 $X$ 的概率密度函数为 $f(x) = \begin{cases} cx, & 2 \leq x \leq 4, \\ 0, & \text{其他}. \end{cases}$ 求：

(1) 常数 $c$ 的值；

(2)概率 $P\{X>3\}$.

38. 设离散型随机变量 $X$ 服从二项分布 $B(2, p)$，若概率 $P\{X \geq 1\} = \dfrac{5}{9}$，求：

    (1)参数 $p$ 的值；

    (2)方差 $D(X)$.

39. 设向量组 $\boldsymbol{\alpha}_1 = (a, 2, 1)^T$，$\boldsymbol{\alpha}_2 = (2, a, 0)^T$，$\boldsymbol{\alpha}_3 = (1, -1, 1)^T$，试确定 $a$ 的值，使向量组线性相关．

40. 方程组 $\begin{cases} x_1 + x_2 + 2x_3 = 0, \\ x_1 + 2x_2 + x_3 = 0, \\ 2x_1 + x_2 + 5x_3 = 0 \end{cases}$，是否有非零解？若有解，请用基础解系表示出通解．

## 四、写作：第 41～42 小题，每小题 20 分，共 40 分。其中论证有效性分析 20 分，论说文 20 分。

41. 论证有效性分析：分析下述论证中存在的缺陷和漏洞，选择若干要点，写一篇 600 字左右的文章，对该论证的有效性进行分析和评述。（论证有效性分析的一般要点是：概念及主要概念界定和使用的准确性及前后是否互相矛盾，有无各种明显的逻辑错误，论据是否支持结论，论据的成立条件是否充分。还要注意逻辑结构和语言运用。）

### 如何看待高考英语改革？

2013 年 10 月，北京市教育委员会公布的《2014—2016 年高考高招改革框架方案》（征求意见稿）显示，从 2016 年起该市高考语文由 150 分增至 180 分，数学仍为 150 分；英语由 150 分减为 100 分，其中听力占 30 分，阅读写作等占 70 分。这一举措引发了各方对高考改革的热烈讨论。

支持者的理由如下。第一，语文高出英语分值 80 分，有助于强化母语教育，因为不少学生对外语所投入的时间、精力和金钱远远超过语文。第二，母语是学习的基础，只有学好母语才能学好包括英语在内的其他科目。第三，很多中国人从幼儿园就开始学习英语，但除了升学、求职、升职经常需要考英语，普通人在工作、生活中很少用到外语。第四，此举可以改变现有的"哑巴式英语"教学的状况，突出英语作为语言的实际应用作用。

反对者的理由如下。第一，没必要那么重视语文，因为我们就生活在汉语环境中，平时说的、看的都是汉语，喊着"救救汉语"的人实在是杞人忧天。第二，普通人学习英语时不可能像学习母语时那样"耳濡目染"，若还要在学校里弱化英语教学，那么英语就更难学好了。第三，中学生学习负担沉重并不全是因为英语，英语改革需要有周密的调研，高考改革也应从全局考虑。第四，这一举措把中小学英语教学负担推给了大学，并没有考虑到学生今后的发展，因为学生读大学时还得参加四六级英语考试，而检验教育成果的一个重要方面就是学生以后的就业情况。

（改编自《北京高考改革方案：降低英语分值提高语文分值》，人民网，2013 年 10 月 28 日；《英语特级教师：反对高考英语改革的九点理由》，中国教育在线，2013 年 10 月 24 日）

42. 论说文：根据下述材料，写一篇 600 字左右的论说文，题目自拟。

    我懂得了，勇气不是没有恐惧，而是战胜恐惧。勇者不是感觉不到害怕的人，而是克服自身恐惧的人。

    ——南非前总统纳尔逊·曼德拉

# 答案速查

**一、逻辑推理**

1～5　　(B)(A)(A)(C)(E)　　　　6～10　　(D)(D)(D)(D)(E)

11～15　(B)(C)(D)(C)(D)　　　　16～20　(B)(E)(D)(E)(B)

**二、数学单项选择题**

21～25　(B)(C)(D)(A)(A)　　　　26～30　(C)(B)(C)(D)(C)

**三、数学计算题**

31. 0

32. 单调增区间为 $(0,1)$，$(5,+\infty)$，单调减区间为 $(-\infty,0)$，$(1,5)$；

    $y$ 在 $x=0$ 处取得极小值 $-11$，$y$ 在 $x=5$ 处取得极小值 $-\dfrac{169}{4}$，$y$ 在 $x=1$ 处取得极大值 $-\dfrac{41}{4}$

33. $-\dfrac{1}{6}\sin(2-3x^2)+C$

34. $8\ln 2-4$

35. $\dfrac{\partial z}{\partial x}=2y\mathrm{e}^{2xy}\cos 2y$；$\dfrac{\partial z}{\partial y}=2x\mathrm{e}^{2xy}\cos 2y-2\mathrm{e}^{2xy}\sin 2y$

36. $a=2$，$b=-2$

37. (1) $\dfrac{1}{6}$；(2) $\dfrac{7}{12}$

38. (1) $\dfrac{1}{3}$；(2) $\dfrac{4}{9}$

39. $a=3$ 或 $-2$

40. $\boldsymbol{x}=k\begin{bmatrix}-3\\1\\1\end{bmatrix}$，其中 $k$ 为任意常数，$\begin{bmatrix}-3\\1\\1\end{bmatrix}$ 为方程组的一个基础解系

**四、写作**

略

# 答案详解

**一、逻辑推理**

**1.（B）**

【解析】

题干有以下信息：

①涉及多个医院病人的临床试验报告，通常由每个参与医院的参与医生共同署名。

②类似地，如果实验运用了多个实验室开展的子系统，物理学论文报道这种实验结果时，每个实验室的参与人员也通常是论文作者。

(A)项，不能推出，"绝不是"过于绝对。

(B)项，根据题干信息①可知，(B)项为真。

(C)项，不能推出，他们也可能来自同一个科研机构。

(D)项，不能推出，由题干信息②可知，"多个实验室开展的子系统的实验结果，物理学论文报道时，作者通常是每个实验室的参与人员"，但不代表"多个实验室参与人员共同署名的物理学论文，报道时使用了每个实验室开展的子系统的实验结果"。

(E)项，不能推出，题干仅列举了临床试验报告和物理学论文的例子，无法判断"大多数科技论文"的情况。

**2.（A）**

【解析】

题干：追踪研究一年后发现，开始吸烟的人患忧郁症的人数是那些不吸烟的人患忧郁症的四倍 $\xrightarrow{\text{证明}}$ 吸烟很可能促使青少年患忧郁症。

(A)项，并非因果倒置，若已患有忧郁症的实验参与者一年后吸烟比例变高，就可能是忧郁症导致吸烟人数变多，而不是吸烟导致了忧郁症。此项否定了这种可能性，支持了题干。

(B)项，无关选项，题干讨论的是吸烟和忧郁症的关系，与吸烟的频率和烟瘾程度无关。

(C)项，无关选项，吸烟能否导致忧郁症和参与者是否是朋友或者亲戚无关。

(D)项，无关选项，题干仅涉及吸烟是否引发忧郁症，不涉及忧郁症是否能恢复。

(E)项，无关选项，题干讨论的是吸烟和忧郁症的关系，与酒精的摄入量无关。

**3.（A）**

【解析】

主任的主张：卫生部要求开发的疫苗的开发费用该由政府资助。

主任的主张的理由：疫苗的销量小，每人使用一次，而治疗慢性疾病的药物，每人使用多次。

(A)项，说明虽然疫苗的使用频次比其他药品少，但是疫苗的使用对象多，所以，疫苗的使用总销量未必少，削弱主任的理由。

(B)项，说明疫苗可以被其他药物所替代，导致其销量低，支持主任的理由。

(C)项，无关选项，偶尔销售的其他产品的销量与疫苗的销量无关。

(D)项，无关选项，是否有其他制药公司生产疫苗与疫苗的销量及市场利润无关。

(E)项，无关选项，疫苗的使用费由谁承担与疫苗的销量及市场利润无关。

**4.（C）**

【解析】

题干：①若干年前，鲑鱼无法在这条污染严重的缺氧河中生存。②经过这些年的人工治理，鲑鱼已经重现 $\xrightarrow{\text{证明}}$ 该条河不再受污染。

(A)项，指出重新出现的鲑鱼可能是某个不受该河污染物影响的品种，说明鲑鱼重现不是该条河不再受污染的可靠指标，题干的论证存在缺陷。

(B)项，指出污染可能减少到鲑鱼能够生存的水平，使得鲑鱼重现，但是污染依旧存在，题干的论证存在缺陷。

(C)项，说明污染导致的缺氧可能杀死鲑鱼，那么现在鲑鱼重现就说明由污染导致的缺氧已经得以解决，故支持这条河已不再受污染的结论。

(D)项，指出杀死鲑鱼的特定污染物被除掉，使得鲑鱼重现，但是其他污染物依旧存在，题干的论证存在缺陷。

(E)项，指出污染的性质发生改变后，能被鲑鱼所忍受，使得鲑鱼重现，但是污染依旧存在，题干的论证存在缺陷。

## 5.（E）

【解析】

题干：微力学芯片的优劣势：①可以免受辐射损害；②使用的精微机械开关，比电子开关的开关速度慢；③一个芯片只包含 12 000 个开关 ——预测→ 微力学芯片在未来会有一个较大的市场。

(A)项，必须假设，否则微力学芯片使用的精微机械开关比电子开关的开关速度慢会成为其劣势，那么微力学芯片就难以打开市场。

(B)项，必须假设，否则微力学芯片的防辐射优势就不存在。

(C)项，必须假设，否则微力学芯片的防辐射功能就没有意义。

(D)项，必须假设，否则，即使微力学芯片暴露于辐射后还能工作，但其余装置无法工作了，那么防辐射芯片就没有意义。

(E)项，不必假设，若制造商能保护电子芯片免于暴露在强辐射下，那么就不需要防辐射的精微机械开关了，微力学芯片的防辐射优势就没有意义了，故此项削弱了题干。

## 6.（D）

【解析】

制造商的预测：非处方购买的方式将令近年来销量一直低迷的尼古丁皮肤贴销量大增。

(A)项，指出大多数人已经成功戒烟，那么就不再需要尼古丁皮肤贴，即尼古丁皮肤贴的销量不会大增，削弱题干。

(B)项，指出尼古丁皮肤贴通常比其他戒烟手段昂贵，那么人们可能会选择其他戒烟手段去戒烟，即尼古丁皮肤贴的销量未必会大增，削弱题干。

(C)项，说明有其他的手段帮助人们戒烟，那么人们未必会选择尼古丁皮肤贴，即尼古丁皮肤贴的销量未必会大增，削弱题干。

(D)项，指出获取处方购买尼古丁皮肤贴有困难，那么非处方购买的方式会刺激销量增加，支持题干。

(E)项，指出使用尼古丁皮肤贴戒烟和使用其他手段戒烟的效果一样，那么人们未必会选择尼古丁皮肤贴，即尼古丁皮肤贴的销量未必会大增，削弱题干。

## 7. (D)

【解析】

题干有以下信息：

①完成《庆祝》之前的12个月里，卖出当期创作的作品的57%。

②赞誉性评论(即支持性评论/正面评论)发表之后的12个月里，卖出当期创作的作品的85%。

③两个时期，戴维森销售画作的收入大致相当。

④戴维森在完成《庆祝》之前的12个月里销售的作品数量与在支持性评论发表之后的12个月里的销售量是一样的。

收入＝销量×单价，结合题干信息③、④，可知戴维森在完成《庆祝》之前的12个月里销售的作品的单价与在支持性评论发表之后的12个月里销售的作品的单价是大致一样的。故(A)项不正确。

创作作品总销量＝创作作品总量×销售比例，结合题干信息①、②、④，可知"销售比例"由57%变为85%，"创作作品总销量"一样，由此可推知戴维森在支持性评论发表之后的12个月里的创作作品数量少于在完成《庆祝》之前的12个月里的创作作品数量。故(D)项正确。

题干的论证不涉及"戴维森是否关心其作品的正面评论""正面评论是否导致更多的艺术收藏家关注""戴维森是否关心他的作品交易"，故(B)、(C)、(E)项均为无关选项。

## 8. (D)

【解析】

题干中待解释的差异：与太阳紫外线照射相关的皮肤癌病例每年都保持相对稳定的数量，但是，即使与20年前盛行晒太阳相比，现在特意将自己暴晒于太阳下的成年人要少得多。

(A)项，可以解释，指出虽然现在特意将自己暴晒于太阳下的人减少了，但是无意识地暴露在过量的太阳紫外线下的人增多了，导致与太阳紫外线照射相关的皮肤癌病例增多。

(B)项，可以解释，指出虽然特意在太阳底下暴晒的人减少了，但是这些人患皮肤癌的可能性提高了。

(C)项，可以解释，说明可能是太阳以外的紫外线辐射导致了皮肤癌病例增多。

(D)项，不能解释，题干指出现在特意将自己暴晒于太阳下的成年人比过去减少，所以男性和女性的数量不管怎么变化，都改变不了总数少了这个事实。

(E)项，可以解释，指出虽然现在特意将自己暴晒于太阳下的成年人数量减少，但是现在的皮肤癌发病率受患者发作前30年经常暴露于紫外线的影响。

## 9. (D)

【解析】

题干中待解释的差异：

①暴露在低剂量的有毒物质二氧化硫中的小白鼠，65%死于肝功能紊乱。

②所有死于肝功能紊乱的小白鼠中，90%并没有暴露在任何有毒的环境中，即所有死于肝功能紊乱的小白鼠中，只有10%暴露在有毒的环境中。

①中65%的比例关系为：

$$\frac{\text{暴露在低剂量有毒物质二氧化硫中且死于肝功能紊乱的小白鼠数量}}{\text{所有暴露在低剂量有毒物质二氧化硫中的小白鼠数量}};$$

②中10%的比例关系为：

$$\frac{\text{死于肝功能紊乱且暴露在有毒环境中的小白鼠数量}}{\text{所有死于肝功能紊乱的小白鼠数量}};$$

上面两个比例的分母不同，在所有死于肝功能紊乱的小白鼠中，只有10%暴露在有毒环境中，因此，在所有被研究的小白鼠中，死于肝功能紊乱且暴露在有毒环境中的小白鼠所占的比例较小，故(D)项可以解释。

其余各项均不能解释。

## 10. (E)

【解析】

题干：①如果一篇书评太长，阅读起来过于费力，那它肯定不会在《宝言教育学评论》发表。②《宝言教育学评论》的编辑明确表示：每次讨论涉及超过三本书的书评都将被视为太长，阅读费力 $\xrightarrow{\text{证明}}$ 希望自己撰写的书评获得著名的"宝言教育学评论奖"提名的教育学家，他们所投稿件不应评论超过三本著作。

由①、②可得：每次讨论涉及超过三本书的书评不会被《宝言教育学评论》发表，而结论涉及的是能否"获得著名的'宝言教育学评论奖'提名"。因此应使用搭桥法，建立"发表"和"提名"的联系，故(E)项必须假设。

其余各项均不必假设。

## 11. (B)

【解析】

题干：顾客只有在使用软件困难时才会拨打热线，而"好写"热线的电话是四倍于"超快"的 $\xrightarrow{\text{证明}}$ "好写"的文字处理软件使用起来一定比"超快"的困难。

(A)项，无关选项，题干讨论的是"热线电话的数量"和"文字处理软件使用困难"之间的关系，与"热线电话的平均时长"无关。

(B)项，说明"好写"的顾客更少，收到的热线电话却更多，支持"好写"的文字处理软件更难用的结论。

(C)项，削弱题干，指出"超快"收到的对其文字处理软件的投诉信件数量是"好写"收到的两倍，有助于说明"超快"的文字处理软件更难用。

(D)项，打给两家的热线数量都是呈逐步增长的趋势，无法确定哪家的热线数量多，故无法支持或削弱题干。

(E)项，另有他因，削弱题干，"好写"的热线电话更容易记住，才使"好写"接到的热线电话更多。

12. (C)

【解析】

题干中待解释的现象：价格上涨通常会降低产品的销售量。但是，酒是个例外，一种酒的价格上涨常常导致其销量增加，即使酒本身并没有任何改变。

(C)项，指出酒的价格是作为评判酒的质量的主要参考依据，说明价格上涨时，顾客认为酒的质量也提高了，进而销量增加，可以解释题干。

(D)项，"打折"的办法是降价，与题干中的"价格上涨"不符，无法解释题干。

(E)项，可以解释为什么酒的价格上涨没有导致销量降低，但是无法解释其销量增加。

其余各项均为无关选项。

13. (D)

【解析】

题干：橱柜制造商必须更关注产品的实际功用，家具需要具有使用价值——证明→制造橱柜并非艺术。

(D)项，搭桥法，形成三段论推理：橱柜制造→实际功用，实际功用→不是艺术。因此，橱柜制造→不是艺术。故(D)项必须假设。

其余各项均不能帮助题干推出结论。

14. (C)

【解析】

题干：佛江市的郊区平均每个家庭拥有 2.4 部小汽车，因而郊区的居民出行几乎不坐公交车——证明→郊区的市政几乎不可能从享受补贴的服务于郊区的公交系统中受益。

(B)项，指出增加公交线路补贴的市政议案被否决了，那么郊区的市政可能无法从享受补贴的服务于郊区的公交系统中受益，支持题干。

(C)项，郊区既有郊区的居民，也有非郊区的居民。题干忽视了郊区的非郊区居民对公交的利用，此项说明非郊区居民到郊区的商店上班需要用公交系统。这就说明了郊区的市政可以从享受补贴的服务于郊区的公交系统中受益，故削弱题干。

其余各项与公交系统是否让市政获益无关，均为无关选项。

15. (D)

【解析】

题干：<u>野生欧洲盘羊</u>是 8 000 年前驯养羊的直系后代——证明→它们为考古学家提供了在人为选择培育产生现代驯养羊之前<u>早期驯养羊</u>的模样的图画。

(D)项，搭桥法，指出"野生欧洲盘羊"和"早期驯养羊(即此项中的现代驯养羊的祖先)"之间的相似性，故此项必须假设。

其余各项均不必假设。

## 16. (B)

【解析】

题干：杜尔公司自 20 世纪 80 年代以来生产的汽车，目前有超过一半仍在正常使用，而其他任何品牌的汽车只有不到三分之一 —证明→ 该汽车公司生产的汽车的耐用性能极佳。

(A)项，显然为无关选项。

(B)项，如果杜尔公司的汽车大多是近年生产的，而其他公司的汽车大多是 20 世纪 80 年代左右生产的，则题干中的推论就不能成立了，(B)项排除了这种可能，故支持题干。

(C)项，另有他因，题干中现象的原因可能是车主把汽车保养得很好，而非车辆耐用性能极佳，削弱题干。

(D)项，杜尔公司对汽车所做的改变少于其他公司，可能是因为杜尔公司的汽车本身质量就好，不能支持或削弱题干。

(E)项，无关选项，杜尔汽车的销售价格是否相对稳定与其是否耐用性能极佳无关。

## 17. (E)

【解析】

题干：食物通常主要由水果与浆果构成的动物园中的蝙蝠大多数都内分泌失调 —导致→ 主要供给坚果、幼虫、蔬菜和极少量的水果与浆果 —以求→ 改善喜热蝙蝠内分泌失调，使其健康。

(E)项，必须假设，否则，改变饮食带来的健康问题大于内分泌失调造成的健康问题，措施达不到目的。

其余各项均不必假设。

## 18. (D)

【解析】

题干：①T 国与 S 国经历了同样的气候条件；②T 国农业产量上升，S 国农业产量下降 —证明→ 是过度集权经济而非气候变化导致 S 国农业歉收。

(A)项，无关选项，题干论证的是"农业产量"，此项论证的是"工业产量"。

(B)项，不能削弱，无法得知拥有港口城市的国家和内陆国家之间的区别是否会导致农业产量不同。

(C)项，支持题干，说明两国确实在经历相同的气候条件。

(D)项，另有他因，指出农作物的种类不同导致农业产量的差异，削弱题干。

(E)项，支持题干，指出 S 国确实存在集权经济。

## 19. (E)

【解析】

题干：¬(鱼∧熊掌)=¬鱼∨¬熊掌=鱼→¬熊掌，故(E)项正确。

## 20. (B)

【解析】

将题干信息形式化：

①爱斯基摩→黑衣服，等价于：¬黑衣服→¬爱斯基摩。
②北婆罗洲→白衣服。
③¬（黑衣服∧白衣服）=¬黑衣服∨¬白衣服＝黑衣服→¬白衣服＝白衣服→¬黑衣服。
④H→白衣服。
由④、③、①串联可得：H→白衣服→¬黑衣服→¬爱斯基摩，即 H 不是爱斯基摩土著人。
故(B)项正确。

## 二、数学单项选择题

**21.（B）**

【思路点拨】

(1)导数的定义为 $f'(x_0)=\lim\limits_{\Delta x\to 0}\dfrac{f(x_0+\Delta x)-f(x_0)}{\Delta x}$，很多时候，用到的是它的推广形式，即 $f'(x_0)=\lim\limits_{h\to 0}\dfrac{f(x_0+h)-f(x_0)}{h}$，$h$ 可以为任意数值或代数式.

(2)若已知 $f'(x_0)$ 存在，则有 $\lim\limits_{h\to 0}\dfrac{f(x_0+ah)-f(x_0+bh)}{h}=\dfrac{(ah-bh)}{h}f'(x_0)$. 此法可以快速求解.

【解析】方法一：由导数定义可知
$$\lim\limits_{x\to 0}\dfrac{f(2x)-f(0)}{x}=2\lim\limits_{x\to 0}\dfrac{f(2x)-f(0)}{2x}=2f'(0).$$

方法二：$\lim\limits_{x\to 0}\dfrac{f(0+2x)-f(0)}{x}=\dfrac{2x-0}{x}f'(0)=2f'(0).$

**22.（C）**

【思路点拨】

基本初等函数导数的计算很简单，按照常用的求导公式及求导法则直接计算即可.

【解析】由函数的求导法则可知
$$f'(x)=2xe^x+x^2e^x,$$
$$f''(x)=2e^x+2xe^x+2xe^x+x^2e^x=2e^x+4xe^x+x^2e^x,$$

故有 $f''(0)=2.$

**23.（D）**

【思路点拨】

在对隐函数的等式两边同时求导时，要注意一定要将 $y$ 看成 $x$ 的函数 $y(x)$.

【解析】由隐函数求导法则，可得 $y+xy'-2x=0.$

令 $y'=0$，有 $y=2x$，代入原方程可得 $2x^2-x^2=1$，解得 $x=\pm 1$，即 $y=f(x)$ 的驻点为 $\pm 1.$

**24.（A）**

【思路点拨】

(1)不定积分是被积函数的所有原函数组成的集合，它可以写成被积函数的任何一个原函数加上任意常数的形式.

(2)要注意，$2C$ 仍然可以表示任意常数．

【解析】由不定积分的表达形式可排除(B)、(D)项；

由 $F'(x)=f(x)$，可知 $F(x)$ 为 $f(x)$ 的一个原函数，(A)项一定正确．

## 25. (A)

【思路点拨】

如果积分区间关于坐标原点对称，可以利用被积函数的奇偶性简化计算．其中，若被积函数为奇函数，则积分结果为 $0$．

【解析】由 $\sin^{99} x$ 为奇函数，且积分区间对称，可得 $\int_{-\frac{\pi}{2}}^{\frac{\pi}{2}} \sin^{99} x \, dx = 0$．

## 26. (C)

【思路点拨】

变下限积分求导公式为 $\left[\int_x^b f(t) dt\right]' = \left[-\int_b^x f(t) dt\right]' = -f(x)$．

【解析】由变限积分求导公式可得 $F'(x) = \left[\int_x^1 \frac{\sin t}{t} dt\right]' = -\frac{\sin x}{x}$．

## 27. (B)

【思路点拨】

(1)如果要判断一个函数是否为某随机变量的分布函数，则需逐一检验分布函数所需满足的所有性质，只要其中一条不满足或可能不满足，就不是分布函数．

(2)分布函数的性质：

①单调性：$F(x)$ 是一个不减函数，对于任意实数 $x_1, x_2 (x_1 < x_2)$，有
$$F(x_2) - F(x_1) = P\{x_1 < X \leqslant x_2\} \geqslant 0;$$

②有界性：$0 \leqslant F(x) \leqslant 1$，且 $\lim\limits_{x \to +\infty} F(x) = 1$，$\lim\limits_{x \to -\infty} F(x) = 0$；

③右连续性：$F(x+0) = F(x)$，即 $F(x)$ 是右连续的．

【解析】排除法．已知 $0 \leqslant F_1(x) \leqslant 1$，$0 \leqslant F_2(x) \leqslant 1$．

(A)项：$0 \leqslant F_1(x) + F_2(x) \leqslant 2$，不满足有界性，排除；

(C)项：$0 \leqslant \frac{1}{3} F_1(x) + \frac{1}{3} F_2(x) \leqslant \frac{2}{3}$，不满足有界性，排除；

(D)项：$0 \leqslant \frac{1}{4} F_1(x) + \frac{1}{4} F_2(x) \leqslant \frac{1}{2}$，不满足有界性，排除；

故(B)项正确．

## 28. (C)

【思路点拨】

随机变量 $X \sim N(\mu, \sigma^2)$，则 $E(X) = \mu$，$D(X) = \sigma^2$．

【解析】由期望的性质可知
$$E(2X+1) = 2E(X) + 1 = 2\mu + 1 = 5,$$

解得 $\mu = 2$．

## 29. (D)

**【思路点拨】**

矩阵的运算法则是一个易错点．一般来说，矩阵乘法

(1)不满足交换律，即 $AB \neq BA$；

(2)矩阵不能直接运用数的平方和公式，而应该用分配律逐一将两个括号消去；

(3)不满足消去律．

**【解析】**(A)项：矩阵运算不满足交换律，$AB=0$ 并不能得到 $BA=0$，故排除；

(B)项：矩阵运算不满足消去律，即两个非零矩阵的乘积有可能是一个零矩阵，故排除；

(C)项：矩阵不能直接运用数的平方和公式，即 $(A+B)(A-B) = A^2 - AB + BA - B^2 \neq A^2 - B^2$，故排除；

(D)项：$(A-B)^2 = (A-B)(A-B) = A^2 - AB - BA + B^2 = A^2 - 2BA + B^2$，故(D)项正确．

## 30. (C)

**【思路点拨】**

(1)要判断非齐次线性方程组是否有解以及解是否唯一，一般的做法是将增广矩阵 $\overline{A}$ 通过初等行变换化为阶梯形矩阵，然后再根据"系数矩阵 $A$ 和增广矩阵 $\overline{A}$ 的秩是否相等"及"秩与未知量个数 $n$ 的关系"判断解的情况．

(2)设 $n$ 为方程组中未知量的个数，则

当 $r(A) = r(\overline{A}) = n$ 时，非齐次线性方程组有唯一解；

当 $r(A) = r(\overline{A}) < n$ 时，非齐次线性方程组有无穷多解；

当 $r(A) \neq r(\overline{A})$ 时，非齐次线性方程组无解．

**【解析】**对系数矩阵的增广矩阵进行初等行变换，即

$$\overline{A} = \begin{pmatrix} 1 & 1 & 1 & 1 \\ 3 & 3 & 4 & 2 \\ 2 & 2 & 2 & 2 \end{pmatrix} \xrightarrow{\text{行变换}} \begin{pmatrix} 1 & 1 & 1 & 1 \\ 0 & 0 & 1 & -1 \\ 0 & 0 & 0 & 0 \end{pmatrix}.$$

由于 $r(A) = r(\overline{A}) = 2 < 3$，因此 $Ax = b$ 有无穷多解．

## 三、数学计算题

### 31. 【思路点拨】

结合一阶导数与微分的关系，可知 $dy = y'dx$．所以，求一阶微分往往等同于求一阶导数．

**【解析】**令 $x=0$，代入原方程得 $y=1$．

利用隐函数求导法则，在方程 $\ln(x+y) = xy$ 两边对 $x$ 求导，可得 $\dfrac{1+y'}{x+y} = y + xy'$，将 $x=0$，$y=1$ 代入，得 $y'(0) = 0$，因此 $dy|_{x=0} = y'(0)dx = 0 \cdot dx = 0$．

### 32. 【思路点拨】

一般来说，如果计算出了函数的单调区间，就可以直接根据每个驻点左、右两边的增减性来判断该点是否为极值，不需要再计算二阶导数．

**【解析】**求函数一阶导数，可得 $y' = x^3 - 6x^2 + 5x = x(x-1)(x-5)$．

令 $y'=0$，解得 $x_1=0$，$x_2=1$，$x_3=5$．列表如下：

| $x$ | $(-\infty, 0)$ | $0$ | $(0, 1)$ | $1$ | $(1, 5)$ | $5$ | $(5, +\infty)$ |
|---|---|---|---|---|---|---|---|
| $y'$ | $-$ | $0$ | $+$ | $0$ | $-$ | $0$ | $+$ |

由上表可知，函数的单调增区间为$(0, 1)$，$(5, +\infty)$；单调减区间为$(-\infty, 0)$，$(1, 5)$.

左减右增取极小，故 $y$ 在 $x=0$ 处取得极小值 $-11$，在 $x=5$ 处取得极小值 $-\dfrac{169}{4}$；

左增右减取极大，故 $y$ 在 $x=1$ 处取得极大值 $-\dfrac{41}{4}$.

## 33.【思路点拨】

第一类换元积分法（凑微分法）的一般公式，即

$$\int f[\varphi(x)]\varphi'(x)\mathrm{d}x = \int f[\varphi(x)]\mathrm{d}\varphi(x).$$

【解析】

$$\int x\cos(2-3x^2)\mathrm{d}x = \int \cos(2-3x^2)\mathrm{d}\left(\frac{1}{2}x^2\right)$$

$$= -\frac{1}{6}\int \cos(2-3x^2)\mathrm{d}(2-3x^2)$$

$$= -\frac{1}{6}\sin(2-3x^2) + C.$$

## 34.【思路点拨】

当被积分函数中出现根式时，一般需要通过变量代换或凑微分法将根号替换掉再进行积分；

当积分式出现了对数函数或反三角函数时，则需要使用分部积分法．

【解析】令 $\sqrt{x}=t$，则 $x=t^2$，$\mathrm{d}x=2t\mathrm{d}t$，且当 $x=1$ 时，$t=1$；当 $x=4$ 时，$t=2$.
因此

$$\int_1^4 \frac{\ln x}{\sqrt{x}}\mathrm{d}x = \int_1^2 \frac{\ln t^2}{t}\mathrm{d}t^2 = \int_1^2 \frac{\ln t^2}{t}\cdot 2t\mathrm{d}t = 4\int_1^2 \ln t\mathrm{d}t$$

$$= 4\left[(t\ln t)\Big|_1^2 - \int_1^2 t\mathrm{d}\ln t\right] = 4\left[2\ln 2 - \int_1^2 t\cdot\frac{1}{t}\mathrm{d}t\right]$$

$$= 4(2\ln 2 - 1) = 8\ln 2 - 4.$$

## 35.【思路点拨】

多元函数的复合函数求导法则：

如果 $z=f(u, v)$，且 $\begin{cases} u=u(x, y), \\ v=v(x, y), \end{cases}$ 则有 $\dfrac{\partial z}{\partial x} = \dfrac{\partial z}{\partial u}\cdot\dfrac{\partial u}{\partial x} + \dfrac{\partial z}{\partial v}\cdot\dfrac{\partial v}{\partial x} = f'_1\dfrac{\partial u}{\partial x} + f'_2\dfrac{\partial v}{\partial x}$.

【解析】由复合函数求导法则，得

$$\frac{\partial z}{\partial x} = \frac{\partial z}{\partial u}\cdot\frac{\partial u}{\partial x} = 2u\cos v\cdot\mathrm{e}^{xy}\cdot y = 2y\mathrm{e}^{2xy}\cos 2y,$$

$$\frac{\partial z}{\partial y} = \frac{\partial z}{\partial u}\cdot\frac{\partial u}{\partial y} + \frac{\partial z}{\partial v}\cdot\frac{\partial v}{\partial y} = 2u\cos v\cdot\mathrm{e}^{xy}\cdot x + (-u^2\sin v)\cdot 2 = 2x\mathrm{e}^{2xy}\cos 2y - 2\mathrm{e}^{2xy}\sin 2y.$$

36. 【思路点拨】

(1)由于可导的函数必然连续，所以当函数中存在多个参数时，往往先根据函数的连续性确定一部分参数或参数间的关系，再利用可导性最终确定参数．

(2)考查连续性需要用到极限，可采用等价无穷小替换或者洛必达法则进行求解．须注意：当函数极限存在时，若分母的极限为0，则分子的极限必为0．

【解析】由函数可导，可知 $f(x)$ 在 $x=0$ 处连续，则有 $\lim\limits_{x\to 0^+}f(x)=\lim\limits_{x\to 0^-}f(x)=f(0)=0$，即 $\lim\limits_{x\to 0^+}\dfrac{a+b\cos x}{x}=0$，故 $\lim\limits_{x\to 0^+}(a+b\cos x)=0$，即 $a+b=0$．

由 $f(x)$ 在 $x=0$ 处可导，可得 $f'_+(0)=f'_-(0)=1$，即

$$\lim_{x\to 0^+}\dfrac{\dfrac{a+b\cos x}{x}-0}{x-0}=\lim_{x\to 0^+}\dfrac{a+b\cos x}{x^2}=\lim_{x\to 0^+}\dfrac{-b\sin x}{2x}=\dfrac{-b}{2}=1,$$

可求得 $b=-2$．

综上所述，$a=2$，$b=-2$．

37. 【思路点拨】

概率密度函数的基本性质：

(1) $P\{a<X<b\}=\int_a^b f(x)\mathrm{d}x$，即 $X$ 属于区间 $(a,b)$ 的概率等于其概率密度函数在该区间上的积分；

(2) $P\{-\infty<X<+\infty\}=1$，所以 $\int_{-\infty}^{+\infty}f(x)\mathrm{d}x=1$，该性质往往用来确定概率密度函数中的未知参数．

(3) $f(x)\geqslant 0$，$-\infty<x<+\infty$．

【解析】(1) 由概率密度函数的性质 $\int_{-\infty}^{+\infty}f(x)\mathrm{d}x=1$，得

$$\int_{-\infty}^{+\infty}f(x)\mathrm{d}x=\int_2^4 cx\mathrm{d}x=\dfrac{1}{2}cx^2\bigg|_2^4=\dfrac{1}{2}c(4^2-2^2)=1,$$

解得 $c=\dfrac{1}{6}$．

(2) $P\{X>3\}=\int_3^{+\infty}f(x)\mathrm{d}x=\int_3^4 \dfrac{1}{6}x\mathrm{d}x=\dfrac{1}{12}x^2\bigg|_3^4=\dfrac{7}{12}$．

38. 【思路点拨】

常见分布的分布律（或概率密度）以及期望、方差都是需要重点记忆的．

【解析】(1) 由 $P\{X\geqslant 1\}=\dfrac{5}{9}$，可得 $P\{X\geqslant 1\}=P\{X=1\}+P\{X=2\}=\dfrac{5}{9}$，即 $P\{X=0\}=\dfrac{4}{9}$，故有 $C_2^0(1-p)^2=\dfrac{4}{9}$，解得 $p=\dfrac{1}{3}$．

也可以正向求解，计算 $C_2^1 p(1-p)+C_2^2 p^2=\dfrac{5}{9}$，但计算复杂易出错．

(2) 由二项分布 $D(X)=npq$，可得 $D(X)=2\times\dfrac{1}{3}\times\dfrac{2}{3}=\dfrac{4}{9}$．

39. 【思路点拨】

向量组 $\alpha_1, \alpha_2, \cdots, \alpha_n$ 线性相关等价于向量组不满秩；如果向量组构成的矩阵是方阵，则可以通过行列式是否等于零来判断其是否满秩．

【解析】本题为方阵，故可直接计算方阵的行列式，即

$$|\alpha_1, \alpha_2, \alpha_3| = \begin{vmatrix} a & 2 & 1 \\ 2 & a & -1 \\ 1 & 0 & 1 \end{vmatrix} = (a-3)(a+2) = 0,$$

解得 $a=3$ 或 $-2$，即当 $a=3$ 或 $-2$ 时，向量组 $\alpha_1, \alpha_2, \alpha_3$ 线性相关．

40. 【思路点拨】

求齐次线性方程组通解的一般步骤：

(1)将系数矩阵进行初等行变换化为阶梯形矩阵；

(2)找出主元和自由未知量；

(3)确定基础解系，最后写出通解．

【解析】对方程组的系数矩阵进行初等行变换化为阶梯形矩阵，即

$$A = \begin{pmatrix} 1 & 1 & 2 \\ 1 & 2 & 1 \\ 2 & 1 & 5 \end{pmatrix} \rightarrow \begin{pmatrix} 1 & 1 & 2 \\ 0 & 1 & -1 \\ 0 & -1 & 1 \end{pmatrix} \rightarrow \begin{pmatrix} 1 & 1 & 2 \\ 0 & 1 & -1 \\ 0 & 0 & 0 \end{pmatrix} \rightarrow \begin{pmatrix} 1 & 0 & 3 \\ 0 & 1 & -1 \\ 0 & 0 & 0 \end{pmatrix},$$

由于 $r(A)=2<3$，所以方程组有非零解．其通解方程组为 $\begin{cases} x_1 + 3x_3 = 0 \\ x_2 - x_3 = 0, \end{cases}$ 即 $\begin{cases} x_1 = -3x_3 \\ x_2 = x_3, \end{cases}$ 解

得 $x = k\begin{pmatrix} -3 \\ 1 \\ 1 \end{pmatrix}$，其中 $k$ 为任意常数，则 $\begin{pmatrix} -3 \\ 1 \\ 1 \end{pmatrix}$ 为方程组的一个基础解系．

## 四、写作

41. 论证有效性分析

【谬误分析】

①"语文高出英语分值80分"，并不一定"有助于强化母语教育"，因为"学生对外语所投入的时间、精力和金钱远远超过语文"，未必是受分值的影响，可能因为二者对于中国学生来说学习的难易有别。而且，即使学生学习英语的时间变少了，也不一定将节省下来的时间用于母语学习，因此，无法得出"强化母语教育"的结论。

②文中认为"只有学好母语才能学好包括英语在内的其他科目"，未必妥当。首先，母语未必是英语的基础，比如很多华人华侨的英语很好但母语却并不熟练。其次，母语也未必是学好其他学科的前提。

③很少用到英语并不等于就不需要用英语，也不能得出不需要很好地学习英语。况且，"升学""求职""升职"等情况用到英语，不也正说明了英语对于学习者来说是有帮助的吗？

④此次改革未必能改变"哑巴式英语"教学的状况。因为此改革方案并没有涉及口语测试。如果降低英语分值导致学生学习英语的时间下降，恐怕更无法"突出英语作为语言的实际应用作用"。

⑤我们"平时说的、看的都是汉语"并不能说明不需要重视语文。可能正因为平时需要大量地

使用汉语,才更加说明语文教育的重要性。

⑥降低英语的分值不代表"弱化英语教学"。而且,反对者不当地假设了学生必须要学好英语,假如大家对英语的需求度和运用率不高的话,英语也许就没有必要跟语文一样被重视。

⑦"中学生学习负担沉重并不全是因为英语",恰恰说明英语也是学生负担重的原因之一,应该降低英语的负担,而不是反对英语改革。"英语改革需要有周密的调研,高考改革也应从全局考虑",暗含一个假设,即此次改革没有经过周密调研,也不是从全局考虑的。而文中引用的改革方案本身就是征求意见稿,就是一种调研方式,反对者的假设不当。

⑧英语分值的下降,不代表学生不再学习英语,当然也就无法推出"这一举措把中小学英语教学负担推给了大学,并没有考虑到学生今后的发展"的结论。而且,也无法证明降低英语的分值就会影响学生就业。

参考范文

## 高考英语改革可取吗?

对于"高考英语改革",支持者和反对者都提出了自己的看法,但双方的论证都存在多处逻辑漏洞,让人难以信服。

从支持者的角度来看:

首先,"语文高出英语分值80分",并不一定"有助于强化母语教育",因为"学生对外语所投入的时间、精力和金钱远远超过语文",未必是受分值的影响,可能因为二者对于中国学生来说学习的难易有别。

其次,很少用到英语并不等于就不需要用英语,也不能得出不需要很好地学习英语。况且,"升学""求职""升职"等情况用到英语,不正说明了英语对于学习者来说是有帮助的吗?

从反对者的角度来看:

第一,我们平时说的、看的都是汉语并不能说明不需要重视语文。可能正是因为需要大量地使用汉语,才更加说明语文教育的重要性。

第二,英语分值的改变并不意味着英语的重视度下降。再者,反对者不当地假设了学生必须要学好英语,假如大家对英语的需求度和运用率不高的话,英语也许就没有必要跟语文一样被重视。

第三,反对者认为"英语改革需要有周密的调研,高考改革也应从全局考虑"。暗含一个假设,即此次改革没有经过周密调研,也不是从全局考虑的。而文中引用的改革方案本身就是征求意见稿,就是一种调研方式,反对者的假设不当。

综上所述,支持者和反对者都没有充足的理由来论证自己的观点,高考英语改革是否可行,还需更多论证。

(全文共592字)

42. 论说文

**【参考立意】**

①真正的勇气。

②勇者无惧。

参考范文

## 浅谈"真正的勇气"

### 吕建刚

什么是真正的勇气?诚如曼德拉所言,真正的勇气"不是没有恐惧,而是战胜恐惧"。

首先,勇者也会有恐惧之心。进化心理学告诉我们,恐惧是人类自我保护的本能。比如我们会害怕凶恶的动物,会害怕陌生的事物,也会害怕死亡。这种恐惧之心能让我们远离危险,减少被伤害的可能。一些心智失常者丧失了正常思考的能力,但他们仍然会保有恐惧之心,这也恰好说明了恐惧是人的本能,再有勇气的人也会有恐惧。

而且,在人的成长和发展过程中,风险无处不在。"天有不测风云,人有旦夕祸福"说的就是这种情况。这种意外的突发事件,往往会使人陷入困境,甚至会改变人的命运。因此,对风险的畏惧可以让我们多一些未雨绸缪,少一些飞来横祸,这当然也是好事。

其次,真正的勇者可以克服自己的恐惧。以曼德拉为例,他曾入狱 27 年,但仍然矢志不渝,为民族独立事业而奋斗。他敢于直面漫漫狱中岁月的恐惧,执笔写下《漫漫自由路》,后来,他成为南非第一任黑人总统,被称为"南非国父"。可见,他是真正的勇者。

那么,真正的勇气从何而来呢?我认为要做好以下三点:

一是,要有实力。当你有了绝对的实力和把握时,当然也就有勇气了。正所谓有屠狼之技者不会害怕恶狼,就是这个道理。因此,不论你从事什么事业,经过千百次的训练和学习,从而积累足够的实力,是必不可少的。

二是,要有自信。如果没有自信,实力就会打折。要建立战胜困难的信心,敢于迎难而上,正如培根所说:"虽然危险并未临近,但迎头邀击比长久注视其前来的好。"

三是,要学会未雨绸缪。在任何人的成长中,风险都是客观存在的。但有风险,不代表我们要盲目冒险,而是要学会未雨绸缪,做好风险预案,这样心里有了底,才能减少对未知风险的恐惧。

《曹刿论战》中说:"夫战,勇气也。"愿你充满勇气,战胜一切困难。

(全文共 734 字)

绝密★启用前

# 2013年全国硕士研究生招生考试
# 经济类综合能力试题

(科目代码：396)

考试时间：8：30—11：30

## 考生注意事项

1. 答题前，考生须在试题册指定位置上填写考生姓名和考生编号；在答题卡指定位置上填写报考单位、考生姓名和考生编号，并涂写考生编号信息点。
2. 选择题的答案必须涂写在答题卡相应题号的选项上，非选择题的答案必须书写在答题卡指定位置的边框区域内。超出答题区域书写的答案无效；在草稿纸、试题册上答题无效。
3. 填(书)写部分必须使用黑色字迹签字笔或者钢笔书写，字迹工整、笔迹清楚；涂写部分必须使用2B铅笔填涂。
4. 考试结束，将答题卡和试题册按规定交回。

| 考生编号 | | | | | | | | | | | | | | | |
|---|---|---|---|---|---|---|---|---|---|---|---|---|---|---|---|
| 考生姓名 | | | | | | | | | | | | | | | |

一、**逻辑推理**：第1～20小题，每小题2分，共40分。下列每题给出的（A）、（B）、（C）、（D）、（E）五个选项中，只有一个选项是最符合试题要求的。

1. 如果小张来开会，则小李来开会或小赵没来开会。小李没来开会。

    如果上述信息正确，则下列哪项一定不正确？

    (A)小张来开会了。　　　(B)小张没来开会。　　　(C)小赵没来开会。

    (D)小张和小赵都没来开会。　　(E)小张和小赵都来开会了。

2. 李娟在教室，除非她接到张凯的短信了。

    下列哪项如果正确，表明上述论断为假？

    Ⅰ. 李娟接到了张凯的短信并且在教室。

    Ⅱ. 李娟没有接到张凯的短信并且不在教室。

    Ⅲ. 李娟接到了张凯的短信并且不在教室。

    (A)只有Ⅰ。　　　(B)只有Ⅱ。　　　(C)只有Ⅲ。

    (D)只有Ⅱ和Ⅲ。　　(E)只有Ⅰ和Ⅱ。

3. 所有喜欢数学的学生都喜欢哲学。

    如果上述信息正确，则下列哪项一定不正确？

    (A)有些学生喜欢哲学但不喜欢数学。

    (B)有些学生喜欢数学但是不喜欢哲学。

    (C)有些学生既喜欢哲学又喜欢数学。

    (D)所有的学生都喜欢数学。

    (E)多数学生都喜欢哲学。

4. 和政治学导论、世界史导论相比，杨林更喜欢物理学和数学。和政治学导论相比，杨林更不喜欢体育。

    除了下列哪项，其余各项都能从上述论述中推出？

    (A)和体育相比，杨林更喜欢政治学导论。

    (B)和体育相比，杨林更喜欢数学。

    (C)和世界史导论相比，杨林更不喜欢体育。

    (D)和体育相比，杨林更喜欢物理学。

    (E)和数学相比，杨林更不喜欢世界史导论。

5. 学校学习成绩排名前百分之五的同学要参加竞赛培训，后百分之五的同学要参加社会实践。小李的学习成绩高于小王的学习成绩，小王的学习成绩低于学校的平均成绩。

    下列哪项最不可能发生？

    (A)小李和小王都要参加社会实践。

    (B)小李和小王都没有参加社会实践。

    (C)小李和小王都没有参加竞赛培训。

    (D)小李参加竞赛培训。

    (E)小王参加竞赛培训，小李没有参加竞赛培训。

**6.** 如果李凯拿到钥匙，他就会把门打开并且保留钥匙。如果杨林拿到钥匙，他会把钥匙交到失物招领处。要么李凯拿到钥匙，要么杨林拿到钥匙。

如果上述信息正确，那么下列哪项一定正确？

(A)失物招领处没有钥匙。　　(B)失物招领处有钥匙。

(C)门打开了。　　(D)李凯拿到了钥匙。

(E)如果李凯没有拿到钥匙，那么钥匙会在失物招领处。

**7.** 宇宙中，除了地球，不一定有居住着智能生物的星球。

下列哪项与上述论述的含义最为接近？

(A)宇宙中，除了地球，一定没有居住着智能生物的星球。

(B)宇宙中，除了地球，一定有居住着智能生物的星球。

(C)宇宙中，除了地球，可能有居住着智能生物的星球。

(D)宇宙中，除了地球，可能没有居住着智能生物的星球。

(E)宇宙中，除了地球，一定没有居住着非智能生物的星球。

**8.** 某家媒体公布了某市二十所高中的高考升学率，并按升学率的高低进行排序。专家指出，升学率并不能作为评价这些高中的教学水平的标准。

以下哪项不能作为支持专家论断的论据？

(A)学生在进入这些高中前，需要参加本市的高中入学考试。而这些高中的录取分数线有明显的差距。

(B)本市升学率高的中学配备了优秀的教师。

(C)有些高考升学率较高的中学其平均高考成绩却低于升学率较低的中学。

(D)有些升学率较低的中学出现了很多高考成绩优异的毕业生。

(E)有些中学之所以升学率较低，很大程度上是因为很多考生虽然高考成绩很好，但是由于选择专业和大学的倾向性，而决定复读。

**9.** 最近十年地球上的自然灾害，比如地震、火山爆发、极端天气等给人类造成的伤亡比过去几十年更严重。所以，地球环境变得更恶劣了，我们应该为地球科学家、气象学家投入更多的科研基金使他们研究地球环境变化的原因。

下列哪项最能削弱上述结论？

(A)自然灾害国际援助组织配备了更先进的救援设备。

(B)气象学家和地球科学家近十年研制出了更好的预报系统。

(C)过去十年人类在土地使用的方式上并不会引起气候的变化。

(D)过去几十年也记录了地球上重要的自然灾害，比如地震、旱涝、火山爆发、山体滑坡，等等。

(E)近十年来，人类数量的剧增以及贫穷的加剧使得更多的人居住在更易遭到自然灾害的区域。

**10.** 统计局报告指出，2011年中产家庭的收入较之2010年提高了1.6%。一般来说，家庭收入的提高会使贫困率下降。但是2011年国家的贫困率较之2010年却没有下降。

下面哪一项如果正确，最能解释上述矛盾？

(A)中产家庭的模式在2010—2011年发生了有利于家庭收入增长的改变。

(B)中产家庭的消费在2010—2011年有所增长。
(C)家庭的收入变化不会影响国家的贫困率。
(D)贫困人口的比例下降。
(E)2009—2010年国家发生了经济萧条，而经济萧条的影响将会持续，并且会在5年之内使国家贫困率维持在较高的水平上。

11. 自1945年以来，局部战争几乎不断，但是未发生像第二次世界大战那样严重的世界战争。这是因为人们恐惧于世界大战的破坏力。

下列哪项如果正确，最能削弱上述结论？

(A)1945年以后发生的局部战争的破坏力没有第二次世界大战的破坏力强。
(B)人们对第二次世界大战的破坏力的恐惧感一直没有减弱。
(C)人们对局部战争的破坏力没有恐惧感。
(D)第一次世界大战后，人们对世界大战有同样的恐惧感，但是仍然发生了第二次世界大战。
(E)参与第二次世界大战的国家之间仍然有国际争端。

12～13题基于以下题干：

有一项调查报告指出，服用某种药品会提高人的注意力。

12. 如果上述的信息正确，那么以下哪项可由上述信息推出？

(A)长期服用这种药品，会产生药物依赖，并且伤害身体。
(B)考生服用这种药品将视为考试作弊。
(C)很多考生服用了这种药品。
(D)有些考生不愿服用这种药品。
(E)小李服用了这种药品，提高了注意力。

13. 下列哪项如果正确，最能质疑题干信息？

(A)有些没有服用该药品的学生的考试成绩不理想。
(B)学校周围的许多药店出售这种药品。
(C)有学生反映，服用该药品后与服用该药品前相比，注意力没有改善。
(D)药品在学生中很受欢迎。
(E)教师劝导学生不要服用这种药品，因为这种药品会对身体造成伤害。

14. 小李："人类没有外星人来访地球的文字记录，所以外星人没有来访过地球。"

小李的推理基于以下哪项假设？

(A)如果外星人来访过地球，则人类会有外星人来访地球的文字记录。
(B)如果外星人没有来访过地球，则人类没有外星人来访地球的文字记录。
(C)如果人类有外星人来访地球的文字记录，则外星人来访过地球。
(D)如果人类没有外星人来访地球的文字记录，则外星人来访过地球。
(E)即使人类没有外星人来访地球的文字记录，外星人也可能来访过地球。

15. 所有步行回家的学生都回家吃午饭，所有回家吃午饭的学生都有午睡的习惯。因此，小李不是步行回家。

以下哪项最有可能是上述论证所假设的?

(A)小李有午睡习惯。　　　　　　　(B)小李回家吃午饭。

(C)小李没有午睡的习惯。　　　　　(D)小李的午睡时间很短。

(E)小李的午睡保证了他的身体健康。

**16～17题基于以下题干:**

有A、B、C三组评委投票决定是否通过一个提案。A组评委共两人，B组评委共两人，C组评委共三人。每个评委都不能弃权，并且同意、反对必选其一，关于他们投票的真实信息如下:

(1)如果A组两个评委的投票结果相同，并且至少有一个C组评委的投票结果也与A组所有评委的投票结果相同，那么B组两个评委的投票结果也都与A组的所有评委的投票结果相同。

(2)如果C组三个评委的投票结果相同，则A组没有评委的投票结果与C组的投票结果相同。

(3)至少有两个评委投同意票。

(4)至少有两个评委投反对票。

(5)至少有一个A组评委投反对票。

16. 如果B组两个评委的投票结果不同，则下列哪项可能是真的?

(A)A组评委都投反对票并且恰有两个C组评委投同意票。

(B)恰有一个A组评委投同意票并且恰有一个C组评委投同意票。

(C)恰有一个A组评委投同意票并且C组所有评委都投同意票。

(D)A组所有评委都投同意票并且恰有一个C组评委投同意票。

(E)A组所有评委都投同意票并且恰有两个C组评委投同意票。

17. 根据题干中的信息，下列哪项一定为真?

(A)至少有一个A组评委投同意票。　　(B)至少有一个C组评委投同意票。

(C)至少有一个C组评委投反对票。　　(D)至少有一个B组评委投反对票。

(E)至少有一个B组评委投同意票。

18. 某班为了准备茶话会，分别派了甲、乙、丙、丁四位同学去采购糖果、点心和小纪念品等。甲买回来的东西，乙全都买了，丙买回来的东西包括了乙买的全部，丁买回来的东西里也有丙买的东西。

由此可以推断以下哪项正确?

(A)丁所买的东西里面一定有甲所买的东西。

(B)丁所买的东西里面一定有乙所买的东西。

(C)甲所买的东西里面一定没有丙所买的东西。

(D)丁所买的东西里面一定没有乙所买的东西。

(E)丙所买的东西里可能有丁所没有买的东西。

19. 陈红、黄燕燕、余明明三人都买了新的手提电脑，手提电脑的牌子分别是苹果、戴尔和惠普。她们一起来到朋友张霞家，让张霞猜猜她们三人各自分别买的是什么牌子的手提电脑。张霞猜道:"陈红买的是苹果,黄燕燕买的肯定不是戴尔,余明明买的不会是苹果。"很可惜,张霞只猜对了一个。

由此,可推知真实的情况是:

(A)陈红买的是戴尔,黄燕燕买的是苹果,余明明买的是惠普。

(B)陈红买的是苹果,黄燕燕买的是惠普,余明明买的是戴尔。

(C)陈红买的是苹果,黄燕燕买的是戴尔,余明明买的是惠普。

(D)陈红买的是戴尔,黄燕燕买的是惠普,余明明买的是苹果。

(E)陈红买的是惠普,黄燕燕买的是戴尔,余明明买的是苹果。

20. 从表面上看,美国目前所面临的公众吸毒问题和20世纪20年代所面临的公众酗酒问题很相似。当时许多人不顾禁止酗酒的法令而狂喝滥饮。但是,二者之间应该说还是有实质性区别的:在大多数中产阶级分子和其他一些守法的美国人当中,吸毒(吸食海洛因和可卡因等)从来就没有成为一种被广泛接受的社会性行为。

从上述材料中,我们可以得出以下哪项结论?

(A)20世纪20年代,大多数美国中产阶级分子普遍认为酗酒并不是不可接受的违法行为。

(B)美国中产阶级的价值观是衡量美国社会公众行为的一种尺度。

(C)大多数美国人把海洛因和可卡因视为与酒精类似的东西。

(D)在议会制国家,法律的制定以大多数公民的意志和价值观为基础。

(E)法律越禁止吸毒,吸毒行为就越肆无忌惮。

## 二、数学单项选择题:第21~30小题,每小题2分,共20分。下列每题给出的(A)、(B)、(C)、(D)四个选项中,只有一个选项是最符合试题要求的。

21. 设函数 $f(x)$ 在 $x = x_0$ 处可导,则 $f'(x_0) = ($   ).

(A) $\lim\limits_{\Delta x \to 0} \dfrac{f(x_0) - f(x_0 + \Delta x)}{\Delta x}$ 

(B) $\lim\limits_{\Delta x \to 0} \dfrac{f(x_0 - \Delta x) - f(x_0)}{\Delta x}$

(C) $\lim\limits_{\Delta x \to 0} \dfrac{f(x_0 + 2\Delta x) - f(x_0)}{\Delta x}$

(D) $\lim\limits_{\Delta x \to 0} \dfrac{f(x_0 + 2\Delta x) - f(x_0 + \Delta x)}{\Delta x}$

22. 已知 $x = 1$ 是函数 $y = x^3 + ax^2$ 的驻点,则常数 $a = ($   ).

(A) 0      (B) 1      (C) $-\dfrac{3}{2}$      (D) $\dfrac{3}{2}$

23. 函数 $y = \ln(1 + 2x^2)$,则 $dy|_{x=0} = ($   ).

(A) 0      (B) 1      (C) $dx$      (D) $2dx$

24. 设 $\sin x$ 是函数 $f(x)$ 的一个原函数,则 $\int x f'(x) dx = ($   ).

(A) $x\cos x - \sin x$      (B) $x\cos x - \sin x + C$

(C) $x\sin x - \cos x$      (D) $x\sin x - \cos x + C$

25. 设 $F(x) = \int_0^x \dfrac{\sin t}{t} dt$,则 $F'(0) = ($   ).

(A) 0      (B) 1      (C) 2      (D) 3

26. 设 $f(x) = e^x + x^3 \int_0^1 f(x)dx$，则 $\int_0^1 f(x)dx = ($    $)$.

   (A) 0    (B) $\frac{4}{3}(e-1)$    (C) $\frac{4}{3}$    (D) e

27. $n$ 阶矩阵 $A$ 可逆的充要条件是（    ）.

   (A) $A$ 的任意行向量都是非零向量    (B) $A$ 的任意列向量都是非零向量
   (C) 线性方程组 $Ax = \beta$ 有解    (D) 线性方程组 $Ax = 0$ 仅有零解

28. 设 $r_1, r_2$ 是线性方程组 $Ax = \beta$ 的两个不同的解，$\eta_1, \eta_2$ 是导出组 $Ax = 0$ 的一个基础解系，$C_1, C_2$ 是两个任意常数，则 $Ax = \beta$ 的通解是（    ）.

   (A) $C_1\eta_1 + C_2(\eta_1 - \eta_2) + \frac{r_1 - r_2}{2}$    (B) $C_1\eta_1 + C_2(\eta_1 - \eta_2) + \frac{r_1 + r_2}{2}$
   (C) $C_1\eta_1 + C_2(r_1 - r_2) + \frac{r_1 - r_2}{2}$    (D) $C_1\eta_1 + C_2(r_1 - r_2) + \frac{r_1 + r_2}{2}$

29. 设 $X$ 为连续型随机变量，$F(x)$ 为 $X$ 的分布函数，则 $F(x)$ 在其定义域一定为（    ）.

   (A) 非二阶间断函数    (B) 阶梯函数
   (C) 可导函数    (D) 连续但不一定可导函数

30. 设随机变量 $X$ 服从参数为 2 的泊松分布，$Z = 3X - 2$，则随机变量 $Z$ 的期望 $E(Z)$ 和方差 $D(Z)$ 分别为（    ）.

   (A) $-\frac{1}{2}, \frac{9}{4}$    (B) $-\frac{1}{2}, \frac{3}{4}$    (C) 4，18    (D) 4，6

### 三、数学计算题：第 31~40 小题，每小题 5 分，共 50 分。

31. 求极限 $\lim\limits_{x \to 0}\left[\frac{1}{x} - \frac{1}{\ln(1+x)}\right]$.

32. 求函数 $y = \ln\frac{1+\sqrt{x}}{1-\sqrt{x}}$ 的导函数.

33. 求定积分 $\int_0^8 \frac{dx}{1+\sqrt[3]{x}}$.

34. 求函数 $y = x^4 - 2x^3 + 1$ 的单调区间和极值点.

35. 设二元函数 $z = e^{xy}f(x^2 + y)$，其中 $f(w)$ 是一个可导函数，求偏导数 $\frac{\partial z}{\partial x}$ 和 $\frac{\partial z}{\partial y}$.

36. 设 $f(x) = \int_1^x e^{-t^2}dt$，求 $\int_0^1 f(x)dx$.

37. 求 $t$ 为何值时，向量组 $\alpha_1 = (t, 2, 1)^T, \alpha_2 = (2, t, 0)^T, \alpha_3 = (1, -1, 1)^T$ 线性相关，并在线性相关时，将其中一个向量用其余向量线性表出.

38. 设 $A = \begin{pmatrix} 0 & 1 & 0 \\ 0 & 0 & 1 \\ 0 & 0 & 0 \end{pmatrix}$，求

   (1) $A^n$（$n$ 为正整数）；

(2) $E-A$ 的逆矩阵($E$ 为三阶单位矩阵).

39. 设随机变量 $X$ 的概率密度函数为 $\varphi(x)=\begin{cases}\dfrac{C}{\sqrt{1-x^2}}, & |x|<1, \\ 0, & |x|\geqslant 1.\end{cases}$ 求

(1) 常量 $C$;

(2) $P\left\{-\dfrac{1}{2}<X<\dfrac{1}{2}\right\}$.

40. 随机变量 $X$ 服从正态分布 $N(2,\sigma^2)$,且 $P\{2<X<4\}=0.3$,求 $P\{X<0\}$.

### 四、写作：第41~42小题，每小题20分，共40分。其中论证有效性分析20分，论说文20分。

41. 论证有效性分析：分析下述论证中存在的缺陷和漏洞，选择若干要点，写一篇600字左右的文章，对该论证的有效性进行分析和评述。（论证有效性分析的一般要点是：概念及主要概念界定和使用的准确性及前后是否互相矛盾，有无各种明显的逻辑错误，论据是否支持结论，论据的成立条件是否充分。还要注意逻辑结构和语言运用。）

#### 是否应该彻底取消"黄金周"？

1999年10月开始实行的"黄金周"休假制度，在拉动经济、为国人带来休闲度假新概念的同时，也暴露出很多问题。因此，于2006年起，陆续有人提出取消"黄金周"的建议。2008年，"五一"黄金周取消，代之以清明、端午、中秋等传统节日的"小长假"。2012年"国庆黄金周"后，彻底取消"黄金周"的声音再次引起公众的注意。

支持取消者认为：第一，"黄金周"造成了景区混乱和资源调配不合理、浪费社会资源、打乱正常生活秩序，不利于经济的长期可持续发展。第二，"黄金周"人为地将双休日挪在一起，使大家不得不连续休假七天，同时要连续工作七天，这在很大程度上是一种"被放假"的安排。体现了一种群众运动式的思维，是计划经济的产物，不符合自主消费的原则。第三，当初实行"黄金周"是一种阶段性的考虑，随着带薪休假制度的落实，应该彻底取消"黄金周"。

反对取消者则认为：第一，"黄金周"对旅游业的成熟和发展起到了极大的促进作用，对经济的拉动也功不可没。任何事物都有利有弊，不能只看到弊端就彻底取消。第二，随着消费者出游经验的不断丰富，旅游消费必将更加理性。错峰出游、路线选择避热趋冷等新的消费习惯会使一些现有问题得到解决。第三，目前我国可享受带薪休假的职工仅有三成，年假制度不能落实，"被放假"毕竟比"被全勤"好，实在的"黄金周"毕竟要比虚无缥缈的带薪休假更加现实。

（改编自《旅游界反对取消十一黄金周，新假期改革效果尚不明确》，南方日报，2008年9月9日；《黄金周假期惹争议，最终取消是必然》，凤凰网资讯，2012年10月8日；《彻底取消黄金周高估了带薪休假环境》，东方网，2012年10月5日等）

42. 论说文：根据下述材料，写一篇600字左右的论说文，题目自拟。

被誉为清代"中兴名臣"的曾国藩，其人生哲学很独特，就是"尚拙"。他曾说："天下之至拙，能胜天下之至巧，拙者自知不如他人，自便会更虚心。"

# 答案速查

**一、逻辑推理**

1～5　（E）（B）（B）（C）（E）　　　　6～10　（E）（D）（B）（E）（E）
11～15　（D）（E）（C）（A）（C）　　　16～20　（B）（B）（E）（D）（A）

**二、数学单项选择题**

21～25　（D）（C）（A）（B）（B）　　　26～30　（B）（D）（B）（D）（C）

**三、数学计算题**

31. $-\dfrac{1}{2}$

32. $y' = \dfrac{1}{\sqrt{x}(1-x)}$

33. $3\ln 3$

34. 单调递减区间为 $\left(-\infty, \dfrac{3}{2}\right)$；单调递增区间为 $\left(\dfrac{3}{2}, +\infty\right)$；$x = \dfrac{3}{2}$ 是函数的极小值点

35. $\dfrac{\partial z}{\partial x} = e^{xy}[yf(x^2+y) + 2xf'(x^2+y)]$；$\dfrac{\partial z}{\partial y} = e^{xy}[xf(x^2+y) + f'(x^2+y)]$

36. $\dfrac{1}{2}(e^{-1} - 1)$

37. 当 $t=3$ 时，$\boldsymbol{\alpha}_3 = \boldsymbol{\alpha}_1 - \boldsymbol{\alpha}_2$；当 $t=-2$ 时，$\boldsymbol{\alpha}_3 = \boldsymbol{\alpha}_1 + \dfrac{3}{2}\boldsymbol{\alpha}_2$

38. (1) $\boldsymbol{A}^n = \boldsymbol{O}$；(2) $(\boldsymbol{E}-\boldsymbol{A})^{-1} = \begin{pmatrix} 1 & 1 & 1 \\ 0 & 1 & 1 \\ 0 & 0 & 1 \end{pmatrix}$

39. (1) $\dfrac{1}{\pi}$；(2) $\dfrac{1}{3}$

40. 0.2

**四、写作**

略

# 答案详解

**一、逻辑推理**

**1.（E）**

【解析】

①小张来开会→小李来开会∨小赵没来开会，等价于：小李没来开会∧小赵来开会→小张没来开会。

②小李没来开会。

本题选不正确的选项，即找与题干矛盾的选项。

题干信息①的矛盾命题为：小李没来开会∧小赵来开会∧小张来开会。

结合题干信息②可知，"小张和小赵都来开会"一定为假，即(E)项与题干矛盾，不可能为真。

**2.（B）**

【解析】

根据口诀"'除'字去掉，箭头反划"，可得：¬接到短信→在教室。

本题选论断一定为假的选项，即找与题干矛盾的选项。

题干的矛盾命题为：¬接到短信∧¬在教室。

故Ⅱ项必为假，即(B)项正确。

**3.（B）**

【解析】

题干：所有喜欢数学的学生都喜欢哲学。

其矛盾命题为：并非 所有 喜欢数学的学生都 喜欢 哲学。

有的 喜欢数学的学生 不喜欢 哲学。

故(B)项正确。

**4.（C）**

【解析】

根据题干信息，按杨林的喜欢程度，可排为：物理学和数学＞政治学导论＞体育；物理学和数学＞世界史导论。

将各选项代入，可知(C)项不能从题干中推出，其余各项均正确。

**5.（E）**

【解析】

题干有如下信息：

①学校学习成绩排名前百分之五的同学要参加竞赛培训，后百分之五的同学要参加社会实践。

②小李的学习成绩高于小王的学习成绩。

③小王的学习成绩低于学校的平均成绩。

(A)项，有可能发生，小王和小李的学习成绩都排在后百分之五，且小李的学习成绩高于小王，两人都低于学校的平均成绩。

(B)、(C)项，有可能发生，小王和小李的学习成绩都不属于后百分之五和前百分之五，而属于中间水平。

(D)项，有可能发生，小李的学习成绩排在前百分之五。

(E)项，不可能发生，若小王参加竞赛培训，则由题干信息①可知，小王的学习成绩排在前百分之五，又由题干信息②可知，小李的学习成绩也排在前百分之五，则由题干信息①可知，小李也要参加竞赛培训。

## 6.（E）

【解析】

将题干信息形式化：

①李凯拿到钥匙→把门打开∧保留钥匙。

②杨林拿到钥匙→将钥匙交到失物招领处。

③李凯拿到钥匙∨杨林拿到钥匙。

由题干信息③可得：¬李凯拿到钥匙→杨林拿到钥匙。

再与题干信息②串联，可得：¬李凯拿到钥匙→杨林拿到钥匙→将钥匙交到失物招领处，故(E)项正确。

## 7.（D）

【解析】

根据对当关系，不一定有＝可能没有。

所以，题干信息等价于：宇宙中，除了地球，可能没有居住着智能生物的星球。

故(D)项正确。

## 8.（B）

【解析】

专家：升学率<u>不能</u>作为评价这些高中的教学水平的标准。

(A)项，另有他因，说明是因为学生原本成绩好导致升学率高，故支持专家的论断。

(B)项，升学率高的高中配备了优秀教师，说明可能是优秀教师的教学水平高导致升学率高，所以升学率可以评价教学水平，削弱专家的观点。

(C)项，说明升学率高的学校平均成绩并不一定好，故支持专家的论断。

(D)项，说明升学率低的学校的学生高考成绩也可能优异，故支持专家的论断。

(E)项，说明有些高中高分复读的人数很多，导致其升学率低，故支持专家的论断。

## 9.（E）

【解析】

题干：最近十年地球上的自然灾害给人类造成的伤亡比过去几十年更严重 —证明→ 地球环境变得更恶劣(原因)。

(A)项，无关选项，题干讨论的是自然灾害造成的伤亡，与救援设备无关。

(B)项，此项说明在有更好的预报系统的情况下，地震、火山爆发、极端天气等给人类造成的伤亡还是比过去几十年更严重了，对题干略有支持。

(C)项，无关选项，题干涉及的是"自然灾害给人类造成的伤亡比过去几十年更严重"的原因，而不涉及"气候变化"的原因。

(D)项，无关选项，此项中的记录涉及的是"自然灾害"，而非"自然灾害给人类造成的伤亡"。

(E)项，另有他因，削弱题干，说明不是地球环境变得更恶劣，而是近十年来人类数量的剧增和贫穷的加剧导致越来越多的人居住在自然灾害高发地区，从而导致自然灾害给人类造成的伤亡比过去更严重。

10. (E)

【解析】

待解释的矛盾：①2011年中产家庭的收入较之2010年提高了1.6%。一般来说，家庭收入的提高会使贫困率下降。②2011年国家的贫困率较之2010年却没有下降。

(A)项，不能解释，此项只说明了中产家庭的收入为什么提高了，但却没有解释国家的贫困率为什么没有下降。

(B)项，无关选项，题干的论证不涉及"消费"。

(C)项，不能解释，此项与题干信息①中"一般来说，家庭收入的提高会使贫困率下降"矛盾，而解释题默认题干中的信息为真。

(D)项，不能解释，此项与题干信息②矛盾。

(E)项，另有他因，是因为经济萧条的持续影响导致国家的贫困率没有下降，可以解释。

11. (D)

【解析】

题干：人们恐惧于世界大战的破坏力 —导致→ 自1945年以来，局部战争几乎不断，但是未发生像第二次世界大战那样严重的世界战争。

(A)项，无关选项，出现了与题干无关的新比较。

(B)项，支持题干，说明人们对第二次世界大战确实有恐惧感。

(C)项，支持题干，无因无果，人们对局部战争没有恐惧感，所以局部战争不断。

(D)项，指出对世界大战有恐惧感，但仍然发生了第二次世界大战，有因无果，削弱题干。

(E)项，无关选项，题干讨论的是"世界战争"，此项讨论的是"国际争端"。

12. (E)

【解析】

题干：服用某种药品会提高人的注意力。

(E)项，小李服用了这种药品，提高了注意力，是合理的推论。

其余各项均为无关选项。

13. (C)

【解析】

题干：服用某种药品会提高人的注意力。

(A)项，无关选项，题干涉及的是服药会提高注意力，没有涉及考试成绩。

(B)项，无关选项，学校周围的许多药店出售这种药品和该药品是否会提高注意力无关。

(C)项，有因无果，服用了该药品，但是没有提高注意力，可以削弱。

(D)项，无关选项，药品很受欢迎和服用该药品是否会提高注意力无关。

(E)项，无关选项，该药品是否会对身体造成伤害(即该药品是否有副作用)和服用该药品是否会提高注意力无关。

14. （A）

【解析】

小李：人类没有外星人来访地球的文字记录 —证明→ 外星人没有来访过地球。

搭桥法：人类没有外星人来访地球的文字记录→外星人没有来访过地球。

逆否得：外星人来访过地球→人类有外星人来访地球的文字记录。

故(A)项正确。

15. （C）

【解析】

题干中的前提：①步行回家→回家吃午饭。

②回家吃午饭→午睡。

由①、②串联可得：③步行回家→回家吃午饭→午睡。

由③逆否得：¬午睡→¬回家吃午饭→¬步行回家。

题干中的结论：小李不是步行回家。

要使此结论成立，需要补充条件"小李没有午睡习惯"，故(C)项正确。

16. （B）

【解析】

使用选项排除法。

已知B组两个评委的投票结果不同，即一个同意，一个反对。

(A)项，将此项代入题干信息(1)可知，B组评委全部投反对票，与本题条件"B组两个评委的投票结果不同"矛盾，故不可能为真。

(B)项，不与题干信息矛盾，故可能为真。

(C)项，根据题干信息(2)，由"C组评委全部投同意票"可知，A组评委应全部投反对票，故不可能为真。

(D)项，"A组评委全部投同意票"与题干信息(5)矛盾，故不可能为真。

(E)项，"A组评委全部投同意票"与题干信息(5)矛盾，故不可能为真。

17. （B）

【解析】

由题干信息(5)可知，至少有一个A组评委投反对票。

假设另外一个A组评委也投反对票。C组评委可分为两种情况：有人投反对票，没有人投反对对票。若C组的投票情况是第1种，即至少有一个C组评委投反对票，则由题干信息(1)可知，B组两人均投反对票。此时，反对票已有5票，由题干信息(3)可知，C组的另外两人投同意票。若C组的投票情况是第2种，则所有C组评委都投同意票。

假设另外一个A组评委投同意票。则A组评委中既有同意票，也有反对票，故不论C组评委怎么投票，A组中均有评委的投票结果与C组相同，故由题干信息(2)逆否可得，C组三个评委的投票结果并不相同，故有人投同意票有人投反对票。

综上所述，不论哪种情况，C组均有评委投同意票，故(B)项为真。

## 18．(E)

【解析】

将题干信息形式化：

①甲买→乙买。

②乙买→丙买。

③有的丁买→丙买。

根据题干信息，可知题干只涉及丁买回来的"部分"东西的情况，由此无法推知丁买回来的"所有"东西的情况，故(A)、(B)、(D)项不必然为真。

(C)项，由题干信息①、②串联可知，甲买→乙买→丙买，即甲买回来的东西，丙全都买了，故此项必为假。

(E)项，由题干信息③可知，存在丁买的东西和丙买的东西一样的可能，也存在丁买的部分东西和丙买的部分东西一样的可能，即可能存在丙买的部分东西丁没有买的情况，故此项正确。

## 19．(D)

【解析】

方法一：重复元素分析法。

先从重复最多的元素"苹果"入手。

如果陈红买的是苹果，则余明明买的不是苹果，那么张霞至少猜对了两个，与题干"张霞只猜对了一个"矛盾，所以陈红买的不是苹果。

如果黄燕燕买的是苹果，则黄燕燕买的不是戴尔，余明明买的不是苹果，陈红买的不是苹果，那么张霞猜对了两个，与题干"张霞只猜对了一个"矛盾，所以黄燕燕买的不是苹果。

综上，余明明买的是苹果。

如果黄燕燕买的是戴尔，则张霞三个都猜错了，与题干"张霞只猜对了一个"矛盾，所以黄燕燕买的是惠普、陈红买的是戴尔。

方法二：选项排除法。

(A)项，代入题干，可知张霞猜对两个，与题干"张霞只猜对了一个"矛盾，排除。

(B)项，代入题干，可知张霞三个都猜对了，与题干"张霞只猜对了一个"矛盾，排除。

(C)项，代入题干，可知张霞猜对两个，与题干"张霞只猜对了一个"矛盾，排除。

(D)项，代入题干，可知与题干不矛盾，正确。

(E)项，代入题干，可知张霞三个都猜错了，与题干"张霞只猜对了一个"矛盾，排除。

**20.（A）**

【解析】

题干：吸毒问题和酗酒问题很相似，但是，二者之间也有实质性区别，即在大多数中产阶级分子和其他一些守法的美国人当中，吸毒从来就没有成为一种被广泛接受的社会性行为。

由题干信息可知，酗酒和吸毒有实质性区别，吸毒不是被广泛接受的社会性行为，可推知酗酒是一种被广泛接受的社会性行为，故（A）项正确。

（B）项，无关选项，题干只涉及"大多数中产阶级分子和其他一些守法的美国人"的观点，未涉及这种观点对"美国社会公众行为"的影响。

（C）项，与题干观点相反，题干认为"海洛因和可卡因"与"酒精"有实质性的区别。

（D）项，无关选项，题干不涉及法律的制定基础。

（E）项，显然为无关选项。

## 二、数学单项选择题

**21.（D）**

【思路点拨】

(1) 导数的定义为 $f'(x_0) = \lim\limits_{\Delta x \to 0} \dfrac{f(x_0 + \Delta x) - f(x_0)}{\Delta x}$，导数定义的等价形式为 $f'(x_0) = \lim\limits_{h \to 0} \dfrac{f(x_0 + h) - f(x_0)}{h}$，$h$ 可以为任意数值或代数式.

(2) 若已知 $f'(x_0)$ 存在，则有 $\lim\limits_{h \to 0} \dfrac{f(x_0 + ah) - f(x_0 + bh)}{h} = \dfrac{(ah - bh)}{h} f'(x_0)$.

【解析】（A）项：$\lim\limits_{\Delta x \to 0} \dfrac{f(x_0) - f(x_0 + \Delta x)}{\Delta x} = \dfrac{0 - \Delta x}{\Delta x} f'(x_0) = -f'(x_0)$；

（B）项：$\lim\limits_{\Delta x \to 0} \dfrac{f(x_0 - \Delta x) - f(x_0)}{\Delta x} = \dfrac{-\Delta x - 0}{\Delta x} f'(x_0) = -f'(x_0)$；

（C）项：$\lim\limits_{\Delta x \to 0} \dfrac{f(x_0 + 2\Delta x) - f(x_0)}{\Delta x} = \dfrac{2\Delta x - 0}{\Delta x} f'(x_0) = 2f'(x_0)$；

（D）项：$\lim\limits_{\Delta x \to 0} \dfrac{f(x_0 + 2\Delta x) - f(x_0 + \Delta x)}{\Delta x} = \dfrac{2\Delta x - \Delta x}{\Delta x} f'(x_0) = f'(x_0)$.

**22.（C）**

【思路点拨】

根据驻点的定义，对函数求一阶导数，然后利用驻点得到未知参数的值.

【解析】由于 $y' = 3x^2 + 2ax$，且 $f'(1) = 0$，则 $3 + 2a = 0$，$a = -\dfrac{3}{2}$.

**23.（A）**

【思路点拨】

一阶导数与微分的关系：$\mathrm{d}y = y' \mathrm{d}x$. 所以，求一阶微分等价于求一阶导数.

【解析】$\mathrm{d}y \big|_{x=0} = \dfrac{4x}{1 + 2x^2} \mathrm{d}x \big|_{x=0} = 0.$

## 24.（B）

**【思路点拨】**

根据函数 $f(x)$ 与原函数 $F(x)$ 的关系，即 $f(x) = F'(x)$，可求出 $f(x)$，且 $\int f(x)dx = F(x) + C$，再利用分部积分法 $\left(\int uv'dx = uv - \int u'vdx\right)$ 计算，注意不定积分最后的计算结果含有常数 $C$.

**【解析】** 由分部积分法可得

$$\int xf'(x)dx = xf(x) - \int f(x)dx = x\cos x - \sin x + C.$$

## 25.（B）

**【思路点拨】**

先根据导数的定义表示出 $F'(0)$ 的形式，然后利用洛必达法则求解 $\dfrac{0}{0}$ 型极限，要灵活运用重要极限和变上限积分求导公式得出结果.

**【解析】** $F'(0) = \lim\limits_{x\to 0}\dfrac{F(x)-F(0)}{x-0} = \lim\limits_{x\to 0}\dfrac{\int_0^x \dfrac{\sin t}{t}dt}{x} = \lim\limits_{x\to 0}\dfrac{\sin x}{x} = 1.$

## 26.（B）

**【思路点拨】**

定积分 $\int_0^1 f(x)dx$ 是一个常数值，故可以先将 $\int_0^1 f(x)dx$ 设为常数 $A$，然后再对 $f(x)$ 进行积分，得出最后结果.

**【解析】** 设 $\int_0^1 f(x)dx = A$，则 $f(x) = e^x + Ax^3$，积分可得

$$\int_0^1 f(x)dx = \int_0^1 e^x dx + A\int_0^1 x^3 dx,$$

即 $A = e - 1 + \dfrac{1}{4}A$，解得 $\int_0^1 f(x)dx = A = \dfrac{4}{3}(e-1).$

## 27.（D）

**【思路点拨】**

$n$ 阶矩阵 $A$，即 $A$ 为方阵，则 $A$ 可逆 $\Leftrightarrow r(A) = n \Leftrightarrow |A| \neq 0 \Leftrightarrow Ax = 0$ 仅有零解 $\Leftrightarrow Ax = \beta$ 有唯一解.

**【解析】** 举反例：令 $A = \begin{pmatrix} 1 & 1 \\ 1 & 1 \end{pmatrix}$，满足(A)项和(B)项，但是 $|A| = 0$，故排除.

(C)项：线性方程组 $Ax = \beta$ 有解 $\Leftrightarrow r(A) = r(\overline{A})$，即只需要满足系数矩阵 $A$ 的秩等于增广矩阵 $\overline{A}$ 的秩，而不要求系数矩阵满秩；反之，若系数矩阵满秩，则 $r(A) = r(\overline{A})$ 必成立，(C)项错误.

(D)项：由矩阵 $A$ 可逆，得 $|A| \neq 0$，从而可得线性方程组 $Ax = 0$ 仅有零解；反之，线性方程组 $Ax = 0$ 仅有零解也可得 $|A| \neq 0$，即矩阵 $A$ 可逆，(D)项正确.

## 28.（B）

**【思路点拨】**

非齐次线性方程组解的结构是由其对应的齐次线性方程组（导出组）的通解加上一个特解构成．解此类问题，一般用排除法，先观察各选项是否符合通解的形式，再代入特解验证，最后考虑导出组的通解，即可排除所有错误选项．

**【解析】** 观察可知，所有选项均符合非齐次线性方程组通解的形式．因为 $\dfrac{r_1-r_2}{2}$ 不是 $Ax=\beta$ 的特解，故排除(A)、(C)两项．因为 $r_1-r_2$ 与 $\eta_1$ 不一定线性无关，所以 $C_1\eta_1+C_2(r_1-r_2)$ 不一定是导出组的通解，故排除(D)项．

综上所述，(B)项正确．

## 29.（D）

**【思路点拨】**

连续型随机变量的分布函数一定连续，但分布函数是否可导则需要通过其概率密度函数判断．

**【解析】** 连续型随机变量的分布函数都可以写成 $F(x)=\int_{-\infty}^{x}f(t)\mathrm{d}t$，这样的 $F(x)$ 一定是连续的．

由微积分基本定理可知，变上限积分 $F(x)=\int_{-\infty}^{x}f(t)\mathrm{d}t$ 可导要求被积函数 $f(x)$ 连续，而连续型随机变量的概率密度函数只要求可积，并不一定连续，可见 $F(x)$ 不一定可导．故(D)项正确．

## 30.（C）

**【思路点拨】**

首先根据泊松分布的数字特征，得到 $E(X)=D(X)=\lambda$（$\lambda$ 为参数），再根据期望和方差的运算性质进行计算，即 $E(aX+b)=aE(X)+b$，$D(aX+b)=a^2D(X)$，其中 $a,b$ 均为常数．

**【解析】** 由于 $X\sim P(2)$，可知 $E(X)=D(X)=2$，故
$$E(Z)=E(3X-2)=3E(X)-2=4,\quad D(Z)=D(3X-2)=9D(X)=18.$$

## 三、数学计算题

## 31.

**【思路点拨】**

对于 $\infty-\infty$ 型未定式，一般的思路是先通分将极限转化为 $\dfrac{0}{0}$ 型，然后再通过等价无穷小替换、洛必达法则等方法计算出极限值．注意，等价无穷小替换只适用于乘除法，不适用于加减法．

**【解析】** 由 $\ln(1+x)\sim x(x\to 0)$，可得

$$\lim_{x\to 0}\left[\dfrac{1}{x}-\dfrac{1}{\ln(1+x)}\right]=\lim_{x\to 0}\dfrac{\ln(1+x)-x}{x\ln(1+x)}=\lim_{x\to 0}\dfrac{\ln(1+x)-x}{x^2}$$

$$=\lim_{x\to 0}\dfrac{\dfrac{1}{1+x}-1}{2x}=\lim_{x\to 0}\dfrac{-\dfrac{1}{(1+x)^2}}{2}=-\dfrac{1}{2}.$$

**32.**【思路点拨】

计算复合函数 $y=\ln\dfrac{1+\sqrt{x}}{1-\sqrt{x}}$ 的导数，要遵循复合函数的求导法则

$$(f[\varphi(x)])'=f'(u)\cdot\varphi'(x)=f'[\varphi(x)]\cdot\varphi'(x).$$

本题如果令 $u=\varphi(x)=\dfrac{1+\sqrt{x}}{1-\sqrt{x}}$，并求其导数，相对而言计算量会大一些，容易出错．

建议考生先将对数函数化简为 $y=\ln(1+\sqrt{x})-\ln(1-\sqrt{x})$，分为两个复合函数进行计算，再根据四则运算求导法则细心计算即可．

【解析】$y=\ln(1+\sqrt{x})-\ln(1-\sqrt{x})$，求导得

$$y'=\dfrac{1}{1+\sqrt{x}}(1+\sqrt{x})'-\dfrac{1}{1-\sqrt{x}}\cdot(1-\sqrt{x})'=\dfrac{1}{1+\sqrt{x}}\cdot\dfrac{1}{2\sqrt{x}}-\dfrac{1}{1-\sqrt{x}}\cdot\left(-\dfrac{1}{2\sqrt{x}}\right)$$

$$=\dfrac{1}{2\sqrt{x}+2x}+\dfrac{1}{2\sqrt{x}-2x}=\dfrac{1}{\sqrt{x}(1-x)}.$$

**33.**【思路点拨】

因为被积函数中含有 $\sqrt[3]{x}$，故可利用变量替换进行计算，注意积分区间也要相应地发生改变．

【解析】令 $\sqrt[3]{x}=t$，则 $x=t^3$，$dx=3t^2dt$，所以

$$\int_0^8\dfrac{dx}{1+\sqrt[3]{x}}=3\int_0^2\dfrac{t^2}{1+t}dt=3\int_0^2\dfrac{t^2-1+1}{1+t}dt=3\int_0^2(t-1)dt+3\int_0^2\dfrac{1}{1+t}dt$$

$$=3\left[\left(\dfrac{t^2}{2}-t\right)+\ln|1+t|\right]\Big|_0^2=3\ln 3.$$

**34.**【思路点拨】

求函数的单调性和极值，一般要先求出其一阶导数，由一阶导数得出驻点，再根据驻点和不可导点将定义域划分为多个区间(此题的函数没有不可导点)，最后依据导函数在不同区间上的符号来判定函数的单调区间和极值点．

此类题目最好的作答方式就是列表作答，注意极值点和单调性的对应关系：左增右减极大值；左减右增极小值．

【解析】由 $y'=4x^3-6x^2=0$ 得驻点为 $x_1=0$，$x_2=\dfrac{3}{2}$，划分区间，见下表：

| $x$ | $(-\infty,0)$ | $0$ | $\left(0,\dfrac{3}{2}\right)$ | $\dfrac{3}{2}$ | $\left(\dfrac{3}{2},+\infty\right)$ |
| --- | --- | --- | --- | --- | --- |
| $y'$ | $-$ | $0$ | $-$ | $0$ | $+$ |
| $y$ | 递减 | 非极值 | 递减 | 极小值 | 递增 |

由上表可知，函数的单调递减区间为 $\left(-\infty,\dfrac{3}{2}\right)$；单调递增区间为 $\left(\dfrac{3}{2},+\infty\right)$；

$x=\dfrac{3}{2}$ 是函数的极小值点．

**35.**【思路点拨】

二元函数在对其中一个变量求偏导数时,应将其他自变量看成常数,再根据复合函数求导法则进行计算.

【解析】分别对 $x$ 和 $y$ 求偏导,可得

$$\frac{\partial z}{\partial x}=y\mathrm{e}^{xy}f(x^2+y)+2x\mathrm{e}^{xy}f'(x^2+y)=\mathrm{e}^{xy}[yf(x^2+y)+2xf'(x^2+y)];$$

$$\frac{\partial z}{\partial y}=x\mathrm{e}^{xy}f(x^2+y)+\mathrm{e}^{xy}f'(x^2+y)=\mathrm{e}^{xy}[xf(x^2+y)+f'(x^2+y)].$$

**36.**【思路点拨】

如果定积分的被积函数中出现了变上限积分,由于变上限积分 $\int_a^x f(t)\mathrm{d}t$ 的导数很容易计算,所以一般的思路不是将该变上限积分计算出来,而是对定积分采用分部积分法,将被积函数转化为它的导数再进行计算.

【解析】$f'(x)=\mathrm{e}^{-x^2}$,由分部积分法得

$$\int_0^1 f(x)\mathrm{d}x=xf(x)\Big|_0^1-\int_0^1 xf'(x)\mathrm{d}x,$$

其中 $f(1)=\int_1^1 \mathrm{e}^{-t^2}\mathrm{d}t=0$. 故

$$\int_0^1 f(x)\mathrm{d}x=-\int_0^1 x\mathrm{e}^{-x^2}\mathrm{d}x=\frac{1}{2}\int_0^1 \mathrm{e}^{-x^2}\mathrm{d}(-x^2)=\frac{1}{2}\mathrm{e}^{-x^2}\Big|_0^1=\frac{1}{2}(\mathrm{e}^{-1}-1).$$

**37.**【思路点拨】

(1)求数值型向量组的线性相关性问题,最常用的方法为矩阵法,具体步骤为

①将向量组列排为矩阵 $A$,再将其化简为阶梯形,若矩阵为满秩,则向量组线性无关,否则线性相关,由此可求得未知数 $t$;

②将 $t$ 代入矩阵中,可得所有的向量的线性表示式.

(2)若所构成的矩阵为方阵,且为三阶及以下,可考虑通过计算 $|A|$ 来求得未知数 $t$,即若向量组 $\boldsymbol{\alpha}_1, \boldsymbol{\alpha}_2, \cdots, \boldsymbol{\alpha}_s$ 线性相关,则 $|(\boldsymbol{\alpha}_1, \boldsymbol{\alpha}_2, \cdots, \boldsymbol{\alpha}_s)|=|A|=0.$

【解析】设 $A=(\boldsymbol{\alpha}_1, \boldsymbol{\alpha}_2, \boldsymbol{\alpha}_3)$,则

$$A=\begin{pmatrix} t & 2 & 1 \\ 2 & t & -1 \\ 1 & 0 & 1 \end{pmatrix} \rightarrow \begin{pmatrix} 1 & 0 & 1 \\ 2 & t & -1 \\ t & 2 & 1 \end{pmatrix} \rightarrow \begin{pmatrix} 1 & 0 & 1 \\ 0 & t & -3 \\ 0 & 2 & 1-t \end{pmatrix}$$

$$\rightarrow \begin{pmatrix} 1 & 0 & 1 \\ 0 & 2 & 1-t \\ 0 & t & -3 \end{pmatrix} \rightarrow \begin{pmatrix} 1 & 0 & 1 \\ 0 & 2 & 1-t \\ 0 & 0 & -3-\frac{t}{2}(1-t) \end{pmatrix},$$

若 $\boldsymbol{\alpha}_1, \boldsymbol{\alpha}_2, \boldsymbol{\alpha}_3$ 线性相关,则 $A$ 不满秩,即 $-3-\frac{t}{2}(1-t)=0$,可得 $t=3$ 或 $-2$.

当 $t=3$ 时，$\boldsymbol{A} \rightarrow \begin{pmatrix} 1 & 0 & 1 \\ 0 & 1 & -1 \\ 0 & 0 & 0 \end{pmatrix}$，易知 $\boldsymbol{\alpha}_3 = \boldsymbol{\alpha}_1 - \boldsymbol{\alpha}_2$；

当 $t=-2$ 时，$\boldsymbol{A} \rightarrow \begin{pmatrix} 1 & 0 & 1 \\ 0 & 2 & 3 \\ 0 & 0 & 0 \end{pmatrix}$，易知 $\boldsymbol{\alpha}_3 = \boldsymbol{\alpha}_1 + \dfrac{3}{2}\boldsymbol{\alpha}_2$.

**38.**【思路点拨】

(1) 利用矩阵的乘法计算出 $\boldsymbol{A}^2$ 和 $\boldsymbol{A}^3$，此题 $\boldsymbol{A}^3 = \begin{pmatrix} 0 & 0 & 0 \\ 0 & 0 & 0 \\ 0 & 0 & 0 \end{pmatrix}$，故当 $n \geqslant 3$ 时，$\boldsymbol{A}^n = \boldsymbol{O}$. 若不是这种特殊情况，可以通过归纳法进行求解.

(2) 利用第一问的结论来求解会比较简便，但考试中如果没有思路，也可以直接通过初等行变换法来求解逆矩阵，即 $(\boldsymbol{E}-\boldsymbol{A} \mid \boldsymbol{E}) \xrightarrow{\text{初等行变换}} (\boldsymbol{E} \mid (\boldsymbol{E}-\boldsymbol{A})^{-1})$.

【解析】(1) 由已知可得

$$\boldsymbol{A}^2 = \begin{pmatrix} 0 & 1 & 0 \\ 0 & 0 & 1 \\ 0 & 0 & 0 \end{pmatrix} \begin{pmatrix} 0 & 1 & 0 \\ 0 & 0 & 1 \\ 0 & 0 & 0 \end{pmatrix} = \begin{pmatrix} 0 & 0 & 1 \\ 0 & 0 & 0 \\ 0 & 0 & 0 \end{pmatrix},$$

$$\boldsymbol{A}^3 = \begin{pmatrix} 0 & 0 & 1 \\ 0 & 0 & 0 \\ 0 & 0 & 0 \end{pmatrix} \begin{pmatrix} 0 & 1 & 0 \\ 0 & 0 & 1 \\ 0 & 0 & 0 \end{pmatrix} = \begin{pmatrix} 0 & 0 & 0 \\ 0 & 0 & 0 \\ 0 & 0 & 0 \end{pmatrix},$$

由此可见，当 $n \geqslant 3$ 时，$\boldsymbol{A}^n = \boldsymbol{O}$.

(2) 因为 $\boldsymbol{E} - \boldsymbol{A}^3 = (\boldsymbol{E} - \boldsymbol{A})(\boldsymbol{E} + \boldsymbol{A} + \boldsymbol{A}^2) = \boldsymbol{E}$，所以

$$(\boldsymbol{E}-\boldsymbol{A})^{-1} = \boldsymbol{E} + \boldsymbol{A} + \boldsymbol{A}^2 = \begin{pmatrix} 1 & 1 & 1 \\ 0 & 1 & 1 \\ 0 & 0 & 1 \end{pmatrix}.$$

**39.**【思路点拨】

(1) 计算未知参数时，可根据概率密度函数的性质，即 $\int_{-\infty}^{+\infty} \varphi(x) \mathrm{d}x = 1$ 进行求解.

(2) 在计算概率时，若已知概率密度函数，则 $P\{a < X < b\} = \int_a^b \varphi(x) \mathrm{d}x$；

若已知分布函数 $F(x)$，则 $P\{a < X < b\} = F(b) - F(a)$.

【解析】(1) 由 $\int_{-\infty}^{+\infty} \varphi(x) \mathrm{d}x = \int_{-1}^{1} \dfrac{C}{\sqrt{1-x^2}} \mathrm{d}x = C \arcsin x \Big|_{-1}^{1} = 1$，得 $C = \dfrac{1}{\pi}$.

(2) $P\left\{-\dfrac{1}{2} < X < \dfrac{1}{2}\right\} = \dfrac{1}{\pi} \int_{-\frac{1}{2}}^{\frac{1}{2}} \dfrac{1}{\sqrt{1-x^2}} \mathrm{d}x = \dfrac{1}{\pi} \arcsin x \Big|_{-\frac{1}{2}}^{\frac{1}{2}} = \dfrac{1}{\pi}\left[\dfrac{\pi}{6} - \left(-\dfrac{\pi}{6}\right)\right] = \dfrac{1}{3}$.

40. 【思路点拨】

涉及正态分布的题目，一般先将随机变量标准化，然后通过标准正态分布的性质进行求解．

【解析】由 $X \sim N(2, \sigma^2)$，可得 $\dfrac{X-2}{\sigma} \sim N(0, 1)$，则

$$P\{2<X<4\}=P\left\{0<\dfrac{X-2}{\sigma}<\dfrac{2}{\sigma}\right\}=\Phi\left(\dfrac{2}{\sigma}\right)-\Phi(0)=\Phi\left(\dfrac{2}{\sigma}\right)-0.5=0.3,$$

解得 $\Phi\left(\dfrac{2}{\sigma}\right)=0.8$，所以

$$P\{X<0\}=P\left\{\dfrac{X-2}{\sigma}<-\dfrac{2}{\sigma}\right\}=\Phi\left(-\dfrac{2}{\sigma}\right)=1-\Phi\left(\dfrac{2}{\sigma}\right)=0.2.$$

## 四、写作

41. 论证有效性分析

【谬误分析】

①"'黄金周'造成了景区混乱和资源调配不合理、浪费社会资源、打乱正常生活秩序"，这一说法缺乏论据支持。这些情况的出现，未必是"黄金周"导致的，可能是由于景区的管理措施不当。而且，即使这种混乱是由"黄金周"导致的，也是一种短期的混乱，无法说明它不利于经济的"长期"可持续发展。

②将"黄金周"视为"被放假"，隐含一个前提，即这样放假群众是不乐意的，是被动的。实际情况未必如此。将"黄金周"视为"计划经济的产物"也有失妥当，因为市场经济也需要政府这只"看得见的手"的调控。

③"带薪休假"与"黄金周"并不矛盾，认为有了"带薪休假"就不再需要"黄金周"有失妥当。可能仅靠"带薪休假"并不能解决群众的休假需求，需要"黄金周"作为补充。

④"任何事物都有利有弊，不能只看到弊端就彻底取消"，错误地假设了支持取消"黄金周"者没有看到"黄金周"的好处。而且，虽然"不能只看到弊端就彻底取消"，但是也要权衡利弊的大小。如果"黄金周"弊大于利，取消"黄金周"也未尝不可。

⑤"消费者出游经验的不断丰富"，不必然导致"旅游消费更加理性"。而且，个体具有的性质整体未必具有，某些消费者的理性决策也未必意味着消费者群体的决策是理性的。

⑥"年假制度不能落实"最多只能说明我们需要落实年假制度，不能说明"黄金周"可以保留。"黄金周"未必是"年假"的好的替代品。

### 漏洞百出的"黄金周"之辩

针对"黄金周"是否应该取消的问题，支持取消者和反对取消者都提出了自己的理由。然而，双方的论证都存在多处漏洞，难以让人信服。

从支持取消"黄金周"者的角度来看：

第一，"'黄金周'造成了景区混乱和资源调配不合理、浪费社会资源、打乱正常生活秩序"，这一说法缺乏论据支持。这些情况的出现，未必是"黄金周"导致的，可能是由于景区的管理措施不当。就算确实存在这种现象，也无法得出"不利于经济的长期可持续发展"的结论，二者不存在必然的因果关系。

第二，将"黄金周"视为"被放假"，视为"计划经济的产物"，隐含一个前提，即人民群众不乐意如此放假，他们是被动接受这一放假安排的。实际上，如果群众乐意接受这样的放假安排，这样符合他们的消费意愿，那么支持取消者的观点就无法成立。

从反对取消"黄金周"者的角度来看：

第一，"'黄金周'对旅游业的成熟和发展起到了极大的促进作用，对经济的拉动也功不可没"，缺少论据支持。"黄金周"是否起到这样的促进作用，起到了多大的促进作用，无法断定。

第二，"任何事物都有利有弊，不能只看到弊端就彻底取消"，错误地假定支持取消"黄金周"者没有看到"黄金周"的好处。

此外，正反双方都犯了非黑即白的逻辑错误，把"带薪休假"和"黄金周"看作非此即彼的关系，其实二者完全可以共存。

综上所述，无论是支持者，还是反对者，都犯了诸多逻辑错误，想要证明自己的观点，还需要更充分的论证。

（全文共596字）

42. 论说文

【参考立意】

①谦虚使人进步。

②以拙求进。

参考范文

## "拙"而不凡

老吕学员　翟唯一

曾国藩"尚拙",认为"拙者自知不如他人,自便会更虚心"。诚然,飞得高的鸟往往蹲得低,自知不足,虚心求教,方能"拙"而不凡,一生受用。

人人都拙。不仅普通人如此,即便是天生聪颖之人,也有不及他人之处。由此可见,"拙"是一个普遍现象,而并非个例。在这个人人都"趋巧诟拙"的社会环境下,我们应该认清自己,天才毕竟是少数,对于大众而言,拙并不可怕,可怕的是穷尽一生却拙而不补。像方仲永那般只靠天资,最终只能泯然众人矣。

知拙而补拙。既然没有完美无缺的人,人人都有所"拙",那么"补拙"便是很必要的。人的一生应该是不断学习、不断完善自我的过程,也正是因为拙,我们才有了需要努力的地方。许多优秀之人的成功,并非天生就高人一等,在成长与成功之间,人们往往只重视成功,却忽视了成长。恰如曾国藩的人生哲学:拙者自知不如他人,自便会更虚心。虚心使人清醒,使人求教,使人成长,因而虚心之人更能通过努力而取得成功。

华罗庚曾经说过:"天才在于积累,聪明在于勤奋。"勤能补拙是良训,一分辛苦一分才。抱有虚心的态度,以勤补拙,才是成功的正确打开方式。史泰龙在遭受1 886次拒绝之后才得到了人生中的第一个男主角;爱因斯坦小时候成绩不好,被父母认为是低能儿,但却凭着努力成了史上最厉害的物理学家之一;铁凝曾"希望自己有耐心笨下来",在创作上的永不满足,使得其作品一直独具芳妍。这些事例无一不在说明:天下之至拙,能胜天下之至巧。

出于对成功的渴望,人人都希望自己卓尔不凡。我们拥有不同的资质与生活环境,却拥有同样的努力机会,因此,"拙"并非失败的借口,认识到自己的不足之处,虚心求教,以勤补拙,定会"拙"而不凡。

(全文共688字)

# 全国硕士研究生招生考试
## 经济类综合能力答题卡（396）

|  |  |
|---|---|
| 报考单位 | 考生编号（左对齐） |
|  | [0][0][0][0][0][0][0][0][0][0][0][0][0][0][0]<br>[1][1][1][1][1][1][1][1][1][1][1][1][1][1][1]<br>[2][2][2][2][2][2][2][2][2][2][2][2][2][2][2]<br>[3][3][3][3][3][3][3][3][3][3][3][3][3][3][3]<br>[4][4][4][4][4][4][4][4][4][4][4][4][4][4][4]<br>[5][5][5][5][5][5][5][5][5][5][5][5][5][5][5]<br>[6][6][6][6][6][6][6][6][6][6][6][6][6][6][6]<br>[7][7][7][7][7][7][7][7][7][7][7][7][7][7][7]<br>[8][8][8][8][8][8][8][8][8][8][8][8][8][8][8]<br>[9][9][9][9][9][9][9][9][9][9][9][9][9][9][9] |
| 考生姓名 |  |

**注意事项**

1、填（书）写必须使用黑色字迹签字笔，笔迹工整、字迹清楚；涂写必须使用 2B 铅笔。
2、选择题必须用 2B 铅笔涂在答题卡指定题号，非选择题必须用黑色签字笔在指定区域作答。不在指定区域作答、在草稿纸、试题本上作答无效。
3、请保持答题卡清洁、请勿做任何标记，否则按无效答卷处理。
4、请务必将试题本上的试题信息条形码贴在答题卡标有"试题信息条形码"的框内。

| 正确涂卡 | ■ | 错误涂卡 | ✓ ✗ □ ● ⊘ ▬ |
|---|---|---|---|
| 缺考标记 | ☐ | 缺考考生信息由监考员填涂并加盖缺考章，盖章不要遮盖考生信息。 | |

## 选择题答案区域

1 [A] [B] [C] [D] [E]    16 [A] [B] [C] [D] [E]    31 [A] [B] [C] [D] [E]    46 [A] [B] [C] [D] [E]
2 [A] [B] [C] [D] [E]    17 [A] [B] [C] [D] [E]    32 [A] [B] [C] [D] [E]    47 [A] [B] [C] [D] [E]
3 [A] [B] [C] [D] [E]    18 [A] [B] [C] [D] [E]    33 [A] [B] [C] [D] [E]    48 [A] [B] [C] [D] [E]
4 [A] [B] [C] [D] [E]    19 [A] [B] [C] [D] [E]    34 [A] [B] [C] [D] [E]    49 [A] [B] [C] [D] [E]
5 [A] [B] [C] [D] [E]    20 [A] [B] [C] [D] [E]    35 [A] [B] [C] [D] [E]    50 [A] [B] [C] [D] [E]
6 [A] [B] [C] [D] [E]    21 [A] [B] [C] [D] [E]    36 [A] [B] [C] [D] [E]    51 [A] [B] [C] [D] [E]
7 [A] [B] [C] [D] [E]    22 [A] [B] [C] [D] [E]    37 [A] [B] [C] [D] [E]    52 [A] [B] [C] [D] [E]
8 [A] [B] [C] [D] [E]    23 [A] [B] [C] [D] [E]    38 [A] [B] [C] [D] [E]    53 [A] [B] [C] [D] [E]
9 [A] [B] [C] [D] [E]    24 [A] [B] [C] [D] [E]    39 [A] [B] [C] [D] [E]    54 [A] [B] [C] [D] [E]
10 [A] [B] [C] [D] [E]   25 [A] [B] [C] [D] [E]    40 [A] [B] [C] [D] [E]    55 [A] [B] [C] [D] [E]
11 [A] [B] [C] [D] [E]   26 [A] [B] [C] [D] [E]    41 [A] [B] [C] [D] [E]
12 [A] [B] [C] [D] [E]   27 [A] [B] [C] [D] [E]    42 [A] [B] [C] [D] [E]
13 [A] [B] [C] [D] [E]   28 [A] [B] [C] [D] [E]    43 [A] [B] [C] [D] [E]
14 [A] [B] [C] [D] [E]   29 [A] [B] [C] [D] [E]    44 [A] [B] [C] [D] [E]
15 [A] [B] [C] [D] [E]   30 [A] [B] [C] [D] [E]    45 [A] [B] [C] [D] [E]

**阴影部分请勿作答或做任何标记**

本答题卡仅供考生熟悉了解整体样式、模拟演练使用。具体考场答题卡样式、尺寸请以实际考场上发放的为准。

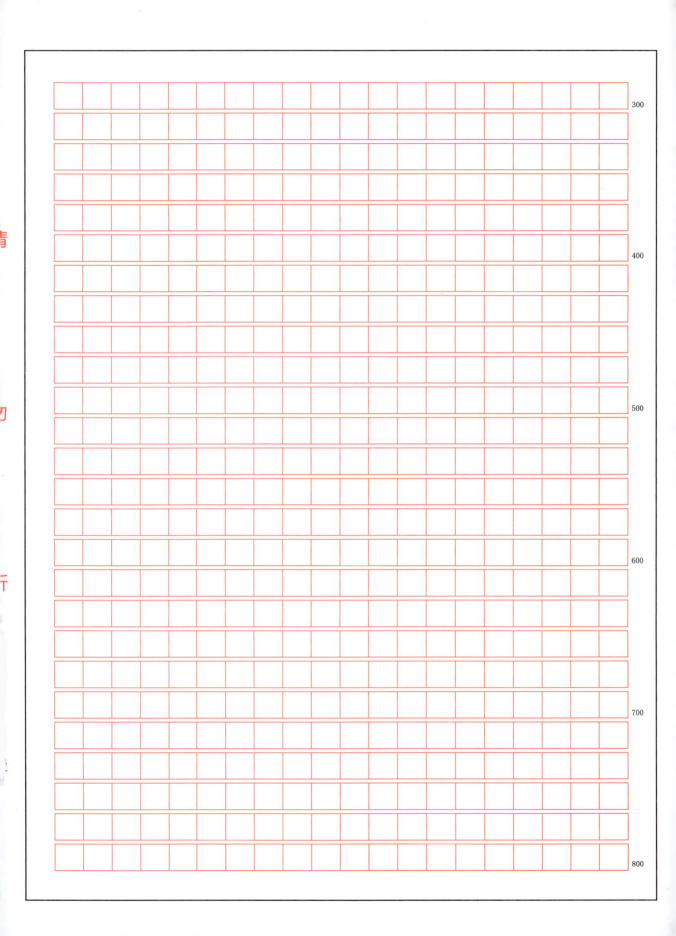

**作文 57**

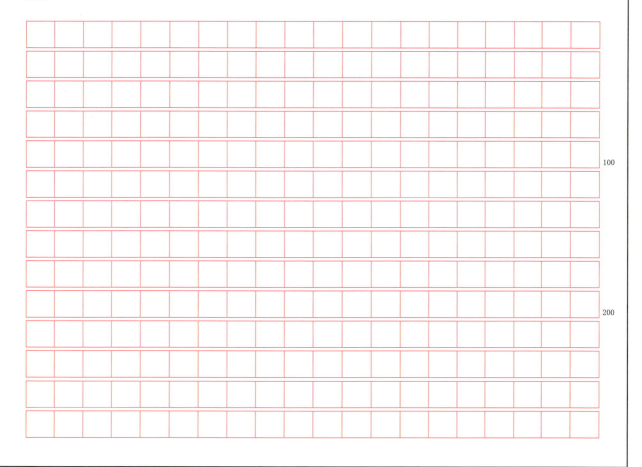

写作 56

# 全国硕士研究生招生考试
## 经济类综合能力答题卡（396）

|报考单位| |
|---|---|
|考生姓名| |

考生编号（左对齐）

[0][0][0][0][0][0][0][0][0][0][0][0][0][0][0]
[1][1][1][1][1][1][1][1][1][1][1][1][1][1][1]
[2][2][2][2][2][2][2][2][2][2][2][2][2][2][2]
[3][3][3][3][3][3][3][3][3][3][3][3][3][3][3]
[4][4][4][4][4][4][4][4][4][4][4][4][4][4][4]
[5][5][5][5][5][5][5][5][5][5][5][5][5][5][5]
[6][6][6][6][6][6][6][6][6][6][6][6][6][6][6]
[7][7][7][7][7][7][7][7][7][7][7][7][7][7][7]
[8][8][8][8][8][8][8][8][8][8][8][8][8][8][8]
[9][9][9][9][9][9][9][9][9][9][9][9][9][9][9]

### 注意事项

1、填（书）写必须使用黑色字迹签字笔，笔迹工整、字迹清楚；涂写必须使用2B铅笔。
2、选择题必须用2B铅笔涂在答题卡指定题号，非选择题必须用黑色签字笔在指定区域作答。不在指定区域作答、在草稿纸、试题本上作答无效。
3、请保持答题卡清洁、请勿做任何标记，否则按无效答卷处理。
4、请务必将试题本上的试题信息条形码贴在答题卡标有"试题信息条形码"的框内。

正确涂卡 ■    错误涂卡 ☑ ☒ ▯ ● ╱ ▬

缺考标记 ▯    缺考考生信息由监考员填涂并加盖缺考章，盖章不要遮盖考生信息。

## 选择题答案区域

1 [A] [B] [C] [D] [E]    16 [A] [B] [C] [D] [E]    31 [A] [B] [C] [D] [E]    46 [A] [B] [C] [D] [E]
2 [A] [B] [C] [D] [E]    17 [A] [B] [C] [D] [E]    32 [A] [B] [C] [D] [E]    47 [A] [B] [C] [D] [E]
3 [A] [B] [C] [D] [E]    18 [A] [B] [C] [D] [E]    33 [A] [B] [C] [D] [E]    48 [A] [B] [C] [D] [E]
4 [A] [B] [C] [D] [E]    19 [A] [B] [C] [D] [E]    34 [A] [B] [C] [D] [E]    49 [A] [B] [C] [D] [E]
5 [A] [B] [C] [D] [E]    20 [A] [B] [C] [D] [E]    35 [A] [B] [C] [D] [E]    50 [A] [B] [C] [D] [E]
6 [A] [B] [C] [D] [E]    21 [A] [B] [C] [D] [E]    36 [A] [B] [C] [D] [E]    51 [A] [B] [C] [D] [E]
7 [A] [B] [C] [D] [E]    22 [A] [B] [C] [D] [E]    37 [A] [B] [C] [D] [E]    52 [A] [B] [C] [D] [E]
8 [A] [B] [C] [D] [E]    23 [A] [B] [C] [D] [E]    38 [A] [B] [C] [D] [E]    53 [A] [B] [C] [D] [E]
9 [A] [B] [C] [D] [E]    24 [A] [B] [C] [D] [E]    39 [A] [B] [C] [D] [E]    54 [A] [B] [C] [D] [E]
10 [A] [B] [C] [D] [E]    25 [A] [B] [C] [D] [E]    40 [A] [B] [C] [D] [E]    55 [A] [B] [C] [D] [E]
11 [A] [B] [C] [D] [E]    26 [A] [B] [C] [D] [E]    41 [A] [B] [C] [D] [E]
12 [A] [B] [C] [D] [E]    27 [A] [B] [C] [D] [E]    42 [A] [B] [C] [D] [E]
13 [A] [B] [C] [D] [E]    28 [A] [B] [C] [D] [E]    43 [A] [B] [C] [D] [E]
14 [A] [B] [C] [D] [E]    29 [A] [B] [C] [D] [E]    44 [A] [B] [C] [D] [E]
15 [A] [B] [C] [D] [E]    30 [A] [B] [C] [D] [E]    45 [A] [B] [C] [D] [E]

阴影部分请勿作答或做任何标记

本答题卡仅供考生熟悉了解整体样式、模拟演练使用。具体考场答题卡样式、尺寸请以实际考场上发放的为准。

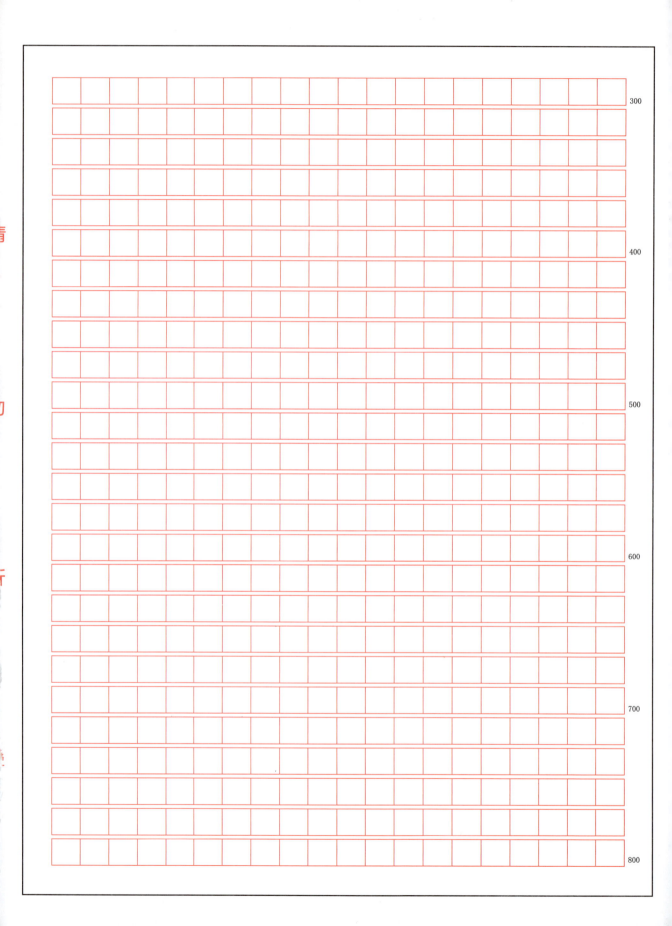

作文57

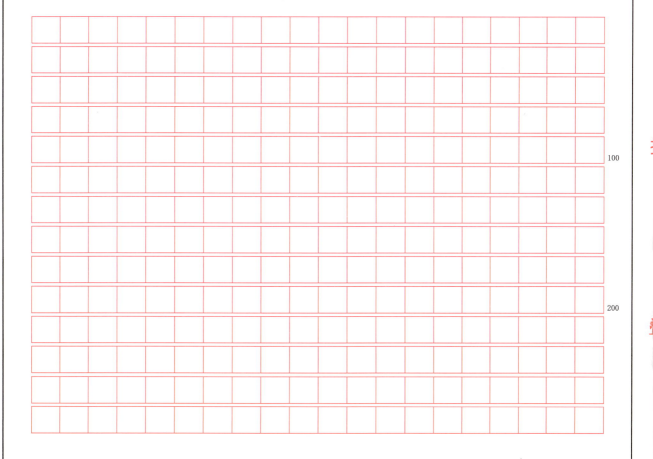

写作 56